Syriani in Hermogenem Commentaria, Volume 2

Hugo Rabe, Syrianus

Syrianus

SYRIANI

IN

HERMOGENEM COMMENTARIA

EDIDIT

HUGO RABE.

VOLUMEN II:

COMMENTARIUM IN LIBRUM ΠΕΡΙ ΣΤΑΣΕΩΝ.

ACCEDUNT INDICES.

LIPSIAE

IN AEDIBUS B. G. TEUBNERI.

MDCCCXCIII

AF

LIPSIAE: TYPIS B. G. TEUBNERI

In constituendo textu commentarii in librum *περὶ στάσεων* non tot auxiliis adiuti sumus, quot in commentario in libros *περὶ ἰδεῶν*. cum in hoc praeter codices V et S adessent scholia Syrianeo commentario nisa Wv et Wvii, in illo solus V ab initio usque ad finem praesto est; in S prior tantum pars legitur, p. 1—53; is, qui scholia Wiv composuit (i. e. textum voluminis quarti rhetorum Walzianorum; in annotationibus enim Walzius genuini Syrianei textus eas partes ex codice V exprimendas curavit, quae ab illo compilatore neglectae sunt), magnas partes Syrianei commentarii praeteriit. saepissime igitur textus huius voluminis codice V uno quidem sed eo optimo nititur. ubi praeter VS praesto sunt scholia Wiv (pag. 1—53), eandem necessitudinem intercedere videmus inter S et Wiv, quae est in commentario in libros *περὶ ἰδεῶν* inter S et Wv Wvii: eiusdem recensionis sunt S et is codex, quo compilator scholiorum Wiv usus erat. qua de causa a p. 1 ad p. 53 pleraque, quibus differt textus scholiorum Wiv a codicibus VS, silentio premere licebat, utpote quae immutanti compilatori debeantur paene omnia. contra inde a p. 55 iis locis, quibus praesto est retractatio, de eius lectionibus multo largius rettuli; praetermisi autem, quaecunque non Syrianum sed retractatorem aperte mihi prodere viderentur. nullus nego saepius fortasse factum esse, ut nimio brevitatis studio scholiorum Wɪᴠ lectiones silentio praeterirem, quas alii sive non contemnendas sive etiam iure genuinas existimabunt; non hercle ab erroribus me iudico liberum.

Ad indices venio. uncis fractis [ ] circumclusi eos numeros, qui ad praefationem Syriano abiudicandam (vol. I 96—112) aut ad notas quasdam codicum marginales pertinent. — indice II non solum terminos rhetoricos contineri volui sed etiam grammaticos et dialecticos, omnino ea verba, quae in scripto rhetorico quacunque de causa mihi commemoratu indigna non esse viderentur. — indici I adiunxi duas minoris pretii appendiculas: indicem locorum, quibus verba fiunt de rhetoribus nominatim non laudatis (*ἔνιοι*, *οἱ μὲν — οἱ δὲ* —), et indicem virorum — nobilium plerorumque —, de quibus in causis fictis*) agitur.

Sitne idem Syrianus Hermogenis commentator atque eiusdem nominis interpres Aristotelis, extra dubitationem non est. de dicendi usu ut facilius possem iudicare, Vsener, priusquam hoc volumen II typis expressum esset, liberalissime mihi concessit, quaecunque quondam de Syriani graecitate observarat in edendo commentario in Aristotelis Metaphysica; gratias hac

*) Euathlum et Protagoram non sine dubitatione primae parti indicis I assignavi.

de causa viro veneratissimo ago maximas. non eundem prorsus esse sermonem commentariorum in Aristotelem et in Hermogenem apparet. tamen, ut taceam de materia eorum diversa, ne id quidem obliviscendum est, quod certissime Syrianus Philoxeni f. Alexandrinus, si omnino composuit utrumque, commentarium in Hermogenem multo ante commentarium in Aristotelem scripsit. — iure offendi potest in superscriptionibus commentariorum rhetoricorum *Συριανοῦ σοφιστοῦ**), cum clarus ille Syrianus semper nominetur *φιλόσοφος*. nec quicquam lucramur, cum conicimus adolescentem Syrianum se professum esse sophistam, adolescentem igitur eum scripsisse commentarium in Hermogenem, postea, cum clarus esset philosophus, commentaria in Aristotelem. ut maximus annorum numerus intersit inter commentaria in Hermogenem et in Aristotelem scripta, tamen commentator librorum *περὶ ἰδεῶν* non est adolescens: librum suum dedicat Alexandro filio (I 2, 3 *ὦ φίλτατέ μοι τῶν ἐκγόνων Ἀλέξανδρε*). auctor igitur virilem aetatem habebat; Alexandrum filium ne etiam tum puerilem aetatem egisse ponamus, nec libri materia nec dedicandi mos obstat; commonefacio libri de compositione verborum a Dionysio Halicarnasensi missi ad Rufum Metilium, cum togam virilem sumeret. Syrianus philosophus igitur cum certe non iam procul esset ab aetatis anno quadragesimo, sophistae nomen habuisse et praeter philosophiam rhetoricis studiis operam dedisse putandus esset. quod attinet ad nomen *σοφιστής*, tenendum est nil mali

---

*) I 1, 1 in V (*σοφιστοῦ* om. S), II 1, 5 in VS.

apud Syrianum ei nomini inesse; significat rhetorem.*) inter significationes *φιλόσοφος* et *σοφιστής* auctor accurate distinguit.**) arti autem *σοφιστοῦ*, i. e. arti rhetoricae, inde ab Aquilae et Euagorae temporibus immixta est scientia philosophica: II 35, 2 *Ἀκύλας τε καὶ Εὐαγόρας οἱ τὴν ἐκ φιλοσοφίας ἐπιστήμην τῇ ῥητόρων συμμίξαντες τέχνῃ.* II 128, 23 *οὗτοι δὲ τὴν ἐκ τῆς θείας φιλοσοφίας ἐπιστήμην τοῖς περὶ τῶν στάσεων ἐγκαταμίξαντες θεωρήμασιν ἀκριβεστέρους τούς τε ὅρους καὶ τὰς τῶν προβλημάτων ἐποιήσαντο διαιρέσεις.* hos 'optimos philosophos' advocat sibi *συλλήπτορας τῆς ἀκριβοῦς περὶ τῶν στάσεων γνώσεως γίνεσθαι* (II 56, 20). illa qui scribit, non se iudicat merum sophistam, quamquam in componendo commentario rhetorico revera 'sophistae' munere fungitur, non merum rhetorem, sed philosophum. philosophum autem Platonicum esse Hermogenis quoque commentatorem unaquaeque fere pagina clamat. itaque eundem eum esse existimo atque Aristotelis interpretem. nomen autem *σοφιστοῦ* sive ab ipso superscriptionibus additum est sive ab alio quovis, non poterat adici, postquam Syrianus clarus philosophus et Athenis scholarcha factus est. — alia quoque dubitatio semovenda est. II 47, 18 ann. legitur . . *ὡς ὁ θεῖος Πρόκλος ἐν τῷ Πλατωνικῷ φησι πρὸς τῷ τέλει.* si haec verba auctor commentarii nostri scripsisset, eum diversum esse ab

---

*) I 1, 8. 57, 7. II 1, 6; 15. 2, 1; 8. 3, 25. 5, 9. 8, 23. 15, 3. (42, 3.) 96, 1. 117, 18.

**) II 15, 3 *φιλοσόφων ἢ σοφιστῶν.* II 1, 6 *φιλοσόφων τε καὶ σοφιστῶν.* I 1, 8 *πολλοὶ καὶ ἄλλοι σοφιστῶν τε καὶ τῶν Πλατωνικῶν φιλοσόφων.* confer etiam II 48, 24. 18, 1. I 28, 25.

Aristotelis commentatore, Procli praeceptore, necessario statueremus; neque vero potest dubitari, quin illa verba posteriore tempore margini ascripta sint: in Veneto etiamnunc in margine leguntur, in Messanensi irrepserunt quidem in textum neque vero iusto loco (in scholiis Aldinis prorsus omissa sunt).

H Hermogenes (edit. Spengeliana)

S cod. Messanensis S. Salv. 118

V cod. Marcianus gr. 433

Wɪᴠ, Wᴠ etc. rhetorum Graecorum editionis Walzianae vol. ɪᴠ, ᴠ etc.

In Syriani textu uncis usus sum hisce:

[ ] ut significarem, quae contra auctoritatem codicum VS vel inde a pag. 55 solius V delenda essent;

⟨ ⟩ ut significarem, quae (omissa in VS vel inde a pag. 55 in solo V) textui inserenda essent.

In annotatione critica uncis usus sum hisce:

⌊ ⌉ ut significarem litteras eo modo saeptas in cod. correctas esse, sive erasae sunt litterae antea scriptae sive alio modo deletae. ubi litterae antea scriptae cognosci etiamnunc poterant, eas apposui. ubi expressis verbis dictum non est, utrum eadem manus (m. 1), quae scripsit textum, correxerit an posterior (m. 2), manum priorem correxisse puta.

Saepius lectorem in annotationibus relegavi ad locos, qui quanam in pagina legerentur, nondum poteram scire, cum plagulas illas corrigerem; qua de causa numeros foliorum codicis V ascripsi, e. g.: fol. 52 v Ven.; Ven. fol. 90 r med.

ΣΧΟΛΙΑ ΕΙΣ ΤΑ ΜΕΧΡΙ ΣΤΟΧΑΣΜΟΥ ΤΗΣ ΕΡΜΟΓΕΝΟΥΣ ΤΕΧΝΗΣ ΚΑΙ ΕΙΣ ΤΑΣ ΙΔ ΣΤΑΣΕΙΣ ΣΥΡΙΑΝΟΥ ΣΟΦΙΣΤΟΥ.

Πολλῶν ἤδη φιλοσόφων τε καὶ σοφιστῶν πραγματείας οὐ σμικρὰς εἰς ἐξήγησιν τῆς Ἑρμογένους καταβαλομένων τέχνης οὐδὲ εἷς τῶν εἰς ἐμὲ ἡκόντων περὶ τοῦ βίου διελέχθη τἀνδρός· Φιλόστρατος δὲ μόνος ἐν δευτέρῳ τῶν σοφιστικῶν βίων φησὶν ἐπὶ τῶν Μάρκου βασιλέως Ῥωμαίων τοῦ φιλολογωτάτου χρόνων αὐτὸν γεγενῆσθαι ἐκ Ταρσῶν τῆς Κιλικίας πόλεως εὐειδοῦς, ἣν Κύδνος ποταμὸς διαρρεῖ μέσος, ἐφ' οὗ καὶ Ἀριστείδης ἦν. ΙΕ δὲ γενόμενον ἐτῶν οὕτως ἐπὶ τῇ σοφιστικῇ θαυμασθῆναι τέχνῃ, ὡς καὶ Μᾶρκον τὸν βασιλέα Σμυρναίοις ἐπιδημήσαντα περισπούδαστον ἡγήσασθαι πρὸς τὴν ἀκρόασιν τῶν Ἑρμογένους παραγενέσθαι λόγων· ὅτε δὴ καὶ διαλεγόμενος ἐπὶ τοῦ θρόνου,

1 fol. 2r in cod. V, fol. 240r in S. superscriptio est in VS. in codicis V fol. 2r et 2v nonnulla evanuerunt 6 W IV 30—31 ‖ δὴ S 7 μικρὰς S ‖ καταβαλλομένων V 8 εἷ[ς] S 9 διειλέχθη V ‖ τοῦ ἀνδρός S ‖ Philostr. vit. soph. II 7 10 βίων S] βιβλίων V 13 κύκνος S ‖ μέσον S ‖ ἐφ V] ἀφ S ‖ ἐφ' οὗ καὶ Ἀρ. ἦν aut post 11 χρόνων ponenda aut delenda videntur 15 μάρκον | f. 240v | τὸν S 16 σμυρναίοις γε S

18 λόγων^β παραγενέσθαι^α V ‖ δὴ] δὲ V; om. S

ὡς σοφισταῖς νόμος, ἔφη ‘ἰδού, σοί, βασιλεῦ, ῥήτωρ παιδαγωγοῦ δεόμενος, ῥήτωρ ἡλικίαν περιμένων’. εἰς ἄνδρας δὲ προελθὼν εἴς τε Δημοσθένην γέγραφεν ὑπομνήματα καὶ τεχνικὰ πολλά τε καὶ καλὰ συγγράμματα πάνυ τοὺς ἀκροωμένους ὠφελεῖν ἱκανά. πόρρω δὲ τῆς ἡλικίας ἥκων ἀπέβαλε πᾶσαν τὴν προτέραν ἕξιν ὑπ’ οὐδεμιᾶς φανερᾶς νόσου· διὸ καὶ κατεφρονήθη πάνυ. Ἀντίοχος δὲ ὁ ἐξ Αἰγῶν τῆς Κιλικίας σοφιστὴς ἀποσκώπτων εἰς αὐτὸν ἔφη ‘Ἑρμογένης ὁ ἐν παισὶ γέρων, ἐν δὲ γέρουσι παῖς’ καὶ ὅτι ‘εἰκότως Ὅμηρος πτερόεντας ἔφησε τοὺς λόγους, ὡς γὰρ πτερὰ ἔχοντες ἀπέπτησαν Ἑρμογένους’. ἀλλὰ ταῦτα μὲν σφόδρα νεμεσσητὰ τὰ ῥημάτια καὶ πολλοῦ τοῦ ὑπεροπτικοῦ τε καὶ ἀκραχόλου δείγματα, ἅπερ ἄμφω τὸν Ἀντίοχον ἠνώχλει τῶν εὖ ἐχόντων ὡς ἔοικεν Ἰσοκράτους λόγων ἐπιλελησμένον, ὃς ἡμῖν ἐκ μειρακίων παραινεῖ μηδενὶ πώποτε συμφορὰν ὀνειδίζειν τό τε τοῦ μέλλοντος ἄδηλον καὶ τὸ τῆς τύχης ἄστατον ἐκλογιζομένους. φαίνεται δὲ ἀνὴρ εὐδόκιμος ἐπὶ τῇ τέχνῃ γεγονὼς Ἑρμογένης καὶ κρῖναι ῥητορικοὺς λόγους ἱκανώτατος, ὡς δηλοῖ αὐτοῦ τά γε εἰς ἡμᾶς ἐλθόντα συγγράμματα, φημὶ δὲ τήν τε περὶ τῶν στάσεων τέχνην καὶ τὸ περὶ μεθόδου δεινό-

---

2 παιδαγωγοῦ δεόμενος Philostr., cf. Max. Plan. Wv 222, 9] παιδαγωγούμενος VS Sopatr. Wv 8, 28 ‖ ἡλικίαν περιμένων S Philostr.] ἡλικίας δεόμενος, in mg. $\overset{ε}{π}$μένον, V 3 τε S, fort. etiam in V erat ‖ δημοσθένη[ν post. ins.] V 6 ἀπέβαλε[ν erasa] S 7 νόσου etiam in V certo legi 8 κιλικίων S 9 $\overset{β}{ἔ}$φη εἴ$\overset{α}{δ}$αυτον V 13 πολλοῦ τοῦ] πλούτου VS 14 ἄμφ[ω], ex ου m. 2, S ‖ ἠνώχλει VS; fort. ἠνιόχει 15 ἐπιλελισμένον S ‖ Isocr. 1, 29 16 μηδενὶ | f. 241^r | πώποτε S 18 δὲ ἀνὴρ] ἀ[νηρ] (om. δὲ) V; δὲ ἄρα S 21 τά γε] τά [lac. 1 litt.] ε V; τά τε S ‖ ἐλθ[ό]ντα, ex ω, S ‖ τε om. V

τητος καὶ τό γε ἁπάντων ἀκριβέστατον καὶ φιλοσοφώτατον αὐτοῦ τῶν συνταγμάτων τὸ περὶ ἰδεῶν· καταλέλοιπε δὲ καὶ εἰς τοὺς δημοσίους ὑπομνήματα καὶ τέχνην ἑτέραν περὶ τῶν μερῶν τοῦ πολιτικοῦ λόγου, ὡς αὐτὸς ἐν τῇ τέχνῃ τῶν στάσεων αἰνίττεται λέγων ἐν τῷ περὶ στοχασμοῦ 'ἀκριβέστερον δὲ ἡμῖν ἐν τῷ περὶ προοιμίου λελέξεται'.

Τὰ μὲν οὖν περὶ τοῦ τεχνογράφου τοσαῦτα· χωρητέον δὲ ἤδη πρὸς τὴν ἐξήγησιν τῶν ἐν τῇ τέχνῃ Ἑρμῆν τε καὶ μούσας ἡμῖν συλλήπτορας τῶν λεγομένων γενέσθαι ἱκετεύσαντας.

[133, 4] 'πολλῶν ὄντων καὶ μεγάλων, ἃ τὴν ῥητορικὴν συνίστησι καὶ τέχνην ποιεῖ καταληφθέντα τε ἐξ ἀρχῆς δηλαδὴ καὶ συγγυμνασθέντα τῷ χρόνῳ' τὴν περὶ τῶν στάσεων πραγματείαν οἱ μὲν οὐδ' ὅλως ἔφασαν εἶναι τέχνην — εἴ γε καὶ τὴν ὅλην ῥητορικὴν τινὲς ἐμπειρίαν ἀπεφήναντο πρὸς τὴν τῶν μεταχειριζομένων δηλονότι ἀποβλέποντες ἀπαιδευσίαν, οἷος ἦν ὅ τε ἀπὸ τῆς κώπης ἀνίπτοις ποσὶ κατὰ τὴν παροιμίαν ἐπὶ τὸ βῆμα πηδήσας Δημάδης Ἡγήμων τε καὶ Πυθέας καὶ Ἀριστογείτων ὕθλων ἀλόγων συκοφαντίας τὰς βουλάς τε καὶ τὰ δικαστήρια ἐμπεπληκότες· καὶ ἐπὶ τῶν Εὐαγόρου δὲ τοῦ φιλοσόφου χρόνων, ὡς αὐτὸς ἐν τῇ περὶ τῶν στάσεων πραγματείᾳ φησί, σοφιστὴς ἦν Ἀθήνησι μαθητῶν μὲν τριακοσίων ἡγούμενος τὰς δὲ περὶ τῶν

2 αὐτοῦ | f. 2v | τῶν συγγραμμάτων (ταγ above) V ‖ ἀπολέλοιπε S
6 H 149, 18 9 ἐξήγησιν τὴν ἐν τέχνηι S 11 ἱκετεύσαντας ex -τες V 15 W IV 39—45 16 μὲν | f. 241v | οὐδ' S
22 συκοφαντία[ς], ex ν m. 2, S 25 cf. W V 610, 16—33
26 μὲν τ̄ V] μέντοι S

στάσεων μεθόδους φλυαρίαν ἀποφαινόμενος καὶ τοὺς νέους ἀπείργων τοῦ σὺν τέχνῃ τινὶ μελετᾶν τοὺς ἐν ῥητορικῇ λόγους λέγειν δὲ μόνον ἀνέδην αὐτοὺς τοὺς αὐτοσχεδίους τῶν λόγων ἐκδιδάσκων καὶ συνεχῶς τὴν ἐκ τριόδου ταυτηνὶ παροιμίαν τοῖς δυστυχέσιν ὁμιληταῖς ἐμβοῶν ὡς 'τὸ λαλεῖν ἐκ τοῦ λαλεῖν' κακῶς εἰδὼς ὡς ἑαυτόν τε τοῦ μηδενὸς ἄξιον ἀπέφαινε τοῖς νέοις, εἴ γε μηδεμίαν τοῦ λέγειν αὐτοῖς ἐνειργάζετο ἐπιστήμην, καὶ ὅτι ὁ τέχνης ἁπάσης γνώμων ἀκριβέστατος Πλάτων τὴν ἐναντιωτάτην περὶ τῆς σώφρονος ῥητορικῆς καὶ τοῦ ταύτην ἐπιτηδεύοντος ἀφίησι φωνὴν ἐν μὲν Σωκράτους ἀπολογίᾳ λέγων 'ῥήτορος μὲν γὰρ ἔργον τὸ τἀληθῆ λέγειν, δικαστῶν δέ γε σωφρόνων τὰ δίκαια κρίνειν', ἐν δὲ Γοργίᾳ 'τὸν γὰρ μέλλοντα ὀρθῶς ῥητορικὸν ἔσεσθαι δίκαιον ἄρα δεῖ εἶναι, ἐπιστήμονα τῶν δικαίων', ἐν δὲ Φαίδρῳ 'εἰ γάρ σοι ὑπάρχει φύσει ῥητορικῷ εἶναι, ἔσῃ ῥήτωρ ἐλλόγιμος προσλαβὼν ἐπιστήμην τε καὶ μελέτην· ὅτου δ' ἂν τούτων ἐλλείπῃς, ταύτῃ ἀτελὴς ἔσῃ.' ἀκολούθως δὲ τῷ θείῳ Πλάτωνι καὶ Διονύσιος ὁ πρεσβύτερος ἐν

---

2 *ἀπ[ει]ργων* S 3 *ἀνά(ε)ιδην* S ‖ *αὐτοὺς* om. et *αὐτοῦ* post *λόγων* ins. S 5 *τρι[ό]δου*, ex *α* m. 2, S ‖ *ταυτηνὶ* ex *ταύτην* V 6 cf. p. 5, 8 ‖ W IV 41, 9: *ἓν γοῦν τοῦτο καλῶς ποιῶν, ὅτι τοῦ μηδενὸς ἄξιον ἑαυτὸν ἀπέφαινεν*; ceterum cf. W V 610, 23 7 *εἰδὼς [δ]ς*, ex *ω* m. 2, S ‖ *ἀπέφ(αι)ηνεν* V; *ἀπέφαινε[ν* erasa] S 8 *αὐτοῖς* | f. 242r | *ἐνειργάζετο* S 10 *περί τε τῆς* S 12 *ἐν μέσω* (fin. vers., tum *σω* in mg. ascript.) *κράτους* V; *ἐν μ[εν σω]κράτ[ει]*, corr. m. 2, S ‖ *ἀπολογίαν* S ‖ cf. Plat. apol. 18 A 13 *τὰ ἀληθῆ* S ‖ *λέγειν* | f. 8r | *δικαστῶν* V 14 *τὸ τὰ δίκαια* Syr. fol. 21v Ven. ‖ *γοργία[ι* erasa] S ‖ Plat. Gorg. 508 C 16 *εἰ[δε* eras.]*ναι* S ‖ *εἶναι καὶ* Plat. ‖ *φαίδρω[ι* er.] S ‖ Plat. Phaedr. 269 D 17 et 19 *ἔσηι* V; *ἔσῃ*, in mg. m. 1 *ει*, S; *ἔσει* Plat. 18 *μελέτη[ν]* S 19 *ἐλλί(ει)πῃς* V

τῷ πρώτῳ τίτλῳ περὶ μιμήσεώς φησιν ὅτι ‘τρία ταῦτα τὴν ἀρίστην ἡμῖν ἔν τε τοῖς πολιτικοῖς λόγοις ἕξιν καὶ ἐν πάσῃ τέχνῃ τε καὶ ἐπιστήμῃ χορηγήσει, φύσις δεξιά, μάθησις ἀκριβής, ἄσκησις ἐπίπονος, ἅπερ καὶ τὸν Παιανιέα τοιοῦτον ἀπειργάσατο.’ πῶς οὖν ἥ τε τῶν ἀληθῶν καὶ δικαίων γνῶσις ἔτι δὲ ἐπιστήμη τε καὶ μελέτη γενήσεται τῶν καλῶν ἀνδρὶ τὸ λαλεῖν ἐκ τοῦ λαλεῖν ἐπιτηδεύοντι, ὡς ὁ περίβλεπτος ἐπὶ τῆς τῶν ἑταίρων ἀγέλης διεθρύλει σοφιστής; οἷς γε, εἰ κατὰ τὸ προσῆκον τὰς τῶν λόγων ἐκμανθάνειν ἠβούλοντο τέχνας, μόλις ἂν εἴκοσιν ἐξήρκουν οἶμαι διδάσκαλοι — τὴν τοίνυν περὶ τῶν στάσεων πραγματείαν οἱ μὲν οὐδ᾽ ὅλως ἠξίωσαν ὑποβάλλειν τέχνῃ, οἱ δὲ τὴν πᾶσαν ῥητορικὴν ἐν ταύταις θεωρεῖσθαί φασιν. ἑκατέρους οὖν ὁ τεχνογράφος εὐθὺς ἐκ προοιμίου διελέγχων τεχνικῆς τε θεωρίας ἔχεσθαι τὰς στάσεις ἀποδείκνυσι καὶ πρὸς ῥητορικὴν τέχνην οὐ μόνας ἐξαρκεῖν· ὅτι μὲν γὰρ τεχνικῆς ἔχονται θεωρίας, δηλοῖ λέγων ὡς πολλῶν ὄντων καὶ μεγάλων, ἐξ ὧν ἡ ῥητορικὴ τέχνη συνέστηκε, μέγιστόν ἐστι τὸ κατὰ τὴν διαίρεσιν τῶν πολιτικῶν ζητημάτων, ὅτι δὲ οὐ πᾶσα ἐν τούτοις ἡ ῥητορικὴ τέχνη, πρόδηλον ἐκ τοῦ πολλὰ εἶναι ἕτερα τὰ συνιστῶντα αὐτήν. ἄξιον δὲ καὶ τοῦ προοιμίου θαυμάσαι τὴν ἀκρίβειαν, ὅπως δι᾽ αὐτῆς τῆς ὑπερθέσεως λεληθότως κατεσκεύασεν ὅτι ἡ ῥητορικὴ τέχνη καὶ οὐκ ἐμπειρία, ὡς διακωμῳδοῦσί τινες.

---

1 τίτλω V] τῶν S ‖ Dion. fg. 2 Vs. 5 π[1 litt. erasa]αιανιέα V; π⌊α⌉ιανιέα S 7 τ⌊ὸ⌉, ex ὼ, V 8 περί | f. 242ᵛ | βλεπτος S 9 ἐπὶ τῆς . . ἀγέλης VS (‘coram grege’); ἐπὶ τῇ . . ἀγέλῃ Walz 10 ⌊εἰ⌉ S 17 ἀποδεικνὺς S 23 αὐτήν V] ταύτην S 25 συνθέσεως S 26 τινες | f. 3ᵛ | τὸν V

τὸν γάρτοι παρὰ τῶν διαλεκτικῶν ἀποδιδόμενον τῆς τέχνης ὅρον τοῖς τῆς ῥητορικῆς ἐφαρμόζει μέρεσιν - ὁρίζονται γὰρ ἐκεῖνοι τὴν τέχνην οὕτως ʽσύστημα ἐκ καταλήψεως ἐγγεγυμνασμένον πρός τι τέλος εὔχρηστον τῷ βίῳʼ -· διὰ μὲν τοῦ συνίστησι τὸ σύστημα δηλοῖ ⟨τῆς ῥητορικῆς⟩, εἶτα ἐπειδὴ ἐνδέχεται καὶ σύστημα εἶναι ἐμπειρικόν - οὕτω γοῦν τὴν ἀρχὴν καὶ παρ' Αἰγυπτίοις ἐκ τῶν κατὰ μέρος νοσούντων τε καὶ τὰς τῶν νόσων ἰάσεις ἀπογραφομένων τὴν ἰατρικὴν πρώτως εὑρῆσθαί φασιν -, προστίθησι καὶ τέχνην ποιεῖ· τὸ γὰρ μετὰ λόγου καὶ αἰτίας σύστημα τῶν θεωρημάτων ἰατρικῶν ἢ μουσικῶν ἢ ῥητορικῶν τέχνης ἂν εἴη ποιητικόν - οὕτω γοῦν καὶ Πλάτων φησὶν ἐν Γοργίᾳ ʽἐγὼ γὰρ τέχνην οὐ καλῶ ὃ ἂν ᾖ ἄλογον πρᾶγμαʼ -· διὰ δὲ τοῦ καταληφθέντα τὴν κατάληψιν ἐναργῶς μηνύει, κατάληψις δέ ἐστι λόγος γνῶσιν ἀκριβῆ μετὰ αἰτίας τῶν ὑποκειμένων περιέχων· ὥστε καὶ τοῦτο τεχνικὸν κατὰ Πλάτωνα· εἰ γὰρ τὸ ἄλογον οὐ τέχνη, τὸ μετὰ αἰτίας τέχνη, τέχνη δὲ ἡ ῥητορικὴ τῷ τὰς αἰτίας εἰδέναι, καθ' ἃς οἱ τοιοίδε λόγοι τοὺς τοιούσδε πείθουσιν ἀκροατάς, ἄλλως μὲν τοὺς πρὸς δόξαν ὁρῶντας, ἑτέρως δὲ τοὺς πρὸς κέρδος ἀποβλέποντας, ἄλλως δὲ τοὺς ἀληθείᾳ τε καὶ δικαιοσύνῃ

---

1 τ[ὸ]ν, ex ω, S ‖ *τῆι* (ex *τῶν*) *τέχνῃ ἀποδιδόμενον τῆς τέχνης* V   2 *ἐφαρμόζει* | f. 243r | *μέρεσιν* S   4 [*ἐγ*]*γεγυμνασμένον* V; fort. Syrianus scripsit *συγγεγυμνασμένον*, cf. p. 8, 17 (*καταλήψεων ἐγγεγυμνασμένων* W IV 41, 26) ‖ *εὔχρηστον τῶν ἐν τῷ* W IV   5 *δηλῶν* W IV   6 *τῆς ῥητορικῆς* inserui, cf. ann. ad p. 6, 18   10 *εὑρ*[*ῆσθαι*] V ‖ *φασίν* S; lin. del. V   11 *τῶν* eras. S   13 *εἴη ἢ* V ‖ *ποιητικόν* om. W IV 42, 7 ‖ *καὶ Πλάτων* om. S ‖ Plat. Gorg. 465 A   15 *δὲ τὰ κατα*[*λ*]*ηφθέντα* S   18 *δηλοῖ τῆς ῥητορικῆς* post *Πλάτωνα* add. V; cf. p. 6, 6 ann.   20 *καθὸ οἱ* V

προσέχοντας εἰλικρινῶς. ἐμπειρία δέ ἐστι λόγος ἐκ πλειόνων ὁμοίων καταλήψεως τὴν γνῶσιν ποιούμενος. τὸ δὲ ἐξ ἀρχῆς δηλαδή ἀφ' οὗπερ ἡ τῶν ἀνθρώπων ὑπέστη φύσις· σύνδρομος γὰρ ἡ ῥητορικὴ τῷ λόγῳ τῶν ψυχῶν, καὶ πρὸ Νέστορός τε καὶ Φοίνικος Παλαμήδους τε καὶ Ὀδυσσέως καὶ τῶν ἐν Ἰλίῳ ῥητόρων ἠσκεῖτο παρὰ ἀνθρώποις ἡ ῥητορική, εἴ γε καὶ τὸν Τροιζήνιον Πιτθέα φασὶν ἔνιοι λόγων ἐν Τροιζῆνι τέχνας γράφειν τε καὶ διδάσκειν ἀνθρώπους, τοὺς δὲ ἀνωτέρω τούτων τὸ πρᾶγμα σὺν ἀρετῇ μεταδιώξαντας ἡ ἐκ τοῦ κατακλυσμοῦ σὺν τοῖς ἄλλοις ἠφάνικε λήθη. εἰ γὰρ αἰώνιος ὁ ἐν ψυχῇ λόγος, πρόδηλον ὅτι καὶ ἡ τοῦτον διευκρινοῦσα τέχνη καὶ τὴν ἀχλὺν αὐτοῦ - κατὰ τὴν Ὁμηρικὴν Ἀθηνᾶν - καὶ τὴν ἀπαιδευσίαν διακαθαίρουσα οὐ χθές τε καὶ πρῴην ὥς φασι παρέδυ οὐδὲ οἱ πρότεροι τοῦ θειοτάτου τῶν ἐν ἡμῖν - φημὶ δὴ τοῦ λόγου - κατημέλουν καίτοι γε ἄριστα καὶ εὐνομώτατα πολιτευόμενοι καὶ τὸν ἐπὶ Κρόνου διαζῶντες βίον καὶ τοῦ χρυσοῦ γένους ἀτεχνῶς ἐπάξιοι πρὸς τῶν ἐνθέῳ μανίᾳ κατόχων ὑμνούμενοι ποιητῶν. εὔδηλον γὰρ ὡς κἀκεῖνοι τά τε θεῖα διαφερόντως ἐτίμων, εἴ γε τότε μάλιστα δὴ οἱ

---

1 *ἐμπειρία* | f. 243v | *δέ* S 2 *καταλήψεων* S W IV 42, 18
3 fort. *σημαίνει* ante *ἀφ'* ins. 8 *πιθέα* S ‖ *λόγων* S] *δὲ τῶν* V; cf. Paus. II 31, 3: *ἐνταῦθα Πιτθέα διδάξαι λόγων τέχνας φασί κτλ.* 11 *σὺν* om. S 12 *ἠφάνικ*, ε m. 2, S ‖ ⌊*εἰ*⌋ V ‖ *ὁ* om. S ‖ *πρόδηλο*⌊*ν*⌋ S 13 *διευκρινοῦσα* | f. 4r | *τέχνη* V
14 Ε 127: *ἀχλὺν δ' αὖ τοι ἀπ' ὀφθαλμῶν ἕλον, ἣ πρὶν ἐπῆεν* ‖ *καὶ τὴν ἀπαιδευσίαν κατὰ τὴν ὁμηρικὴν ἀθηνᾶν* VS; ordinem mutavi 15 *διακαθαίρουσαν* V 18 *συννομώτατα* V 20 *μανία*[1 litt. er.] S 22 ⌊*γ*⌋*ε* S ‖ *μάλιστα* | f. 244r | *δὴ* S

θεοὶ 'παντοῖοι τελέθοντες ἐπεστρωφῶντο πόληας', καὶ τούς τε ἀγαθοὺς δι' ἐπαίνων ἦγον καὶ τοὺς προπετείᾳ φύσεως ἐπὶ τὸ χεῖρον ὁρμῶντας ἐλοιδόρουν, ἅπερ ἴδια τῆς πανηγυρικῆς ἰδέας. ἔτι δὲ ἀγνοοῦσί τε τὸ προσῆκον καὶ ὑπὸ νεότητος φλεγομένοις τὰ βέλτιστα συνεβούλευον τῶν μὲν ἀτόπων ἐξείργοντες τῶν δὲ χρηστῶν ἔχεσθαι παρακαλοῦντες, δι' ὧν τὸ συμβουλευτικὸν ἠσκεῖτο παρ' αὐτοῖς. οὐ μὴν οὐδὲ τῆς περὶ τὸ δίκαιον ἀκριβείας οἵ γε τοιοῦτοι κατωλιγώρουν, ἀλλ' ὡς θεῶν ἀτεχνῶς ὑπάρχοντες ὀαρισταὶ δίκην τε καὶ τὸ δίκαιον ἐτίμων καὶ τοῖς ὑπερβαίνειν ἐπιχειροῦσι τὰς τιμωρίας ἐπῆγον, ὅθεν καὶ τοῦ δικανικοῦ συνέβαινεν αὐτοῖς οὐκ ἀμελετήτως ἔχειν. τὸ δὲ δηλαδή σημαίνει ὥσπερ καὶ ἐπὶ τῶν ἄλλων πασῶν τεχνῶν ἀνάγκη προτέραν γίγνεσθαι τὴν κατάληψιν εἶθ' οὕτω συνίστασθαι τὰς τέχνας. τὸ δὲ συγγυμνασθέντα τῷ χρόνῳ δηλοῖ μὲν τὸ ἐν τῷ ὅρῳ τῆς τέχνης 'συγγεγυμνασμένον', πρόσκειται δὲ τοῖς καταληφθεῖσιν, ἐπειδὴ ἀδύνατόν ἐστι τέλειον ἐνεργείᾳ γενέσθαι ῥήτορα, κἂν τὴν κατάληψιν ἀκριβῆ τῶν εἰς τὴν τέχνην συντελούντων θεωρημάτων ποιήσηται, μὴ καὶ γυμνασίαν ἐν χρόνῳ μακρῷ τούτων ἀσκήσαντα - ὅθεν καὶ Πῶλος ὁ σοφιστὴς ὁ Γοργίου μαθητὴς ἐν τῇ τέχνῃ φησὶ 'πολλαὶ τέχναι ἐν ἀνθρώποις εἰσὶν ἐκ τῶν ἐμ-

---

1 ρ 486 4 ἔτι τοῖς ἀγνοοῦσι W IV 43, 17 5 φλεγομέν[οις], οις in ras. m. 2, S 8 τὸ om. S 9 οἵ V] εἵ S 10 ὀ[α]ριστ[αὶ] V 13 ἀμελέτητα S ‖ σημαίνει ἀντὶ τοῦ ὥσπερ S 13/16 σημαίνει ὅτι ὥσπερ . . τέχνας, οὕτω κἀνταῦθα W IV 44, 6 15 πρότερον W IV ‖ γίνεσθαι S ‖ οὕτως S ‖ [σ]υνίστασθαι, ex γ, V 17 τὸ ἐν om. W IV 44, 9 ‖ cf. p. 6, 4 (ἐγγεγυμνασμένον) 19 ἐνεργεία S] ἐν υγείαι V 21 συντελούντων | f. 244ᵛ | θεωρημάτων S

πειριῶν ἐμπείρως εὑρημέναι’· μέμνηται δὲ τούτου καὶ Πλάτων ἐν Γοργίᾳ –. καὶ παράδειγμα τούτων Δημοσθένης τελεώτατα μὲν τῶν ῥητορικῶν θεωρημάτων τὴν ἐπιστήμην κατωρθωκώς, ὡς καὶ τῶν κριτικῶν τοὺς εὐδοκιμωτάτους διαρρήδην ἀποφαίνεσθαι ἄριστον τῶν πολιτικῶν λόγων εἶναι τὸν Δημοσθενικόν· ἀλλὰ τοὺς μὲν δικανικοὺς καὶ συμβουλευτικοὺς τῶν λόγων φαίνεται κατὰ τὸ προσῆκον συντεθεικὼς ἅτε καὶ σφόδρα γυμνασθεὶς ἐν τούτοις, περὶ δὲ τοὺς πανηγυρικοὺς τῶν λόγων οὐ σφόδρα ἐπιτηδείως ἔχων - τὸν γοῦν ἐπιτάφιον αὐτοῦ τινὲς αἰτιῶνται ὡς παρὰ τὴν ἀξίαν τοῦ ῥήτορος συγκείμενον –· καὶ δῆλον ὅτι καὶ τούτων μὲν ἄριστα τοὺς τεχνικοὺς ἠπίστατο λόγους, τὸ δὲ τῆς γυμνασίας ἐνδεὲς τοῖς διαβάλλειν βουλομένοις ἀφορμὴν τῆς κατηγορίας παρέσχεν.

[133, 6] ‘σαφῆ τε τὴν ὠφέλειαν παρεχόμενα τῷ βίῳ κἀν ταῖς βουλαῖς κἀν τοῖς δικαστηρίοις καὶ πανταχοῦ’ τὸ μὲν ⟨ἐν⟩ τῷ διαλεκτικῷ ὅρῳ ‘πρός τι τέλος εὔχρηστον τῷ βίῳ’ διὰ τούτων παρῴδησε, τῆς δὲ ῥητορικῆς τὸ χρήσιμον περὶ τίνα ἐστὶν ἐνταῦθα μηνύει, ὅτι ἐν βουλαῖς τε τὸ λυσιτελοῦν ἐξευρίσκειν κἀν τοῖς δικαστηρίοις διελέγχειν τοὺς ἀδικοῦντας, καὶ τοὺς παντοδαποὺς τῆς πανηγυρικῆς ἰδέας διαπλέκει λόγους· τὸ γὰρ πανταχοῦ διχῶς νοητέον, ἢ ὡς ἓν ἀνθ’ ἑνὸς τὸ πανηγυρικόν - διὸ ποικίλη τις

---

2 Plat. Gorg. 448 C 4 κατορθωκὼς S ‖ ὡς om. S ‖ κρῆτικῶν, puncta posuit m. 2, S 9 γυμνασθεὶς | f. 4ᵛ | ἐν V 16 παρεχομένοις m. 1, παρεχόμενον corr. m. 2 S 18 Wɪv 45 ‖ ἐν τῷ] om. V; τ[ῶ], om. ἐν, S (τὸ ἐν τῷ ὅρῳ Wɪv 45, 3); cf. p. 6, 4 19 εὔχρηστον | f. 245ʳ | τῶι S ‖ τῶν ἐν τῷ Wɪv 45, 4 21 μηνύει ante ἐνταῦθα lin. del. V ‖ μηνύσει S 22 διελέγχειν V] δοὺς ἐλέγχειν (δοὺς lin. del. m. 2) S 25 ἓν om. S

ἡ τούτου χρῆσις, ἐν ὕμνοις θεῶν, ἐν ἐπαίνοις ἀνθρώπων ζώντων τετελευτηκότων, ἐν ἑορταῖς, ἐν θρήνοις, ἐν διαβολαῖς κακίας, ἐν ἀρετῆς εὐφημίαις -, ἢ τὸ μὲν πανηγυρικὸν παρῆκεν ὡς τῷ δικανικῷ τε καὶ συμβουλευτικῷ συμπλεκόμενον - ὡς διδάσκουσιν ἡμᾶς Δημοσθένης μὲν ἐν τῷ περὶ τοῦ στεφάνου Ἰσοκράτης δὲ ἐν πανηγυρικῷ ὁ μὲν τῷ συμβουλευτικῷ ὁ δὲ τῷ δικανικῷ τὴν πανηγυρικὴν ἀναμίξαντες ἰδέαν -, τὸ δὲ πανταχοῦ κατὰ τῶν τριῶν ἔφησε τῆς ῥητορικῆς εἰδῶν ὡς οὐ μόνον ἐν βουλευτηρίοις καὶ δικαστηρίοις καὶ θεάτροις ἡ ῥητορικὴ δι' ὧν ἔφαμεν χρήσιμος ἀλλὰ καὶ ἰδίᾳ πατέρων τε πρὸς υἱεῖς καὶ διδασκάλων πρὸς μαθητὰς καὶ φίλων πρὸς ἑταίρους τὸ δέον ἀποφαινομένων εὐφημούντων τε τὰ χρηστὰ καὶ τὸ δίκαιον ἄριστα διακρινόντων.

[133, 8] 'μέγιστον εἶναί μοι δοκεῖ τὸ περὶ διαιρέσεως' οὐκ ἄρα πᾶσα ῥητορικὴ τέχνη ἐν ταῖς στάσεσι περιείληπται, ὡς ἔνιοί φασιν, ἀλλὰ πολλὰ μὲν καὶ μεγάλα καὶ τὰ ἄλλα τὰ συνιστῶντα ταύτην, μέγιστον δὲ τὸ κατὰ τὰς στάσεις. διαίρεσις δέ ἐστι λόγος τομὴν ἀκριβῆ τῶν ὑποκειμένων μετὰ εὐκρινείας ἀπεργαζόμενος. ταύτῃ γάρτοι καὶ διαφέρει συγκοπὴ διαιρέσεως, ὅτι ἀμφότεραι μὲν τέμνουσι τὰ ὑποκείμενα, ἀλλ' ἡ μὲν διαίρεσις ἕκαστα τὰ μέρη καὶ κατὰ ἰδίαν τέμνει περιγραφὴν - ζῷόν τε εἰ τύχοι

---

1 ⌊τούτ⌉ου S 3 ἀρετῆ⌊ς m. 2⌉ S ‖ εὐφημία⌊ι m. 2⌉ς V; εὐφημ⌊ί m. 2⌉ας S 6 τοῦ om. SW IV 46, 1 8 πανηγυρι⌊κὴν⌉, ex ν, V 9 κατὰ om. S 10 βουλευτηρίῳ S 11 p. 9, 21 14 ἐπαινούντων W IV 46, 9 ‖ χρη | f. 245ᵛ | ⌊σιμα in ras. m. 2⌉ S 17 W IV 45, 46, 59 (cf. IV 61, 5—11) ‖ πᾶσα ἡ S 18 περιειλη⌊πτ⌉ (αι supra), corr. m. 2, S 20 ταύτην | f. 5ʳ | μέγιστον V 23 ἀμφότερα V

κατὰ ἄρθρα καὶ λόγον κατὰ κεφάλαια -, ἡ δὲ συγκοπὴ συγκεχυμένας τε καὶ ἀδιαρθρώτους ποιεῖται τὰς τομάς. ἐπειδὴ δὲ τὸ τῆς διαιρέσεως ὄνομα πολλαῖς ῥητορικαῖς ἁρμόττει τέχναις, ταῖς τε περὶ τῶν εἰδῶν τῆς ῥητορικῆς διαλαμβανούσαις καὶ ταῖς περὶ τῶν μερῶν τοῦ πολιτικοῦ λόγου καὶ ταῖς περὶ τῶν μεθόδων, αἳ γυμνάζουσιν ἡμᾶς εἰς τὰ μέρη τοῦ πολιτικοῦ λόγου, οἵας δὴ γεγράφασιν Ἀριστοτέλης τε καὶ Ἀψίνης καὶ Καικίλιος καὶ μυρίοι ἕτεροι, διδασκαλικῶς πάνυ διαστέλλει τὴν ὁμωνυμίαν.

[133, 9] ʽλέγω δὲ οὐ τῆς ἀπὸ τῶν γενῶν εἰς εἴδη’ οἱ γάρτοι περὶ τῆς διαιρέσεως πραγματευσάμενοι τῆς ἀπὸ τῶν γενῶν εἰς εἴδη γένος μὲν εἶναί φασι τὴν ῥητορικήν, εἴδη δὲ αὐτῆς οἱ μὲν δύο, πραγματικὸν καὶ ἐπιδεικτικόν, οἱ δὲ τρία, δικανικὸν συμβουλευτικὸν πανηγυρικόν, οἱ δὲ τέταρτον τούτοις προστιθέασι τὸ ἱστορικόν. Ἀριστοτέλης δὲ δύο γένη φησὶν εἶναι τῶν πολιτικῶν λόγων, δικανικόν τε καὶ δημηγορικόν, εἴδη δὲ ἑπτά, προτρεπτικὸν ἀποτρεπτικὸν ἐγκωμιαστικὸν ψεκτικὸν κατηγορικὸν ἀπολογητικὸν ἐξεταστικόν· τὰ μὲν οὖν ἓξ ἐν τῷ λέγοντί φησι θεωρεῖσθαι, τὸ δὲ ἕβδομον ἐν τοῖς ἀκροωμένοις οἵπερ τῶν λεγομένων ἕκαστον ἐξετάζουσιν, ὁρίζεται δὲ αὐτὸ οὕτως ʽἐξεταστικόν ἐστι κρίσις προαιρέσεων ἢ λόγων

9 κεκίλιος VS 12 W IV 60—6 ‖ οἱ γάρτοι περὶ τῆς | f. 246r | διαιρ. — 13 εἰς εἴδη S] om. V (πραγματευόμενοι W IV 60, 4) 17 ad Alex. 1421b 7 (ubi legitur τρία γένη) 20 κατηγορητικὸν S ‖ ἀπολογητικὸν W IV 60, 12] ἀπολογικὸν VS 22 ἀκρ[οω]μένοις V ‖ οἵπερ W IV 60, 13] οἳ περὶ VS 24 rhet. ad Alex. 1427b 12: ἡ ἐξέτασίς ἐστι προαιρέσεων ἢ πράξεων ἢ λόγων πρὸς ἄλληλα ἢ πρὸς τὸν ἄλλον βίον ἐναντιουμένων ἐμφάνισις

ἢ πράξεων πρὸς ἄλληλα καὶ πρὸς τὸν ἄλλων βίον ὁμολογούντων ἢ ἐναντιουμένων᾽. ἡ μὲν οὖν ἀπὸ τῶν γενῶν εἰς τὰ εἴδη διαίρεσις περὶ τούτων διαλαμβάνουσα τοὺς ἑκάστῳ προσήκοντας ἀποδίδωσι λόγους, ἡ δὲ ἀπὸ τῶν ὅλων εἰς μέρη τοιαύτη τίς ἐστιν· τοῦ γὰρ πολιτικοῦ λόγου ὅλου τινὸς ὄντος οἱ μὲν τέσσαρά φασιν εἶναι μέρη, προοίμιον διήγησιν πίστιν ἤτοι ἀπόδειξιν ἐπίλογον, οἱ δὲ πέντε, προοίμιον διήγησιν ἀντίθεσιν λύσιν καὶ ἐπίλογον, οἱ δὲ καὶ πλείονα τούτων ὀνόματα μὲν καινότερα προσεπινοοῦντες ἅπαντες δὲ πρὸς τὰ πέντε μέρη καταντῶντες ἀλλ᾽ οἱ μὲν αὐτῶν συστέλλοντες τὴν ποσότητα οἱ δὲ ἐκτείνοντες.

[133, 10] ‘μικρὸν μὲν γὰρ οὐδὲ τοῦτο ῥητορικῆς μέρος᾽ τὴν αὐτὴν ἔννοιαν τῇ ἀρχῇ ἐκ τοῦ ἐναντίου ἐπιχειρήσας ἔφη· περὶ ὧν γὰρ εἶπεν ἀνωτέρω πολλῶν ὄντων καὶ μεγάλων, περὶ τῶν αὐτῶν νῦν λέγει μικρὸν μὲν γὰρ οὐδὲ τοῦτο ῥητορικῆς μέρος· οἶδε γὰρ ὡς ἐπιστήμων ἀκριβὴς καὶ τὰς περὶ τούτων τεχνολογίας πολλῆς ἐξετάσεως δεομένας.

[133, 12] ‘περὶ δὲ τῆς τῶν πολιτικῶν ζητημάτων διαιρέσεως εἰς τὰ λεγόμενα κεφάλαια ὁ λόγος γιγνέσθω᾽ τὴν τῶν στάσεων πραγματείαν περὶ ταύτην φησὶ καταγίγνεσθαι τὴν διαίρεσιν τὴν τῶν πολιτικῶν ζητημάτων εἰς τὰ κεφάλαια. πολι-

---

1 τ[ὸ]ν V 2 ἢ om. S ‖ ενολογουμένων (above: ναντι) (νολογ lin. del.) V ‖ ἀπ[ὸ] V 8 διήγησιν | f. 5v | ἀντίθεσιν V 9 λύσιν | f. 246v | (om. καὶ) ἐπίλογον S (καὶ om. etiam W IV 61, 3) 12 συστέλλοντες αὐτῶν S 15 W IV 60 et 61, 11—17 20 δεομένης (above: ας) V 23 W IV 61, 62 24 ταύτης S

τικὰ δὲ ζητήματά φησι πάντα τὰ ὑπὸ τὰς ΙΓ ἀναγόμενα στάσεις, ἅσπερ προϊόντος ἡμᾶς διδάξει τοῦ λόγου. λεγόμενα δὲ κεφάλαιά φησιν, ἐπειδὴ οἶδεν ἐνίους μὲν συμπεράσματα καλοῦντας τὰ κεφάλαια, ἐνίους δὲ ζητούμενα, ἄλλους δὲ περιεχόμενα, καὶ ζητούμενα μὲν πρὸ τοῦ κατασκευασθῆναι, συμπεράσματα δὲ μετὰ τὰς ἀποδείξεις, περιεχόμενα δὲ ὡς ὑπὸ τῶν στάσεων ἢ τῶν ὅλων λόγων περιειλημμένα, κεφάλαια δὲ ὡς μεγάλα καὶ κυριώτατα τμήματα τῶν λόγων ὄντα - καὶ γὰρ τοῦ σώματος κυριώτατον μέρος ἡ κεφαλή -. κεφάλαιον δέ ἐστι μέρος λόγου ἀπόδειξιν ἔχον τοῦ προκειμένου πράγματος ἐκ νοημάτων καὶ ἐπιχειρημάτων συγκείμενον. ἡ δέ γε τῶν πολιτικῶν ζητημάτων διαίρεσις προηγουμένην μὲν ποιεῖται τὴν εἰς τὰ κεφάλαια τομήν, οἷον τὸ μὲν στοχαστικὸν εἰς τὰ στοχαστικὰ τὸ δὲ ὁρικὸν εἰς τὰ ὁρικά, παρεπομένην δὲ τὴν εἰς τὰ μέρη τοῦ λόγου.

[133, 14] 'ἔστι δὲ σχεδὸν ὁ αὐτὸς τῷ περὶ εὑρέσεως' ὁ περὶ τῆς διαιρέσεως φησὶ λόγος παραπλήσιός πώς ἐστι τῷ περὶ εὑρέσεως· εὕρεσις γάρ ἐστι λόγος νοημάτων καὶ ἐπιχειρημάτων εὐπορίαν περιέχων. ἡ μὲν οὖν διαίρεσις τὴν ἀπαρίθμησιν καὶ τὴν τάξιν ἡμᾶς διδάσκει τῶν ὑπὸ ἑκάστην στάσιν ἀναγομένων κεφαλαίων, ἡ δὲ εὕρεσις πλατύτητα καὶ τὴν ἐξεργασίαν ἡμῖν χορηγεῖ τῶν κεφαλαίων, οἷον ἡ μὲν διαίρεσις

---

1 ΙΓ VS] ΙΔ fol. 20r Ven. ‖ ἀναγομένας S 2 ἅπερ V 3 κε[φ]άλαια S, om. Wιv 62, 1 7 περιεχόμενα | f. 247r | δὲ S ‖ ἢ om. V 8 περιειλημένα S 9 κ[αι]ριώτατα, αι m. 2, S; καιριώτατα V 11 ἐστι in ras. m. 2 S ‖ ἔχον τοῦ V] ἔχοντ (ο suprascr.) m. 1, ῦ add. m. 2, S 19 Wιv 64—65 ‖ παραπλήσι[ο]ς, ex ω m. 2, S

ἵνα ἐκ τῶν γνωριμωτέρων ἡμῖν ὁ λόγος σαφὴς γένηται τέμνει τὸ ἐγκώμιον ἢ τὴν νόμου εἰσφορὰν τοῖσδε ἢ τοῖσδε τοῖς κεφαλαίοις, ἡ δὲ εὕρεσις τὰ προσήκοντα εἰς ἕκαστον ἐνθυμήματα διερευνᾶται, καὶ ἡ μὲν διαίρεσις ὡρισμένη ἐστὶ καὶ ἀεὶ ὡσαύτως ἔχει, ἡ δὲ εὕρεσις ἀόριστός τέ ἐστι καὶ ἄλλοτε ἄλλη ἐπὶ τῶν ῥητορευόντων γίνεται πρὸς τὰς τῶν λεγόντων ἑκάστοτε μεταβαλλομένη φύσεις εὐπορωτέρα τε καὶ ἀσθενεστέρα γινομένη· διόπερ καλῶς καὶ ὁ Πορφύριος ἐν τῇ περὶ τῶν στάσεων τέχνῃ ἐκεῖνό φησιν, ἡλίκον ἡ τῶν νοημάτων εὕρεσις ἐν λόγῳ δύναται μηνύων, 'τοῦ γὰρ λόγου ψυχὴν δοκοῦντος ἔχειν καὶ σῶμα ἡ μὲν τῶν νοημάτων εὕρεσις δικαίως ἂν ψυχὴ τοῦ λόγου νομίζοιτο ἡ δὲ ἑρμηνεία σῶμα.'

[133, 14] '*πλὴν ὅσον οὐ πάντα ἔχει τὰ περὶ εὑρέσεως*' ἡ οὖν διαίρεσις ὡς εἴρηται παρέοικε μὲν τῇ εὑρέσει - πηγὴ γάρ τίς ἐστι τῶν ἐν τοῖς λόγοις εὑρισκομένων ἐπιχειρημάτων -, οὐ πάντα δὲ τὰ ἐν ταύτῃ ἐπιδέχεται· πολὺ γὰρ τὸ πλάτος τῆς εὑρέσεως καὶ κατὰ ἄνδρα ἴδιον ἅτε ἀορίστου ὡς ἔφαμεν οὔσης.

[133, 15] '*καὶ πρῶτόν γε ὅτι ἐστὶ πολιτικὸν ζήτημα ῥητέον*' διδασκαλικῶς πάνυ πρότερον ἡμῖν τοῦ πολιτικοῦ ζητήματος παραδίδωσι τὸν ὅρον ὥστε τήν τε δύναμιν αὐτοῦ καὶ περὶ τίνα καταγίνεται

---

1 τῶν | f. 6r | γνωριμωτέρων V ‖ σαφὴς ὁ λόγος S 2/3 τοῖ[σ]δε ἢ τοῖσδε τοῖς V; τ[οῖσ]δε [ἢ] τοῖς, οῖς in ras. m. 2, ἢ erasa, S 4 ἐνθύμημα [2 litt. er.] V; ἐν | f. 247v | θυμήματα S 6 τέ om. S ‖ ἐπὶ] περὶ VS 7 γίνεται S, p. comp. V 9 ὁ om. S 10 φησιν ex φασιν (p. comp.) V 16 Wɪv 65 et 66, 2—6 ‖ p. 18, 19 ‖ παρέοικε[ν eras.] S 20 [ἄ]νδρα V ‖ p. 14, 6 22 τὸ post ἐστὶ S 23 Wɪv 65

σαφῶς γνῶναι τοὺς ἀκροωμένους. ἰστέον δὲ ὅτι σφόδρα τελείως ἀποδέδωκε τὸν τοῦ ζητήματος ὅρον ὡς μηδένα τῶν μετ' αὐτὸν φιλοσόφων ἢ σοφιστῶν προσθεῖναί τι ἢ ἀφελεῖν τοῦ ὅρου.

[133, 16] '*ἔστι γὰρ ἀμφισβήτησις λογικὴ ἐπὶ μέρους ἐκ τῶν παρ' ἑκάστοις κειμένων νόμων ἢ ἐθῶν περὶ τοῦ νομισθέντος δικαίου ἢ καλοῦ ἢ συμφέροντος ἢ καὶ πάντων ἅμα ἢ τινῶν*' *γένος μὲν τοῦ ὅρου ἐστὶν ἡ ἀμφισβήτησις, διαφοραὶ δὲ τὰ λοιπά· πᾶς γὰρ τελείως ἔχων ὅρος ἐκ γένους ἐστὶ καὶ διαφορῶν. ἐπειδὴ δὲ τῶν ἀμφισβητήσεων αἱ μὲν ἐν λόγοις αἱ δὲ ἐν ἔργοις εἰσίν, ὡς αἱ τῶν ἀθλητῶν τε καὶ στρατιωτῶν, προσθεὶς τὸ λογικὴ ἐχώρισεν αὐτὴν τῶν πρακτικῶν. πάλιν ἐπειδὴ τῶν λογικῶν ἀμφισβητήσεων αἱ μὲν καθόλου εἰσίν, οἷαίπερ αἱ φιλόσοφοι περὶ τῶν καθόλου διαλαμβάνουσαι θεοῦ νοῦ ψυχῆς, αἱ δὲ μερικαί, οἷαίπερ εἰσὶν αἱ περὶ τῶν πολιτικῶν πραγμάτων, προσθεὶς τὸ ἐπὶ μέρους ἐχώρισεν αὐτὴν τῶν καθόλου.*

[133, 17] '*ἐκ τῶν παρ' ἑκάστοις κειμένων νόμων ἢ ἐθῶν*' *ὁ γὰρ ῥήτωρ τὰ πολιτικὰ ζητήματα διαπλέκει τὰς πίστεις ἐκ τῶν παρ' ἐκείνοις ἐθῶν τε καὶ νόμων ποιούμενος, παρ' οἷς ἂν καὶ δημηγοροίη· οἱ μὲν γὰρ τῶν ἀκροωμένων βραχυλογίᾳ χαίρουσι καὶ*

---

2 *σφόδρα* | f. 248r | *τελεί⌊ω⌉ς* S ‖ *τὸν* om. S 3 *αὐτ⌊ὸν⌉*, ex *ω*, V; *ο* in ras. m. 2 S 4 ⌊*ἢ ἀ*⌉*φ*⌊*ε*⌉*λεῖν* V 7 *καλοῦ ἢ* om. V 8 ⌊*ἢ τινων*⌉, m. 2 ex *κτηνην*, S 9 Wɪᴠ 69—70 13 *στρατιωτ⌊ῶ⌉ν* V; *στρατιωτικῶν* S 14 *ἐχώρησεν* V 16 *δια-* *πραγ* *λαμβάνουσ⌊αι⌉*, ex *ι* m. 2, S 18 *ζητημάτων*, *ζητη* lin. del., V 19 *ἐχώρησεν* V 21 Wɪᴠ 70 (cf. Wɪᴠ 78, 18) ‖ *πολιτικὰ* | f. 6v | *ζητήματα* V 22 *διαπλέξαι* S 24 *βραχυ⌊λ⌉ογία* V

πρὸς πόλεμον αὐτοῖς πᾶσα συντέτακται δίαιτα, ὡς Λακεδαιμόνιοι, οἱ δὲ τοὺς μακροτέρους τε τῶν λόγων ἀνέχονται καὶ μᾶλλον ἀνειμένοι τὰς γνώμας ὑπάρχουσιν, ὡς Ἀθηναῖοι· καὶ τῶν δικαστῶν οἱ μὲν πρὸς κέρδος ὁρῶσιν, οἱ δὲ τὴν ἀλήθειαν ἐκ πάντων ζητοῦσιν. καὶ ἁπλῶς εἰπεῖν πολυτρόπου τῆς τῶν ἀκροωμένων ὑπαρχούσης φύσεώς τε καὶ πολιτείας συμμεταβάλλεσθαι χρὴ καὶ τὸν ῥήτορα ταῖς ἐκείνων ἕξεσιν ἐν τοῖς λόγοις. ἔστι δὲ νόμος μὲν λόγος κοσμητικὸς καὶ μετρητικὸς τῶν ἐν τῇ πολιτείᾳ πραγμάτων πᾶσι τὸ κατ' ἀξίαν ἀπονέμων, ἔθος δὲ νόμιμον ἄγραφον ἐκ συλλογῆς συνιστάμενον παραδειγμάτων· εἰ γὰρ ἕκαστος εἰ τύχοι τῶν εὐπορωτέρων Ἀθήνησι παιδὸς αὐτῷ γεγονότος τρέφοι τοὺς δημότας ἐκ τῶν ἄνω χρόνων, πρόδηλον ὡς Μιλτιάδῃ τε καὶ Περικλεῖ καὶ τῶν πλουτούντων ἑκάστῳ ἐπάναγκες τῷ ἔθει κατακολουθεῖν· καὶ πάλιν ἔθος ἦν Ἀθήνησι τεττιγοφορεῖν τῶν εὐπατριδῶν τοὺς παῖδας, ὃ καὶ μέχρι ἡμῶν διεσῴζετο, καὶ τὸ ἀρχαιότερον, ὡς καὶ Θουκυδίδης φησί, κρωβύλον ἀναδεῖσθαι τῶν ἐν τῇ κεφαλῇ τριχῶν.

[133, 18] 'περὶ τοῦ νομισθέντος δικαίου ἢ καλοῦ ἢ συμφέροντος' τὰ τέλη τῶν τριῶν εἰδῶν τῆς ῥητορικῆς ἐμπεριέλαβε τῷ ὅρῳ τοῦ πολιτικοῦ ζητήματος διὰ μὲν τοῦ δικαίου τὸ δικανικὸν δηλῶν, διὰ δὲ τοῦ καλοῦ τὸ πανηγυρικόν, διὰ δὲ τοῦ συμφέροντος τὸ συμβουλευτικόν. καλῶς δὲ τοῦ νομισθέντος

---

1 αὐτῶν S ‖ δίαιτα | f. 248^{v} | ὡς S 3 fort. ἀναδέχονται 5 ἐκ VS; fort. ἐπὶ ‖ ὁρῶσ post πάντων lin. del. V 18 αὐτ[ῷ] S 19 Thuc. 1, 6 22 W IV 70—71 23 ἐμπεριέλαβε[ν eras.] S ‖ πολι| f. 249^{r} |τικοῦ S

προσέθηκεν· περὶ γὰρ τοῦ δοκοῦντος ἐν ἑκάστῃ πόλει δικαίου τε καὶ καλοῦ ποιεῖται τοὺς λόγους. ἕτερον δὲ τὸ δοκοῦν παρὰ τὸ ἀληθές, οἷον ἀληθὲς μὲν δίκαιόν ἐστι καὶ συμφέρον τοὺς ἀρίστους ἄρχειν ἑκασταχοῦ, κἂν Ἴρου πτωχότεροι τυγχάνωσιν - καὶ τοῦτο νομοθετῶν ὁ θεῖος Πλάτων ἐν πολιτείᾳ φησὶν ὡς οὐ πρότερον αἱ πόλεις εὐδαιμονήσουσι, πρὶν ἂν ἢ οἱ βασιλεῖς φιλοσοφήσωσιν ἢ οἱ φιλόσοφοι βασιλεύσωσιν -, Ἀθήνησι μέντοι ἐξ εὐπατριδῶν ᾑροῦντο πάντως ἐν τοῖς πρὸ τοῦ χρόνοις τοὺς ἄρχοντας, καὶ εἰ μηδ' ὁτιοῦν ἀρετῇ διέφερον τῶν ἄλλων, ὕστερον δὲ καὶ ἐκ δημιουργῶν· Λακεδαιμόνιοι δὲ τοὺς βασιλεῖς ἐξ Ἡρακλειδῶν ᾑροῦντο πάντως, εἰ καὶ χωλοί τε ὑπάρχοιεν καὶ Παυσανίου τυραννικώτεροι τὰς ψυχάς. οὕτω τὸ νομιζόμενον κἀν ταῖς εὐνομωτέραις πόλεσιν ἐκράτει δίκαιον, ἀλλ' οὐ τὸ ἀληθές.

[133, 19] *'ἢ καὶ πάντων ἅμα ἢ τινῶν' ἢ γὰρ περὶ δικαίου καὶ καλοῦ καὶ συμφέροντος ἅμα τὴν ἐξέτασιν ποιεῖται τὸ πολιτικὸν ζήτημα ἢ περὶ μόνων τῶν δύο ἢ περὶ ἑνός.*

[133, 19] *'τὸ γὰρ ὡς ἀληθῶς τε καὶ καθόλου καλὸν ἢ τὰ τοιαῦτα ζητεῖν οὐ ῥητορικῆς' εὐκαίρως ἐπὶ τῷ ὅρῳ ὡς τελείως ἔχοντι σεμνῶς τε καὶ ἀξιωματικῶς τὴν ἐκ τοῦ ἐναντίου ἐπάγει ἀπόφασιν ἥκιστα ῥητορικῇ προσήκειν ἀποφαινόμενος τὴν περὶ*

---

5 τυγχάν[ω]σιν V 6 Plat. reip. v 473 C ‖ πολ[ι]τεία S ‖ εὐδαιμονίσουσι | f. 7r | πρὶν V 7 ἢ om. S 8 φιλοσοφήσ[ω]σιν, ex ου m. 2, S 9 ἡγοῦντο V 14 τὸ[ν eras.] S 15 πόλεσιν V] τῶν πόλεων S 17 Wιv 71, 79 18 γ[ὰ]ρ V ‖ καὶ post δικαίου om. S 20 B | f. 249v | ἡ S 21 ἀληθὲς S 23 Wιv 71

τῶν ὡς ἀληθῶς ὄντων καὶ καθόλου ζήτησιν, φιλοσοφίας δὲ ἴδια τὰ τοιαῦτα αἰνιττόμενος, ἥπερ μόνη τεχνῶν τε καὶ ἐπιστημῶν πηγὴ ὑπάρχουσα κυριώτατα κατ' Αἰσχύλον 'οὐ γὰρ δοκεῖν ἄριστος ἀλλ' εἶναι θέλει.'

[133, 21] 'τὴν δὲ ἀμφισβήτησιν ταύτην ἀνάγκη περί τε πρόσωπα γίγνεσθαι καὶ πράγματα' τοῦ πολιτικοῦ ζητήματος γένος τὴν ἀμφισβήτησιν ὁρισάμενος εὐτάκτως πάνυ διδάσκει ἡμᾶς περὶ ποῖα ἄττα συνίσταται αὕτη· φησὶν οὖν ὡς περὶ πρόσωπα καὶ πράγματα. καὶ καλῶς πάνυ τὸ ἀνάγκη πρόσκειται· οὐ γὰρ οἷόν τε πολιτικὴν συστῆναι ζήτησιν μὴ προσώπου τε ὑφεστῶτος τοῦ διαπραττομένου καὶ πράγματός τινος γεγονότος, περὶ ὃ καὶ ἡ ἀμφισβήτησις συνίσταται· ἄνευ γὰρ θατέρου θάτερον ἀσύστατον.

[133, 22] 'ὧν πλείστη δήπου διαφορά' οἱ μὲν τῶν ἐξηγητῶν ἐξεδέξαντο προσώπων πρὸς πράγματα διαφοράν, ὅπερ τῆς τοῦ τεχνογράφου βαθύτητος ἀνάξιον, ἀλλὰ δεῖ νοῆσαι τὴν διαφορὰν προσώπων τε πρὸς πρόσωπα καὶ πραγμάτων πρὸς πράγματα· ἡ γὰρ τούτων ἀκριβὴς κατανόησις ὡς αὐτός φησιν εὐχερεστέραν ἡμῖν τῶν πολιτικῶν ζητημάτων ἀπεργάζεται τὴν διαίρεσιν τά τε ἀδιαίρετα καὶ διαιρούμενα σαφῶς παραστήσει. μαρτυρεῖ δὲ καὶ αὐτὸς τῇ ἐξηγήσει ταύτῃ εὐθὺς ἐπενεγκὼν πρώτας μὲν τὰς πρὸς ἄλληλα δια-

1 ὡς om. S ‖ ἀληθῶ[ς] V 2 [ἥ]περ, corr. m. 2, S
4 Aesch. Sept. 575 7 τε om. S 8 et 17 Wɪv 81, 82
14 ὃ] οὗ VSWɪv 82, 4 17 διαφοράν | f. 250r | ὅπερ S
25 καὶ ὁ αὐτὸς S 26 εὐθὺς | f. 7v | ἐπενεγκὼν V ‖ ἄλλ[η]λα, ex α, S

φορὰς τῶν προσώπων δευτέρας δὲ τὰς τῶν πραγμάτων.

[133, 26] 'τῶν οὖν προσώπων τὰ μέν ἐστιν οἷα καὶ δύνασθαι ἐξετάζεσθαι, τὰ δὲ οὐ τόπον δὲ ἄλλως ἐπέχει προσώπου' καθόλου πρόσωπα ἐξεταζόμενα καλεῖ τὰ ἔχοντα ποιότητά τινά, ἐξ ἧς ἡ περὶ τὸ πρόσωπον ὕλη γνωρίζεται, οἷον Περικλῆς Ἀλκιβιάδης πλούσιος πένης στρατηγὸς ῥήτωρ· τὰ δὲ ἀνεξέταστα ποιότητα μὲν οὐδεμίαν ἔχει προσκειμένην, δι' ἧς ἄν τις εὐπορίαν τινὰ ἐν τῇ ὑποθέσει σχοίη ὥσπερ τὰ ἀόριστα, εἰκόνα δὲ μόνην προσώπου ἐκπληροῖ. ὅταν οὖν ἐν ὑποθέσει παραληφθῇ τι ἀνεξέταστον, ἰστέον ὅτι καθολικὸν ἡ τέχνη παραδίδωσιν ἡμῖν θεώρημα, ὡς χρὴ ἀκόλουθον τῇ τοῦ πράγματος ποιότητι περιτιθέναι τῷ ἀορίστῳ προσώπῳ χαρακτῆρα· εἰ μὲν γὰρ χρηστὸν εἴη τὸ πεπραγμένον, πρόδηλον ὡς τοιοῦτος ὁ πράξας - πρᾶγμα γὰρ ἀεὶ βέλτιστον προαιρέσεως ἔχεται δεξιᾶς -, εἰ δὲ φαῦλον εἴη τὸ γεγονός, ἀνοσίαν εἶναι καὶ τοῦ πεπραχότος ἐροῦμεν τὴν φύσιν. ὀρθότατα γὰρ καὶ Σωκράτης ἡμῖν τὸ φιλοσοφίας κεφάλαιον πρὸς ταῦτα βλέπων τὸ τοιόνδε συνεχῶς ἐβόα 'οἷος ὁ βίος, τοιοῦτος ὁ λόγος· οἷος ὁ λόγος, τοιαῦται αἱ πράξεις.'

[133, 28] 'τῶν δ' αὖ ἐξεταζομένων ἰσχυροτάτην μὲν ἔχει δύναμιν τὰ ὡρισμένα καὶ κύρια' ἑπτὰ μὲν τὰς ὅλας διαφορὰς ἡμῖν παραδίδωσι τῶν προσώπων, τὴν δὲ πρωτίστην ἀποδίδωσι τάξιν τοῖς

---

5 W IV 86—87 7 περικλ[ῆ]ς, ex ει m. 2, S 8 πένης πλούσιος S 11 ὥσπερ V] ὡς S 12 καὶ ante ὅταν S 14 ὡς | f. 250ᵛ | χρὴ S 16 [εἴ]η V 18 γεγον[ὸ]ς, ex ω, S 24 ἰσχυρωτάτην [μὲν superscr. m. 2] S 26 W IV 89—90

ὡρισμένοις τε καὶ κυρίοις διὰ δύο ταύτας αἰτίας, ὅτι τε πᾶσα ἡ περὶ αὐτῶν ὕλη πρόδηλός ἐστιν ἐκ τῆς ἱστορίας, γένος ἀγωγὴ ἐπιτηδεύματα πράξεις, καὶ διότι τὰ κύρια - ὡς καὶ αὐτὸς ὑποκατιὼν ἐπισημαίνεται - πολλοὺς ἐπιδέχονται τρόπους τῆς τῶν προσώπων τάξεως. ὁ γὰρ Περικλῆς εἰ τύχοι παραληφθεὶς ὡρισμένον τέ ἐστι πρόσωπον καὶ πρός τι - πατὴρ γὰρ καὶ δεσπότης -, καὶ ἠθικόν - καὶ φιλόπολις γάρ -, καὶ προσηγορικόν - στρατηγὸς γὰρ καὶ ῥήτωρ -· ὁ γοῦν Θουκυδίδης παραλαβὼν αὐτὸν ἐκ τῆς τοῦ προσώπου ποιότητος τὸ ἀξιόπιστον αὐτῷ περιτίθησι λέγων 'καίτοι ἐμοὶ τοιούτῳ ἀνδρὶ ὀργίζεσθε, ὃς οὐδενὸς ἥσσων οἴομαι εἶναι γνῶναί τε τὰ δέοντα καὶ ἑρμηνεῦσαι ταῦτα φιλόπολίς τε καὶ χρημάτων κρείσσων.' εἰ μὲν οὖν ἔνδοξα εἴη τὰ κύρια πρόσωπα, συστατικῶς χρησόμεθα τῇ περὶ αὐτῶν ὕλῃ, εἰ δὲ ἄδοξα οἷον Φιλοκράτης ἢ Φρύνων ἢ Ἀριστογείτων, ἐκ τῶν ἐναντίων δηλονότι διαβαλοῦμεν ἐπιχειρημάτων.

[134, 2] '*δευτέραν δὲ τὰ πρός τι*' *ταῦτα εἰ καὶ προσηγορικά ἐστι καὶ ταύτῃ ὑποβέβηκε τὴν τῶν κυρίων δύναμιν, ἀλλ' οὖν διὰ τῆς πρὸς ἄλλο σχέσεως διπλῆν τινα ποιοτήτων εὐπορίαν χορηγεῖ τῷ λόγῳ· ὁ γὰρ πατὴρ ἐν ζητήματι παραληφθεὶς ἢ φιλότεκνός ἐστι καὶ σύστασιν ἱκανὴν ἐκ τούτου λήψεται ἢ σκαιὸς περὶ παῖδας ὢν παρέξει καταδρομῆς ἀφθονίαν τοῖς*

---

1 *κυρίως* S 3 *καὶ ὅτι* Wɪᴠ 90, 1 5 *μὲν* post *ἐπιδέχονται* V 9 *γὰρ* | f. 251ʳ | *καὶ πρ.* S 10 *αὐτὸν εὐθὺς ἐκ* S Wɪᴠ 90, 5 ‖ Thuc. 2, 60 12 *ὀργίζεσθ*⌊*ε*⌉, ex *αι* m. 2, S; *ὀργίζεσθαι* V 16 *χρη*⌊*σό*⌉*μεθα* V ‖ *ὕλῃι* | f. 8ʳ | *εἰ* V ‖ *ἄδοξοι* V 19 Wɪᴠ 93—94 22 *χορηγίαν*, *χορηγ.* lin. del., *εὐπορ* V 24 *ἢ καὶ ὡς μισόπαις ὢν* Wɪᴠ 94, 1

αἰτιᾶσθαι βουλομένοις, ὅπερ καὶ Αἰσχίνης κατὰ Δημοσθένους ἔφη σκληρότητα κατηγορῶν ἤθους ἐν τῷ κατὰ Κτησιφῶντος 'ἑβδόμην δὲ ἡμέραν τῆς θυγατρὸς αὐτῷ τετελευτηκυίας πρὶν ἢ πενθῆσαι καὶ τὰ νομιζόμενα ποιῆσαι στεφανωσάμενος καὶ λευκὴν ἐσθῆτα λαβὼν ἐβουθύτει καὶ παρενόμει τὴν μόνην ὁ δείλαιος καὶ πρώτην αὐτὸν πατέρα προσειποῦσαν ἀπολέσας', εἶτα ἐπάγει 'ὁ γὰρ μισότεκνος καὶ πατὴρ πονηρὸς οὐκ ἄν ποτε γένοιτο δημαγωγὸς χρηστός, οὐδ' ὁ τὰ φίλτατα καὶ οἰκειότατα σώματα μὴ στέργων οὐδέποθ' ὑμᾶς περὶ πολλοῦ ποιήσεται τοὺς ἀλλοτρίους, οὐδέ γε ὁ ἰδίᾳ πονηρὸς οὐκ ἂν γένοιτο δημοσίᾳ χρηστός, οὐδ' ὅστις ἐστὶν οἴκοι φαῦλος οὐδέποτ' ἂν ἐν Μακεδονίᾳ κατὰ τὴν πρεσβείαν καλὸς κἀγαθὸς γένοιτ' ἄν· τὸν γὰρ τόπον μόνον ἀλλ' οὐ τὸν τρόπον μετήλλαξεν.' καὶ ὁρᾷς ὁπόσην ἡ τοῦ πατρὸς σχέσις ἀφορμὴν αὐτῷ διαβολῆς κεχορήγηκεν. πάλιν υἱὸς εἰ τύχοι μελετώμενος ἐκ τῆς πρὸς τοὺς πατέρας ὁσιότητος ἢ ῥᾳθυμίας βελτίστου δόξαν ἢ πατραλοίου λήψεται, ὅ τε δεσπότης ἐκ τῆς πρὸς τοὺς οἰκέτας ἰταμότητος ἢ φιλανθρωπίας εὐπρόσιτος εἶναι καὶ τοῖς ἐντυγχάνουσιν ἢ βαρὺς καὶ φιλαπεχθήμων δόξει, τόν τε οἰκέτην ἡ πρὸς τὸν δεσπότην πίστις ἢ κακόνοια διελέγχει.

---

1 *καὶ* om. S ‖ Aesch. 3, 77 3 *κατὰ* — 6 *ἐβουθύτει* post *χρηστὸς* ponit S (ubi scriptum est *χρηστὸς ὃς κατὰ*) ‖ *στησιφῶτος ἑ[β]δόμην*, *β* superscr., S 4 *καὶ κατὰ τὰ* S 5 [*ἐ*]*σθῆτα*, ex *αι* m. 2, S 6 *λαβὼν* Aesch.] *βαλὼν* VS ‖ *καὶ παρενόμει* om. V ‖ *τὴν* ex *στη* m. 2 S 7 *αὐτ*[*ὸ*]*ν*, ex *ω*, S 8 *εἶτα* | f. 251ᵛ | *ἐπάγει* S ‖ Aesch. 3, 78 11 *ποιήσ*[*ε*]*ται*, ex *αι*, V 17 *κεχ*[*ο*]*ρήγηκεν* V; *κεχ*[*ο*]*ρήγηκε*[*ν* eras.] S 19 *πατραλοίας* S 21 *εὐπρόσιτος ἢ φιλαπεχθήμων* Wɪv 22 *δόξει*] *δόξειεν* VS Wɪv 94, 12

[134, 3] ʽ*τρίτην τὰ διαβεβλημένα, οἷον ἄσωτοι μοιχοὶ κόλακες*ʼ διαβεβλημένα καλεῖ τὰ διὰ τὴν φαυλότητα τοῦ τρόπου μισούμενα, ὧν αἱ πράξεις αὐταὶ κατηγοροῦσιν. ἀπορήσειε δ' ἄν τις, πῶς καὶ τοὺς μοιχούς, καθ' ὧν αἱ τοσαῦται παρὰ τῶν νόμων τιμωρίαι, τοῖς κόλαξι συνέμιξεν, οὓς λοιδορεῖσθαι μὲν εἰώθαμεν διὰ τὸ τῶν τρόπων ἀπατηλόν, οὐ μέντοι κολάζουσιν οἱ νόμοι. ἔνιοι μὲν οὖν μοιχοὺς ἐξεδέξαντο τοὺς μοιχικοὺς τὴν ἕξιν οὐ πρὸς ἐνέργειαν δὲ τὸ πάθος ἐξενεγκόντας, οἱ δὲ ἄμεινον ἐξηγούμενοι λέγουσιν ὅτι τὸ τῆς διαβολῆς ὄνομα οἶδεν ὁ τεχνογράφος ἐπί τε διαβολῆς καὶ κατηγορίας ταττόμενον - ἐπὶ μὲν διαβολῆς ὡς παρὰ Μενάνδρῳ ʽοὐκ ἔστιν οὔτε διάβολος γραῦς ἔνδονʼ, ἐπὶ δὲ κατηγορίας ὡς παρὰ Δημοσθένει ἐν τῷ περὶ τοῦ στεφάνου ἐν προοιμίοις ʽὁρῶ γὰρ ὅτι τὰς αἰτίας καὶ τὰς διαβολάς, αἷς ἐκ τοῦ πρότερος λέγειν ὁ διώκων ἰσχύει, οὐκ ἔνι τῷ φεύγοντι παρελθεῖν, εἰ μὴ τῶν δικαζόντων ἕκαστος ὑμῶν τὴν πρὸς τοὺς θεοὺς εὐσέβειαν ἐννοῶν καὶ τοῦ λέγοντος ὑστέρου δίκαια εὐνοϊκῶς προσδέξεταιʼ -. οἱ μὲν οὖν μοιχοὶ ὑπὸ κατηγορίαν ὡς παρανομοῦντες ἀνάγονται, οἱ δὲ ἄσωτοι καὶ κόλακες ὑπὸ διαβολὴν καὶ ψόγον.

[134, 4] ʽ*τετάρτην τὰ ἠθικά, οἷον γεωργοὶ λίχνοι καὶ τὰ ὅμοια*ʼ φιλάργυροι δύσκολοι. ἠθικά φησιν ὅσα ἐκ μόνου τοῦ ἤθους τὴν εὐπορίαν τῆς

---

2 Wɪv 97, 16—98 3 *τὴν* | f. 252^r | *φαυλότητα* S ‖ *τοῦ* sup. m. 1 S 6 *συνέταξεν* S (cf. Wɪv 97, 20) 8 *κολάζουσιν* | f. 8^v | (om. *οἱ νόμοι*) *ἔνιοι* V ‖ *οὖν* sup. S 13 Men. fg. 878 K. 15 Dem. 18, 7 19 *τ[ὴν]* V 20 *προσδέξεται* Dem.] *προσδέξηται* VS 22 *τε* post *διαβολὴν* S; om. V Wɪv 98, 10 25 Wɪv 100—101

συστάσεως ἢ διαβολῆς παρέχει τῷ λέγοντι· οἵ τε γὰρ γεωργοὶ ὡς ἐπίπαν αὐτουργοί τε καὶ ἐπίπονοί εἰσι καὶ τῷ ἀμικτοτέρῳ χαίρουσι βίῳ οἵ τε φιλάργυροι σμικρολόγοι τινὲς καὶ πρὸς μόνον ἀεὶ τὸ κερδαίνειν δρῶντες οἵ τε αὖ λίχνοι τοῦ ἡδέος ἕνεκα πᾶν ὁτιοῦν ἕτοιμοι ποιεῖν. ὅθεν καὶ Μενάνδρῳ τῷ κάλλιστα τὸν βίον ἐκμιμησαμένῳ πᾶσαι ὑποθέσεις ἐκ τῶν τοιούτων ἠθικῶν συμπληροῦνται· διόπερ καὶ Ἀριστοφάνης ὁ γραμματικὸς εὐστοχώτατα πεποίηκεν εἰς αὐτὸν ἐκεῖνο 'ὦ Μένανδρε καὶ βίε, πότερος ἄρ' ὑμῶν πότερον ἀπεμιμήσατο;' ἁπλῶς τε εἰπεῖν τὰ διαβεβλημένα τὰς πράξεις ἔχει κατηγορούσας, ὅθεν καὶ μισεῖται, τὰ δὲ ἠθικὰ ἐκ μόνου τοῦ ἤθους, κἂν μηδὲν αὐτοῖς ᾖ κατειργασμένον, γνώριμα γίγνεται καὶ διὰ τὸ ἀπαίδευτον τοῦ ἤθους ἐλεεῖται.

[134, 5] '*π έ μ π τ η ν τ ὰ κ α τ ὰ σ υ μ π λ ο κ ὴ ν δ ύ ο π ρ ο σ η γ ο ρ ι ῶ ν, ο ἷ ο ν ν έ ο ς π λ ο ύ σ ι ο ς*' *οἶδεν ἑκάτερον τῶν προσηγορικῶν ἀσθενὲς σφόδρα πρὸς εὐπορίαν συστάσεως ὑπάρχον καὶ διὰ τοῦτο δύο πρὸς ταὐτὸ συνήγαγεν. ἥ τε γὰρ νεότης πρόδηλον μὲν ὅτι ὡς ἐπίπαν ἀφρονεστέρα καὶ φίλαρχος - ἀεὶ γὰρ 'ὁπλοτέρων ἀνδρῶν φρένες ἠερέθονται' -, σπανίως δὲ κἂν τῷ φρονεῖν ἄριστα διαφέρει - ὁ γοῦν Διομήδης 'καὶ βουλῇ μετὰ πάντας ὁμήλικας ἔπλετ'*

---

1 *συστάσεως* | f. 252ᵛ | *ἢ* S 3 *χαίρουσι*[*ν* eras.] S 5 *λ*[*ί*]*χνοι*, ex *υ*, V ‖ *ἡδέος* V] *δέος* S ‖ *ὅτι οὖν* V] *εἴπερ* S 6 *τ*[*ὸ*]*ν*, ex *ω*, S 7 *αἱ ὑποθέσεις πᾶσαι* W IV 101, 1 8 Nauck, Arist. Byz. p. 249 14 *κατηργασμένον* S ‖ *γνώρισμα* V ‖ *γίνεται* S 17 W IV 104 18 *σφόδρα* | f. 9ʳ | *πρὸς* V 19 *ὑπάρχ*[*ο*]*ν*, ex *ω* m. 2, S 20 *μὲν* in mg. S 22 Il. *Γ* 108 23 *τῶι* V] *τὸ* S 24 Il. *I* 54 ‖ *μετὰ* | f. 253ʳ | *πάντας* S ‖ *ὁμ*[*ή*]*λ*[*ι*]*κας*, *η* ex *ι* et *ι* ex *η* V; *ὁμαίληκας* S

ἄριστος' -, ὅ τε πλοῦτος ὁτὲ μὲν 'κακίας μᾶλλον ἢ καλοκἀγαθίας ἐστὶν ὑπηρέτης' φησὶν Ἰσοκράτης, ὁτὲ δὲ κατὰ Πλάτωνα 'οὐ τυφλὸς ἀλλὰ ὀξὺ βλέπων, ἄνπερ ἅμ' ἕπηται φρονήσει.' διεζευγμένα μὲν οὖν ἀσθενεῖ πρὸς τὰς ἐπιχειρήσεις, συμπλακέντα δὲ μέγα τι καὶ σφοδρὸν ἀποτελεῖ πρὸς ἀρετὴν ἢ κακίαν ῥέψαντα.

[134, 8] 'ἕκτην τὰ κατὰ συμπλοκὴν προσώπου καὶ πράγματος, οἷον μειράκιον καλλωπιζόμενον φεύγει πορνείας' ἐπὶ τὸ ἀσθενέστερον ἤδη χωρούσης τῆς τῶν προσώπων δυνάμεως καὶ πραγμάτων συνέζευξε προσώπῳ προσηγορικῷ οὐκ ἀδίκημα ὁμολογουμένως ὑπάρχον οὐδὲ πρὸς καιρὸν γεγονός, ὡς τὸ παρεστάναι τῷ νεοσφαγεῖ σώματι ἢ τὸ νύκτωρ βοῆσαι παριόντα τὸ δεσμωτήριον 'θαρρεῖτε, ὦ δεσμῶται', ἀλλὰ τῇ συνεχείᾳ τοῦ καλλωπίζεσθαι τῆς πορνείας τὴν ὑπόνοιαν βεβαιοῦν.

[134, 10] 'ἑβδόμην τὰ ἁπλᾶ προσηγορικά, οἷον στρατηγὸς ῥήτωρ' ὅπερ ἐπὶ τῆς πέμπτης τῶν προσώπων τάξεως ὡς ἀσθενὲς παρῃτήσατο σμικρὸν ἢ οὐδὲν ἰσχύειν ἀποφηνάμενος, τοῦτο τελευταῖον ἔταξεν ἀμυδροτάτην ὡς πρὸς τὰ πρώτιστα τὴν ἰσχὺν ἔχον. ὥσπερ γὰρ αἱ ἐπὶ πλέον τῶν ψυχῶν πρόοδοι πρὸς τὸ ἀσθενέστερον ἀεὶ χωροῦσιν ἅτε τῆς οἰκείας αἰτίας ἐπὶ μήκιστον ἀποπλανώμεναι, οὕτω κἀν ταῖς

---

1 διὸ (ὁ m. 2) ante ὅ V 2 Isocr. 1, 6 ‖ ἰσοκράτ⌊η⌋ς S 3 Plat. leg. I 631 C ‖ οὐ ex ὁ V 4 ἅ ⌊1 litt. er.⌉ μ' V 10 φεύγει πορνείας om. S ‖ WIV 106 ‖ ἀσθενέστατον S 11 πρᾶγμα VSWIV 13 γεγον⌊ὸ⌋ς, ex ω, S 14 παριστάναι V 17 βεβαιοῦν (ω superscr.) S, βεβαιῶν WIV 106, 8 19 WIV 107 23 αἱ S] δι V 24 οἰκίας S ‖ ἀπο | f. 253v | πλανώμενοι S

ἐπιστημονικαῖς διαιρέσεσιν αἵ ἐπὶ πλέον διαιρέσεις πρὸς τὰ μερικώτερα καὶ ἀπορώτερα χωροῦσιν. ἐπισημήνασθαι δὲ ἄξιον, ὅτι χρὴ τὰ ἁπλᾶ προσηγορικὰ ἀξιώματι περιέχειν, ὅπως ἂν εὐπορώτερα τὰ τῆς ὕλης ὑπάρχῃ, ὡς τὸ τῆς στρατηγίας τε καὶ τῆς ῥητορικῆς.

[134, 18] 'καὶ δεῖ τοῖς ἐγκωμιαστικοῖς ἀκολουθοῦντα τόποις χρῆσθαι τοῖς ἐμπίπτουσιν'

ἐγκωμιαστικοὺς μέν φησι τόπους οὓς καὶ ἀνωτέρω ἔφαμεν γένος ἀνατροφὴν ἐπιτηδεύματα πράξεις, τὸ δὲ τοῖς ἐμπίπτουσιν οὐχὶ τοῖς εὑρισκομένοις δηλοῖ - οὐδὲ γὰρ πάντως ἐξετάζειν ἡμῖν ἕκαστα συμφέρει τῶν εὑρισκομένων - ἀλλὰ τοῖς κατὰ τεχνικὴν θεωρίαν τῷ λέγοντι λυσιτελοῦσιν. κἂν γὰρ ὦσιν ἐπί τινων πρόδηλοι πατέρες ἢ πατρὶς ἄδοξον δέ τι ἔχοντες, παραλείψομεν, ὡς καὶ Δημοσθένης ἐν τῷ περὶ τοῦ στεφάνου πεποίηκεν ὑπὲρ ἑαυτοῦ λέγων· Γύλωνα μὲν γὰρ τὸν πρὸς μητρὸς πάππον ὡς φυγάδα καὶ πρὸς τοῦ δήμου θανάτου καταγνωσθέντα διὰ τὴν Νυμφαίου τοῦ ἐν τῷ Πόντῳ προδοσίαν καὶ τὴν μητέρα ὡς Σκυθίδα κατὰ τὸ γένος - ταῦτα γὰρ Αἰσχίνης ἐν τῷ κατὰ Κτησιφῶντός φησι - παρῆκεν, ἐπὶ δὲ τὴν ἀνατροφὴν ὡς χρηστὴν οὖσαν καὶ τὰς πράξεις εὐθὺς ἐχώρησε λέγων 'ἐμοὶ μὲν τοίνυν ὑπῆρξε παιδὶ μὲν

---

1 διαίρεσιν S ‖ αἵ sup. S 2 ἀπο ⌊1 litt. er.⌋ρώ | f. 9ᵛ | τερα V 4 ἀξίωμά τι, acutus sup. ω er., V ‖ ὅπως V] ⌊ω⌋ς, ω m. 2, S 5 ὑπάρχ⌊η⌋, η m. 2, S; ὑπάρχ⌊ο⌋ι, ex η, V 7 δ⌊εῖ⌋, εῖ m. 2, S 9 Wɪv 112—116 10 p. 20, 3 ‖ φαμὲν S 12 συμφέρει ⌊1 litt. er.⌋ V 14 ἐπί τινων πατέρες ἄδοξοι ἢ πατρίς, παραλείψομεν Wɪv 113, 3 15 παρ⌊αλ⌋είψομεν, αλ sup. m. 2, S 18 μητρὸς S] πατρὸς V 21 σκυθί⌊δ⌋α κατὰ τὸ V] ⌊σ⌋κυθίδα τὸ S ‖ Aesch. 3, 171 23 τὰς | f. 254ʳ | πράξεις S 24 Dem. 18, 257

ὄντι φοιτᾶν ἐς διδασκάλους' καὶ τὰ ἑξῆς, ἐν δὲ τοῖς κατ' Αἰσχίνου λόγοις ἐπὶ τοὺς πατέρας ὡς λίαν ἀδόξους πρὸ τῶν ἄλλων ἔτρεψε τὸν λόγον 'οὐκ ἀπορῶν δὲ ὅτι χρὴ περὶ σοῦ καὶ τῶν σῶν εἰπεῖν, ἀπορῶ τοῦ πρώτου μνησθῶ, πότερον ὡς ὁ πατήρ σου Τρόμης ἐδούλευεν', εἴ τι δὲ χρηστὸν ἐκ τῆς ἀγωγῆς ἢ τῆς περὶ τοὺς λόγους ἀσκήσεως ὑπῆρχεν αὐτῷ, τοῦτο παραλέλοιπεν. ἐκ γὰρ τῆς τοιαύτης ἀκριβοῦς τῶν προσώπων ἐξετάσεώς τε καὶ χρήσεως καὶ ποίας ἰδέας ἐπιβάλλειν προσήκει τοῖς λόγοις γνωσόμεθα· οἷον ὡς Δημοσθένης ἐν τῷ πρὸς Λεπτίνην ὑπὲρ διαβεβλημένου προσώπου Κτησίππου τοῦ Χαβρίου παιδὸς ἀσωτίαν νοσοῦντος πρὸς ἔνδοξον τὸν Λεπτίνην ποιούμενος τοὺς λόγους ἠθικωτέρᾳ κέχρηται καὶ λίαν ἐπιεικεστέρᾳ τῇ ἰδέᾳ λέγων 'οὐδὲν γὰρ φλαῦρον ἐρῶ σε' καὶ πάλιν 'καὶ γὰρ εἰ πάνυ χρηστός ἐστι Λεπτίνης, ὡς ἐμοῦ γε ἕνεκα ἔστω'. ἐν δὲ τῷ κατὰ Μειδίου κατὰ διαβεβλημένου προσώπου χωρῶν καταφορικωτέρᾳ καὶ τραχυτέρᾳ τῇ τῶν λόγων ἰδέᾳ κέχρηται, ἐν δὲ τῷ περὶ τοῦ στεφάνου περὶ τῶν ἐνδόξων πράξεων τὸν ὅλον διαπλέκων λόγον πομπικωτέρᾳ τε καὶ λαμπροτέρᾳ· καὶ ἁπλῶς εἰπεῖν ἐν ἑκάστῳ τῶν λόγων ἀεὶ τῶν τε δημοσίων καὶ τῶν ἰδιωτικῶν προσφόρους ἀεὶ τοῖς ὑποκειμένοις ἐπιτιθέντα προσώποις ὄψει τὰς τῶν λόγων ἰδέας. τὸ μὲν οὖν πρόχειρον τῆς τῶν ἐγκω-

3 Dem. 18, 129   5 πρότερον S   6 ἐδούλευεν V Dem.] ἐδούλευσεν S   7 τοὺς om. S   14 λίαν om. Wɪᴠ 114, 10   15 Dem. 20, 102 ‖ φλαῦρον S Dem.] φαῦλον V Wɪᴠ   16 σοι V ‖ καὶ post σε om. S ‖ Dem. 20, 14 ‖ αἰσχίνης (λεπτί supra), αισχι lin. del., V   17 [ἔστω] S   19 [ἰ]δέαι V   21 πομ | f. 254ᵛ | πομπικωτέρα (sic) S   22 τῶν λόγων ex τὸν λόγον V   24 ἐπιτίθεντ[αι], ex ε, S ‖ ὄψεις S

μιαστικῶν τόπων χρήσεως τοιοῦτόν ἐστιν ὥστε διὰ πάσης ἔχειν φυλακῆς, μή τι καὶ προέσθαι ἀναγκασθῶμεν ἔπος ‘ὅπερ τ’ ἄρρητον ἄμεινον’, ἀλλὰ τὰ μὲν πρὸς σύστασιν ἡμετέραν ἐροῦμεν, τὰ δὲ βλάπτοντα σιωπήσομεν. ἐπὶ δὲ τῶν ἐναντίων τὸ ἀνάπαλιν τὰ μὲν ἐκείνοις συνοίσοντα τελέως παραλείψομεν, ὅσα δὲ βλάπτειν ἱκανὰ ἐκτραγῳδήσομεν. ἔστι δέ τις παρά τε Δημοσθένει καὶ Θουκυδίδῃ βιαιοτέρα μέθοδος, ἥτις καὶ τὰ πρὸς ἔπαινον τῶν ἐναντίων ἀπὸ τῆς γνώμης διαβάλλει καὶ τὰ καθ’ ἡμῶν κινοῦντα λοιδορίαν ἀπὸ τῆς διανοίας βέλτιστα δείκνυσιν. Δημοσθένης μὲν γὰρ ἐν τῷ κατὰ Μειδίου ὁρῶν ἐκεῖνον μεγαλοφρονοῦντα διὰ τὴν ἐπίδοσιν τῆς τριήρους - μέγα γὰρ ἦν καὶ τὸ τριηραρχῆσαι Ἀθήνησι, μή τί γε δὴ τριήρη ὅλην ἐκ τῶν οἰκείων ἐπιδοῦναι - ὁ δὲ τὴν αἰτίαν ἐξετάσας, δι’ ἣν τοῦτο πεποίηκε, διαβεβλημένον ἀπέδειξε τὸ δοκοῦν ἔνδοξον· φησὶ γὰρ ὡς στρατείας εἰς Εὔβοιαν γινομένης δέον σὺν τοῖς ἱππεῦσιν αὐτὸν ἐξελθεῖν ἐπιδέδωκε τριήρη διαφυγεῖν τὸ στρατεύσασθαι σπεύδων, καὶ τὸ ἐνθύμημα τοῦτο συμπληρῶν ἐπάγει ‘τῷ δῆλον, ὡς μηδὲ ἀντειπεῖν αὐτὸν ἔχειν, ὅτι τὴν στρατείαν φεύγων οὐ φιλοτιμίᾳ τοῦτο ἐποίησεν’· καὶ πάλιν αἰσθόμενος ὅτι ξύλα διὰ τῆς τριήρους ἤγαγεν ἐξ Εὐβοίας φησὶ διαβάλλων ‘καὶ χρηματισμὸς οὐ λειτουργία γέγονεν ἡ τριηραρχία τῷ καταπτύστῳ τουτῳί’. ἐν δὲ τῷ περὶ τοῦ στεφάνου φεύγων τὸ

---

3 Od. ξ 466 6 *συν⌊οίσ⌉οντα, οίσ* postea ins. m. 1, S ‖ *παραλήψομεν* S 8 *β⌊ι⌉αιοτέρα* V 12 *μεγάλα φρονοῦντα* S 14 *τριήρην* V 15 *⌊ὅ⌉λην*, ex *ω*, S 17 Dem. 21, 162 ‖ *στρατείας* | f. 255ʳ | *εἰς* S 19 *⌊διαφυγεῖν* S 21 *ἀντ⌊ει⌉πεῖν*, ex *ι* m. 2, S 24 Dem. 21, 167

μέγεθος τῆς κατ' αὐτοῦ διαβολῆς, ὅτι δὴ συμβεβουλευκότος αὐτοῦ πόλεμον ἄρασθαι πρὸς Φίλιππον τὸ περὶ Χαιρώνειαν ἀτύχημα τῇ πόλει γέγονεν, ἀπὸ τῆς γνώμης αὐτὸ συνέστησεν εἰπὼν ὡς 'καλὰ καὶ τῶν προγόνων ἄξια τὰ συμβουλευθέντα καὶ παρ' ἡμῶν μὲν ἀεὶ γιγνόμενα παρ' ἐμοῦ δὲ τότε συμβουλευθέντα· οὐ γὰρ δὴ τῷ μὲν ἐν Πέλλῃ τραφέντι χωρίῳ ἀδόξῳ τότε γε ὄντι καὶ μικρῷ τοσαύτην μεγαλοψυχίαν προσῆκεν ἐγγενέσθαι ὥστε τῆς τῶν Ἑλλήνων ἀρχῆς ἐπιθυμῆσαι καὶ τοῦτο εἰς τὸν νοῦν ἐμβαλέσθαι, ὑμῖν δὲ οὖσιν Ἀθηναίοις καὶ κατὰ τὴν ἡμέραν ἑκάστην ἐν πᾶσι καὶ λόγοις καὶ θεωρήμασι τῆς τῶν προγόνων ἀρετῆς ὑπομνήμαθ' ὁρῶσι τοσαύτην κακίαν ὑπάρξαι ὥστε τῆς ἐλευθερίας αὐτεπαγγέλτους ἐθελοντὰς παραχωρῆσαι Φιλίππῳ. λοιπὸν τοίνυν ἦν κἀναγκαῖον ἅμα πᾶσιν οἷς ἐκεῖνος ἔπραττεν ἀδικῶν ὑμᾶς ἐναντιοῦσθαι δικαίως. τοῦτ' ἐποιεῖτε μὲν ὑμεῖς ἐξ ἀρχῆς εἰκότως καὶ προσηκόντως, ἔγραφον δὲ καὶ συνεβούλευον καθ' οὓς ἐπολιτευόμην χρόνους - ὁμολογῶ'. ἔτι γε μὴν ἐπιπλέον βεβαιῶσαι τὴν ἑαυτοῦ γνώμην ὡς ἀρίστην βουλόμενος μεταστατικῶς ἐφ' ἑτέρους μετάγει τὴν αἰτίαν λέγων 'εἰ δὲ ἢ δαίμονός τινος ἢ τύχης ἰσχὺς ἢ στρατηγῶν φαυλότης ἢ πάντα ἅμα ἐλυμαίνετο τοῖς ὅλοις ἕως ἀνέτρεψε, τί Δημοσθένης ἀδικεῖ;' ὁ δέ γε Θουκυδίδης τῇ οἰκείᾳ κεχρημένος βίᾳ τὸ αὐτὸ πρᾶγμα

1 δὴ | f. 10v | συμβεβουλευκότος V 2 ἄ[1 litt. er.]ρασθαι V 3 χ[αι]ρώνειαν V 4 ipsa Demosthenis verba incipiunt a lin. 7 5 ὑμῶν S 6 γι[γ]νόμενα, γ sup., V 7 Dem. 18, 68—69 8 ὄντ[ι κ]αί, ex ος m. 1, S 12 θεωρή | f. 255v | μασι S 15 φιλί[ππωι] V ‖ ἀναγκαῖον VS 17 [δι]καίως S 20 ἐπιπλέ[ο]ν, ex ω, V 22 Dem. 18, 303 ‖ δὲ ἢ S] δ' ἐν V

συνέστησέ τε καὶ διέβαλεν ἀπὸ τῆς γνώμης. ζητουμένου γάρ, διὰ τί οἱ Κερκυραῖοι οὐδενὶ συνεμάχησαν, ἑκάτεροι ἀπὸ τῆς γνώμης ἐπιχειρήσαντες κατεσκεύασαν ὅπερ ἠβούλοντο· ὁ μὲν γὰρ Κερκυραῖός φησι 'σύμμαχοί τε γὰρ οὐδενός πω ἑκούσιοι ἐν τῷ πρὸ τοῦ γενόμενοι νῦν ἄλλων τοῦτο δεησόμενοι ἥκομεν καὶ ἅμα ἐς τὸν παρόντα πόλεμον Κορινθίων ἔρημοι δι' αὐτὸ καθέσταμεν καὶ περιέστηκεν ἡ δοκοῦσα ἡμῶν πρότερον σωφροσύνη τὸ μὴ ἐν ἀλλοτρίᾳ συμμαχίᾳ τῇ τοῦ πέλας γνώμῃ συγκινδυνεύειν νῦν ἀβουλία καὶ ἀσθένεια φαινομένη.' ὁ δ' αὖ Κορίνθιος ἐκ τοῦ ἐναντίου διέβαλε τὸ πρᾶγμα εἰπὼν 'φασὶ δὲ συμμαχίαν διὰ τὸ σῶφρον οὐδενός πω δέξασθαι· τὸ δὲ ἐπὶ κακουργίᾳ καὶ οὐκ ἀρετῇ ἐπετήδευσαν σύμμαχόν τε οὐδένα βουλόμενοι πρὸς τὰ ἀδικήματα οὐδὲ μάρτυρα ἔχειν.'

[134, 19] 'οὐκ ἐπιδέχεται δὲ ἐξέτασιν τά τε ἀόριστα οἷον τὸ τὶς καὶ τὰ ἰσάζοντα διόλου' *ἱκανῶς περὶ τῶν ἐξεταζομένων προσώπων διαλαβὼν ἐπὶ τὰ ἀνεξέταστα χωρεῖ. ταῦτα δὲ εἶναί φησι τά τε ἀόριστα καὶ τὰ ἰσάζοντα διόλου. ἰστέον δὲ ὅτι ταῦτα ἐπὶ μὲν πεπλασμένων ὑποθέσεων δύναται κρίσιν ἐκδέξασθαι, ἐπὶ δὲ ἀληθείας οὐδαμῶς ἂν συσταίη· οὔτε γὰρ ἀορίστου ὄντος τοῦ πεποιηκότος κατηγορία τις ἔννομος κατ' αὐτοῦ γενήσεται οὔτε δύο πρόσωπα*

---

1 *ζητοῦμεν* S 4 Thuc. 1, 32 6 *τοῦτο* S] *τ' οὔτε* V 8 *δοκοῦσα* | f. 256r | *ἡμῶν* S 10 *τοῦ* | f. 11r | *πέλας* V ‖ *συγκινδυνεύει*[*ν*], *ν* sup. m. 2, S 11 *ἐκ τοῦ* V] *ἐκτὸς* S 12 Thuc. 1, 37 13 [*π*]*ω* S 18 [*κ*]*αὶ*, *κ* ins. m. 2, S ‖ *ἐξισάζοντα* S 19 Wrv 117—119 21 *ἐξισάζοντα* S 24 *ὄντ*[*ο*]*ς*, ex *ω* m. 2, S 25 *ἔν*[*ν*]*ομος*, *ν* sup. m. 2, S

ἐξισάζοντα διόλου ῥᾴδιον εὑρεῖν· κἂν γὰρ ἐπὶ τινῶν κοινωνία τις αὐτοῖς συμβαίνοι ἐκ νεότητος ἢ πλούτου, ἀλλ' οὖν ἐν τῇ ἀγωγῇ ἢ ταῖς πράξεσιν οὐκ ἐνδέχεται μὴ διαφοράν τινα εὑρεθῆναι. οὐ μὴν οὐδὲ τὰ ἀνεξέταστα παντελῶς ἀκατάσκευα καταλέλοιπεν ἡ τέχνη, ἀλλὰ τῆς μὲν τῶν ἀορίστων ἐξετάσεως τρεῖς ἡμῖν παραδέδωκε μεθόδους· ἢ γὰρ κατασκευαστικοὺς αὐτοῖς λογισμοὺς προσθήσομεν ὡς Δημοσθένης ἐν Φιλιππικοῖς 'ἤκουον δὲ ἔγωγέ τινων ὡς οὐδὲ τοὺς λιμένας καὶ τὰς ἀγορὰς ἔτι δώσοιεν αὐτῷ καρποῦσθαι' καὶ εἰδὼς τὸ σαθρὸν τοῦ ἀορίστου τὴν κατασκευὴν εὐθὺς ἐπήγαγε 'τὰ γὰρ κοινὰ τὰ Θετταλῶν ἀπὸ τούτων δέοι διοικεῖν, οὐ Φίλιππον λαμβάνειν', ἢ ἐπικρίσει οἰκείᾳ τὸ ἀόριστον συστήσει - ταύτην δὲ τὴν ἐπίκρισιν ὁ μὲν ῥήτωρ μετὰ ὅρκου ποιήσεται 'καὶ μὰ τὸν Δία οὐδὲν ἄπιστον ἴσως', ὁ δὲ Πλάτων θαρρῶν τῷ οἰκείῳ ἀξιώματί φησι 'καὶ ἐγὼ πείθομαι' -, ἢ ἐπαίνῳ συστήσει τὸν εἰρηκότα ὡς Δημοσθένης 'ὡς δὲ ἐγὼ τῶν ἐν αὐτῇ τῇ χώρᾳ γεγενημένων τινὸς ἤκουον ἀνδρὸς οὐδαμῶς οἷόν τε ψεύδεσθαι' καὶ Πλάτων ἐν Ἀλκιβιάδῃ 'ἐπεί ποτε ἐγὼ ἤκουσα ἀνδρὸς ἀξιοπίστου τῶν ἀναβεβηκότων παρὰ βασιλέα, ὃς ἔφη διελθεῖν χώραν πάνυ πολλὴν καὶ ἀγαθὴν ἐγγὺς ἡμερησίαν ὁδόν, ἣν καλεῖν τοὺς ἐπιχωρίους ζώνην τῆς βασιλέως γυναικός.' ἐπὶ

---

1 κἂν γὰρ V Wɪv 118, 4] καὶ γὰρ εἰ S 2 κοινωνία [1 litt. er.] S ‖ τις V] τ[ῆ]ς, ex οῖ, S ‖ συμβαίνοι V (cf. p. 41, 6 κἂν . . ἐλέγχοιτο)] συμβαίνει S; συμβαίνῃ Wɪv 3 οὖν ἐν τῇ S] οὐ τῆι V 5 ἡ | f. 256ᵛ | τέχνη S 6 τῶν om. V 8 Dem. 1, 22 13 ἐπικρ[ί]σει, ex o, S 14 συνίστησι S 16 ὁ δὲ S] οὐδὲ V 17 ἢ ἐπαίνῳ τοῦ εἰρηκότος Wɪv 119, 7 18 Dem. 2, 17 19 γεγενημένων | f. 11ᵛ | τινος V 20 Plat. Alc. ɪ 123 B

δὲ τῶν ἐξισαζόντων προσκείμενον ἀκριβῶς πάνυ τὸ διόλου μέθοδον ἡμῖν παραδίδωσι, δι' ἧς δυνησόμεθα καὶ ταῦτα πρὸς ἐξέτασιν παραλαβεῖν· ἐὰν γὰρ καὶ τὴν βραχυτάτην διαφορὰν εὕρωμεν ἐν τῷ ἐξισάζοντι, φευξόμεθα τὸ δοκεῖν τοῖς αὐτοῖς τῷ ἀντιδίκῳ περιπίπτειν. τοιγαροῦν οὕτω Δημοσθένης μὲν ἐν τοῖς κατ' Αἰσχίνου λόγοις ἐξισάζοντος τοῦ ὅτι ἀμφότεροι πολιτεύονται συνέστησεν αὐτὸ εἰπὼν 'σὺ μὲν γὰρ ὑπὲρ τῶν ἐχθρῶν ἐγὼ δὲ ὑπὲρ τῆς πατρίδος ἅπαντα πεπολίτευμαι' καὶ πάλιν ἐξισάζοντος τοῦ πεπρεσβευκέναι ἐπὶ ἀμφοτέρων φησὶ βιαιότερον ἐγχειρῶν 'ἐγὼ δὲ οὐδὲ συμπεπρεσβευκέναι φημὶ σοί, πρεσβεύειν μέντοι σὲ μὲν πολλὰ καὶ δεινὰ κατὰ τῆς πατρίδος, ἐμαυτὸν δὲ ὑπὲρ τούτων τὰ βέλτιστα.' Ὑπερείδης δὲ πάλιν ἐν τῷ ὑπὲρ Φρύνης ἐξισάζοντος τοῦ ὅτι αὐτός τε καὶ Εὐθίας ὡμιληκότες ἦσαν τῇ Φρύνῃ - ἑταίρα δὲ ἦν αὕτη ἐκ Θεσπιῶν διαφέρουσα τῷ κάλλει καὶ ἐπακμάσασα Λαΐδι· ἀναθέντων ⟨δὲ τῶν⟩ Ἑλλήνων ἐν Δελφοῖς αὐτῆς εἰκόνα καὶ ἐπιγραψάντων 'Φρύνη Ἐπικλέους Θεσπική' Κράτης ὁ κύων ὑπέγραψεν 'ἐκ τῆς τῶν Ἑλλήνων ἀκρασίας' - Ὑπερείδης οὖν ὁ ῥήτωρ ἐν τῷ ὑπὲρ αὐτῆς λόγῳ εὑρών τινα διαφορὰν ἔφυγε τὸ ἐξισάζον φήσας 'οὐ γὰρ ὅμοιόν ἐστι τὸν μὲν ὅπως σωθήσεται ἐκ παντὸς τρόπου ζητεῖν, τὸν δὲ ὅπως ἀπολέσειεν.'

---

1 προσκεί | f. 257[r] | μενον S 4 fort. ἐν τῷ ἐξισάζοντι del. 6/7 τῶν . . λόγων S 8 Dem. 18, 265 9 δ' S 11 Dem. 19, 189 13 ⌊πολλὰ⌉ V 14 δ' S ‖ ὑπερίδης VS 15 πάλιν V] πολλὴν S ‖ τοῦ om. V 17 θεσπεσίων S 18 δὲ τῶν inserui 20 θεσπικῆι V 21 ὑπερίδης VS 22 τῶι | f. 257[v] | ὑπὲρ S ‖ λόγωι | fin. vers. | ⌊3—4 litt. er.⌉ εὑρὼν V 25 ἀπολέσει Walz

[134, 24] ‛*ὥσπερ δὲ τῶν προσώπων, οὕτως καὶ τῶν πραγμάτων ἐστὶ διαφορά*’ οὐχὶ κατὰ τὴν ποσότητά φησι - τὰ μὲν γὰρ ἄχρι ἑπτὰ προελήλυθε διαφορῶν, τὰ δὲ τρεῖς ἔχει μόνας -, ἀλλὰ κατὰ τὴν ποιότητα· πολλὴ γὰρ καὶ τούτων ἡ πρὸς ἄλληλα διαφορά.

[134, 25] ‛*καὶ ἰσχυροτάτην μὲν ἔχει δύναμιν ταῦτα, ἐφ’ οἷς τις αὐτὸς ὡς ποιήσας κρίνεται*’ εἰκότως· τοὺς γὰρ λογισμοὺς ὧν ἂν βουλοίμεθα πράττειν ἀεὶ προχείρους ἔχομεν· καὶ τὰς αἰτίας προηυτρεπικότες ἀπολογίας τε καὶ προφάσεις πιθανὰς οἱ τολμῶντες τόδε τι ποιεῖν οὕτως ἐπὶ τὰ πράγματα χωροῦσιν.

[134, 28] ‛*δευτέραν δὲ ὅταν ἑτέρου πράξαντος ἄντικρυς εἰς αὐτὸν ἀναφέρηται τὸ κρινόμενον*’ τῶν πραγμάτων ἐφ’ οἷς ἡ κρίσις ἢ παρ’ ἡμῶν γιγνομένων ἢ παρ’ ἑτέρων τὰ μὲν παρ’ ἡμῶν πεπραγμένα τὴν πρωτίστην ἔχει τάξιν, τὰ δὲ παρ’ ἄλλων ἢ ἄντικρυς εἰς ἡμᾶς ἀναφέρεται - ὅπερ ἐστὶ φανερῶς - ἢ ἐξ ὑπονοίας. τὰ μὲν οὖν ἄντικρυς εἰς ἡμᾶς ἀναφερόμενα τὴν δευτέραν ἔχει τάξιν, διότι πεπλανημένους ἐπιδέχεται τοὺς λογισμούς· ὧν γὰρ ἄλλοι πεπράχασι, πῶς ἂν ὡρισμένας ἀποδοίημεν αἰτίας, εἴ γε μὴ συνειδείημεν αὐτοῖς; τὸ δὲ συνειδέναι τῷ κακῷ πάντως ὑπεύθυνον. τὰ δὲ ἐξ ὑπονοίας τὴν

1 οὕτως δὲ καὶ V 2 Wɪᴠ 121 4 τρία V; $\bar{γ}$ S 7 ἰσχυρ⌊ο⌋τάτην, ex ω m. 2, S 8 αὐτός τις (om. ὡς) ποιήσας S 9 Wɪᴠ 123 10 πράττειν | f. 12ʳ | ἀεὶ V 11 ἀπολογίαν S 14 ἑτ⌊έ⌋ρου V 15 αὐτὸν H] $\overset{ἡμᾶς}{αὐτὸν}$ V; ἡμᾶς S 16 Wɪᴠ 125 17 γιγνομένη S 22 πε | f. 268ʳ | πλανημένους S 25 sq. Wɪᴠ 125 et 126

τρίτην εἰκότως ἐπιδέχεται τάξιν· πολὺ γὰρ ἀσθενέστερον τὸ ἐξ ὑπονοίας πρᾶγμα ἀναφερόμενον εἴς τινα τοῦ ἄντικρυς, πεπλανημένα γὰρ σφόδρα καὶ παντάπασιν ἀβέβαια τὰ τῶν ὑπονοιῶν ἀληθείας τε καὶ ψεύδους ἐπίσης ἀπέχοντα. ἀπορήσειε δ' ἄν τις, τίνος ἕνεκα τὴν τρίτην τῶν πραγμάτων τάξιν μεταξὺ τετάχθαι τῶν προειρημένων δύο φήσας οὐ δευτέραν αὐτὴν τέταχεν ἀλλὰ τρίτην· τὸ γὰρ μεταξύ *πρόδηλον ὡς μεσότητά τινα δηλοῖ. τρίτην μὲν οὖν αὐτοῖς ἐπιτέθεικε τάξιν, διότι τὴν εὐπορίαν ἐν τοῖς ζητήμασιν ἐλάττονα τῶν προειρημένων ἡμῖν χορηγεῖ, μεταξὺ δὲ αὐτὰ κέκληκεν, ἐπείπερ ἀμφοτέρων μετέχει τῶν ἀνωτέρω τάξεων, οἷον ἐπὶ Ἀρχιδάμου· τὸ γὰρ πρᾶγμα ἐκεῖσε τῇ μὲν πρώτῃ τάξει τῶν πραγμάτων κοινωνεῖ, διότι πέπρακται Ἀρχιδάμῳ ἄλλα τινά, ἐξ ὧν καὶ ἡ τῆς δωροδοκίας ὑπόνοια βεβαιοῦται - χρόνον τε γὰρ οὐκ ὀλίγον ἐν τῷ ἐπιστρατεύειν διέτριψεν, ὡς καὶ Θουκυδίδης φησί, καὶ τὴν Ἀττικὴν δῃώσας μόνους τοὺς Περικλέους ἀγροὺς καταλέλοιπεν ἀδῃώτους -, τῇ δὲ δευτέρᾳ πάλιν κοινωνεῖ, διότι τὸ παρὰ Περικλέους πεπραγμένον εἰς Ἀρχίδαμον ἀναφέρεται οὐ μάτην ἀλλὰ διὰ τὰ πρότερον ὑπ' αὐτοῦ Ἀρχιδάμου πρὸς χάριν Ἀθηναίων γεγονότα.*

[135, 4] ʻἀπέοικε δὲ οὐδὲν τοῦ ζητήματος τούτου καὶ ὁ ἄσωτος ὁ ἐπὶ τῷ πατρὶ ἀφανεῖ γενομένῳ φόνου φεύγων' *καὶ γὰρ ἐπὶ τοῦ ζητήματος τούτου τὸ πρᾶγμα τὸ εὐθυνόμενον τῆς τρίτης*

---

5 *ἐφίσης* V; ⌊*ἐπίσης*⌉ m. 2 S 10 *διότι* V] *ὅτι* S 12 *ἀνωτέρων* S 17 *ὡς* | f. 268v | *καὶ* S 18 Thuc. 1, 18 20 *κοινωνεῖ* | f. 12v | *διότι* V 22 ⌊*ὑπ' αὐτ*⌉*οῦ* V ‖ fort. *αὐτοῦ τοῦ Ἀ.* 26 *γεγομένου* S ‖ W IV 129—130 27 ⌊*τὸ πρᾶγμα*⌉ V

ὑπάρχον τάξεως ἐξ ὑπονοίας εἰς τὸν ἄσωτον ἀναφέρεται· ὁ γὰρ πᾶσαν τὴν οὐσίαν οὕτως ἀκόσμως εἰς τὰ μὴ δέοντα καταναλίσκων ἴσως καὶ τῷ παρανομωτάτῳ τῶν ἔργων ἐπεχείρησε μηδένα τὸν σωφρονίζοντα βουλόμενος ἔχειν.

[135, 6] '*καὶ οὐκ ἀγνοῶ γε ὡς ᾠήθησάν τινες μὴ εἶναι τὸ πρᾶγμα ἐνταῦθα τὸ κρινόμενον*' τοῦτο εἰς ἐνίους ἀποτείνεται τῶν τεχνογράφων, οἳ τὰ ἐξ ὑπονοίας πράγματα ὡς ἀνεξέταστα παραλαμβάνουσιν ἐν τοῖς ζητήμασι καὶ μελετῶντες αὐτὰ ἐκ μὲν τοῦ πράγματος οὐδὲ ἓν κινοῦσι κεφάλαιον, τὰ δὲ ἐκ τοῦ προσώπου μόνου ἐξετάζουσιν. τῶν γὰρ στοχαστικῶν κεφαλαίων τὰ μὲν ἐκ τοῦ προσώπου μόνου κινεῖται, ὡς βούλησις καὶ δύναμις, τὰ δὲ ἐκ τοῦ πράγματος, ὡς τὰ ἀπ' ἀρχῆς ἄχρι τέλους, ἀντίληψις, μετάληψις, χρῶμα ὃ καὶ μετάθεσις αἰτίας καλεῖται, πιθανὴ ἀπολογία. ἔτι δὲ κἀκεῖνο ἰστέον, ὡς τὸ πρᾶγμα διχῶς λέγεται ἐν τοῖς στοχαστικοῖς ζητήμασι, τό τε σημεῖον καὶ τὸ πρᾶγμα αὐτό. τὸ μὲν οὖν πρᾶγμά ποτε ἀδύνατον ἐκλιπεῖν· πῶς γὰρ ἂν καὶ κρίσις συσταίη μὴ ὄντος τοῦ εὐθυνομένου πράγματος; τὸ δὲ σημεῖον ἐκλείπει πολλάκις, ὥσπερ ἐν τοῖς ἐξ ὑπονοίας· διὸ τοὺς τοιούτους ἀτελεῖς ἐκ πραγμάτων καλοῦσι στοχασμούς. τοῦ τοίνυν χρώματος ἀεὶ τῷ σημείῳ μαχομένου, εἰ μὴ ἐμπίπτοι τὸ σημεῖον, ᾧπερ μάλιστα ὁ κατήγορος ἰσχυρίζεται, περιττή τις ἂν εἴη καὶ ἡ διὰ τοῦ χρώματος

---

1 ὑπάρχει S 7 τὸ om. V 8 W IV 130, 6—131 ‖ οἳ[ον eras.] S 11 οὐδὲν V 13 προσώ | f. 269ʳ | που S 20 καὶ V] ἢ W IV 130, 18; om. S 21 εὐθυνουμένου S 22 ἐξ ὑπονοίας στοχασμοῖς W IV 130, 20 23 το[ῦ], ex υς m. 2, S 25/26 ἰσχυρίζεται | f. 13ʳ | περιττή V

ἀπολογία· διόπερ τῶν τε πρὸ Ἑρμογένους τεχνογράφων ἔνιοι καὶ τῶν μετ' ἐκεῖνον Ἀκύλας τε καὶ Εὐαγόρας οἱ τὴν ἐκ φιλοσοφίας ἐπιστήμην τῇ ῥητόρων συμμίξαντες τέχνῃ τὸ κατὰ τὸν ἄσωτον ζήτημα διελόντες τοῖς ἐκ μόνου τοῦ προσώπου κεφαλαίοις ἐχρήσαντο.

[135, 7] ‘θαυμάζω δὲ εἰ μὴ κρινομένου πράγματος αἰτίαν τις ἀποδώσει καὶ τὸ λεγόμενον χρῶμα’ φαίνεται καὶ ὁ τεχνογράφος μὴ σφόδρα θαρρῶν τῇ δόξῃ ταύτῃ· οὐ γὰρ ἂν οὕτως ἐνδοιαστικώτερον ἀνωτέρω τε καὶ νῦν ἐχρήσατο τῷ λόγῳ εἰωθὼς ἀποφαίνεσθαι διαρρήδην, ἐν οἷς ἂν αὐτῷ κατὰ κράτος ἀρέσκῃ τὰ λεγόμενα ὡς ἐκεῖσε. τὸ γὰρ ὡς ἀληθῶς τε καὶ καθόλου καλὸν ἢ συμφέρον ἢ τὰ τοιαῦτα ζητεῖν οὐ ῥητορικῆς. οἱ μὲν οὖν ὡς ἀτελὲς ἐκ πραγμάτων τὸ κατὰ τὸν ἄσωτον ζήτημα διελόντες οὐδὲ χρώματι ὅλως ἐχρήσαντο· εἰ δὲ κατὰ Ἑρμογένην βούλοιτό τις ἐνταῦθα κινῆσαι χρῶμα, δηλονότι τῶν πεπλανημένων τινὰ χρωμάτων ἐρεῖ ὡς ‘εἰκὸς ὑπ' ἐχθρῶν ἐμῶν ἀνῃρῆσθαι τὸν πατέρα’ ἢ ὅτι ‘πρὸς ἀποδημίαν τινὰ λαθραίαν ἐστάλη.’

[135, 9] ‘ἀπολογήσεται δὲ οἶμαι ὁ ἄσωτος καὶ ἐρεῖ τι’ οἱ μὲν ἄλλοι φασὶν ὡς ἐκ βουλήσεώς τε καὶ δυνάμεως παραγραφικοῦ τε τοῦ ἀπὸ τῶν λειπόντων καὶ ἐλέγχων ἀπαιτήσεως πλατυνεῖ τὴν ἀπολο-

---

2 ἐκεῖνον ex ἐκείνων V 4 τ⌊ου⌉ . . ⌊ζ⌉ητήματος, ου ex ο alio atram., V 9 χρῶμα | f. 269^{v} | φαίνεται S ‖ W IV 131 et 133 ‖ δὲ καὶ V 10 ἐνδυναστικώτερον S 11 καὶ S] καν V 13 κράτως V 17 ἑρμογένη S 19 χρωμάτων om. W IV 133, 9 23 W IV 133, 11 24 λιπόντων V

γίαν ὁ ἄσωτος, ὁ δὲ Ἑρμογένης καὶ τοῖς ἐκ τοῦ πράγματος κεφαλαίοις φησὶ δεῖν αὐτὸν κεχρῆσθαι.

[135, 10] 'πρᾶγμα δὲ οὐ κρίνεται κατά γε ἐμὲ τὸ ἐξισάζον μόνον' ἐνταῦθα φανερῶς τὴν οἰκείαν ἐκφαίνει γνώμην, ὡς μόνα τὰ διόλου ἐξισάζοντα τῶν πραγμάτων φησὶν ἐξέτασιν μὴ ἐπιδέχεσθαι ἐν τοῖς ζητήμασι, τὰ δὲ ἄλλα πάντα κρίνεσθαι διαγορεύει. ἐπιστῆσαι δὲ ἄξιον ὅτι, ὥσπερ ἐν τοῖς προσώποις δύο τινά ἐστι τὰ ἀνεξέταστα, τά τε ἀόριστα καὶ τὰ ἐξισάζοντα διόλου, οὕτω καὶ ἐν τοῖς πράγμασι τά τε ἐξ ὑπονοίας καὶ τὰ ἐξισάζοντα. καὶ ἀναλογεῖ τοῖς ἀορίστοις τὰ ἐξ ὑπονοίας· ὥσπερ γὰρ ἐκεῖ οὐδεμία ποιότης ὡρισμένη τοῦ ἀορίστου κατηγορεῖται προσώπου, οὕτως καὶ τῷ ἐξ ὑπονοίας πράγματι οὐδέν τι βέβαιον τεκμήριον χορηγεῖ τὴν σύστασιν.

[135, 17] 'μετὰ ταῦτα τοίνυν ἔστιν ἐξ αὐτῶν ἐπιγνῶναι τά τε συνεστῶτα καὶ διαιρεῖσθαι δυνάμενα τῶν ζητημάτων' ἱκανῶς ἡμᾶς προτρέπει πρὸς τὴν ἀκριβῆ κατανόησιν τῆς τε τῶν προσώπων καὶ τῶν πραγμάτων διαφορᾶς· τὸ γὰρ τέλος οὐ μικρὸν εἶναι τούτων ἀποφαίνεται, εἴ γε τὰ συνεστῶτα καὶ διαιρούμενα τῶν ζητημάτων καὶ τὰ ἀσύστατα διὰ τούτων γνωσόμεθα. ἀσύστατον δέ ἐστι ζήτημα τὰς ἐξ ἑκατέρου μέρους τῶν δικαζομένων συνηγορίας οὐκ ἔχον ἐρρωμένας.

---

4 W IV 136 5 ἐκφαίνει | f. 270ʳ | γνώμην S 10 οὕτως S 14 προσώπου | f. 13ᵛ | οὕτως V ‖ οὕτω S 19 W IV 138
20 τ[ῆ]ς τε τ[ῶ]ν πρ[οσώπ] V 24 επι ante γνωσόμεθα lin. et punctis del. V ‖ [ἀ]σύστατον V; ἀσύστατ[ο]ν, ex ω, S 26 ἐρρωμένας | f. 270ᵛ | τὰ S

[135, 19] ʻτὰ μὲν γὰρ ἤτοι ἄμφω καὶ πρόσωπον ἔχοντα καὶ πρᾶγμα κρινόμενονʼ τέσσαρας τούτους κανόνας ἡμῖν παραδίδωσι τῆς τῶν συνεστηκότων ἐπιγνώσεως· πρῶτον μὲν ἵνα πρόσωπόν τε καὶ πρᾶγμα ἔχωσι κρινόμενον - ὅπερ ἐστὶν ἐξετάζεσθαι δυνάμενον - ἢ τὸ ἕτερον πάντως· δεύτερον ὥστε τὰς ἐξ ἑκατέρου μέρους δικαιολογίας πιθανάς τε καὶ διαφόρους εἶναι καὶ ταῖς πίστεσιν ἐρρωμένας· τρίτον ὥστε τὸν δικαστὴν μὴ προειληφότα τὴν κρίσιν οἴκοθεν ἐπὶ τὸ δικαστήριον ἰέναι ἀλλʼ ἐκ τῶν λεγομένων ἐν τῇ δίκῃ τὴν φαινομένην αὐτῷ δικαίαν τε καὶ ἀδωροδόκητον ἐπάγειν κρίσιν· τέταρτον ὥστε μετὰ τὰς προσηκούσας δικαιολογίας δύνασθαι τὸ ζητούμενον ἐπιδέξασθαι πέρας - εἰ γὰρ ἀπέραντα τὰ τῆς ὑποθέσεως ὑπάρχοι, λίθον ἕψειν δόξομεν δικαζόμενοι περὶ πράγματος, ᾧ πέρας ἀδύνατον ἐπιτεθῆναι -.

[135, 25] ʻτὰ δὲ οὑτινοσοῦν τούτων ἐνδεᾶ ταῦτα ἀσύστατά ἐστινʼ τὰ δὲ καὶ ἑνὸς μόνου τῶν τεσσάρων ἀποδέοντα κανόνων ἐν τοῖς ἀσυστάτοις τετάχθαι δίκαιον.

[135, 26] ʻκαὶ πρῶτον ἀσυστάτων εἶδος τὸ μονομερέςʼ τοῦτο παρὰ τὸν δεύτερόν ἐστι κανόνα· οὐ γὰρ ἔχει τὰς ἐξ ἑκατέρου μέρους δικαιολογίας ἐρρωμένας, ὅπερ ἐκεῖνος ἡμῖν παρήγγελλεν, ἀλλὰ θατέρῳ τοῖν μεροῖν τὴν πᾶσαν ἰσχὺν προσνέμει τῶν λόγων. ὁ δὲ Ἀκύλας τὸ κατὰ τὸν πορνοβοσκὸν παράδειγμα τοῦ κατὰ πρόσωπον ἀδόξου τρόπου φησὶν εἶναι.

---

2 WIV 139 3 κακόνας S 5 τε om. S 16 πραγμάτων S ‖ ἐπιτεθεῖναι V; ἐπιθεῖναι WIV 139, 19 17 ⌊ἐ⌉νδεᾶ V 18 ἀ⌊σ⌉ύστατά S ‖ WIV 146 21 ἀσυστάτων H] ἀσύστατον VS 22 WIV 146 et 148, 13 23 δικαιολο | f. 271r | γίας S 24 παρήγγειλεν S 26 τὸ ⌊1 litt. er.⌉ κατὰ | f. 14r | τὸν V

[135, 30] ‘*δεύτερον τὸ ἰσάζον διόλου*’ τοῦτο παρὰ τὸν πρῶτον κανόνα ἐστίν· οὔτε γὰρ πρόσωπα οὔτε πράγματα ἔχει κρινόμενα, ἀλλὰ τῷ ἰσάζειν ἀσύστατον ποιοῦσι τὴν κρίσιν.

[136, 2] ‘*τρίτον τὸ ἀντιστρέφον*’ καὶ τοῦτο παρὰ τὸν δεύτερον κανόνα ἐστίν· οὐ γὰρ ἰσχυρὰ τὰ τῶν πίστεων αὐτοῖς ἀλλὰ σαθρότατα ποτὲ μὲν τάδε ποτὲ δὲ τἀναντία διεξιόντων. διαφέρει δὲ τοῦ ἰσάζοντος, ὅτι ἐκεῖ μὲν τοῖς ἀλλήλων ἐνταῦθα δὲ τοῖς ἑαυτῶν οἱ δικαζόμενοι περιπίπτουσι λόγοις.

[136, 8] ‘*τέταρτον τὸ ἄπορον*’ τοῦτο ἀκριβῶς παρὰ τὸν τέταρτον κανόνα ἐστίν· οὐ γὰρ δύναται πέρας λαβεῖν.

[136, 12] ‘*πέμπτον τὸ ἀπίθανον*’ καὶ τοῦτο παρὰ τὸν δεύτερόν ἐστι κανόνα· οὐ γὰρ ἐκ πιθανῶν σύγκειται λόγων, ἀλλὰ ταῖς πάντων ἀκριβῶς ἐναντία δόξαις καὶ τῷ χρησμῷ τῆς Πυθίας οὐ συνᾴδοντα λέγειν ἐπιχειρεῖ.

[136, 14] ‘*ἕκτον τὸ ἀδύνατον*’ καὶ τοῦτο παραπλησίως τῷ πέμπτῳ παρὰ τὸν δεύτερόν ἐστι κανόνα· οὔτε γὰρ πιθανοὶ οὔτε ταῖς πίστεσιν ἰσχυροὶ οἱ ἐν αὐτῷ λόγοι. διαφέρει δὲ τοῦ ἀπιθάνου, ὅτι τὸ μὲν ἀδύνατον οὐδεμίαν ἔχει τοῦ γενέσθαι φύσιν - ὃ δὲ ἀδύνατον πραχθῆναι, πῶς οὐκ ἄτοπον πλάττειν; -, τὸ δὲ ἀπίθανον τῶν ἐνδεχομένων ἐστίν - ἐνδέχεται

---

2 W IV 146 et 150, 22 ‖ *οὔτε γὰρ* bis scriptum, prius lin. del., V 3 *κρινόμενα ἔχει* S ‖ *τ*[*ῷ*], ex *ὁ*, S 5 W IV 146 et 152 7 *σαθρώτατα* V 8 *τὰ* [*ἐναν*]*τία* V 11 W IV 146 et 155, 10 14 *π*[*έ*]*μπτον*, ex *α*, V ‖ W IV 156 15 *π*[*ι*]*θανῶν* V 17 *συνϊδόντα* V 19 W IV 159 20 *παραπλησίως* om. S 21 *πί* | f. 271v | *στεσιν* S 22 $\overset{πιθάνου}{ἀδυνάτου}$, *δυνάτου* lin. del., V

γὰρ Σωκράτην τε διὰ φιλανθρωπίαν ἑταίρᾳ χορηγῆσαι τροφὴν καὶ Ἀριστείδην ἀπατηθέντα πρᾶξαί τι ἄδικον -.

[136, 16] '*ἕβδομον τὸ ἄδοξον*' *ἄδοξον ἐνταῦθά φησιν οὐ τὸ εὐτελές - πολλὰ γὰρ καὶ τῶν εὐτελεστάτων πραγμάτων ἐξέτασιν ἐν ζητήμασιν ἐπιδέχεται - ἀλλὰ τὸ κακόδοξον καὶ αἰσχρόν. ἰστέον δὲ ὡς Ἀκύλας ἄδοξον κατὰ τὸ πρᾶγμα τὸν τρόπον τοῦτον καλεῖ. ἡμάρτηται δὲ καὶ οὗτος παρά τε τὸν δεύτερον κανόνα καὶ παρὰ τὸν τρίτον· ποίαν γὰρ ἰσχυρὰν προβαλεῖται πίστιν ἀνὴρ προαγωγὸς τῆς αὑτοῦ γαμετῆς ὑπὲρ οὕτω διαβεβλημένης πράξεως κατηγορεῖν ἐπιχειρῶν; ποῖος δὲ δικαστὴς σωφρονῶν οὐ πρὸ τῆς κρίσεως καταλεύσει τὸν μηδὲ τῶν οἰκειοτάτων δι' αἰσχροκέρδειαν φεισάμενον; ὥστε καὶ διὰ τὸ προειλῆφθαι τῇ κρίσει ἡμάρτηται.*

[136, 18] '*ὄγδοον τὸ ἀπερίστατον*' *ἔγνωσται πολλάκις ἡμῖν καὶ ἐν προγυμνάσμασιν ὅτι ἓξ ἐστι τὰ περιστατικὰ μόρια, πρόσωπον πρᾶγμα τόπος χρόνος αἰτία τρόπος· τούτων δὲ μετὰ τὸ πρόσωπον καὶ τὸ πρᾶγμα συνεκτικώτατόν ἐστιν ἡ αἰτία. ἀπερίστατον οὖν καλεῖ τὸ μηδεμίαν προφανῆ αἰτίαν τῆς κατηγορίας ἔχον. ἐνταῦθα οὖν τελείως ἐκλείπει τό τε πρᾶγμα καὶ τὸ τεκμήριον, ὅπερ οὐδὲ ἐπὶ τῶν ἀτελῶν ἐκ πραγμάτων στοχασμῶν ποτε συμβαίνει· καὶ οὗτος οὖν*

---

1 *σωκράτη⌊ν⌉*, *ν* sup., V; *σωκράτη* S 2 *τὴν τροφὴν* S ‖ *ἀπατιθέντα* S 4 Wɪv 162 5 *καλεῖ*, *καλεῖ* (*φησι* sup.) lin. del., V 9 *τε* om. S 15 ⌊*αἰ*⌉*σχροκέρδειαν*, ex *ε* m. 2, S 17 Wɪv 164 ‖ *ἔγνωστ*⌊*αι*⌉, ex *ε* m. 2, S 18 *ἐστιν* | f. 14v | *τὰ* V 19 *τόπος* | f. 272r | *χρόνος* S 25 *ποτὲ* ⌊1 litt. er.⌉ *σ*⌊*υ*⌉*μβα*⌊*ίν*⌉*ει*, *ν* sup. m. 1, S ‖ *οὕτως* S

παρὰ τὸν δεύτερόν ἐστι κανόνα μηδεμίαν ἰσχυρὰν πίστιν ἐφ' οἷς ἐγκαλεῖ παρεχομένου τοῦ πατρός.

[136, 21] '*παρὰ δὲ ταῦτα εἴδη ἐστὶν ἕτερα ἐγγὺς μὲν ἀσυστάτων μελετώμενα δὲ ὅμως*' *διεξελθὼν τὰ πάντῃ ἀσύστατα οὐκ ἀθρόως ἐπὶ τὰ συνεστῶτα χωρεῖ ἀλλ' ἐπὶ τὰ μέσα τῶν συνεστώτων καὶ ἀσυστάτων· οἱ γὰρ τρεῖς τρόποι, οὓς ἐκτίθεται, μετέχουσι τῶν μὲν συνεστώτων ἐπὶ πλέον τῶν δὲ ἀσυστάτων ἐπ' ἐλάχιστον.*

[136, 22] '*πρῶτον μὲν τὸ ἑτερορρεπές*' *τοῦτο πλησιάζει μὲν τῷ μονομερεῖ, καθότι θατέρῳ τοῖν μεροῖν πολλὴν σφόδρα χορηγεῖ τὴν δικαιολογίαν, ὥσπερ ἐκεῖνο τὴν ὅλην, διενήνοχε δὲ τῷ ἐν ἐκείνῳ μὲν τὸ ἕτερον μέρος μηδεμιᾶς εὐπορεῖν ἀπολογίας ἐνταῦθα δὲ βραχεῖς ἔχειν τοὺς συναγωνιζομένους τῶν λόγων.*

[136, 26] '*εἶτα τὸ κακόπλαστον*' *τοῦτο πανταχόθεν μὲν συνέστηκε, μόνην δὲ τὴν περὶ τὰ πρόσωπα ἐξέτασιν χωλεύουσαν ἔχει, διότι τοὺς τεθνεῶτας ὡς ζῶντας ὑποτίθεται· εἰ γὰρ ἀντὶ Κλέωνος γράψειέ τις Θηραμένην πέμπειν στρατηγόν, τελείως ἔρρωται τὸ ζήτημα. ὥστε καὶ ἐν τούτῳ τὸ ἡμαρτημένον παρὰ τὸν πρότερόν ἐστι κανόνα· τὰ γὰρ μὴ ὑπόντα πρόσωπα πῶς ἂν καὶ κρίσιν ἐπιδέχοιτο;*

---

5 W IV 170 ‖ *πάντ[η]*, *η* m. 2, S 6 *τῶν τε συνεστ[ώ]των* (ex *α* m. 2) *καὶ τῶν ἀσυστάτων* S 9 *ἐλά[χ]ιστον* V 10 *ἑτερροορεπὲς* VS ‖ W IV 171 11 *κατέρω* S 13 *ἐκεῖνο — ἐν* V (cf. W IV 171, 10)] om. S 16 *λόγων* | f. 272ʳ | *εἶτα* S 17 *κα[κο]πλαστον*, ex *τα* m. 2, S ‖ W IV 173—174 20 *ὡς* V] *πρὸς* S ‖ *τοῦ κλέωνος* S 21 *θηραμένη* S ‖ *τελέως* S 23 *γὰρ* V] *γάρτοι* S 24 *ἐπιδέξοιτο* V

[137, 1] '*ἔστιν ἐν τούτοις καὶ τὸ προειλημμένον τῇ κρίσει*' τοῦτο φανερώτατα παρὰ τὸν τρίτον ἐστὶ κανόνα· καὶ ἡ μὲν πλάσις αὐτοῦ πᾶσα συνέστηκεν, οἱ δὲ κριταὶ πρὸς τῆς γυναικὸς εὖ πεπονθότες οὐδεμίαν κατ' αὐτῆς ἐξοίσουσι ψῆφον, κἂν περιφανῶς ἐλέγχοιτο μεμοιχευμένη.

[137, 6] '*τάχα δ' ἂν καὶ παρὰ ταῦτα εἴδη τινὰ εὑρεθείη ἄλλα τοιαῦτα*' οἶδεν ὁ τεχνογράφος ὡς ἡ κατὰ μικρὸν τῶν συνεστώτων παράλλαξις πολλοὺς ἀπεργάζεται τῶν ἐγγὺς ἀσυστάτων τρόπους. ἔνιοι γοῦν τῶν μετ' αὐτόν, ὧν ἐστιν Εὐαγόρας τε καὶ Ἀκύλας, καὶ μέχρι δώδεκα τρόπων τὰ ἀσύστατα προήνεγκαν τέσσαρας ἄλλους τοῖς παρὰ Ἑρμογένους εἰρημένοις ὀκτὼ προσθέντες· τὸν καθ' αὐτὸν πάντῃ δῆλον, οἷον ἀριστεὺς ἀνελὼν ⟨πορνεύοντα τὸν⟩ υἱὸν φόνου κρίνεται· τὸν καθ' αὐτὸν πάντῃ ἄδηλον, οἷον καταλέλοιπέ τις δύο παισὶν ἐξίσου τὴν οὐσίαν, εἰπών τι πρὸς τὸ οὖς θατέρῳ τῶν υἱῶν ἐτελεύτησε, καὶ ἀξιοῖ ὁ θάτερος ὡς περὶ θησαυροῦ ἀκούσαντα αὐτὸν εἰσφέρειν καὶ τὸν θησαυρόν· τὸν κατὰ τὸ τεκμήριον δῆλον, οἷον Αἰσχίνης κρινόμενος ἐπὶ τῷ προδεδωκέναι Κερσοβλέπτην ἐπέδειξεν ἐπιστολὴν δηλοῦσαν ὡς πρὶν αὐτὸν ἐπὶ τὴν πρεσβείαν ἐξελθεῖν Κερσοβλέπτης ἦν ἁλοὺς ὑπὸ Φιλίππου, καὶ οὐδὲν ἧττον κρίνεται·

---

2 W IV 175, 23 5 *ἐξοίσουσι* S] *ἕξουσι* V ‖ *κἂν — ἐλέγχοιτο*, cf. p. 30, 2 8 W IV 179—180 10 *τρόπους* | f. 15r | *ἔνιοι* V 11 *αὐτ⌊ὸ⌉ν*, ex *ω* m. 2, S 14 *εἰρημέν⌊οις⌉* | f. 273r | *ὀκτὼ* S ‖ *καθ' αὐτὸν*] *κατὰ τὸν* V; *κατὰ τὸ* S (cf. W IV 167, 15) 15 *πορνεύοντα τὸν* ins.; cf. fol 52v Ven. 16 *καθ' αὐτὸν*] *κατὰ τὸν* V; *κατὰ τὸ* ⌊1 litt. er.⌉ S (cf. W IV 167, 2) ‖ *πάντ⌊η ἄ⌉δηλον*, *η* sup. m. 2, *α* in ras. m 2, S 18 *⌊o⌉ὖς*, *o* m. 2, S 19 *ὁ θάτερος* V] *ἕτερος* S 20 sq. cf. W IV 169, 29—170, 6

τὸν ἄπορον ἐν κατηγορίᾳ, ὃν καὶ κροκοδειλίτην οἱ Στωϊκοί φασιν, οἷον Εὔαθλος συνέθετο Πρωταγόρᾳ τῷ σοφιστῇ δώσειν μισθόν, εἰ τὴν πρώτην δίκην λέγων νικήσειε, μαθὼν καὶ μὴ βουλόμενος λέγειν ὑπὸ τοῦ Πρωταγόρου τὸν μισθὸν ἀπαιτεῖται, ὁ δὲ ἀντιλέγει, εἴτε γὰρ νικήσειεν, οὐ δίκαιος δοῦναι κατὰ τὴν σύνταξιν, εἴτε ἡττηθείη, ὡς μήπω μαθὼν οὐκ ἄξιος ἀπαιτεῖσθαι - διαφέρει δὲ τοῦ ἑτέρου ἀπόρου, ὅτι ἐκεῖ μὲν ἐν τῷ βουλεύεσθαί ἐστιν ἡ ἀπορία ἐνταῦθα δὲ ἐν κατηγορίᾳ καὶ ἀπολογίᾳ -.

[137, 10] 'εἴδους γὰρ ἕνεκα προβλημάτων καὶ τρόπου περίεργον ἂν εἴη λέγειν ἐν τῷ παρόντι' τοῦτο ἀκριβῶς εἰς Μινουκιανὸν αἰνίττεται. ἐκεῖνος γὰρ ἐν τῇ τέχνῃ πρὸ τοῦ περὶ τῶν στάσεων διεξελθεῖν τὰ εἴδη τῶν προβλημάτων ἀπαριθμεῖται καὶ τοὺς τρόπους λέγων εἴδη μὲν εἶναι προβλημάτων πέντε, πανηγυρικὰ δικανικὰ ἠθικὰ παθητικὰ μικτά· πανηγυρικὰ μέν, οἷον μετὰ τὰ ἐν Σαλαμῖνι γράφει Θεμιστοκλῆς θύειν τοῖς ἀνέμοις - εἰ γὰρ καὶ συμβουλὴ πρόκειται, ἀλλ' οὖν πανηγυρικὸν ὅλον τὸ εἶδος τοῦ λόγου γενήσεται ἐπὶ τηλικούτοις οὖσι τοῖς κατωρθωμένοις -· δικανικὰ δέ, οἷον τὰς ἱερωσύνας τῶν παίδων εἶναι, ἀριστεύσας τις ᾔτησεν ἱερωσύνην τινὸς ἀφελέσθαι, ἔλαβε, τεθνήκασιν ἀμφότεροι ὅ τε ἀριστεὺς καὶ ὁ πρῶτος ἱερεύς, ⟨καὶ⟩ οἱ παῖδες ἀμφοτέρων ἀμφισβη-

---

1 κροκοδ⌊ει⌉λίτην, ex η m. 2, S   2 στοικοὶ S   9 βου-λ⌊εύ⌉εσθαι, ευ sup. m. 1, S   11 εἰδ⌊ου⌉ς (ex ω m. 2) γὰρ | f. 273ᵛ | ἕνεκα S   13 Wɪᴠ 181—182 ‖ αἰνίτεται S   19 τοῖς sup. V   21 κατορθωμ⌊ένοι⌉ς V; κατορθωμένοις S   22 ἱερ|ω]-σύνας, ex ο m. 2, S   24 ἀμφότεροι | f. 15ᵛ | ὅ V ‖ ἀριστεύσας S   25 an πρῶτως? (ἐξ ἀρχῆς Wɪᴠ 185, 29. 186, 7) ‖ καὶ ins. coll. Wɪᴠ 185, 29 ‖ ἀμ⌊φισ⌉βητοῦσιν V

τοῦσι τῆς ἱερωσύνης - ἐνταῦθα γὰρ ψιλὴ περὶ τῶν δικαίων ἐστὶν ἡ μάχη -· ἠθικὰ δέ, οἷον φιλάργυρος ἀριστεύσας ᾔτησεν εἰς τὴν δωρεὰν τοῦ πλουσιωτάτου τὸν κλῆρον ἀφελέσθαι· παθητικὰ δέ, οἷον ἐν μανίᾳ τις ἁπτόμενον αὐτοῦ τὸν υἱὸν ἀπέκτεινε καὶ ἀνενεγκὼν φόνου κρίνεται· μικτὰ δέ, οἷον τραυματίας τις ἀριστεὺς παρεχώρησε τῆς δωρεᾶς ἀτρώτῳ ἀριστεῖ, καὶ ὁ μὲν αἰτεῖ τὴν γυναῖκα αὐτοῦ λαβεῖν, ὁ δὲ μονομαχεῖν ἀξιοῖ - πολλὰ γάρ ἐστιν ἐν ταὐτῷ, ἥ τε περὶ τῆς δωρεᾶς μάχη καὶ τὸ περὶ τὴν γυναῖκα πάθος καὶ τοῦ τραυματίου τὸ ἦθος τὸ μὲν τῇ συμφορᾷ τὸ δὲ ἀπειλῇ τὸ δὲ καὶ παρακλήσει σωφρονίζοντος -· Ἀκύλας δὲ τῆς διαιρέσεως ταύτης ἐπιλαμβάνεται λέγων ὅτι ‘πρῶτον μὲν ἄτοπον ὅτι τῷ δικανικῷ περιληπτικῷ ὄντι τοῦ τε ἠθικοῦ καὶ παθητικοῦ ἀντιδιαιρεῖ ταῦτα, ἔπειτα τὸ πανηγυρικὸν οὐδέποτε καθ' ἑαυτὸ ἐμπῖπτον ἐν ζητήμασιν ὡς μόνως εὑρισκόμενον παρέλαβε τά τε συμβουλευτικὰ πολλαχοῦ εὑρισκόμενα παρῆκεν.’ διόπερ αὐτὸς ἑτέρως διαιρῶν φησι τῶν ζητημάτων τὰ μὲν εἶναι ἠθικὰ τὰ δὲ παθητικὰ τὰ δὲ πραγματικὰ τὰ δὲ μικτά· τούτους γὰρ τοὺς τέσσαρας τρόπους ἐν δικανικοῖς τε καὶ συμβουλευτικοῖς εἴδεσι λόγων εὑρίσκεσθαι. καὶ εἴδη μὲν ταῦτά φησι, τρόπους δὲ τέσσαρας, ἔνδοξον ἄδοξον παράδοξον ἀμφίδοξον· ἔνδοξον μέν, οἷον Ἀθηναῖοι καὶ Λακεδαι-

---

5 ἀπόμενον S ‖ ἀνε | f. 274r |νεγκὼν S 6 τις lineolis deletum erat, sed lineolae iterum erasae sunt V; om. S (cf. Wɪv 187, 5) 7 ἀριστεύσας S ‖ τὴν δωρεὰν V (cf. Wɪv 187, 5) 12 σωφρονίζοντος] σωφρονεῖν ἐρίζοντος V; σωφρονεῖν ὁρίζοντος S 13 cf. Wɪv 187, 19 sq. 22 δεικανικοῖς S ‖ εἴδεσι V] ἤθεσι S 25 ἀ | f. 274v |θηναῖοι S

μόνιοι μετὰ τὰ Μηδικὰ περὶ τῆς προπομπείας ἀμφισβητοῦσιν· ἄδοξον δέ, οἷον πορνοβοσκὸς ταῖς ἑταίραις τίθεται τὰ τῶν μουσῶν ὀνόματα· παράδοξον δὲ τὸ δι' ὑπερβολὴν ὠμότητος μισούμενον, οἷον πένης καὶ πλούσιος ἐχθροί, κατεγνώσθη ὁ πένης θανάτου, παρεδόθη τῷ δημίῳ, πείσας ὁ πλούσιος ταλάντῳ τὸν δήμιον λαβὼν ἀπέκτεινε καὶ φεύγει φόνου· ἀμφίδοξα δὲ τὰ πῇ μὲν ἔνδοξα πῇ δὲ ἄδοξα, οἷον στρατηγὸς προέστησεν ἐπὶ οἰκήματος τὰς αἰχμαλώτους καὶ κρίνεται δημοσίων ἀδικημάτων.

[137, 11] '*τὰ μὲν γὰρ εἴδη καὶ τοὺς τρόπους διὰ τοῦτο μανθάνομεν δήπου, ἵνα ταῖς οἰκείαις ἰδέαις τῶν λόγων χρώμενοι τὰ προβλήματα μελετῶμεν*' *ἡ τῶν τρόπων φησὶ καὶ τῶν εἰδῶν κατανόησις ταῖς προσηκούσαις ἰδέαις κεχρῆσθαι διδάσκει τὸν λέγοντα.*

[137, 14] '*οἷον δικανικῶς τὸ δικανικὸν καὶ συμβουλευτικῶς τὸ συμβουλευτικόν*' *ἐπισημαίνονταί τινες τῷ χωρίῳ ὡς οὐκ ὀρθῶς ἔχοντι· οὐ γὰρ πάντως τὸ δικανικὸν εἶδος τοῦ λόγου καὶ δικανικῶς ἐξενεχθήσεται. ὁ γοῦν Δημοσθένης ἐν τῷ περὶ τοῦ στεφάνου δικανικωτάτῳ τῶν λόγων ὄντι πανηγυρίζων πεφώραται τῇ λαμπρότητι τῶν οἰκείων ἐναβρυνόμενος πολιτευμάτων, καὶ πάλιν Ἰσοκράτης συμβουλευτικὸν εἶδος λόγου διαπλέκων πανηγυρίζει πανταχοῦ Ἀττικῶν ἀνδραγαθημάτων μνήμῃ. ἐροῦμεν οὖν*

---

1 *προπομπ*⌊*εί*⌉*ας*, ex *ι*, V 6 *παρεδ*⌊*ό*⌉*θη*, ex *ω*, S 8 *τὰ* om. V 9 ⌊*οἷον*⌉ V ‖ *επι* sup. V; *ἐν* sup. m. 2 S ‖ *οἰκήματ*⌊*ι*⌉, ex *ος* m. 2, S (*ἐπὶ οἰκημάτων* Dio Chrys. p. 126 A; *προέστησε τοῦ οἰκήματος* WIV 189, 23) 12 *δήπου* | f. 16r | *ἵνα* V 14 WIV 182 18 WIV 190—191 23 *πεφώ* | f. 275r | *ραται* S

ὅτι τοῖς ἀκριβῶς κατανοοῦσιν οὐδ' ὁτιοῦν ὁ τεχνογράφος φανήσεται διημαρτηκώς· εἰ γὰρ καὶ πανταχοῦ τὴν πανηγυρικὴν ἐγκαταμιγνύουσιν ὕλην τοῖς προειρημένοις λόγοις Ἰσοκράτης τε καὶ Δημοσθένης, ἀλλ' οὖν τῶν οἰκείων ἰδεῶν τοῖς προκειμένοις εἴδεσιν οὐδαμῶς ἀφίστανται, ἀλλ' ὁ μὲν τῇ δεινότητι πανταχοῦ καὶ γοργότητι ἤδη δὲ καὶ τῇ τραχύτητι πολλῇ κεχρημένος δικανικῶς κομιδῇ τὸ δικανικὸν καὶ πανηγυρίζειν δοκῶν ὁ δαιμόνιος ἀπεργάζεται, ὁ δὲ τοῦ προσήκοντος πανταχῇ τῷ συμβουλεύοντι στοχαζόμενος ἤθους σεμνότητά τε καὶ λαμπρότητα μεταδιώκων, αἵπερ μάλιστα τοῦ κατὰ συμβουλὴν ἀξιώματός εἰσιν ἀπεργαστικαί, συμβουλευτικῶς τὸ συμβουλευτικὸν εἶδος διὰ πανηγυρικῆς ὕλης περαίνει. οὐ γὰρ ἡ τῆς ὕλης ἐπιπλοκὴ ἀλλοιότερον ἀπεργάζεται τὸ εἶδος, ἀλλ' ὅπερ ἂν ἐξ ἀρχῆς ὁ τεχνίτης ἐπιθεῖναι τῷ λόγῳ πρόσφορον εἶδος βουλεύσηται, τούτῳ καὶ τὴν ὕλην ἐξ ἀνάγκης ἑπομένην δημιουργεῖ, καθάπερ οἵ τε πλάσται καὶ οἱ γραφεῖς. τὸ δὲ ἐνδόξως τὰ ἔνδοξα ἐξ ἑνὸς τὴν τῶν προειρημένων τεσσάρων τρόπων ἐργασίαν δηλοῖ.

[137, 17] 'τοὺς δὲ μήπω περὶ ψιλῆς τῆς εἰς τὰ λεγόμενα κεφάλαια' οἶδε τοῦ πολιτικοῦ λόγου τὰ μὲν μέρη καλούμενα, ὡς τὰ πέντε ἐκεῖνα τὰ πολυθρύλητα προοίμιον διήγησιν ἀντίθεσιν λύσιν ἐπίλογον, τὰ δὲ κεφάλαια, ὡς τὰ στοχαστικὰ τὰ ὁρικὰ τὰ ἀντι-

---

2 πανταχοῦ [2 litt. er.] τὴν V 3 ἐνκαταμιγνύουσιν V 5 προκειμένοις V] προειρημένοις S 6 τῇ τε S 7 καὶ post δὲ om. V 9 δαιμονίως V 11 ἦθος S ‖ λαμπρότητ[α], ex ε, rasura supr. η, V 16 τεχνήτης VS 17 βουλεύσηται | f. 275ᵛ | τούτω S 20 προειρημένων | f. 16ᵛ | τεσσάρων V 22 W IV 194 24 καὶ post λύσιν add. V 25 ἀντιλη[μ]πτικά, μ eras. V, μ sup. m. 1 S

ληπτικά, ἅπερ τοῖς μέρεσι τοῦ λόγου συνεπιπλέκονται. λεγόμενα δὲ αὐτὰ καλεῖ διὰ τὴν πολυωνυμίαν αὐτῶν· οἱ μὲν γὰρ συμπεράσματα αὐτὰ καλοῦσιν, οἱ δὲ ἐπιφοράς, οἱ δὲ ζητήματα, οἱ δὲ περιεχόμενα. τὰ μερικώτερα τοίνυν ἀγνοοῦντας πρὸς τὴν τῶν δλικωτέρων τρέπεσθαι ζήτησιν - ἅπερ εἰσὶ τά τε εἴδη καὶ οἱ τρόποι - παντελῶς ἀνόητόν φησιν.

[137, 24] ‘πραγματείας γὰρ ἰδίας καὶ οὐ σμικρᾶς εἰ μὴ καὶ τῆς μεγίστης καὶ τελεωτάτης ἐστὶν ὁ περὶ τῶν ἰδεῶν τοῦ λόγου καὶ τῆς χρήσεως αὐτῶν ἑκάστης λόγος’ εἰκότως σφόδρα τὴν περὶ ἰδεῶν ἀνυμνεῖ πραγματείαν ὡς ἕξεως ἤδη ἐπιστημονικωτέρας τε καὶ τελειοτέρας δεομένην πρός τε τὴν ἐπίγνωσιν αὐτῶν καὶ μάλιστα πρὸς τὴν εὔκαιρον χρῆσιν ἑκάστης. ἵνα δὲ μὴ τὸ τοῦ ὀνόματος ξένον τέλεον ἀγνοοῦντας καταλείπῃ τοὺς ἀκροωμένους, ἀναγκαῖον εἰδέναι ὡς ἑπτὰ μέν φησιν εἶναι τὰς γενικωτάτας ἰδέας, σαφήνειαν μέγεθος κάλλος γοργότητα ἦθος ἀλήθειαν δεινότητα, ἑκάστην δὲ τῶν ἰδεῶν ἐν ὀκτὼ τούτοις φησὶ θεωρεῖσθαι, ἐννοίᾳ λέξει μεθόδῳ σχήματι κώλῳ συνθήκῃ ἀναπαύσει ῥυθμῷ.

[137, 28] ‘διαιρήσει τοίνυν ὀρθῶς ὁ τήν τε διαφορὰν καὶ τὴν δύναμιν τῶν τε προσώπων καὶ τῶν πραγμάτων καὶ ἔτι τὴν λεγομένην στάσιν εἰδώς’ τεχνικῶς πάνυ τὰ διὰ πλειόνων εἰρημένα συντόμως ἐπανακεφαλαιοῦται. τὴν γὰρ διαι-

8 πραγματ⌊εί⌉ας, ex ι m. 1, S 9 μικρᾶς S 10 περὶ om. S 11 αὐτῶν om. S ‖ Wɪv 195—196 13 δεομένην | f. 276r | πρός S 14 εὔκαρπον S 16 ἀγ⌊νοοῦ⌉ντας S ‖ καταλίπῃ V Wɪv 196, 3 17 ὡς om. V 19/20 ἐν η̄ S] ἐνῆν V 22 ὁ om. S ‖ τε om. V 25 εἰδὼς VS] ἐπιγνοὺς H ‖ Wɪv 197

ρετικὴν τῶν ζητημάτων ἐπιστήμην μόνῳ προσεῖναί φησι τῷ τὴν διαφορὰν ἀκριβῶς ἐπεσκεμμένῳ τῶν τε προσώπων πρὸς πρόσωπα καὶ πραγμάτων πρὸς πράγματα καὶ τὴν ἑκάστου δύναμιν - τουτέστι τὴν εὐπορίαν, ἣν παρέχει τοῖς ζητήμασιν - καὶ τὴν στάσιν γνόντι, ἣν λεγομένην καλεῖ διὰ τὸ πολυώνυμον πάλιν· οἱ μὲν γὰρ στάσιν αὐτὴν καλοῦσιν, οἱ δὲ γενικὸν πρόβλημα, οἱ δὲ περιέχον ὡς περιεκτικὴν τῶν οἰκείων κεφαλαίων, εἴ γε καὶ περιεχόμενα ὡς ἔφαμεν τὰ κεφάλαιά φασιν.

[137, 31] 'ὅθεν μὲν γὰρ εἴρηται στάσις εἴτε ἀπὸ τοῦ στασιάζειν εἴτε ὁθενοῦν, ἑτέροις ἐξετάζειν παρίημι' τὴν περὶ τὰς ἐτυμολογίας λεπτολογίαν οἶδε γραμματικοῖς μὲν μᾶλλον ἁρμόζουσαν, οὐ μὴν οὐδὲ τῆς ῥητόρων ἀπᾴδουσαν πολυμαθίας· διὸ τὸ μέν τι περὶ αὐτῆς ἔφη, τὸ δὲ παραλείψειν ἑτέροις φησίν. οἱ μὲν γὰρ ἀπὸ τοῦ στασιάζειν τοὺς ἀγωνιζομένους πρὸς ἀλλήλους φασὶν ὠνομάσθαι τὴν στάσιν, οἱ δὲ ἀπὸ τοῦ ἑκάτερον τῶν ἀντιδίκων ὡς ἐπί τινος ἀσφαλοῦς κρηπῖδος ἑστάναι περὶ τὰ οἰκεῖα δίκαια.

---

1 μόνως S 2 φησι om. V ‖ ἐπεσκεμμένω | f. 17r | τῶν V 6 γνόντι]γνοὺς V (ἐπιγνούς H); γ⌊οῦν⌉, ex νου m. 2, S 7 πάλιν, cf. p. 46, 2 8 γενικὸν om. p. 58, 8; an γενικῶς? ‖ δὲ | f. 276v | περιέχον S ‖ παρεκτικὴν S 9 p. 46, 4 11 στάσεις S 12 τοῦ sup. m. 1 S 13 παρημι S ‖ Wɪv 198—199 ‖ ἑτοιμολογίας V 18 V m. 1 in mg. inf., S in textu post 15 πολυμαθίας addunt: ὡς (ὡς om. V) ὁ θεῖος Πλάτων ἐν Φαίδρῳ (263 A) λέγων (λέγων om. V) τὴν δύναμιν εἶναι τῆς ῥητορικῆς ἐν οἷς στασιαστικῶς ἔχομεν· φησὶ γοῦν καὶ Ζώπυρος ὁ Κλαζομένιος πρῶτον Πλάτωνα τὸ τῆς στάσεως ὄνομα ἐξευρεῖν (ἐξευρ⌊εῖ⌉ν, ex ε m. 2, S) ὡς ὁ θεῖος Πρόκλος ἐν τῷ Πλατωνικῷ φησι πρὸς τῷ τέλει. haec in scholiis Aldinis non leguntur, cf. Wɪv 199, 1

[138, 1] 'ὄνομα δὲ ἀφεὶς εἶναι τοῦτο κοινὸν ἢ καὶ συμβεβηκὸς τῶν ζητημάτων ἁπάντων' τῶν ὀνομάτων τὰ μὲν προσηγορικὰ μόνως ἐστίν, ὡς λίθοι κίονες, τὰ δὲ καὶ συμβαίνουσαν ἔχει τὴν προσηγορίαν τῷ ὑποκειμένῳ πράγματι, ὡς ἄνθρωπός τε ἀπὸ τοῦ ἀναθρεῖν ἃ ὄπωπεν καὶ ἵππος ἀπὸ τοῦ ἵεσθαι τοῖς ποσί - ταχύτατον γὰρ τῶν ἐπὶ γῆς -. τοιοῦτον οὖν τι καὶ ἡ στάσις ἐστίν· κοινῶς τε γὰρ κατὰ πασῶν κατηγορεῖται τῶν στάσεων καὶ οὐ συμβέβηκεν αὐτῇ τὸ ὄνομα διὰ τὰς προειρημένας ἐτυμολογίας. ἐπειδὴ δὲ τὸν τῆς στάσεως ὅρον παραλέλοιπεν ὁ τεχνογράφος, ἀναγκαῖον ἂν εἴη καὶ περὶ τούτου βραχέα διελθεῖν, ὅπως ἂν ἡμῖν ἡ τῆς στάσεως ἐπίγνωσις ἐξ ἀμφοῖν ἀκριβεστέρα γένοιτο. στάσις τοίνυν ἐστὶ πρότασις ἁπλῆ ῥητορικὴ πρὸς ἀπόδειξιν κομιζομένη μιᾶς φάσεως τῶν ἐν τῷ πολιτικῷ ζητήματι κειμένων, καθ' ἣν ἡ διαίρεσις γίνεται τῶν κεφαλαίων τῶν πρὸς πίστιν κομιζομένων. 'πρότασις' μὲν οὖν τὸ γένος ἐστὶ τοῦ ὅρου, τὰ δὲ λοιπὰ διαφοραί. ἐπειδὴ δὲ τῶν προτάσεων αἱ μέν εἰσιν ἁπλαῖ αἱ δὲ διπλαῖ - οἷον ἁπλῆ μὲν πᾶν ζῷον ἔμψυχον, διπλῆ δὲ πᾶν ἔμψυχον οὐσία καὶ πᾶν ἔμψυχον κινεῖται -, διὰ τοῦ 'ἁπλῆ πασῶν' αὐτὸ τῶν τε διπλῶν καὶ τῶν τριπλῶν προτάσεων ἐχώρισε, προσθεὶς δὲ τὸ 'ῥητορική' τῶν τε ἰατρικῶν καὶ τῶν φιλοσόφων - πολλαὶ γὰρ καὶ παρ'

1 τοῦτο om. V 2 καὶ om. S ‖ συμβεβηκως V 3 W IV 199—201 5 cf. Plat. Crat. 399 C 6 ἀναρθρεῖν S ‖ οπωπει S 7 ἐπὶ | f. 277ʳ | γῆς S 8 οὖν sup. m. 1 S 9 κατηγορεῖτ⌊αι], ex ε, S 10 p. 47, 17 15 κομιζομένην V ‖ φύσεως S 18 κομιζομένων | f. 17ᵛ | πρότασις V 22 οὐσία⌊ν erasa] S ‖ τοῦ V] τοῦτο S 24 ἐχώρησεν V ‖ ⌊π]ροσθεὶς V

ἐκείνοις αἱ προτάσεις -. ἐπειδὴ δὲ ἐν αὐτῇ τῇ στάσει πολλαί εἰσιν ἀποδεικνύμεναι προτάσεις, διακρίνων αὐτὰς ἐκείνων ἔφη 'πρὸς ἀπόδειξιν κομιζομένη μιᾶς φάσεως τῶν ἐν τῷ πολιτικῷ ζητήματι κειμένων'· ἡ γὰρ στάσις, οἷον ὅτι τόδε ὅρος ἐστὶν εἰ τύχοι ἢ ἀντίληψις, πρὸς ἀπόδειξιν κομίζεται μιᾶς φάσεως - τουτέστιν ἑνὸς αὐτοτελοῦς λόγου - τῶν ἐν τῷ πολιτικῷ ζητήματι κειμένων. 'καθ' ἣν ἡ διαίρεσις γίνεται τῶν κεφαλαίων τῶν πρὸς πίστιν κομιζομένων', 'καθ' ἥν' ταύτην τὴν μίαν φάσιν τὴν συνεκτικὴν τοῦ ζητήματος, 'ἡ διαίρεσις γίνεται τῶν κεφαλαίων' τῶν ὁρικῶν εἰ τύχοι ἢ ἀντιληπτικῶν· ἐπειδὴ δὲ πολλὰ κεφάλαιά ἐστιν ἐν τῷ ζητήματι τὰ μὲν ὡς μέρη τοῦ πολιτικοῦ λόγου τὰ δὲ τὸ προκείμενον ἀποδεικνύντα, διὰ τοῦτο πρόσκειται 'τῶν πρὸς πίστιν κομιζομένων.' οἷον ὡς ἐπὶ παραδείγματος πλούσιος ἀριστεύσας ᾔτησεν ἐχθροῦ πένητος φόνον εἰς τὸ γέρας, λαβὼν ἀπέκτεινε καὶ μὴ πολιτευομένων ἔτι τῶν πενήτων κρίνεται δημοσίων ἀδικημάτων· ἐνταῦθα γὰρ τὸ μὲν ἀποκρίνασθαι ὅτι 'ἀντίληψίς ἐστι τὸ προκείμενον ζήτημα' πρότασίς ἐστιν ἁπλῆ ῥητορική, μία δὲ φάσις ἐν αὐτῷ ἐκείνη συνεκτικὴ 'ἀλλ' οὐκ ἀδικῶ τὴν πόλιν τὸν κατὰ δωρεάν μοι δεδομένον ἀνῃρηκώς', καὶ κατὰ ταύτην ἀντιληπτικὴν οὖσαν ἡ πᾶσα διαίρεσις γίνεται τῶν ἀντιληπτικῶν κεφαλαίων ἐν τῷ ζητήματι, ἅπερ πρὸς πίστιν κομίζεται τοῦ μὴ τὸν πλούσιον ἀδικεῖν. ἢ ὡς ἐπὶ τοῦ παρεστῶτος τῷ νεοσφαγεῖ σώματι τὸ

1 αἱ sup. V 2 εἰσιν αἱ W IV 200, 15 4 φ$\overset{υ}{ά}$σεως τῶν | f. 277ᵛ | ἐν S 5 ὅτι sup. m. 1 S ‖ ante εἰ rasura 2 litt. 6 φύσεως S 12 ἀντιλη[μ]πτικῶν, μ sup. m. 1, S 22 an συνεκτικὴ ἐκείνη? 23 δωρεάς V 24 πᾶσα | f. 278ʳ | διαίρεσις S 27 παρεστῶτος | f. 18ʳ | τῶι V ‖ νεοσφαγ[εῖ], ex η m. 2, S

μὲν εἰπεῖν ὅτι ‘στοχασμός ἐστιν ἡ στάσις’ πρότασις ἁπλῆ, φάσις δὲ ἐν αὐτῷ συνεκτικὴ ἐκείνη ‘ἀλλὰ θάψαι βουλόμενος παριστάμην.’ ἢ ὡς ἐπὶ Μειδίου ‘ἀσεβεῖ καὶ ὑβρίζει Μειδίας χορηγὸν ὄντα με τύπτων ἐν ἱερομηνίᾳ’ ἡ φάσις μὲν αὕτη, ἡ δὲ πρότασις ὅτι ‘ὅρος ἡ στάσις ἐστίν.’

[138, 4] ‘ἀπὸ τοῦ στοχασμοῦ ἀναγκαίως ὡς τὸ πρᾶγμα αὐτὸ δηλώσει’ ἀναγκαιότατόν φησι προτετάχθαι τῶν ἄλλων στάσεων τὸν στοχασμόν, δι’ ἃς ὀλίγον ὕστερον αἰτίας ἐρεῖ.

[138, 9] ‘παντὸς οὑτινοσοῦν προτεθέντος ζητήματος εἰ συνεστήκοι ἐπισκοπεῖν δεῖ τὸ κρινόμενον’ πᾶν ζήτημα ἐκ τριῶν τούτων συνεστάναι φησὶν ὁ Μινουκιανός, αἰτίου συνέχοντος κρινομένου· αἴτιον μὲν οὖν φησι τὴν τοῦ ἐπαγομένου αἰτίασιν, οἷον πλούσιος ἐχθρῷ πένητι συνεχῶς ἐπανατείνεται τὰς χεῖρας καὶ κρίνεται ὑπ’ αὐτοῦ ὕβρεως, ἐνταῦθα αἴτιον μέν ἐστι τὸ παρὰ τοῦ κατηγόρου ἐγκαλούμενον ‘ἀδικεῖς ὑβρίζων καὶ τὰς χεῖρας ὥσπερ οἰκέτῃ προσάγων’· συνέχον δὲ ἡ τοῦ φεύγοντος ἀπολογία ‘οὐχ ὕβρισα, οὐ γὰρ πληγὰς ἐπήνεγκα’· κρινόμενον δὲ τὸ ἐν τῇ τῶν δικαστῶν κρίσει καταλιμπανόμενον, πότερον ὑβριστὴς ὁ δεῖνα ἢ οὔ. ὁ δὲ Ἀκύλας ἐναλλάξας αἴτιον μέν φησι τὰ ἀπ’ ἀρχῆς ἄχρι τέλους ἐν ἑκάστῳ προβλήματι, οἷον τὸ παρεστάναι τῷ νεοσφαγεῖ σώματι, τὸ δακρύειν νύκτωρ τὴν γυναῖκα,

---

1 στάμενος ἐστιν ante ἡ lin. del. S 2 φάσις — 3 παριστάμην om. S 4 μὲ⌊ν lin. del.⌉ S 8 W IV 201—202 11 ⌊ουτινοσοῦν⌉ m. 2 S 12 συνεστήκει ἐπισκοπὴν δ⌊ει⌉, m. 2 ex η, S 13 W IV 203—207 18 ⌊μ⌉έν S 21 ἐπήνεγκα | f. 278v | κρινόμενον S 24 ἐναλ | fin. vers. |⌊αλ⌉λάξας, αλ del. m. 2, S 26 νύκτω⌊ρ⌉, ex ν m. 2, S

κρινόμενον δὲ τὴν τοῦ ἀπολογουμένου φάσιν, συνέχον δὲ τὸ ἐν τῇ τῶν δικαστῶν κρίσει καταλιμπανόμενον. παραγγέλλει τοίνυν ἡμῖν ὁ τεχνογράφος τὴν πᾶσαν ἀπολογίαν τε καὶ κατηγορίαν περὶ τὴν ἐξέτασιν τοῦ κρινομένου ποιεῖσθαι καὶ μὴ ταύτης περιφρονήσαντας ἐπὶ τοὺς κοινοὺς κατατρέχειν τόπους, ὅπερ πάσχουσιν οἱ τῆς τεχνικῆς ἐργασίας τῶν λόγων ἄπειροι, οἳ τοῦ μὲν ἀποδεῖξαι διὰ τῶν ἐντέχνων πίστεων καὶ ἐπιχειρημάτων τὸ προκείμενον ἔγκλημα πρόνοιαν οὐδεμίαν ποιοῦνται, τὸ δὲ ζητούμενον ὡς ὁμολογούμενον λαβόντες κατατρέχουσι τῶν ἀντιδίκων ⟨ὡς⟩ εἰργασμένων τὸν φόνον. χρὴ δὲ τοὺς μετὰ τέχνης ἐργάζεσθαι τοὺς λόγους ἐπιχειροῦντας ταῖς ἀποδείξεσι συμπλέκειν τὰς ἐπιφοράς· οὕτω γὰρ οὐκ ἔξω τοῦ προκειμένου φανοῦνται βαδίζοντες· πολλάκις γάρ τινες ἔξω τοῦ προκειμένου λέγειν ἔνια φιλοτιμηθέντες αὐτοὶ καθ' ἑαυτῶν φασὶν ἀμώμενοι τὴν κόνιν ἐφάνησαν· ὁ γοῦν Αἰσχίνης ἐν τῷ κατὰ Κτησιφῶντος οὐκ ἀρκεσθεὶς δεῖξαι τὸ γραφὲν παρ' αὐτοῦ Δημοσθένει ψήφισμα παράνομον ἀλλὰ προσθεὶς ὡς οὐδὲ ἄξιος τοῦ στεφάνου Δημοσθένης πρόφασιν τῷ ἀντιδίκῳ τῆς τῶν οἰκείων πολιτευμάτων διεξόδου κεχορήγηκεν ἄφθονον· εἰ δὲ περὶ μόνον ἔστη τὸ κρινόμενον, θᾶττον ἂν εἷλε Δημοσθένην Τιμάρχου. μάλιστα μὲν οὖν δεῖ περὶ τὸ κρινόμενον ἵστασθαι τὴν πᾶσαν δικαιολογίαν, εἰ δὲ

---

2 *τὸ* S] *τὸν* V   3 *παραγγέλει* S   6 *τόπους* V] *πόνους* S   7 *οἳ*] *καὶ* VS   8 *ἐντέχνων καὶ ἀτέχνων* Wrv 204, 15   11 *ἀντιδίκων* S] *ἀδίκων* V ‖ *ὡς* inserui   12 *ἢ τὴν ὕβριν* post *φόνον* add. S   14 *ἐπιφοράς* | f. 18v | *οὕτω* V   15 ⌊*β*⌋*αδί* | f. 279r | *ζοντες* S   16 *κατ' αὐτῶν* S   17 fort. *ὡς φασὶν* ‖ *κόνην* S   23 *ἀνεῖλε*⌊*ν*⌋, *ν* postea ins., V ‖ *δημοσθένη*⌊*ν*⌋, *ν* postea ins., V

ἀνάγκη τις ἡμῖν γένοιτο ἔξωθέν τινα ἐπεισάγειν, μιᾷ τῶν τριῶν μεθόδων τῶν τεχνικῶν χρησόμεθα, αἷς ὅ τε Θουκυδίδης κέχρηται καὶ Δημοσθένης παρ' αὐτοῦ μαθών· ἢ γὰρ ἐπὶ τὰ πράγματα ἀνοίσομεν τὴν αἰτίαν ἢ ἐπὶ ⟨τὰ⟩ ἔξωθεν πρόσωπα ἢ - τὸ βιαιότερον - εἰς αὐτὸν τὸν ἀντίδικον· ἐπὶ μὲν τὰ πράγματα, ὡς ἐν τῷ περὶ τῆς παραπρεσβείας Δημοσθένης φησὶν 'ἔστι δὲ ἀναγκαῖον, ὦ Ἀθηναῖοι, καὶ προσῆκον ἴσως, ὡς κατ' ἐκείνους τοὺς χρόνους εἶχε τὰ πράγματα, ἀναμνῆσαι, ἵνα πρὸς τὸν ὑπάρχοντα καιρὸν ἕκαστα θεωρῆτε'· ἐπὶ δὲ τὰ ἔξωθεν πρόσωπα, ὡς ἐν τῷ κατὰ Ἀριστοκράτους 'ἀναγκαῖον δὲ ὑπολαμβάνω καὶ δίκαιον ἅμα περὶ τούτων πρῶτον εἰπεῖν, ἵνα μηδεὶς ὑμῶν τοῖς ἔξωθεν λόγοις ἠγμένος ἀλλοτριώτερον τῶν ὑπὲρ τῆς γραφῆς δικαίων ἀκούῃ μου'· ἐπὶ δὲ αὐτὸν τὸν ἀντίδικον, ὡς ἐν τῷ περὶ τοῦ στεφάνου πολλαχοῦ 'ἀξιῶ δέ, ὦ Ἀθηναῖοι, καὶ δέομαι τοῦτο μεμνῆσθαι παρ' ὅλον τὸν ἀγῶνα, ὅτι μὴ κατηγορήσαντος Αἰσχίνου μηδὲν ἔξω τῆς γραφῆς οὐδ' ἂν ἐγὼ λόγον οὐδένα ἐποιούμην ἕτερον, ἁπάσαις δὲ αἰτίαις καὶ βλασφημίαις ἅμα τούτου κεχρημένου ἀναγκαῖον ἦν μοι πρὸς ἕκαστα τῶν κατηγορημένων μικρὰ ἀποκρίνασθαι', καὶ πάλιν 'εἰ μὲν οὖν περὶ ὧν ἐδίωκε μόνον κατηγόρησεν Αἰσχίνης, κἀγὼ περὶ αὐτοῦ τοῦ προβουλεύματος εὐθὺς ἂν ἀπελογούμην· ἐπειδὴ δὲ

---

1 εἰσάγειν V; παρεισάγειν Wɪv 205, 14 5 τὰ Wɪv 205, 17] om. VS ‖ ἔξωθεν πρόσωπα (cf. p. 52, 11)] πρόσωπα ἔξωθεν V Wɪv; πρόσωπα ἔξ[ο]μεν, ex ω m. 1, S 8 Dem. 18, 17 (est περὶ στεφάνου) 9 εἶχε V] εἶεν S 11 καιρὸν | f. 279ᵛ | ἕκαστα S ‖ θεωρῆται S 12 Dem. 18, 9; est περὶ στεφάνου 15 τὸν S 17 Dem. 18, 34 23 Dem. 18, 9 25 ἀπελογούμην | f. 19ʳ | ἐπειδὴ V

οὐκ ἐλάττω λόγον τἆλλα διεξιὼν ἀνήλωκεν καὶ τὰ πλεῖστα κατεψεύσατό μου, ἀναγκαῖον εἶναι νομίζω καὶ δίκαιον ἅμα βραχέα περὶ τούτων διεξελθεῖν'. ἐπισημήνασθαι δὲ ἄξιον, ὡς οὐκ ἀρκεῖ μόνον μιᾷ τῶν τριῶν μεθόδων χρήσασθαι βουλομένους τι παρὰ τὸ κρινόμενον εἰπεῖν, ἀλλὰ καὶ ἐνδείκνυσθαι χρὴ ὅτι τε διὰ βραχέων λέξει τὰ παρὰ τὸ κρινόμενον καὶ μετ' αὐτὰ εὐθὺς ἐπὶ τὸ κρινόμενον ἥξει. πανταχοῦ γοῦν καὶ ὁ Δημοσθένης τό τε 'πρῶτον' προστίθησι καὶ τὸ μικρὰ ἢ βραχέα περὶ τῶν ἐξαγωνίων ἐρεῖν ἐπαγγέλλεται, καὶ πρὸ Δημοσθένους ὁ Θουκυδίδης τοῖς τοιούτοις δείκνυται κεχρημένος· κρινομένου γὰρ πότερον συμφέρει βοηθῆσαι Κερκυραίοις ἢ μή, ὅρα ὁ Κορίνθιος ὅπως ἤρξατο τοῦ λόγου 'ἀναγκαῖον Κερκυραίων τῶνδε οὐ μόνον περὶ τοῦ δέξασθαι σφᾶς τὸν λόγον ποιησαμένων ἀλλ' ὡς καὶ ἡμεῖς τε ἀδικοῦμεν καὶ αὐτοὶ οὐκ εἰκότως πολεμοῦνται μνησθέντας πρῶτον καὶ ἡμᾶς περὶ ἀμφοτέρων οὕτω καὶ ἐπὶ τὸν ἄλλον λόγον ἰέναι'· καὶ γὰρ ἐπὶ τὸν ἀντίδικον μετήνεγκε τὴν αἰτίαν τοῦ παρὰ τὸ κρινόμενον εἰπεῖν καὶ διὰ τοῦ 'μνησθέντας' ἐνεδείξατο δι' ἐλαχίστων ἐρεῖν καὶ πρὸς τὸν ἄλλον λόγον οὕτως ἰέναι λέγων τὸ κρινόμενον ἐξετάσειν ὀρθῶς ἐπηγγείλατο.

Ἡ δὲ μέθοδος τῆς διαιρέσεως τῶν στάσεων τοιαύτη τίς ἐστιν ἡ εἰς ΙΔ αὐτὰς τέμνουσα·

3 *ἐπισημήν⌊α⌉σθαι*, ex *η* m. 1, S 6 *κρι* | f. 280r |*νόμενον* S 7 *μετὰ ταῦτα* S 12 *πότερον*, *ρ* inter *π* et *ο* erasa, S 13 *τοῖς κερκυραίοις* S 14 Thuc. 1, 37 16 *ποι⌊ησα⌉μένων*, ex *ου*, V 20 *διὰ* — 21 *καὶ* V W IV 207, 5] om. S 22 *πρὸς* V] *ὡς* S ‖ *οὕτως* V] *ὅτι* S

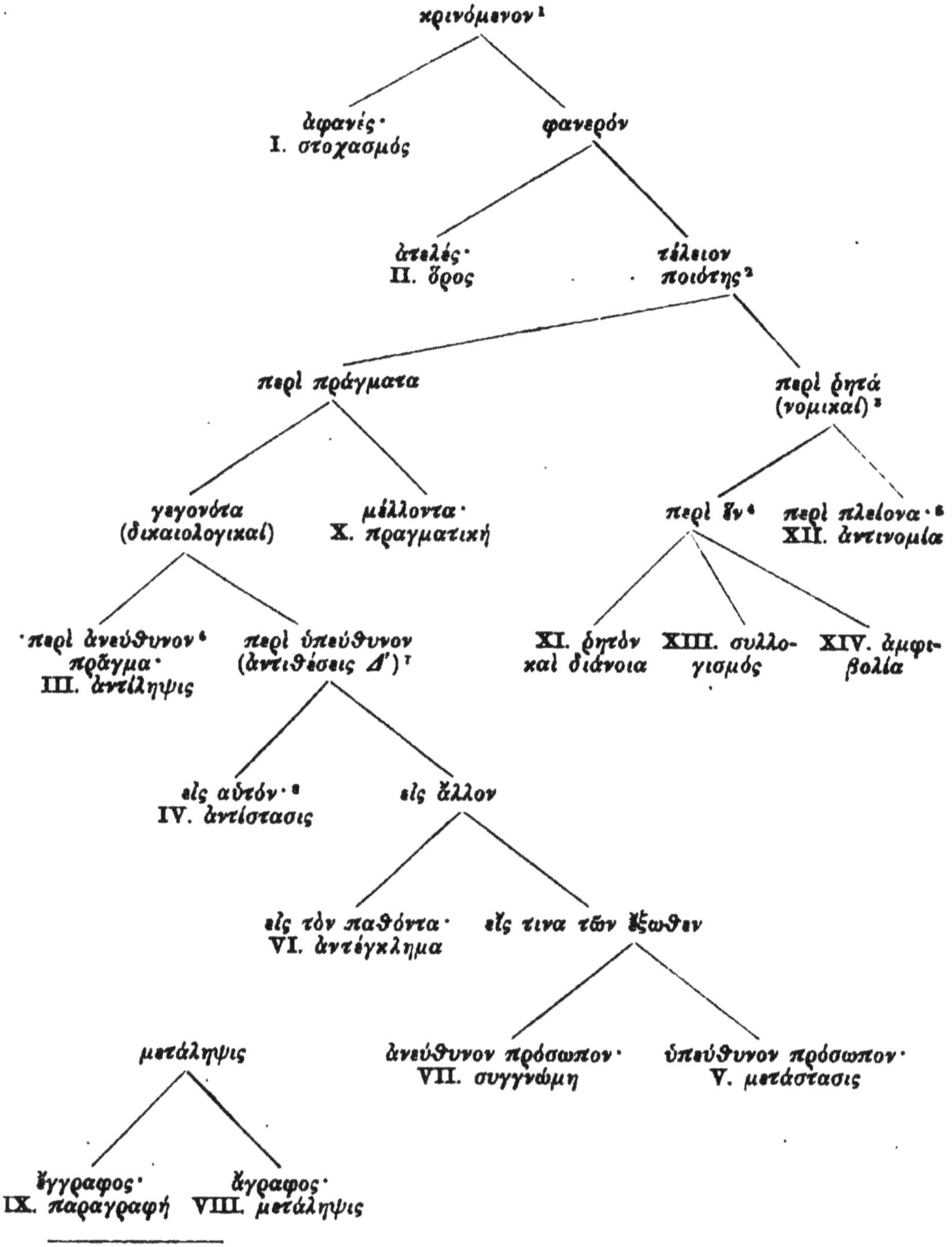

---

in S statuum schema confusum est; fol. 280ᵛ inc. in medio schemate 1 *τὸ κρινόμενον* S 2 *ποιότης ἡ ποιότης* S 3 *νομικαί* addidi 4/5 *ἑνός* (ut vid.) . . *πλειόνων* S 6 *ἀνυπευθύνου* V 7 *Δ'* om. S 8 *ἑαυτόν* S

Desinit Syriani textus in S

I. ΠΕΡΙ ΣΤΟΧΑΣΜΟΥ.

Μινουκιανὸς μὲν οὖν πρῶτος τῶν καθ' ἑαυτὸν τεχνογράφων ΙΓ εἶναί φησι τὰς στάσεις τὴν μετάληψιν διπλῆν μὲν εἶναι λέγων ὡς μίαν δὲ αὐτὴν ἐξετάζων. Ἑρμογένης δὲ καὶ Μητροφάνης ὁ Πλατωνικὸς ὁ τούτου ἐξηγητὴς Εὐαγόρας τε καὶ Ἀκύλας οἱ φιλόσοφοι ΙΔ λέγουσιν ⟨εἶναι⟩ αὐτὰς τὴν μετάληψιν εἰς δύο διαιροῦντες στάσεις, παραγραφήν τε καὶ μετάληψιν· καὶ τὸν μὲν στοχασμὸν περὶ οὐσίας ἔχειν φασὶ τὴν ζήτησιν - ἐναντίως Ἀριστοτέλει· ἐκεῖνος γὰρ τὸν ὅρον περὶ οὐσίας ἔχειν φησὶ τὴν ζήτησιν -, ζητεῖσθαι γὰρ ἐν αὐτῷ εἰ οὗτος ἔστιν ὁ φονεὺς ἢ ὁ τυραννοκτόνος, τὸν δὲ ὅρον περὶ τοῦ τί ἐστι τὸ κρινόμενον, ἱεροσυλία ἢ κλοπή, τὰς δὲ ἄλλας πλὴν τῆς μεταλήψεως ἀνάγουσιν ὑπὸ τὴν ποιότητα. τὴν γὰρ ποιότητα εἰς πράγματα καὶ ῥητὰ τέμνοντες τὴν μὲν περὶ τὰ ῥητὰ ἀσχολουμένην τὰς τέσσαρας νομικὰς στάσεις ἐργάζεσθαί φασι, τὴν δὲ περὶ πράγματα τέμνουσιν εἰς δύο χρόνους, μέλλοντα καὶ παρεληλυθότα, καὶ τὴν μὲν περὶ τὰ μέλλοντα πραγματικήν φασι τὴν δὲ περὶ τὰ παρεληλυθότα δικαιολογίαν· ταύτην δὲ εἰς ἀνεύθυνον καὶ ὑπεύθυνον τέμνοντες ὑπὸ μὲν τὸ ἀνεύθυνον πρᾶγμα

---

1 | fol. 20r | περι V ‖ W IV 294—441 5 cf. H 138, 9 sq. 7 εἶναι addidi 8 παραγραφήν] παραγραφικήν V 10 Arist. met. Z. 1039 a 20 12 τυραννοκτόνος (cf. Ven. fol. 44v)] τύραννος V 22 τέμνοντες Walz] τεμόντες V

τὴν ἀντίληψιν ἀνάγουσιν ὑπὸ δὲ τὸ ὑπεύθυνον τὰς τέσσαρας ἀντιθετικάς· ἢ γὰρ εἰς ἑαυτὸν ἀναδέχεται τὸ ἐπαγόμενον ὃ φεύγων ἢ εἴς τινα τῶν ἔξωθεν μεθίστησι, κἂν μὲν εἰς ἑαυτὸν ποιεῖ ἀντίστασιν, ἂν δὲ εἴς τινα τῶν ἔξωθεν ἢ εἰς τὸν παθόντα ἢ εἰς ἄλλον τινά, κἂν μὲν εἰς τὸν παθόντα ποιεῖ ἀντέγκλημα, ἂν δὲ εἰς ἄλλον τινα ἢ ὑπεύθυνον ἢ ἀνεύθυνον, κἂν μὲν εἰς ὑπεύθυνον ποιεῖ μετάστασιν, ἂν δὲ εἰς ἀνεύθυνον συγγνώμην. ἐὰν δὲ τῶν μὲν προειρημένων μηδὲν ᾖ ζητούμενον, μήτε εἰ ἔστι μήτε ⟨τί ἐστι μήτε⟩ ὁποῖόν τί ἐστι, περὶ δὲ ⟨τοῦ⟩ εἰ χρὴ τὸν ἀγῶνα εἰσελθεῖν ⟨ἢ⟩ μὴ γίνεται μετάληψις, ἥπερ διαιρουμένη εἰς δύο, τό τε ἔγγραφον καὶ τὸ ἄγραφον, ποιεῖ ἑτέρας δύο στάσεις, τήν τε παραγραφὴν καὶ τὴν μετάληψιν.

Μέχρι μὲν οὖν τῶν ἐνταῦθα τοῖς Ἑρμογένους ἀκολουθητέον τεχνικώτατα καὶ σαφέστατα εἰρημένοις· ἐπειδὴ δὲ τοὺς τῶν στάσεων ὅρους ὑπογραφικωτέρους μᾶλλον ἤπερ τελείως ἔχοντας ἀποδέδωκεν, ἀναγκαῖον ἂν εἴη πρὸς τὰ λοιπὰ τοὺς ἀρίστους φιλοσόφους Εὐαγόραν τε καὶ Ἀκύλαν μεταγενεστέρους μὲν ὄντας ἐπιστημονικώτατα δὲ περὶ τούτων διεξελθόντας συλλήπτορας ἡμῖν τῆς ἀκριβοῦς περὶ τῶν στάσεων γνώσεως γίνεσθαι παρακαλεῖν.

Τῶν τοίνυν στάσεων αἳ μέν εἰσι λογικαί, αἳ δὲ νομικαί· λογικαὶ μὲν ἐννέα, στοχασμὸς ὅρος πραγματικὴ ἀντίληψις ἀντίστασις ἀντέγκλημα μετάστασις

10/11 τί ἐστι μήτε inserui   11 τοῦ H 141, 32] om. V   12 ἢ Walz] om. V; ἢ μὴ om. H 142, 1   18 fort. ὑπογραφικώτερον   19 μᾶλλον | f. 20^v | ἤπερ V   22 ἐπιστημωνικώτατα V συγγνώμη μετάληψις, νομικαὶ ⟨δὲ⟩ πέντε, παραγραφὴ ῥητὸν καὶ διάνοια ἀντινομία συλλογισμὸς ἀμφιβολία.

Πάλιν τῶν στάσεων αἱ μὲν ὑπὸ τὸ δικανικὸν ἀνάγονται, αἱ δὲ ὑπὸ τὸ δικανικὸν καὶ συμβουλευτικόν· τὸ δὲ πανηγυρικὸν συνεπιπλέκεται μὲν ἔσθ' ὅτε τούτοις, ὑπ' αὐτὸ δὲ μόνον οὐδεμία στάσις ἀνάγεται· ὑπὸ μὲν οὖν τὸ δικανικὸν ἀνάγονται στοχασμὸς ἀντίληψις ἀντίστασις ἀντέγκλημα. μετάστασις συγγνώμη, ὑπὸ δὲ τὸ δικανικὸν καὶ συμβουλευτικὸν ὅρος πραγματικὴ ῥητὸν καὶ διάνοια ⟨ἀντινομία⟩ συλλογισμὸς ἀμφιβολία μετάληψις παραγραφή.

Πάλιν τῶν στάσεων αἱ μὲν περὶ τὸν παρεληλυθότα συνίστανται, αἱ δὲ περὶ τὸν μέλλοντα, αἱ δὲ περὶ τὸν παρεληλυθότα ἅμα καὶ μέλλοντα· περὶ δὲ τὸν ἐνεστῶτα οὐδεμία συνίσταται στάσις. περὶ μὲν οὖν τὸν παρεληλυθότα αἵδε συνίστανται ⟨αἱ⟩ στάσεις, ὅρος δικαιολογικαὶ νομικαὶ πλὴν ἀμφιβολίας μετάληψις παραγραφή, περὶ δὲ τὸν μέλλοντα πραγματική, περὶ δὲ τὸν παρεληλυθότα καὶ μέλλοντα στοχασμὸς ἀμφιβολία.

Ἔτι τῶν στάσεων αἱ μὲν ἐκ τοῦ κατηγόρου γνωρίζονται, αἱ δὲ ἐκ τοῦ φεύγοντος, αἱ δὲ ἐξ ἀμφοτέρων· ἀπὸ μὲν οὖν τοῦ κατηγόρου μετάληψις καὶ τῶν συλλογισμῶν ἔνιοι, ἀπὸ δὲ τοῦ φεύγοντος δικαιολογικαὶ νομικαὶ παραγραφή, ἐκ δὲ ἀμφοτέρων στοχασμὸς ὅρος πραγματική.

---

1 δὲ inserui 10 ἀντινομία inserui collato statuum schemate in codicis V fol. 20v marg. inf. 13 fort. χρόνον post συνίστανται ins. 16 αἱ inserui 26 πραγματική | f. 21r | ἐπειδὴ V

Ἐπειδὴ δὲ δύο ταῦτα συνελθόντα ἓν τέλειον ἀπεργάζεται, τό τε ἀποδεικνύον καὶ τὸ ἀποδεικνύμενον, καὶ τὸ μὲν ἀποδεικνύον αἱ στάσεις εἰσὶν τὸ δὲ ἀποδεικνύμενον τὸ πρᾶγμα περὶ οὗ ἡ στάσις τουτέστι τὸ ζήτημα, τὰ ἀρκοῦντα περὶ τῶν στάσεων διαλεχθέντες ἤδη καὶ περὶ τῆς πολυωνυμίας τῶν ζητημάτων διεξέλθωμεν. καλοῦσι γὰρ αὐτὸ οἱ μὲν ζήτημα διὰ τὴν ἐν αὐτῷ τοῦ δικαίου ζήτησιν, οἱ δὲ πρόβλημα ἀπὸ τοῦ προβάλλεσθαι πρὸς διάγνωσιν τῆς ἐν αὐτῷ στάσεως, οἱ δὲ ὅρον ἀπὸ τοῦ περιγράφειν καὶ περιορίζειν τινὰ ὑπόθεσιν, οἱ δὲ ὑπόθεσιν ἀπὸ τοῦ ὑποτίθεσθαι πρᾶγμά τι γεγονὸς ἐκ προσώπου, οἱ δὲ μελέτην διότι οὐκ ἄνευ τινὸς συνεχοῦς ἀσκήσεως ἡ περὶ τοὺς ῥητορικοὺς λόγους ἐπιστήμη προσγίνεται ἀνθρώπῳ ὡς καὶ τῶν ἄλλων ἕκαστον, οἱ δὲ πλάσμα καὶ γύμνασμα ἀπὸ τοῦ καὶ πράγματος ἀληθοῦς μὴ ὑποκειμένου γυμνασίας ἕνεκα μόνης διαπλάττειν τινὰς ὑποθέσεις.

Ἄξιον δὲ καὶ τὸ χρήσιμον τῆς περὶ τῶν στάσεων μεθόδου κατανοήσαντας οὕτως ἐπὶ τὴν ἑκάστης χωρῆσαι διαίρεσιν. τὸ γάρτοι τὰς ἀπείρους παρὰ τοῖς ῥήτορσιν ἀποδείξεις εἰς ΙΔ μόνας γενικὰς ἀναγαγεῖν προτάσεις - φημὶ δὴ τὰς στάσεις - οὐ πόρρω τινὸς διαιρετικῆς ἐστι φιλοσοφίας· ὥσπερ γὰρ Ἀρχύτας ὁ Πυθαγόρειος καὶ μετ' αὐτὸν Ἀριστοτέλης ὁ θαυμάσιος ὑπὸ τὰς δέκα κατηγορίας τὰς ἀπείρους λέξεις ἀνήνεγκον, οὕτως ἐπαίνων ἀξίους ἡγητέον ὡς μικρὰ μεγάλοις

---

1 W IV 294, 8   3 *ἀποδεικνύον αἱ* W IV 296, 2] *ἀπόδεικτον αἱ* V   10 *τινὰ ὑπόθεσιν* W IV 296, 9] *ὑπόθεσιν* om. W VII 171 ann ; *τινὰ ὑπ' ὄψεσιν* V   15 fort. *καὶ γύμνασμα* del.   21 *γενικὰς* om. W IV 296, 20   24 *πυθαγόριος* V   25 *ἀνήνεγκον*] *ἀνενεγκὼν* V; *ὁ δαιμόνιος Ἀριστοτέλης θαύματος ἄξιοι . . ἀνενεγκόντες* W IV 297, 3   26 *ἐπαίνου* W IV

εἰκάσαι τοὺς ἅπασαν ἐν ῥητορικῇ δικαιολογίαν ἀριθμῷ δέκα καὶ τεσσάρων ὁρίσαντας στάσεων· διὰ γάρτοι τῆς τούτων ἐπιγνώσεως τοῖς τε προσήκουσι κεφαλαίοις ἐν ἑκάστῃ στάσει χρησόμεθα καὶ τῶν οἰκείων εὐπορήσομεν νοημάτων καὶ σύγχυσιν οὐδεμίαν ἐργασόμεθα, τοῖς στοχαστικοῖς ἐν ὅρῳ κεχρημένοι, τοῖς ὁρικοῖς ἐν πραγματικῇ, ἀλλὰ τὰ προσεχῆ νοήματα ζητήσομεν ἐν ἑκάστῃ, τὰ δὲ παντελῶς ἀπᾴδοντα διαγράψομεν. καὶ γὰρ Ἀριστοτέλης ἐν ταῖς ῥητορικαῖς τέχναις πρὸς τέσσαρα ταῦτα χρήσιμον εἶναί φησι τὴν ῥητορικὴν καὶ τὰς δι' αὐτῆς ἀποδείξεις· πρῶτον μὲν πρὸς τὴν τῶν ἀληθῶν καὶ δικαίων ἐν τοῖς πολιτικοῖς πράγμασιν ἐπίγνωσιν, εἴ γε καὶ Πλάτων ἐν Φαίδρῳ φησὶ 'ῥήτορος μὲν γὰρ ἔργον τὸ τὰ ἀληθῆ λέγειν, δικαστῶν δέ γε σωφρόνων τὸ τὰ δίκαια κρίνειν'· δεύτερον τὸ διὰ τῶν κοινῶν καὶ πιθανῶν λόγων πείθειν τοὺς πολλοὺς ἀλλὰ μὴ διὰ τῶν ἐπιστημονικῶν, ⟨ὧν⟩ ἐπαΐειν παντελῶς ἀδυνατοῦσιν· τρίτον ⟨τὸ⟩ πρὸς τὰ ἀντικείμενα δύνασθαι διὰ λόγων βοηθεῖν ἑαυτοῖς· τέταρτον τὸ πᾶσαν ἐν λόγοις εὔροιαν, ἥτις πρὸς ἅπασαν ἐπιστήμην χρήσιμος, ἐκ ταύτης ἡμῖν περιγίνεσθαι. ὅθεν καὶ Ἀριστοτέλης ἐν ταῖς δειλιναῖς προσόδοις τῶν ἑταίρων ῥητορικὰ προβλήματα μελετᾶν αὐτοὺς παρεσκεύαζε δύο τέχνας φάσκων εἶναι τοῦ πείθειν ἐν λόγοις, ῥητορικὴν καὶ

---

1 πᾶσαν ῥητορικὴν δικαιολογίαν Wɪv 4 οἰκείων ἑκάστης Wɪv 6 κεχρημένοι ἢ τοῖς Wɪv 297, 11 8 διαγράψομεν | f. 21ᵛ | καὶ V 9 Arist. rhet. A. 1355 a 21 11 αὐτῆς Wɪv 297, 16] αὐτὴν V 13 εἴ γε V] ὡς Wɪv ‖ immo ἐν Σωκράτους ἀπολογίᾳ 18 A (cf. p. 4, 12); error fort. natus est similibus locis Phaedr. 260 A sq. 272 D sq. 15 τὸ post σωφρόνων om. Syr. ɪɪ 4, 14 ‖ δεύτερον δὲ τὸ Wɪv 17 ὧν] ὡς Wɪv; om. V 18 τὸ Wɪv 297, 26] om. V 20 εὔροιαν ex εὔροι ἂν V 22 προσόδοις] προόδοις VWɪv 23 κατηνάγκαζε Wɪv

διαλεκτικήν, τὴν μὲν ἐν τῷ λέγειν ἀποτάδην, τὴν δὲ ἐν τῷ διαλέγεσθαι· καὶ συνεχῶς ἐπεβόα τοῖς ἑταίροις κινῶν αὐτοὺς πρὸς τὴν τοῦ λέγειν μελέτην ‘αἰσχρὸν σιωπᾶν, Ἰσοκράτην δ' ἐᾶν λέγειν’. οἱ μὲν οὖν τῶν δειλινῶν ἀκροώμενοι συνόδων, αἳ πρὸς τοὺς πολιτικοὺς ἐγύμναζον ⟨λόγους⟩, ἐξωτερικοὶ ἐκαλοῦντο, οἱ δὲ τῶν ἑωθινῶν περὶ φιλοσοφίας λόγων ἀκροαματικοί.

Μινουκιανὸς μὲν οὖν προτάττει τῶν ἄλλων στάσεων τὸν στοχασμὸν λέγων κατὰ φύσιν εἶναι τοῖς φεύγουσι πρὸ πάσης ἄλλης δικαιολογίας ἐπὶ τὴν ἄρνησιν χωρεῖν· Ζήνων δὲ καὶ Ἑρμογένης καὶ Μητροφάνης προτάττουσι τῶν στάσεων τὸν στοχασμόν, διότι ἐν πάσαις ταῖς λογικαῖς ἐμπίπτει στάσεσι, ταύτας δὲ πρὸ τῶν νομικῶν μελετητέον· Ἁρποκρατίων δὲ τῶν στάσεων προτάττει τὴν παραγραφήν, διὸ κατὰ φύσιν ἐστὶ τῷ φεύγοντι παραγράφεσθαι πρῶτον τὸν ἀγῶνα καὶ πολλὰ ποιεῖν ὑπὲρ τοῦ μὴ τὴν δίκην εἰσελθεῖν, ἔπειτα εὐθυνόμενον πρὸς ἄρνησιν ἰέναι, ὅπερ στοχασμῷ προσήκει· Κορνοῦτος δὲ τὴν ἀμφιβολίαν λέγων δύο εἶναι ἐν ταῖς στάσεσιν ἀμφιβολίας, τὴν μὲν περὶ ῥητὰ τὴν νομικὴν ἀμφιβολίαν, τὴν δὲ περὶ πράγματα τὴν στοχαστικήν, πρότερα δὲ εἶναι τὰ ῥητὰ τῶν πραγμάτων, προτέραν ἄρα καὶ τὴν νομικὴν ἀμφιβολίαν τακτέον· Εὐαγόρας δὲ καὶ Ἀκύλας τὸν στοχασμὸν προτάττουσι, διότι τὴν περὶ τοῦ εἰ ἔστι περιέχει ζήτησιν, ἐν παντὶ

4 Ἰσοκράτην W IV] ἰσοκράτηι V 6 λόγους W IV 298, 6] om. V 7 φιλοσοφίαν W IV 8 W IV 298 11 H 138, 4 sq. 15 fort. διότι 22/23 πρότερα et προτέραν Graeven coll. W IV 843 ann. 1 (Ven. fol. 102r)] πρῶτα et πρώτην V ‖ ῥητὰ | f. 22r | τῶν V 25 περιέχει (cf. fol. 35v Ven.)] ἐπέχει V

δὲ πράγματι πρῶτον εἰ ἔστι ζητοῦμεν, δεύτερον τὸ τί ἐστι, τρίτον τὸ ὁποῖόν τί ἐστιν.

Ὠνόμασται δὲ στοχασμὸς ἀπὸ μεταφορᾶς τῶν ἐπί τινα σκοπὸν εὐστόχως ἱέντων τὰ βέλη· καὶ γὰρ ἐνταῦθα στοχαστικοῖς τοῦ προκειμένου καὶ τοῖς ἐξ εἰκότων λόγοις ὅ τε κατήγορος κατασκευάζει τὸ ἐπαγόμενον ἔγκλημα καὶ ὁ φεύγων διωθεῖσθαι σπεύδει τὰς αἰτίας. Μινουκιανὸς μὲν οὖν ὡρίσατο τὸν στοχασμὸν οὕτως 'ἄρνησις παντελὴς τοῦ ἐπιφερομένου ἐγκλήματος', οὐ σφόδρα δὲ ὑγιῶς ὁ ὅρος ἔχει· οὔτε γὰρ ἐκ γένους ἐστὶ καὶ διαφορῶν, ἅπερ τοῖς τελείως ἔχουσιν ὅροις προσεῖναι δεῖ, καὶ κοινόν ἐστι καὶ τῶν ἄλλων στάσεων τὸ ἀρνεῖσθαι τὸ ἐπαγόμενον ἔγκλημα, ἔτι δὲ οὐδὲ παντὶ στοχασμῷ ἁρμόζει - ἐν γὰρ τοῖς συνεζευγμένοις στοχασμοῖς οὐχ ἕν ἐστι τὸ ἐπιφερόμενον ἔγκλημα ἀλλὰ δύο -, ἔτι γε μὴν ὡς εἴρηται τοῦ στοχασμοῦ ἐξ ἑκατέρων γνωριζομένου τῶν μερῶν ἐκ μόνου τοῦ φεύγοντος αὐτὸν ὡρίσατο - ἡ γὰρ ἄρνησις οἰκεία δηλονότι τοῖς φεύγουσιν -. Ἑρμογένης δὲ καὶ Μητροφάνης οὕτως ὁρίζονται τὸν στοχασμόν 'ἀδήλου πράγματος ἔλεγχος οὐσιώδης ἀπό τινος φανεροῦ σημείου', ἔχει δὲ ⟨καὶ⟩ οὗτος ἀτελῶς ὁ ὅρος· οὔτε γὰρ ἐκ γένους ἐστὶ καὶ διαφορῶν, οὔτε τῶν ἀγωνιζομένων ἑκάτερα τὰ μέρη περιλαμβάνει, ἀλλ' ἐναντίως ἐπιχειρήσας τῷ Μινουκιανῷ καὶ ἀπὸ τοῦ διώκοντος ὁρισάμενος οὐδεμίαν ἐν τῷ ὅρῳ τοῦ φεύ-

1 an πρῶτον τὸ εἰ? 3 W IV 298, 8 5 fort. καὶ del. 7 τ[ὰ]ς V 11 συστατικῶν διαφορῶν W IV 299, 3 16 p. 57, 25 17 ἑκατέρου W IV 299, 8 19 H 138, 12 22 σημείου ex σημεῖον V ‖ καὶ οὗτος W IV 299, 13] οὕτως (om. καὶ) V 26 [ὁ]ρισάμενος, ex ω, V

γοντος ἐποιήσατο μνήμην - ὁ γὰρ οὐσιώδης ἔλεγχος μόνῳ τῷ κατηγόρῳ πρεπώδης -, ἔτι γε μὴν οὐδὲ πάντα στοχασμὸν ἐμπεριλαμβάνει τῷ ὅρῳ· εἰσὶ γάρ τινες, οἳ τεκμήρια οὐκ ἔχουσιν, οὓς ἀτελεῖς ἐκ πραγμάτων καλοῦσιν οἱ τεχνογράφοι, οἷον ἀσώτου πατὴρ ἀφανὴς γέγονε καὶ κρίνεται ὁ ἄσωτος φόνου· ἐπὶ γὰρ τούτου καὶ τῶν παραπλησίων τεκμήριον οὐδὲν ἐναργὲς δείκνυται τοῦ κρινομένου. διαφέρει δὲ τὸ τεκμήριον τοῦ κρινομένου, ὅτι τὸ μὲν ἀποδείκνυσι, τὸ δὲ ἀποδείκνυται, καὶ ὅτι τὸ μὲν κρινόμενον καὶ ἐν ταῖς ἄλλαις ἐμπίπτει στάσεσι, τὸ δὲ τεκμήριον ἐν μόνῳ τῷ στοχασμῷ. ἴδιον δὲ στοχασμοῦ ἐστι μόνου τε καὶ παντὸς τὸ περὶ οὐσίας εἶναι τὴν ζήτησιν, τὸ δὲ ἀνεύθυνον μὲν εἶναι ⟨τὸ⟩ τεκμήριον ἕτερον δέ τι δι' αὐτοῦ κρίνεσθαι ἴδιον μὲν στοχασμοῦ οὐ παντὸς δέ· ἔνια γὰρ τῶν τεκμηρίων ἐστὶν ὑπεύθυνα, ὡς ἐπὶ τοῦ νέου πλουσίου τοῦ γήμαντος ἐξ ἀστυγείτονος πόλεως ⟨τυράννου⟩ θυγατέρα καὶ κρινομένου τυραννίδος ἐπιθέσεως. ὅρος δὲ αὐτοῦ τελείως ἔχων ὅδε 'στοχασμός ἐστι στάσις πολιτικοῦ πράγματος τῶν ἐπὶ μέρους περὶ τοῦ εἰ ἔστι τὸ κρινόμενον τὴν ζήτησιν ἔχουσα'. γένος μὲν οὖν τοῦ ὅρου ἐστὶν ἡ στάσις - ὑπὸ γὰρ τὴν στάσιν καὶ αἱ ἄλλαι πᾶσαι ἀνάγονται ζητήσεις -, τὰ δὲ λοιπὰ διαφοραί· ἐπειδὴ γὰρ τῶν στάσεων αἱ μέν εἰσι μουσικαί, αἱ δὲ ἀριθμητικαί, αἱ δὲ πολιτικαί, προσθεὶς τὸ 'πολιτικοῦ πράγματος' τῶν ἄλλων αὐτὴν ἐχώρισε στάσεων. πάλιν ἐπειδὴ τῶν πολιτικῶν ζητήσεων αἱ μέν εἰσι καθόλου, αἱ δὲ μερι-

---

8 *ὅτι* ante *διαφέρει* lin. del. V 9 *ἀποδείκνυσιν* | f. 22ᵛ | *τὸ* V 14 *τὸ* Wɪv 300, 13] om. V 18 *τυράννου* Wɪv, cf. Syr. ɪɪ 80, 4] om. V 26 *τὸ* Wɪv 301, 4] *τοῦ* V

καί, προσθεὶς τὸ 'ἐπὶ μέρους' ἐχώρισεν αὐτὰς τῶν καθόλου. τὸ δὲ τοῦ στοχασμοῦ ἴδιον προσθεὶς τῶν ὁμογενῶν αὐτὸν χωρίζει στάσεων· τὸ γὰρ περὶ οὐσίας εἶναι τὴν ζήτησιν μόνῳ καὶ παντί· ὡς εἴρηται στοχασμῷ ἁρμόζει.

Εἴδη δὲ τῶν στοχαστικῶν προβλημάτων ἐστὶ δέκα. τὰ μὲν γάρ ἐστιν ἁπλᾶ, τὰ δὲ σύνθετα· καὶ ἁπλᾶ μὲν τέσσαρα, ἁπλοῦν τέλειον ἐκ προσώπων καὶ πραγμάτων, ἁπλοῦν ἀτελὲς ἐκ ⟨προσώπων, ἁπλοῦν ἀτελὲς ἐκ⟩ πραγμάτων· ἔστι δὲ καὶ ἐν τοῖς ἁπλοῖς καὶ ὁ καλούμενος τῆς γνώμης στοχασμός, ἐν ᾧ μόνη τοῦ δράσαντος ἡ γνώμη δι' ὅλου τοῦ προβλήματος ἐξετάζεται, οἷον μητρυιὰ δόξασα μεμηνέναι τὸν μὲν υἱὸν ἔτρωσε, τὸν δὲ πρόγονον ἀνεῖλε καὶ φεύγει φόνου. τῶν δὲ συνθέτων ἀντεγκληματικὰ μέν ἐστι τρία, ἃ καὶ κατὰ ἀμφισβήτησιν καλεῖται, συνεζευγμένα δὲ τρία· ἀντεγκληματικὸς διπλοῦς τέλειος ἐκ προσώπων καὶ πραγμάτων, ἀντεγκληματικὸς διπλοῦς ἀτελὴς ἐκ προσώπων, ἀντεγκληματικὸς διπλοῦς ἀτελὴς ἐκ πραγμάτων· τῶν δὲ συνεζευγμένων ὁ μέν τίς ἐστιν ἐμπίπτων, ὁ δὲ προκατασκευαζόμενος, ὁ δὲ συγκατασκευαζόμενος. ἀπορήσειε δ' ἄν τις, πῶς οἷόν τε κρίσιν ἐν δικαστηρίῳ συστῆναι προσώπου ἢ πράγματος ἐκλείποντος. φαμὲν οὖν ὅτι τὸ μὲν πρόσωπον πάντῃ ἐκλείπειν ἀδύνατον· τοῦ γὰρ δράσαντος μὴ ὑπόντος κατὰ τίνος ἐξοίσει τὴν ψῆφον ὁ δικαστής; ἀλλ' ἐπειδὴ τὰ ἐκ τῶν προσώπων κινούμενα κεφάλαια ἐκλείπει, ὅταν ἀόριστον

3 αὐτ[ὸν] V 4 p. 62, 12 6 Wɪv 301 9 προσώπων — ἐκ inserui 10 fort. prius καὶ del. 12 πράγματος ante προβλήματος lin. del. V 15 συνθέτων | f. 23ʳ | ἀντεγκληματικά V 22 cf. Wɪv 431, 20—32. Wᴠɪɪ 348, 21—349, 2

πρόσωπον ἢ πάντῃ ἐξισάζον ἐν στοχασμῷ παραλάβωμεν, διὰ τοῦτο ἀτελεῖς ἐκ προσώπων τοὺς τοιούτους καλοῦμεν στοχασμούς. πάλιν τὸ πρᾶγμα διχῶς οἱ τεχνογράφοι καλοῦσι, τὸ τεκμήριον καὶ τὸ κρινόμενον· τὸ μὲν οὖν τεκμήριον ἐκλείπει πολλάκις, τὸ δὲ ἐπιφερόμενον ἔγκλημα οὐδέποτε· διὰ γοῦν τὴν τοῦ τεκμηρίου ἔκλειψιν ἀτελεῖς ἐκ πραγμάτων καλοῦνται στοχασμοί.

Κεφάλαια δὲ τοῦ στοχασμοῦ ἐστιν ἐννέα μετὰ τὰ προοίμια καὶ προκατάστασιν καὶ κατάστασιν — ταῦτα γὰρ κοινὰ πάντων ἐστὶ προβλημάτων τῶν ὑπὸ τὰς στάσεις ἀναγομένων. ἔστι δὲ προκατάστασις μὲν λόγος ἐν βραχεῖ τὰ ἐν τῇ καταστάσει μηνύων περιεχόμενα, ὡς δὲ Ἀψίνης φησὶν ἐν τῇ περὶ τῶν μερῶν τοῦ πολιτικοῦ λόγου τέχνῃ 'ἔφοδος πρὸς τὰς ἀποδείξεις', οἷον ἐν τῷ κατὰ Μειδίου 'βούλομαι δὲ ἕκαστον ἀπ' ἀρχῆς ὧν πέπονθα ἐπιδείξας καὶ περὶ τῶν πληγῶν εἰπεῖν, ἃς τὸ τελευταῖον προσενέτεινέ μοι· ἓν γὰρ οὐδέν ἐστιν, ἐφ' ᾧ τῶν πεπραγμένων οὐ δίκαιος ὢν ἀπολωλέναι φανήσεται'· κατάστασις δέ ἐστι λόγος πρὸς ⟨τὸ⟩ τῷ πράγματι συμφέρον καθιστὰς τὴν διήγησιν καὶ τὰ ἐμπίπτοντα προαναιρῶν τῆς τῶν ἀκουόντων ἐννοίας, διαφέρει δὲ διηγήσεως, ὅτι ἡ μὲν ψιλὴν ἔκθεσιν ἔχει τῶν πραγμάτων, ἡ δὲ τῶν τε πρὸ τοῦ πράγματος ἔνια συμπεριλαμβάνει καὶ τῶν μετὰ τὸ πρᾶγμα καὶ αὐτὸ τὸ πρᾶγμα οὐ πάντως ⟨ὡς⟩ γέγονεν ἀλλ' ὡς ἂν αὐτῷ

9 Wɪᴠ 303, 1 (302 ann.) ‖ H 143, 2 12 cf. Wᴠɪɪ 721, 1—722, 6 13 μηνύ[ω]ν V 15 Aps. ɪ 348, 12 Sp. 16 Dem. 21, 12 20 τὸ] om. V (πρὸς τὸ τοῦ πράγματος συμφέρον Wᴠɪɪ 721, 9) 22 ἐμ[π]ίπτοντα V] ἀντιπίπτοντα Wᴠɪɪ 721, 10 23 μὲν | f. 23ᵛ | ψιλὴν V ‖ fort. παρέχει 25 περιλαμβάνει sive παραλαμβάνει Wᴠɪɪ 721, 13 26 ὡς Wᴠɪɪ 721, 14] om. V

δοκῇ συμφέρειν ἀφηγεῖται, τὰ μὲν ὅτι μάλιστα συστέλλουσα, τὰ δὲ πλατύνουσα, ἔνια δὲ καὶ πρὸς τὸ μεῖζον ἐξαίρουσα· καὶ γὰρ Ἰσοκράτης ἐν τῇ τέχνῃ φησὶν ὡς 'ἐν τῇ διηγήσει λεκτέον τό τε πρᾶγμα καὶ τὰ πρὸ τοῦ πράγματος καὶ τὰ μετὰ τὸ πρᾶγμα καὶ τὰς διανοίας, αἷς ἑκάτερος τῶν ἀγωνιζομένων χρώμενος τόδε τι πέπραχεν'. καταστάσεων δὲ τρόπους Ἀψίνης φησὶ ΙΒ· ἢ γὰρ τὴν ἑαυτῶν διάνοιαν ἐξετάζομεν, ἢ τὴν τῶν ἀκουόντων, ἢ τὴν τῶν ἀντιδίκων, ἢ ἀντιπῖπτον ἀναιροῦμεν, ἢ προσυστάσει χρώμεθα, ἢ προδιαβολῇ, ἢ προδιορισμῷ, ἢ ἀντεξετάσει τῶν προτέρων καὶ τῶν νῦν, ἢ τὸ πρῶτον κεφάλαιον καταστατικῶς εἰσάγομεν τουτέστιν ἀφηγηματικῶς καὶ ἀνηπλωμένως, ἢ μέρος κεφαλαίου ἀπολαβόντες εἰσάγομεν καταστατικῶς, ἢ τρόπους παρεισφέρομεν - τοῦτο δὲ μάλιστα ἐν τοῖς ἐσχηματισμένοις ἁρμόσει τῶν ζητημάτων -, ἢ ἐπαγγελίᾳ χρώμενοι τὴν κατάστασιν ἐργασόμεθα —. μετὰ δὲ ταῦτα κεφάλαια στοχαστικά ἐστι τάδε· παραγραφικόν, ἐλέγχων ἀπαίτησις, βούλησις, δύναμις, ἀπ' ἀρχῆς ἄχρι τέλους, ἀντίληψις, μετάληψις, χρῶμα, πιθανὴ ἀπολογία. τούτων δὲ τῶν κεφαλαίων τὰ μὲν ἐκ τοῦ προσώπου λαμβάνεται, τὰ δὲ ἐκ τῆς τῶν πραγμάτων ποιότητος, τὰ δὲ ἔξωθεν ἔχει τὴν σύστασιν· ἀπὸ μὲν οὖν τοῦ προσώπου βούλησίς τε καὶ δύναμις κινεῖται, διόπερ ἐν τοῖς ἀτελέσιν ἐκ προσώπων στοχασμοῖς ἢ

---

1 συμφέρον Wᴠɪɪ 721, 15 4 ⌊διηγήσει⌉ V ‖ τ⌊ὰ⌉, ex ο, V 6 ἑκά⌊σ er.⌉τερος V ‖ χρώμενος om. Syr. ɪ 25, 6 et ɪɪ fol. 91^{v} Ven. 7 καταστάσεως Wᴠɪɪ 721, 21 (cf. Syr. fol. 91^{v} Ven.)] καταστάσεων V ‖ δὲ V] δὴ Wᴠɪɪ ‖ Aps. l. l. 11 προτέρων καιρῶν καὶ Aps. 18 δὲ V; an δή? 20 χρῶμα ἀντίληψις μετάληψις V; ordinem mutavi coll. ɪɪ 66, 2/3. 66, 12. 79, 3 sq. H 143, 5 21 Wɪᴠ 303, 3 24 τε sup. V; om. Wɪᴠ 303, 6

τε βούλησις καὶ ἡ δύναμις ἐκλείπει· ἀπὸ δὲ τοῦ πράγματος τὰ ἀπ' ἀρχῆς ἄχρι τέλους, ἀντίληψις εἰ ἐμπίπτοι, μετάληψις, χρῶμα, πιθανὴ ἀπολογία, ἅπερ ἐν τοῖς ἀτελέσιν ἐκ πραγμάτων ἐκλείπει· ἔξωθεν δὲ ἐμπίπτουσι δύο, παραγραφικὸν καὶ ἐλέγχων ἀπαίτησις. πάλιν δὲ τῶν κεφαλαίων τὰ μὲν τοῦ κατηγόρου ἐστί, τὰ δὲ τοῦ φεύγοντος, τὰ δὲ κοινὰ ἀμφοῖν· τοῦ μὲν κατηγόρου δύο, ἀπ' ἀρχῆς ἄχρι τέλους, μετάληψις· τοῦ δὲ φεύγοντος πέντε ὥσπερ ὑπ' αὐτῆς βοηθουμένου τῆς τέχνης καὶ τὸ φοβερὸν τῆς κατηγορίας τῷ πολυτρόπῳ τῆς ἀπολογίας ἐκκρούοντος, ἔστι δὲ τάδε παραγραφικόν, ἐλέγχων ἀπαίτησις, ἀντίληψις, χρῶμα, πιθανὴ ἀπολογία· κοινὰ δὲ ἀμφοῖν κεφάλαια βούλησις καὶ δύναμις.

Τὸ μὲν οὖν παραγραφικὸν ὠνόμασται μὲν ἀπὸ τοῦ παραγράφειν καὶ ἐκβάλλειν τὴν γραφήν· εἰ γὰρ γράψασθαι τὸ κατηγορῆσαι καὶ τὸ ἐκβάλλειν τὴν κατηγορίαν παραγράφεσθαι, εἰκότως καλεῖται καὶ παραγραφικὸν τὸ κεφάλαιον. ἐμπίπτει δὲ κατὰ πέντε τρόπους, κατὰ τὸ λεῖπον, κατὰ τὸ περιττεῦον, κατὰ τὸ ἀπὸ χρόνου, ἀφ' ὧν ἄλλοι ἐποίησαν, ἐφ' οἷς ἔδει τιμᾶσθαι ἐπὶ τούτοις καὶ εὐθύνεσθαι· κατὰ μὲν τὸ λεῖπον, ὡς ἐπ' ἐκείνου ἀσώτου πατὴρ ἀφανὴς γέγονε καὶ φόνου φεύγει ὁ ἄσωτος, ἐρεῖ γὰρ ὡς 'χρὴ πρότερον ἐμφανῆ γενέσθαι τὸν φόνον, εἶθ' οὕτως ἐμὲ τοῦ φόνου κρίνεσθαι'· κατὰ δὲ τὸ περιττεῦον, οἷον δέκα νέοι συνώμοσαν μὴ γῆμαι καὶ κρίνονται κακοῦ

---

5 ἀπαίτησις | f. 24^{r} | πάλιν V 15 W IV 303 || H 143, 7
καὶ κρίνεται
20 et 23 λίπον V 24 καὶ φόνου φεύγει V (καὶ κρίνεται p. 62, 6)

βίου· εἰ γὰρ καὶ Μαΐωρ ἐκβάλλει τοῦτον τοῦ παραγραφικοῦ τὸν τρόπον λέγων ὡς ‛εἰ μὲν διάφορα ἦσαν τὰ πράγματα πεποιηκότες οἱ κρινόμενοι, ἥρμοττεν ἂν ἡ κοινὴ κατ' αὐτῶν κατηγορία, ὡς ἐπὶ τῶν δέκα στρατηγῶν τῶν μὴ ἀνελομένων τὰ ναυάγια· ἐπειδὴ δὲ ἐπὶ τῷ αὐτῷ κρίνονται, οὐχ ἕξει χώραν τὸ παραγραφικόν', ἀλλ' ἐρεῖ τις πρὸς αὐτὸν ὅτι κἀνταῦθα οἱ νέοι διαφόρους αἰτίας προβάλλονται τῆς ἀγαμίας, ὁ μὲν ἀπορίαν, ὁ δὲ τῶν γυναίων τὴν ἐπὶ τὸν ἄτοπον βίον εὐχέρειαν καὶ τὰ ἐπ' αὐταῖς ὀνείδη, ὁ δὲ τὰς ἐπὶ παισὶν ἀώροις λύπας, ὁ δέ τις ἐλευθερίαν ὑπολαμβάνων τὴν μοναυλίαν, ὁ δὲ ἄλλο τι, ὥστε κἀνταῦθα οἱ νέοι τὴν κοινὴν εὐλόγως παραγράφονται κρίσιν οὐκ ἀπὸ τῆς αὐτῆς γνώμης ἐπὶ τὸ μὴ γῆμαι κεχωρηκότες, ὥσπερ καὶ τῶν στρατηγῶν ἕκαστος διαφόρους ἐρεῖ τοῦ μὴ ἀνελέσθαι τὰ ναυάγια τὰς αἰτίας· ὁ μὲν γάρ τις αὐτῶν ἐπὶ τῆς συμβολῆς ἐτέτακτο, ὁ δὲ ἐπὶ τῆς φρουρᾶς, ὁ δὲ ἐπὶ τῆς ἀναιρέσεως τῶν νεκρῶν, ὁ δὲ ἐπ' ἄλλῳ τινί· διὰ ταῦτα οὖν οὐκ ἐκβαλοῦμεν ἀλλὰ παραδεξόμεθα καὶ τὸν κατὰ τὸ περιττεῦον τοῦ παραγραφικοῦ τρόπον· κατὰ δὲ τὸ ἀπὸ χρόνου, οἷον δειλοῦ παῖς ἠρίστευσε καὶ κρίνει τὴν γυναῖκα μοιχείας, ἐρεῖ γὰρ ὁ ὑπὲρ τῆς γυναικὸς λέγων ὡς ‛ἐχρῆν τὴν γυναῖκα πάλαι κρίνεσθαι μοιχείας, οὐχὶ νῦν'· κατὰ δὲ τὸ ἀφ' ὧν ἄλλοι ἐποίησαν, οἷον τρισαριστέως εἰκόνα ἔστησαν οἱ πολέμιοι καὶ φεύγει προδοσίας, τὸ γὰρ ὑπὸ ἄλλων πεπραγμένον εἰς αὐτὸν ἀναφέρεται· κατὰ δὲ τὸ ἐφ' οἷς ἔδει τιμᾶσθαι ἐπὶ

3/4 immo ἥρμοττεν ἂν τὸ παραγραφικόν 15 κεχωρηκότες Walz] ἐκχωρηκότες V 17 συμβολῆς | f. 24ᵛ | ἐτέτακτο V 27 πεπραγμένον, ex -μένων, V τούτοις καὶ εὐθύνεσθαι, οἷον ἠνέχθη σκηπτὸς ἐπὶ τὴν Περικλέους οἰκίαν, εὑρέθησαν χίλιαι πανοπλίαι καὶ κρίνεται τυραννίδος ἐπιθέσεως, ἐρεῖ γὰρ ὡς 'ὑπὲρ τῆς πόλεως κατεσκεύασα τὰς πανοπλίας, ὁ δὲ τῇ πατρίδι βοηθῶν τιμητέος, οὐ κολαστέος'· τὰ μὲν οὖν ἄλλα παραγραφικὰ δοκεῖ καθαιρεῖν τοῦ παραγραφομένου τὸ ἀξίωμα, τοῦτο δὲ σεμνότητά τινα καὶ τιμὴν τῷ κρινομένῳ περιποιεῖ. πλατύνεται δὲ τὸ παραγραφικὸν διὰ ἀποστροφῶν διὰ παραδειγμάτων δι' ἐνθυμημάτων· διὰ ἀποστροφῶν μέν, οἷον ἐπὶ Περικλέους 'φέρε γὰρ εἰ ⟨σὺ⟩ στρατιώτας ἐκ τῶν προσόντων ἔτρεφες ἑκατόν, ὅπως ἐν τῷ δέοντι προθύμως ἐπαμύνοις τῇ πατρίδι, εἶτά τις τῶν συκοφαντῶν τυραννίδος ἐπάγοι κατὰ σοῦ γραφήν, οὐκ ἂν ἠγανάκτεις εὐθυνόμενος ἐφ' οἷς εὐεργέτεις; ἐγὼ μὲν ἡγοῦμαι'· διὰ παραδειγμάτων, οἷον ὡς ἐπὶ τοῦ αὐτοῦ 'καὶ γὰρ πρότερον ἀκούω Κλεινίαν ἐν καιρῷ τῇ πόλει πορίσασθαι τὴν ἐπικουρίαν, διότι πολλοῖς καὶ πρότερον ἐκ τῶν προσόντων ἐπαρκῶν ἐν τῇ κατὰ Μήδων ἐπ' Ἀρτεμισίῳ ναυμαχίᾳ τριήρη σὺν διακοσίοις ἀνδράσιν ἐπιδέδωκε τῇ πατρίδι καὶ τῆς κατὰ βαρβάρων ἀριστείας αἰτιώτατος ὑπῆρξεν· ἀλλ' οὐδεὶς ἐκεῖνον ὁρῶν ἀνδρῶν τοσούτων ἰδιώτην ὄντα δύναμιν περιβαλλόμενον ἠγανάκτησεν ἢ πρὸς δικαστήριον εἵλκυσεν ἢ τυραννίδος ἐγράψατο'· διὰ δὲ ἐνθυμημάτων, ὅταν οἰκείαις τῷ προκειμένῳ χρώμενος ἐννοίαις κατασκευάζῃ τὸ παραγραφικὸν λέγων

8 WIV 322, 4   10 οἷον ὡς WIV 322, 6   11 σὺ WIV] om. V   12 ἐπαμύνῃς (οι supra ῃ) V   13 τῶν συκοφαντῶν τις WIV   16 οἷον om. WIV 322, 11   20 ἀνδρ⌊ά⌉σιν, ex ω, V   23 περιβαλλόμενον | f. 25r | ἠγανάκτησεν V   25/26 ὅταν . . κατασκευάζει VWIV; fort. ὁ αὐτὸς . . κατασκευάζει

'ποῦ γὰρ δίκαιον τηλικούτους ἀγῶνας ὑπομένειν ὑπὲρ ὧν εὖ ποιεῖν ἐσπουδάκασιν ἄνθρωποι; ποῦ τὸν προλαμβάνοντα παρασκευῇ τοὺς κινδύνους εὐθύνειν ἄξιον; ποῦ τὴν θρεψαμένην προαναρπάζειν τῶν δεινῶν οὐκ εὔλογον; εἰ γὰρ περιμενοῦμεν τοὺς καιροὺς καὶ τῶν πολεμίων ἤδη τὴν χώραν λεηλατούντων τότε πρὸς τὴν ἐπιμέλειαν τρεψόμεθα τῶν δεόντων, ὀκνῶ μὴ τοῖς ἐναντίοις πρὸς ἡδονὴν ἅπαντα πολιτευσόμεθα'. ὁ μὲν οὖν φεύγων διὰ τῶν τόπων τούτων κατασκευάσει τὸ παραγραφικόν, ὁ δὲ διώκων ἀνατρέψει αὐτὸ λογισμοῖς καθολικοῖς, οἷον 'τῶν συνειδότων ἑαυτοῖς ἐστι τὸ παραγράφεσθαι, τῶν δὲ θαρρούντων τὸ δέχεσθαι τὸν ἀγῶνα· δυοῖν ⟨γὰρ⟩ θάτερον, ὦ χρηστέ, ἢ κατὰ τῆς πόλεως ἅπαντα κακουργεῖς ἢ κηδόμενος ἡμῶν, ὡς ἄνω καὶ κάτω θρυλεῖς, παρεσκεύασαι τὰ πρὸς τυραννίδα· εἰ μὲν οὖν εὖ ποιῶν φανῇς, πρόδηλον ὡς καὶ δωρεὰς λήψῃ παρὰ τῶν πολιτῶν, εἰ δὲ ὥσπερ δείξειν ἐγὼ πεπίστευκα καθ' ἡμῶν ἅπαντα ταυτὶ πεφώρασαι σκευωρούμενος, αὐτός τε ἐπιβουλεύων εὖ οἶδα παύσῃ καὶ τοὺς ἄλλους σωφρονεστέρους ὁ κατὰ σοῦ τήμερον ἀγὼν παρασκευάσει. κατ' ἀμφότερα τοίνυν ἥκιστα παραγραπτέον σοι τὴν δίκην'. διαφέρει δὲ τῆς παραγραφῆς τὸ παραγραφικόν, ὅτι ἡ μὲν στάσις ἐστί, τὸ δὲ κεφάλαιον, καὶ ἡ μὲν πάντως νόμον ἔχει προσκεί-

---

2 προλαβόντα W IV 322, 24   7/8 ὀκνῶ λέγειν μὴ . . πολιτευσώμεθα W IV 322, 28   9 παρασκευάζει W IV 323, 1   10/11 καθολικοῖς λογισμοῖς W IV   13 γὰρ W IV 323, 5] om. V   15 παρεσκεύασαι] παρασκευάσαι VW IV   17 λ⌊ήψη⌉ V ‖ ἐπι-
πε
δείξειν W IV 323, 9   18 φώρασαι, ras. supr. prior. α, V] πεφωράσῃ W IV 323, 10   19 περ vel παρα (p. comp.) post οἶδα V (fin. vers.) ‖ π⌊αύσηι⌉ V   20 σήμερον W IV

μενον, τὸ δὲ οὐ, καὶ ἡ μὲν ἐκβάλλει τὸν ἀγῶνα, τὸ δὲ διαβάλλει, καὶ τὸ μὲν κατὰ τοὺς προειρημένους γίνεται τρόπους, ἡ δὲ δι' ἑτέρων εὑρίσκεται θεωρημάτων.

Ἡ δὲ τῶν ἐλέγχων ἀπαίτησις ὠνόμασται μὲν ἀπὸ τοῦ τὸν φεύγοντα μάρτυρας ἀπαιτεῖν τῶν κατηγορουμένων καὶ τῷ διώκοντι μὴ συγχωρεῖν ἀμαρτύρους ποιεῖσθαι τὰς κατηγορίας. πλατύνεται δὲ ὑπὸ τοῦ φεύγοντος τέτρασι τόποις τούτοις, πηλικότητι συγκρίσει τοῖς πρός τι τοῖς περιστατικοῖς μορίοις - ἔοικε δὲ ἡ πηλικότης καὶ ἡ σύγκρισις καὶ τὰ πρός τι τῇ ἐν κοινῷ τόπῳ τριπλῇ συγκρίσει ἀπὸ τοῦ μείζονος ἀπὸ τοῦ ἴσου ἀπὸ τοῦ ἐλάττονος -· πηλικότητι μὲν οὕτως 'μέγα ἐστὶν ὁμολογουμένως *τὸ ἐπαγόμενον ἔγκλημα - εἰ τυραννὶς εἰ προδοσία τὸ κρινόμενον εἴη -, οὔκουν χρὴ μαρτύρων ἀπόντων περὶ τηλικούτων πραγμάτων ποιεῖσθαι τὴν κρίσιν'· συγκρίσει δέ, ὅτι 'καὶ ἐπὶ πάντων* οὕτως *ἔχει τῶν παραπλησίων, φόνου δωροδοκίας παραπρεσβείας, ἅπερ ἅπασαν ἄρδην ἀνατρέπει διὰ τῆς παρανομίας τὴν πόλιν· ἀλλ' ὅμως οὐδὲ ⟨ἐπ'⟩ ἐκείνων οὐδεὶς πώποτε τῶν ἐλεγξόντων ἀπόντων ὑπέσχε τὴν κρίσιν'· τοῖς δὲ πρός τι, ὅτι 'ἄτοπον ἐπὶ μὲν ὕβρεως καὶ κλοπῆς μηδένα ἐξ ὑποψίας κρίνεσθαι, ἐπὶ δὲ τῶν τηλικούτων ἀμαρτύρους ποιεῖσθαι τὰς κατηγορίας'· τοῖς δὲ περιστατικοῖς μορίοις, οἷον προσώπῳ τίς εἶδε,*

2 p. 66, 19 5 Wɪᴠ 325 ‖ H 143, 27 9 *τούτοις τόποις* Wɪᴠ 326, 2 12 *ἴσου* | f. 25ᵛ | *ἀπὸ* V 13 *πηλικότητι* Wɪᴠ 326, 2 (cf. marg. V)] *πηλικότης* V 14 *ἐπαγόμενον* om. Wɪᴠ ‖ *οἷον εἰ τυραννὶς* Wɪᴠ 15 fort. *τυραννὶς ἢ προδοσία* ‖ *εἴη* om. Wɪᴠ 18 *οἷον φόνου* Wɪᴠ 20 *ἐπ'* addidi 21 *ἀπόντων* ex *ἀπάντων* m. 2 V 24 *ἀμαρτύρου*[*ς π*]*οιεῖσθαι* V 25 *περιστατικοῖς προσώπῳ μὲν οἷον τίς οἶδεν, χρόνῳ δὲ οἷον πότε, τόπῳ οἷον ποῦ* Wɪᴠ 326, 17 (cf. H)

χρόνῳ πότε, τόπῳ ποῦ, καὶ τῶν ἄλλων ἕκαστον παραπλησίως κατὰ τὴν χρείαν - διαφέρει δὲ ἡ σύγκρισις τῶν πρός τι ταύτῃ, ὅτι ἡ μὲν σύγκρισις ἐπὶ τῶν παραπλησίων λαμβάνεται, τὰ δὲ πρός τι ἐπὶ τῶν ἐλαττόνων· ἀμφότερα μὲν γὰρ συγκριτικὴν ἔχει δύναμιν, διόπερ καὶ οὕτως καλεῖται παρὰ τῶν τεχνογράφων, διαφορὰ δὲ αὐτοῖς ἀπὸ τοῦ παραπλησίου καὶ ἐλάττονός ἐστιν, ὡς τὰ παραδείγματα δεδήλωκεν ἡμῖν ἀνωτέρω -. ἀνατρέπεται δὲ ὑπὸ τοῦ κατηγόρου ἡ τῶν ἐλέγχων ἀπαίτησις τοῖς αὐτοῖς τόποις· πηλικότητι μέν, ὅτι 'μέγα ὁμολογουμένως τὸ ἔγκλημα, τὰ δὲ μεγάλα λαθεῖν ἀδύνατα· οὔκουν δεῖ μάρτυρας ἐπὶ τούτων καλεῖν, ἀλλὰ τοῖς πράγμασι προσέχειν, ἅπερ πιστότατά ἐστι μαρτύρων ἁπάντων'· καὶ πολλοῖς ἑτέροις χρησάμενος λογισμοῖς τὰ πρός τι συνάψει λέγων ὅτι 'ἐπὶ μὲν ὕβρεως καὶ κλοπῆς καὶ τῶν μικροτέρων ἀδικημάτων εἰκότως χρεία μαρτύρων, ὅπου καὶ λανθάνειν τῶν ἀδικημάτων ἡ βραχύτης παρασκευάζει, ἐπὶ δὲ τῶν μειζόνων οὐ μαρτυρίαις πεπλασμέναις ἀλλὰ τῶν δρωμένων ταῖς ὑπερβολαῖς προσέχειν ἄξιον'· τοῖς δὲ περιστατικοῖς οὕτως 'τίνας δὲ καὶ βούλει καλέσω μάρτυρας; φίλους σοῦ; ἀλλ' οὗτοι σοὶ συνεργοῦσιν, οὔκουν καθ' ἑαυτῶν ἐροῦσιν. ἀλλὰ τοὺς ἀπεχθῶς πρὸς σὲ διακειμένους; ἀλλ' εὔδηλον ὅτι τῆς ψευδομαρτυρίας αἰτιάσῃ τὴν ἀπέχθειαν. ἀλλὰ τοὺς οἰκέτας βασάνῳ τἀληθῆ λέγειν καταναγκάσομεν; καὶ τίς οὐκ οἶδεν ὡς ἐπίορκος ἀεὶ καὶ ἄπιστος ἡ τῶν ἀνδραπόδων φύσις καὶ τῶν αἰκι-

8 p. 70, 17—24   11 ⌊μ⌋έγα, ex γ, V   12 ἀδύνατον Wɪv ‖ τοῦτο Wɪv 327, 4   13 πιστότερά Wɪv   14 καὶ τοιούτοις πολλοῖς ἑτέροις Wɪv   22 σούς Wɪv 327, 13 ‖ οὐκο⌊υν⌋ V   27 αἰκισμῶν | f. 26r | ἐθάδες V

σμῶν ἐθάδες ὑπάρχοντες διακαρτεροῦσι πρὸς τὰς πληγάς; ὅλως δὲ εἰ καὶ μάρτυρας παρειχόμην τοὺς ἐπ' αὐτοφώρῳ κατειληφότας, οὐδεὶς ἔτι κρίσεως ὑπελείπετο καιρός'· ἀπὸ δὲ χρόνου 'νύκτα γὰρ ἐπετήρεις καὶ σκότος'· ἀπὸ δὲ τόπου 'οἶκοι γὰρ ταῦτα κατέκρυπτες ἐπιβουλεύειν ἡνίκα ἂν σοι δοκῇ τοῖς πολίταις ἐσπουδακώς' καὶ ὡς ἐρημίαν ὁ φονεὺς ἐπετήρει τὴν παράνομον ἐκπληρῶσαι προαίρεσιν ἐπειγόμενος. ὁ μὲν οὖν φεύγων ἐν ἀρχῇ τῆς ἀπολογίας κέχρηται τῇ τῶν ἐλέγχων ἀπαιτήσει, ὁ δὲ διώκων ἀνατρέπει αὐτὴν μετὰ βούλησιν καὶ δύναμιν καὶ τὰ ἀπ' ἀρχῆς ἄχρι τέλους. καὶ ἔστι τῶν ἀεὶ ἐμπιπτόντων ἐν τῷ τελείῳ στοχασμῷ τὸ κεφάλαιον, ἐν μόνῳ δὲ στοχασμῷ τῆς γνώμης ὄντι ἁπλῷ οὐκ ἐμπίπτει ἡ τῶν ἐλέγχων ἀπαίτησις, οἷον ὡς ἐπ' ἐκείνου νόμος τὴν ἐπιτροπευομένην γυναῖκα μήτε τὸν ἐπίτροπον μήτε τὸν παῖδα αὐτοῦ γαμεῖν, ἐπίτροπος ἀπεκήρυξε τὸν υἱόν, ἐβιάσατο τὴν κόρην ὁ παῖς, ἐκείνη γαμηθῆναι εἵλετο τῷ βιασαμένῳ, ἀναλαμβάνει τὸν παῖδα ὁ πατὴρ καὶ κρίνεται κατασοφισμοῦ.

Ἡ δὲ βούλησις καὶ ἡ δύναμις ὠνόμασται μὲν ἀπὸ τοῦ τήν τε διάνοιαν καὶ τὴν δύναμιν τοῦ δεδρακότος πανταχόθεν ἐπισκοποῦντας τὸ βούλεσθαί τε καὶ δύνασθαι διὰ τῶν προσηκόντων ἐπιχειρημάτων κατασκευάζειν, ἔστι δὲ κοινὰ κεφάλαια ἀμφοτέρων, πολλὴν δὲ ἔχει πρὸς ἄλληλα τὴν συγγένειαν. καὶ τῇ φύσει μέν ἐστιν ἀχώριστα - ἄνευ γὰρ θατέρου θάτερον οὐδὲν

2 παρειχό[μην τοὺς ἐπ' αὐτο]φώρῳ V ‖ παρείχομεν Wɪᴠ 327, 21 3 fort. οὐδεὶς ἂν ἔτι 5 cf. p. 68, 1 sq. 7 ὦ φονεῦ ἐπετήρεις Wɪᴠ 8 ἐκπλη[ρῶ]σαι, ρῶ sup., V] ἐμπλῆσαι Wɪᴠ 327, 26 21 Wɪᴠ 338, 1 ‖ H 144, 24

ἰσχύει οὐδὲ εἰς δικαστήριον εἰσάγεται -, τῷ δὲ λόγῳ χωρίζεται· ὅταν γὰρ τὸ μὲν αὐτῶν πάνυ γνώριμον ᾖ καὶ δῆλον, τὸ δὲ ἄδηλον, τὸ μὲν ἄδηλον κατασκευάζεται, τὸ δὲ δῆλον παραλιμπάνεται. ἔστι δὲ ὅτε καὶ ἡ δύναμις ἐκλείπει, ὡς ἐπ' ἐκείνου τύραννος ἐκήρυξεν 'ὁ τὸν πατέρα ἀποκτείνας δορυφορείτω με', νεανίσκος κεφαλὴν πρεσβυτέρου δείξας ὡς τοῦ πατρὸς ἐδορυφόρει τὸν τύραννον, δορυφορῶν ἀνεῖλεν αὐτὸν καὶ κρίνεται ὡς τὸν πατέρα ἀνελών· οὐδαμῶς οὖν ἐνταῦθα τὴν δύναμιν κατασκευάσομεν διὰ τὸ πάνυ δῆλον, δυνατὸν γὰρ νεανίσκῳ πατέρα πρεσβύτην ἀνελεῖν. ἰστέον δὲ ὅτι ἐκ τῶν κοινῶν κεφαλαίων οὐ κινοῦνται ἀντιθέσεις, πλὴν ὅταν ἀξίωμα ἔχῃ τὸ φεῦγον πρόσωπον, οἷον ὡς ἐπὶ Περικλέους τοῦ κρινομένου τυραννίδος διὰ τὰς πανοπλίας. πλατύνεται ⟨δὲ⟩ τὰ κεφάλαια ταῦτα τοῖς ἐγκωμιαστικοῖς τόποις, γένει πατρίδι ἀγωγῇ φύσει ἐπιτηδεύμασι ⟨πράξεσιν⟩. τὰς δὲ πράξεις τριχῶς ἐξετάσομεν, ἀπὸ τοῦ ἴσου ἀπὸ τοῦ μείζονος ἀπὸ τοῦ ἐλάττονος· οἷον ἐρεῖ ὁ φεύγων ἀπὸ μὲν τοῦ ἴσου ὅτι 'τοῖς γὰρ ἄλλοις δημαγωγοῖς καὶ τοῖς εὐνοοῦσι τῇ πόλει παραπλησίας ἑκάστοτε τιμῆς ἀπολαύων οὐδαμῶς ἂν εἱλόμην τήν τε πρὸς ὑμᾶς ὑπερβῆναι πίστιν καὶ τῶν ὁμοτίμων καταδεέστερος ἐπιδειχθῆναι', ἀπὸ δὲ τοῦ μείζονος, οἷον, εἰ κρίνοιτο ἐπὶ κλοπῇ, ἐρεῖ ὡς 'εἴπερ ἥττων ὑπῆρχον τῶν αἰσχρῶν πλημμελημάτων, οὐκ ἂν τοιούτοις ἐπεχείρουν, ἃ καὶ τὴν εὐπορίαν ἐλαχίστην καὶ τὴν ἀτιμίαν ἐφάμιλλον τοῖς μείζοσι χορηγεῖ τῶν

---

2 ἀντ πάνυ, ras. sup. τ et π, V 3 πάντη ante κατασκ. lin. del. V 8 τύραννον | f. 26ᵛ | δορυφορῶν V 15 δὲ Wɪv] om. V 17 πράξεσιν Wɪv 338, 19; cf. H 144, 32 et Syr. ɪɪ 25, 10] om. V 20 γὰρ om. Wɪv 22 ὑπερθεῖναι Wɪv

ἀδικημάτων, ἀλλ' ἐπὶ προδοσίαν ⟨ἂν⟩ ἔτρεπον τὴν γνώμην καὶ κατὰ τῶν ἐν ἱεροῖς κειμένων χρημάτων ὥπλιζον τὼ χεῖρε· τούτων γὰρ ἑκάτερον νὴ Δία πλουσιώτατον ἂν ἔδειξε τὸν ὑπὸ τῆς αἰσχροκερδείας μηδ' ὁτιοῦν ὀκνοῦντα τῶν δεινῶν. τούτων δὲ πρὸς ἔννοιαν ἐλθὼν οὐδεπώποτε πρόδηλον ὡς καὶ τὰ σμικρὰ ταυτὶ περιεφρόνουν'· ἀπὸ δὲ τοῦ ἐλάττονος οὕτως ἐπιχειρήσει, οἷον, εἰ περὶ ἱεροσυλίας τις κρίνοιτο, λέξει 'μὴ γὰρ ὑβριστὴς γέγονα πώποτε; μὴ κλέπτων ἑάλων; μὴ θρασυνόμενος πρὸς οὓς ἥκιστα ἐχρῆν; μὴ κύβους καὶ παροινίας ἀγαπῶν; ἀλλ' οὐδεὶς ἂν εἰπεῖν ἔχοι. ὁ τοίνυν ἐλευθέραν τῶν τοιούτων τὴν διάνοιαν κεκτημένος εὔδηλον ὅτι καὶ τὰ μείζονα παντελῶς ἂν ἔδεισε τοῦ τε δαιμονίου τὴν μῆνιν ἐξευλαβούμενος καὶ τὰς ἐκ τῶν νόμων τιμωρίας τοῖς τοιούτοις ἐπηρτημένας καταπεπληγμένος'. ἀνατρέψει δὲ [καὶ] ὁ κατήγορος τὴν τριπλῆν ταύτην τῶν πράξεων ἐξέτασιν διὰ τῶν αὐτῶν τόπων, ἀπὸ μὲν τοῦ ἴσου, εἰ πρότερον εἴη κεκλοφὼς ὁ φεύγων καὶ νῦν κρίνοιτο περὶ κλοπῆς, ὅτι 'ὁ γὰρ πρότερον ὑφελέσθαι τὸ ἀλλότριον ἐσπουδακὼς εἰκότως καὶ νῦν ἐπὶ τὴν παραπλησίαν κεχώρηκε τῶν κακῶν παλαίστραν'· ἀπὸ δὲ τοῦ μείζονος, εἰ πρότερον ἱεροσυλήσας ὕστερον φεύγοι περὶ κλοπῆς, 'ὁ γὰρ πρὸς ἱερὰ σὺν ἀνοσίᾳ τῇ χειρὶ παρελθὼν οὗτος οὐδὲ τὴν κλοπὴν ἡγήσεταί τι τῶν χαλεπωτάτων'· ἀπὸ δὲ τοῦ ἥττονος, εἰ πρότερον κλέψας νῦν ἱεροσυλίας φεύγοι γραφήν, 'ὁ γὰρ τοῖς μικροτέ-

1 ἂν inserui 3 νὴ Δία] ἰδίᾳ V (ἰδίᾳ Wɪᴠ 339, 6) 4 τὸν bis script. V 6 οὐδεπώποτε ἐλθὼν Wɪᴠ 7 ἐλάσσονος Wɪᴠ 8 κρίνοιτό τις Wɪᴠ 10 ἑάλω V ‖ ἥκιστα | f. 27^r | ἐχρῆν V 14 fort. ἄρ' ἔδεισε 16 καὶ V, om. Wɪᴠ 339, 19 19 fort. εἴη del. 24 πρὸ[ς], ex τ, V 27 μικροτέροις Wɪᴠ (cf. p. 71, 16)] μικροῖς V

ροις τῶν ἀδικημάτων παιδοτριβήσας τὴν ἑαυτοῦ γνώμην ὁδῷ βαδίζων ἐπὶ τὰ μείζονα κεχώρηκε τῶν πονηρευμάτων, καὶ παιδιὰν ἡγησάμενος τὴν κλοπὴν ἐπὶ τὴν ἱεροσυλίαν ὥς τι τῶν σπουδαιοτάτων κεχώρηκεν'. διαιρήσεις δὲ τὴν αἰτίαν εἰς δύο, εἴς τε τὴν προκαταρκτικὴν αἰτίαν καὶ εἰς τὴν τελικήν, οἷον, εἰ ὕβρεώς τις κρίνοιτο, ἐρεῖ 'ὕβρισας, ἔχθρα γὰρ ἐκίνει σοι πρὸς ὕβριν τὸν λογισμόν'· αὕτη προκαταρκτικὴ καλεῖται αἰτία, ἄρχει γὰρ ἡ ἔχθρα τῆς ὕβρεως· τελικὴ δέ, ὡς ἐπὶ τοῦ ἀσώτου, εἴ τις κρίνοιτο υἱὸς πατέρα ἀνελών, 'ἀπέκτεινας τὸν πατέρα, κληρονομήσειν γὰρ ἤλπιζες' καὶ ἐπὶ Περικλέους 'πανοπλίας παρεσκευάσω τοσαύτας, τυραννίδα γὰρ κατὰ τοῦ δήμου περιεσκόπεις'. περὶ δὲ τάξεως βουλήσεώς τε καὶ δυνάμεως ἰστέον ὅτι ποτὲ μὲν τὸ ἕτερον λέγοντες συνυπακουόμενον ἔχομεν καὶ θάτερον, ποτὲ δὲ ἄμφω τάττομεν πλατέως κατὰ τὴν τοῦ λόγου χρείαν ἢ τὴν βούλησιν προτάττοντες ἢ τὴν δύναμιν. ἐπειδὴ δὲ ὁ Μητροφάνης ἔφη τὴν δύναμιν ἐν τῷ στοχασμῷ τοὺς φεύγοντας παραλιμπάνειν, ὅταν ὑπάρχοντες δυνατοὶ κρίνωνται [τυραννίδος ἐπιθέσεως], χρὴ γινώσκειν, ὡς οὐδὲ ἐκεῖνοι παραδραμοῦνται τὴν δύναμιν ἀνεξέταστον - ἢ σιωπῶντες ἑαυτοῖς συνειδέναι δόξουσιν - ἀλλὰ τὸ κρινόμενον ἐπὶ πλέον αὐξήσουσιν, οἷον ἐπὶ τυραννίδος <ἐπιθέσεως> ὡς 'ἀναριθμήτων χρεία χρημάτων τοῖς τοιούτοις στρα-

---

3 παιδιὰν Wɪᴠ 340, 5] παιδείαν V   6 αἰτίαν om. Wɪᴠ   8 σου Wɪᴠ   10 ἐπὶ τοῦ ἀσώτου fort. delenda sunt ‖ εἰ κρίνοιτο τὸν πατέρα ἀνελών Wɪᴠ 340, 11   12 ἤλπι [1 litt. er.]ζες V   17 χρείαν | f. 27ᵛ | ἢ V   20 τυραννίδος ἐπιθέσεως delevi, cf. p. 75, 24   24 αὐξήσουσιν Wɪᴠ 340, 24] αὐξήσαντες V ‖ ἐπιθέσεως inserui, cf. p. 75, 20/21   25 ὡς om. Wɪᴠ ‖ χρεία χρημάτων Wɪᴠ 340, 25] χρημάτων χρεία V

τιωτῶν συμμάχων, ταῦτα δὲ παρασκευάζειν οἱ μὴ τοῖς πλούτοις ὑπερβάλλοντες ἀδύνατοι· ἐμοὶ δὲ χρήματα μὲν ἐκ πατέρων ἐστίν, ὅσα μὴ πένητα δείκνυσι καὶ τὰς ὑπὲρ τῆς πατρίδος κατὰ τὸ δέον ⟨εἰσφέρειν⟩ εἰσφορὰς ἕτοιμον ἀπεργάζεται, τυραννίδας δὲ καὶ τὴν κατὰ τῶν πολιτῶν ἐπανάστασιν οὐδὲ ὄναρ περισκοπεῖν ἐπιτρέπει'.

Μετὰ δὲ τοῦτό ἐστι τὰ ἀπ' ἀρχῆς ἄχρι τέλους, ἅπερ ὠνόμασται μὲν οὕτως, ἐπειδὴ ἀπὸ τῆς ἀρχῆς τοῦ ζητήματος μέχρι τέλους ταῦτά ἐστι τὰ ἐξεταζόμενα. καλεῖται δὲ καὶ εἰκότα, διότι περὶ τὴν τοῦ ἐνδεχομένου φύσιν ἐξετάζεται· ἐνδέχεται γὰρ τὸν παρεστῶτα τῷ νεοσφαγεῖ σώματι καὶ πεφονευκέναι τὸν κείμενον καὶ δι' οἶκτον παρεστάναι γῇ κρύπτειν ἐπειγόμενον. ἐν μὲν οὖν τοῖς ἁπλοῖς στοχασμοῖς ὀλίγα ἐστὶ τὰ ἀπ' ἀρχῆς ἄχρι τέλους, ἐν δὲ τοῖς συνεζευγμένοις πλείονα, οἷον ὑπώπτευσέ τις τὸν οἰκέτην ἐπὶ τῇ γυναικί, δήσας ἀπεδήμησε, θεσμοφορίων ἐπιστάντων νόμου κελεύοντος ἔλυσεν αὐτὸν ἡ γυνή, ὁ δεσπότης ἐπανιὼν εὕρηται νεκρὸς ἀσκύλευτος, ἀφανὴς γέγονεν ὁ παῖς καὶ κρίνεται συνειδότος ἡ γυνή· ἐνταῦθα ἀπὸ τῆς τοῦ ἀνδρὸς ὑποψίας λαβόντα τὴν ἀρχὴν τὰ ἀπ' ἀρχῆς ἄχρι τέλους μέχρι τοῦ συνειδέναι τὴν γυναῖκα τῷ φόνῳ ἵσταται. ἔστι δὲ τῶν ἀεὶ ἐμπιπτόντων ἐν τῷ ἁπλῷ τελείῳ στοχασμῷ ἐκ μόνου τοῦ κατηγόρου κινούμενα, ποτὲ δὲ καὶ κοινὸν ἀμφοῖν γίνεται, σπανίως δὲ μόνου τοῦ φεύγοντος. γίγνεται μὲν γὰρ μόνου τοῦ

2 ἀδύνατον V; τοὺς μὴ πλούτῳ ὑπερβάλλοντας ἀδύνατον WIV 3 δείκνυσι, rasura sup. σι, V 4 εἰσφέρειν inserui; WIV 341, 1: καὶ πρὸς τὰς ὑπὲρ τῆς π. 5 τυραννίδα WIV 8 WIV 354 ‖ H 145, 15 27 WIV 359, 13 sq.

κατηγόρου, ὡς ἐπὶ Περικλέους 'ὅπου γὰρ πανοπλίας τοσαύτας οἴκοι κατακρύψας ἔχεις, πρόδηλος εἶ τυραννῆσαι σπεύδων'. κοινὰ δὲ γίνεται ἀμφοῖν, ὡς ἐπ' ἐκείνου συνεχῶς τις καθαιρόμενος τοῖς τῶν ἀνδροφόνων καθαρσίοις κρίνεται φόνου· ὅ τε γὰρ κατήγορος ἐρεῖ ὅτι 'συνεχῶς τοῖς ἐπὶ φόνῳ καθαρμοῖς καθαιρόμενος συνειδέναι τί μοι δοκεῖς σαυτῷ κακόν', ὅ τε φεύγων ἀπολογούμενος λέξει ὡς 'τοσοῦτον ἀπέχω τῆς ἀνδροφονίας ὥστε καὶ συνεχῶς καθαρσίοις προσιέναι θεοῖς παλαιῶν ἀσεβημάτων ἐμαυτὸν ἐξάντη καθιστάς· φόνων δὲ συνεχείᾳ καὶ καθαρμοῖς μυρίοις κοινὸν οὐδὲ ἕν'. γίνεται δὲ καὶ ἐπὶ διαφόρων πραγμάτων κοινὰ τὰ ἀπ' ἀρχῆς ἄχρι τέλους, οἷον ἐγράψατό τις τυραννίδος ἐπιθέσεώς τινα, μετεώρου τῆς δίκης οὔσης ὁ τοῦ φεύγοντος ἀδελφὸς ἀριστεύσας ᾔτησεν ἀναίρεσιν τῆς γραφῆς, ἔλαβε, μετὰ ταῦτα τυραννοῦντα τὸν ἀδελφὸν ἀπέκτεινε καὶ κρίνεται ὁ ἀριστεύσας συνειδότος· ὁ μὲν οὖν κατήγορος ἐρεῖ ὅτι 'συνῄδεις αὐτῷ τὴν τυραννίδα, διὰ τοῦτο γὰρ ἁλίσκεσθαι μέλλοντα ἐξῃτήσω καὶ μικρὸν ὕστερον ἀνεῖλες ἐκποδὼν καταστῆσαι σπεύδων τὸν ἔλεγχον', ὁ δὲ φεύγων ἀπολογήσεται ὅτι 'πρότερον μὲν συκοφαντεῖσθαι τὸν ἀδελφὸν νομίζων εἰς τὸ γέρας τῆς ἀριστείας ᾔτησα τὴν ἀναίρεσιν τῆς γραφῆς, ὕστερον δὲ περιφανῶς τυραννοῦντα καταμαθὼν οὐδὲ κρίσεως ἄξιον ἐπὶ τηλικούτοις ἡγούμην'. γίνεται δὲ σπανίως καὶ μόνου τοῦ φεύγοντος, ὡς ἐπ' ἐκείνου τρεῖς τις ἔχων παῖδας ὀλυμπιονίκας τοὺς

---

2 οἴκοι | f. 28r | κατακρύψας V ‖ ἔχεις W IV 359, 15] ἔχει V 4 ἀνδρο[φ]όνων V 7 μοί τι W IV 359, 20 11 συνέχεια V 15 forsitan εἰς τὸ γέρας τῆς ἀριστείας post ἀριστεύσας ins., cf. p. 77, 23. H 145, 26 20 μελλων, μελλων lin. del., σπεύδων V

δύο ἀποβαλὼν ἦλθεν ἐπὶ βρόχον, μέλλοντα αὐτὸν ἀποπνίγεσθαι ὁ νεώτερος καθεῖλεν, ἱεροσυλίας γενομένης ἔφησεν ὁ πατὴρ ἑαυτὸν ἱεροσυληκέναι καὶ ὁ παῖς ἀντιλέγει· ὁ γὰρ παῖς τοῦ φεύγοντος ἔχων τὴν τάξιν τοῦ πατρὸς τὴν συμφορὰν διηγήσεται καὶ τὴν αἰτίαν, δι' ἣν ἐπιβουλεῦσαι ἑαυτῷ θέλει. διαφέρει δὲ τὰ ἀπ' ἀρχῆς ἄχρι τέλους τῆς διηγήσεως, ὅτι ἡ μὲν δείκνυσιν ὅπως τόδε τι ἐγένετο, τὰ δὲ ὅτι καὶ ὄντως ἐγένετο κατασκευάζει καὶ κατὰ μίαν πρότασιν δι' ἐπιχειρημάτων πιστοῦται τὸ δοκοῦν. πλατύνεται δὲ τὰ ἀπ' ἀρχῆς ἄχρι τέλους ταῖς παρασκευαῖς ταῖς κατὰ μίαν πρότασιν ἐκ τῶν περιστατικῶν μορίων κινουμέναις, τοῖς παρειμένοις - καλεῖται δὲ παρειμένα ⟨ἃ⟩ ἐξὸν ποιῆσαι οὐκ ἔπραξεν ἀλλὰ παρῆκεν -, τῇ τῶν αἰτίων ὑπεξαιρέσει· οἷον ὡς ἐπ' ἐκείνου γυνή τις δακρύουσα νύκτωρ συνεχῶς κρίνεται μοιχείας ὑπὸ τοῦ ἀνδρὸς 'νυκτὸς ἐπελθούσης ὀδυρμοὶ συνεχεῖς, λυπεῖ γὰρ οὔπω παρεστηκὼς ὃν ποθεῖς'· ἀπὸ τοῦ προσώπου 'ἄλλως τε καὶ τὸ τῆς διαίτης ἁβρὸν οὐ σώφρονά σοι μηνύει τὸν λογισμόν'· ἀπὸ τοῦ χρόνου 'καὶ νὺξ ἑκάστοτε πρὸς ὑπόμνησιν ἄγει δακρύων, τῶν παρανόμων εἰς μνήμην ἄγουσα τὸν λογισμὸν ἡδονῶν'· ἀπὸ δὲ τῶν παρειμένων 'εἰ γάρ τι τοῦ σώματος ἠνώχλει σοι πάθος καὶ πρὸς δάκρυον εἷλκεν ὀδύνη, τὴν ἰασομένην ἐχρῆν μεταπέμπεσθαι καὶ τῶν δακρύων ἡ συνέχεια συγγνώμης ἐτύγχανεν'· ἀπὸ δὲ τῆς τῶν αἰτίων ὑπεξαιρέσεως 'οὐ πατήρ σοι τέθνηκεν, οὐ

9 ἐπιχειρημάτων | f. 28v | πιστοῦται V 10 ἐπιχειρήματα post τὰ lin. del. V 13 ἃ ins. Walz 21 ὑπόμνησιν V; an ὑπόπλησιν vel simile quid? 23 γάρτοι τοῦ W IV 365, 24

θυγάτριον ἄωρον ἀποβέβληκας, οὐ παίδων τεθέασαι συμφοράς· τίνα οὖν τῶν δακρύων ἐρεῖς τὴν αἰτίαν;'

Ἡ δὲ ἀντίληψις ὠνόμασται μὲν ἀπὸ μεταφορᾶς τῶν ὑπὸ ῥεύματος μὲν παραφερομένων ξύλου δὲ ἢ λίθου ἀντιλαβομένων καὶ τὴν σωτηρίαν διὰ τούτου πορισαμένων· καὶ γὰρ ὁ φεύγων ὥσπερ ἐν κλύδωνι τῷ δικαστηρίῳ κινδυνεύων λαμβάνεται τῆς ἀντιλήψεως. ἔστι δὲ οὐ τῶν ἀεὶ ἐμπιπτόντων τὸ κεφάλαιον· τῶν γὰρ πραγμάτων ὄντων ἢ ἃ αὐτοὶ ἐποιήσαμεν ἢ ἃ ἄλλοι ἐποίησαν, καὶ τούτων διχῶς ἐξεταζομένων καὶ ἢ ἄντικρυς εἰς ἡμᾶς ἀναφερομένων ἢ ἐξ ὑποψίας, ὅταν ᾖ τὰ πράγματα ἅπερ αὐτοὶ ἐποιήσαμεν ἢ κατὰ νόμον ἢ κατὰ φύσιν ἢ κατὰ τέχνην ἢ κατὰ ἔθος, τότε μόνον ἐμπίπτει· οἷον κατὰ νόμον μέν, ὡς ὁ θάπτων τὸ νεοσφαγὲς σῶμα, ἐρεῖ γὰρ ὅτι 'νόμῳ κελεύοντι μὴ περιορᾶν ἀτάφους τοὺς οἰχομένους ἐπειθόμην'· κατὰ φύσιν δέ, ὡς νέος πλούσιος ὁ δακρύων, ἐρεῖ γὰρ φύσιν ἀνθρώπῳ δάκρυα χορηγεῖν· κατὰ τέχνην δέ, ὡς ὁ γράφων Δημοσθένης ὑπὲρ ἱεροσυλίας λόγον, ὡς ἐξουσίαν αὐτῷ δέδωκεν ἡ τέχνη μελετᾶν ἃ δὴ καὶ βούλοιτο· κατὰ ἔθος ⟨δέ⟩, ὡς ὁ τρέφων τοὺς ἀποκηρύκτους νέος πλούσιος, ἐρεῖ γὰρ ἔθος εἶναι τοῖς εὐποροῦσι πολλοὺς ἀεὶ τῶν πενομένων διατρέφειν. ὅταν δὲ τὸ ὑφ' ἡμῶν πεπραγμένον μηδὲ καθ' ἕνα τῶν τεσσάρων ἐμπίπτῃ τρόπων, οὐ παραληψόμεθα τὴν

---

2 ἐρεῖς WIV 366, 5] ἐρεῖ V 3 WIV 369, 28 ‖ H 146, 1 5 ἀντιλαμβανομένων . . ποριζομένων WIV. WVII 289 14 οἷον om. WIV ‖ θαψας (πτων supra), ψας lin. del., V 17 ὁ νέος δακρύων εἰς τὴν ἀκρόπολιν ἀφορῶν WIV 370, 12. WVII 292, 4 (cf. Syr. II 82, 9) ‖ ἀνθρώποις WIV 18 ἀνθρώπω | f. 29r | δάκρυα V 19 λόγον ἐρεῖ γὰρ ὡς WIV 21 δὲ WIV] om. V

ἀντίληψιν ἐν ἐκείνῳ τῷ ζητήματι· πολλὰ γὰρ καὶ τῶν ὑφ' ἡμῶν πραττομένων ὑπεύθυνά ἐστιν, ὡς ἐπ' ἐκείνου νέος πλούσιος ἐξ ἀστυγείτονος πόλεως ἔγημε τυράννου θυγατέρα καὶ κρίνεται τυραννίδος ἐπιθέσεως, οὐ γὰρ ἀνεύθυνον τὸ γῆμαι τυράννου θυγατέρα τὸν ἐν δημοκρατίᾳ πολιτευόμενον. δῆλον οὖν ὅτι καὶ τὰ τεκμήρια ἐν πολλοῖς τῶν στοχαστικῶν προβλημάτων ἐστὶν ὑπεύθυνα, οὐ μέντοι ἐκεῖνα τὰ κρινόμενά ἐστιν ἀλλ' ἕτερόν τι δι' αὐτῶν. γνωσόμεθα δὲ εἰ ἐμπίπτει ἐν τῷ ζητήματι ἀντίληψις καὶ οὕτως· ὅταν μὲν γὰρ ἕπηται τὸ κρινόμενον τῷ τεκμηρίῳ, ἐκλείπει ἡ ἀντίληψις, ὡς ἐπὶ Περικλέους τοῦ κρινομένου διὰ τὰς πανοπλίας - ἕπεται γὰρ τῷ βουλομένῳ τυραννεῖν τῶν τοσούτων παρασκευὴ πανοπλιῶν -, ὅταν δὲ τῷ κρινομένῳ τὸ τεκμήριον μὴ ἀκολουθῇ, ἐμπεσεῖται πάντως ἀντίληψις, ὡς ἐπὶ τοῦ παρεστῶτος τῷ νεοσφαγεῖ σώματι - οὐ γὰρ παρέπεται τῷ φονεύσαντι παρεστάναι τῷ τεθνηκότι, φυγὴ δὲ τοῖς τοιούτοις ἐν ἔθει -. διαφέρει δὲ τὸ κεφάλαιον ἡ ἀντίληψις τῆς στάσεως αὐτῆς τῆς οὕτω καλουμένης ἀντιλήψεως κοινὴν ἔχον τὴν ὀνομασίαν, ὅτι ἡ μὲν στάσις ἐστὶ τὸ δὲ κεφάλαιον, ὅνπερ τρόπον καὶ τὸ ὅλον τοῦ μέρους διενήνοχε, καὶ ὅτι ἡ μὲν νόμον ἔχει τῷ πεπραγμένῳ συναγορεύοντα, τὸ δὲ νόμον ἔχει τῷ τεκμηρίῳ, ᾧπερ ὁ φεύγων προβάλλεται, συναγωνιζόμενον· ἔτι ἡ μὲν τέλεον τὸν ἀγῶνα διὰ τοῦ νόμου σαλεύει, τὸ δὲ παρατρέπειν μόνον πειρᾶται τὴν κατηγορίαν. θήσει δὲ τὴν ἀντίληψιν ὁ φεύγων οὐκ αὐθάδως οὐδὲ ἀναιδῶς - φορτικὸν

---

2 ante πραττομένων 2 litt. ras. V ‖ ἐπ'] ὑπ' V   9 ἐνπίπτει V   13 ἡ τῶν Wiv 371, 5   17 τὸ παρεστάναι Wiv   18 φυγὴ — ἔθει om. Wiv   19 τ[ὸ], ex ῶ, V

γὰρ τὸ λέγειν ὡς ‘ἔξεστί μοι τόδε ἢ τόδε ποιεῖν’ - ἀλλ’ ἐμμεθόδως καὶ μετά τινος ἐπιεικείας διασκευάσει τὸ ἐξεῖναι. πλατύνεται δὲ ἡ ἀντίληψις ἐκ παραδειγμάτων τῶν κατὰ τοὺς τέσσαρας τρόπους τῆς ἀντιλήψεως κινουμένων, οἷον ὁ ἐπὶ τοῖς δακρύοις εὐθυνόμενος ἐρεῖ πλείονα κατὰ φύσιν παραδείγματα ὡς ‘οὐδὲ τὸν γελῶντα ἕλκει τις εἰς δικαστήριον οὐδὲ τὸν τροφῇ χρώμενον ἐν τῷ δέοντι ⟨ἢ⟩ καταδαρθάνοντα· τούτων γὰρ ἕκαστα φύσις ἀνθρώποις ἐπέτρεψε ποιεῖν, ὅπως ἂν ἐρρωμένων αὐτοῖς τῶν σωμάτων καὶ τοὺς ἀναγκαίους ὑπομένειν δύναιντο τῶν πόνων’, κινήσει δὲ καὶ ἀπὸ τῶν ἄλλων τρόπων τῆς ἀντιλήψεως εἰ βούλοιτο παραδείγματα οὐ τὸ κατὰ φύσιν κατασκευάζων, νόμου τέχνης ἔθους, καὶ ἐπὶ τῶν ἄλλων ὁμοίως.

Ἀκολουθεῖ δὲ ἐξ ἀνάγκης τῇ ἀντιλήψει ἡ μετάληψις, ἥτις ὠνόμασται μὲν οὕτως ἀπὸ τοῦ τὸν κατήγορον συγχωροῦντα κατά τι τῇ παρὰ τοῦ φεύγοντος προβαλλομένῃ ἐξουσίᾳ μεταλαμβάνειν ἕν τι τῶν περιστατικῶν μορίων, τόπον ἢ χρόνον ἢ πρόσωπον ἤ τι ἄλλο. διαιρεῖται δὲ εἰς ἔνστασιν καὶ ἀντιπαράστασιν, ἐνστάσει μὲν ὅτι ‘οὐδ’ ὅλως ἐξῆν σοι τόδε τι ποιεῖν’, ἀντιπαραστάσει δὲ ὅτι ‘εἰ καὶ ἐξῆν, ἀλλ’ οὐχὶ τόνδε τὸν τρόπον’· οἷον ὡς ἐπὶ τοῦ πλουσίου τοῦ τρέφοντος τοὺς ἀποκηρύκτους ὅτι ‘μάλιστα μὲν οὐ δίκαιον τοὺς ἀπὸ τῶν πατέρων διὰ μοχθηρίαν ἀποκηρυχθέντας ὥσπερ τοὺς ἀγαθόν τι δρῶντας ὑποδεχόμενον τρέφειν,

---

1 ποιεῖν | f. 29ʳ | ἀλλ’ V 8 ἢ addidi ‖ κατα⌊δ⌋ραθάνοντα V 11 δύναιντο πόνους Wɪᴠ 372, 5 14 καὶ — ὁμοίως om. Wɪᴠ 15 Wɪᴠ 377 ‖ H 146, 8 17 τι τῇ Wɪᴠ 377, 27] τινι V 21 ἔνστασιν μὲν οἷον ὅτι . . ἀντιπαράστασιν δὲ οἷον ὅτι Wɪᴠ ‖ τ[ι ποι]εῖν V; τι om. Wɪᴠ 24 ⌊ἀπο⌋κηρύκτους V 25 fort. ὑπὸ

εἰ δ' ἄρα καὶ περὶ ἕνα τῶν ἀτόπων νεανίσκων ἢ δύο τοῦτό σε πράττειν ἐχρῆν, ἀλλ' οὐχὶ στρατόπεδον ἀποκηρύκτων εἰς ταὐτὸν συνάγειν ἔδει καὶ τοσούτους ἀναλαμβάνειν, ὧν τὴν καθ' ἡμέραν ἀκρασίαν τοῦ βίου οὐδ' ἡ σύμπασα χώρα φέρειν δυνατή'. ἰστέον μέντοι ὡς οὐκ ἀεὶ προτέρᾳ χρησόμεθα τῇ ἐνστάσει, ἀλλ' ὅταν δοκῇ βιαιοτέρα εἶναι ἡ ἔνστασις, προτέραν τὴν ἀντιπαράστασιν τάξομεν δευτέραν δὲ τὴν ἔνστασιν· οἷον ὡς ἐπὶ τοῦ δακρύοντος νέου πλουσίου καὶ πρὸς τὴν ἀκρόπολιν ἀφορῶντος, ἐπειδὴ γὰρ τὸ λέγειν 'οὐκ ἔξεστί σοι δακρύειν' ἀναιδές πως εἶναι δοκεῖ - παρὰ φύσιν γάρ -, τῇ ἀντιπαραστάσει πρῶτον αὐτὸ μεθοδεύσομεν λέγοντες ὅτι 'οὐκ ἐπὶ τυραννίδι σοι τὴν ἐξουσίαν τῶν δακρύων δέδωκεν ἡ φύσις, οὐκ ἐπ' ὀλέθρῳ τῶν πολιτῶν, οὐκ ἐπὶ δουλείᾳ τῆς πατρίδος' καὶ τὰ τοιαῦτα· ἄλλως δὲ 'οὐδὲ δακρύειν ἐξῆν, ὦ χρηστέ, μάτην, οἱ γὰρ δρῶντες ἀπάνθρωπον περὶ τοὺς εὐποροῦντας εἶναι τὸν δῆμον ὑπελάμβανον, καὶ σκαιότητος σαυτῷ προσετρίβου δόξαν, καὶ δακρύων πλῆθος εἰκῇ καταρρέον ἠδίκει πολίτας οὐδ' ὁτιοῦν εἰς πλοῦτον παρανομοῦντας'.

Τὸ δὲ χρῶμα ὠνόμασται μὲν οὕτως ἀπὸ μεταφορᾶς τῶν ἐν τοῖς σώμασι χρωμάτων· ὥσπερ γὰρ ἐκεῖνα δι' ὅλων διήκει τῶν ὑποκειμένων - διὰ μὲν τῆς χιόνος ἡ λευκότης, διὰ δὲ τοῦ κόρακος ἡ μελανία -, οὕτω καὶ τοῦτο τὴν πᾶσαν τοῦ φεύγοντος χρώννυσιν ἀπολογίαν· καὶ ἀτεχνῶς ὥσπερ αἱ κομμώτριαι τὰ

---

1 ἢ δύο Wɪᴠ 378, 11] *οὐδ' οὐ* V   11 *ἀναιδ⌊ες⌋* V
12 *αὐτῶι* V   15 *πολιτῶν* | f. 30r | *οὐκ* V   19 *σαυτῷ* Wᴠɪɪ 299, 4] *αὐτῶ* V; *αὐτῷ* Wɪᴠ ‖ *δακρύ⌊ω⌋ν*, ex *ει*, V   20 *πλοῦτον* V] *πλῆθος* Wɪᴠ   22 Wɪᴠ 383 ‖ H 146, 25

δύσμορφα πρόσωπα κόσμοις ἐπιθέτοις καλύπτουσιν, οὕτως ὁ φεύγων τὸ δυσειδὲς τῶν ὑπὸ τῆς κακίας τετολμημένων ἐπιπλάστῳ καλύπτει χρώματι καθαρόν τε καὶ ἀκηλίδωτον τὸ ἀκάθαρτον καὶ μεμολυσμένον ἐπιδεικνύναι σπουδάζει. καὶ διὰ πάσης μὲν αὐτὸ τιθέναι προσήκει τῆς ἀπολογίας ἰσχυρότατον ὂν κεφαλαιωδῶς μέντοι, τὴν δὲ πλατυτέραν αὐτοῦ κατασκευὴν ἐν τούτῳ χρὴ φυλάττειν τῷ τόπῳ. καλεῖται δὲ μετάθεσις αἰτίας, διότι τὸ ἐπιφερόμενον ἔγκλημα ἐπί τι ἀνεύθυνον ἢ ἐπαίνου ἄξιον μετάγειν πειρᾶται ὁ φεύγων διὰ τοῦ κεφαλαίου τούτου. ἔστι δὲ τῶν ἀεὶ ἐμπιπτόντων ἐν τῷ ἁπλῷ τελείῳ στοχασμῷ. λαμβάνεται δὲ τὰ χρώματα ἢ ἀπὸ τοῦ ὁμοίου ἢ ἀπὸ τοῦ ἐναντίου· ἀπὸ μὲν τοῦ ὁμοίου, ὡς ἐπ' ἐκείνου πεφώραταί τις ἐν ἐρημίᾳ ξίφος ᾑμαγμένον κατέχων καὶ κρίνεται φόνου, ἐρεῖ γὰρ ὡς 'θηρίον ἀνελὼν ᾕμαξα τὸ ξίφος', ἡ οὖν τοῦ αἵματος ὁμοιότης ἐργάζεται τὸ πιθανόν· ἀπὸ δὲ τοῦ ἐναντίου, ὅταν τις ἐπὶ προδοσίᾳ κρινόμενος ἢ τυραννίδι φιλόπολίν τε καὶ τοῖς κοινοῖς εὔνουν ἑαυτὸν ἀποδεικνύναι πειρῷτο διὰ τοῦ χρώματος, ὡς ὁ Περικλῆς ὁ τῆς πατρίδος ἕνεκα παρεσκευακέναι τὰς πανοπλίας ὁμολογῶν. ἔστι δὲ καὶ ἄλλη τεχνικωτέρα τῶν χρωμάτων εὕρεσις τοιάδε· τῶν γὰρ ἀπ' ἀρχῆς ἄχρι τέλους ἢ ἐν λόγοις ὄντων ἢ ἐν ἔργοις ἢ ἐν πάθεσι γνωστέον ὅτι, ἐὰν μὲν ᾖ ἐν λόγοις τὰ ἀπ' ἀρχῆς ἄχρι τέλους, τὸ χρῶμα κατὰ ῥητὸν καὶ διάνοιαν ὑπάρξει, ὡς ἐπὶ Ἀλκιβιάδου τοῦ παρελθόντος νύκτωρ τὸ δεσμωτήριον καὶ βοήσαντος 'θαρρεῖτε, ὦ δεσμῶται', τὸ γὰρ εἰρημένον οὐχ οἷός τε ὢν ἀρνεῖ-

5 σπουδάζων W vII 315, 2 19 προδοσίαν V 23 ⌊τεχνι⌉κωτέρα V 25 ἤι | f. 30v | ἐν V 29 δεσμόται V ‖ οἷ⌊ός⌉ V

σθαι ἐπί τινα εὔλογον χωρεῖ διάνοιαν, ἀφ' ἧς προηνέγκατο τὸν λόγον, ὡς 'τὸν δῆμον αἰτεῖν ὑπὲρ τῆς λύσεως τῶν δεσμωτῶν ἐβουλόμην'· ὅταν δὲ ἐν ἔργοις ᾖ τὰ ἀπ' ἀρχῆς ἄχρι τέλους, τὸ χρῶμα κατὰ θέσιν ἔσται, ὡς ἐπὶ τοῦ θάπτοντος ἐν ἐρημίᾳ τὸ νεοσφαγὲς σῶμα, ἐρεῖ γὰρ ⟨ὡς⟩ 'ὅσιον ἡγούμην θάπτειν τὸν οἰχόμενον' καὶ διὰ τῶν θετικῶν τόπων κατασκευάσει τὴν περὶ τοὺς τεθνεῶτας ὁσίαν, ὡς ἀναγκαία καὶ φυλαττομένη μὲν ἀγαθῶν αἰτία ταῖς πόλεσι περιορωμένη δὲ πανωλεθρίαν ἐπάγει τοῖς ῥᾳθυμοῦσι καὶ τὰ τοιαῦτα· ὅταν δὲ ἐν πάθεσιν ᾖ τὰ ἀπ' ἀρχῆς ἄχρι τέλους, συγγνωμονικὸν ὑπάρξει τὸ χρῶμα, ὡς ἐπὶ τῆς δακρυούσης νύκτωρ γυναικός, ἐρεῖ γὰρ ὡς 'οἰκτείρουσα τὴν ἀνθρωπίνην ἀτυχίαν ἐδάκρυον καὶ τῶν ἐν τῷ βίῳ κακῶν οἱ κλύδωνες ἐπὶ σχολῆς εἰς μνήμην ἰόντες κινοῦσι πρὸς θρῆνον'. πλατύνεται δὲ τὰ μὲν κατὰ ῥητὸν καὶ διάνοιαν χρώματα ἐκφράσει ἐκφραζόντων ἡμῶν ἡλίκα καὶ πόσα διὰ τὰς ἀμέτρους κατὰ τῶν ἡμαρτηκότων αἰκίας περιέστηκε ⟨κακὰ⟩ τὰς πόλεις, τὰ δὲ κατὰ θέσιν χρώματα διὰ τῶν τελικῶν κατασκευάζεται κεφαλαίων καλοῦ δικαίου συμφέροντος, τὰ δὲ συγγνωμονικὰ ἐκφράσει τε καὶ κοινῷ τόπῳ ἐκφραζόντων τε τὰ κατ' ἀνθρώπους ἀτυχήματα πηλίκα καὶ κοινοὺς τόπους κατὰ τῶν ἀεὶ δεῦρο παρουσῶν ψυχῶν καὶ τῇ λήθῃ βαπτιζομένων διαπλεκόντων. ἀνατρέπεται δὲ τὰ χρώματα διὰ τῶν αὐτῶν τόπων ἐκ τοῦ ἐναντίου, δι' ὧνπερ καὶ κατασκευάζεται, ὥσπερ καὶ ἡ τῶν

---

3 δεσμ⌊ωτ⌉ῶν V ‖ ἐβουλόμην Wɪv 384, 26] ἐβουλευόμην V 6 ὡς Wɪv] om. V 19 περιέστηκ⌊ε⌉, ex α m. 2, V ‖ κακὰ Wɪv 385, 16] om. V 24 τόπους Wɪv 385, 20] τοὺς V ‖ παριουσῶν Wɪv

ἐλέγχων ἀπαίτησις, τὰ μὲν κατὰ ῥητὸν καὶ διάνοιαν ἤ τω . . . ., τὰ δὲ κατὰ θέσιν θετικῶς, τὰ δὲ συγγνωμονικὰ ἐκφράσει τε καὶ κοινῷ τόπῳ. ζητοῦσι δέ τινες πότερον ἓν ἢ πλείω χρώματα ἐν τοῖς ζητήμασιν ἐμπίπτει. ἰστέον οὖν ὅτι, ὅταν μὲν ᾖ τὰ ἐν τοῖς ζητήμασι πράγματα ἅπερ αὐτοὶ πεπράχαμεν, ⟨ἓν⟩ ἐμπίπτει χρῶμα ἑνὸς ὄντος τοῦ τεκμηρίου, ὡς ἐπὶ τοῦ παρεστῶτος τῷ νεοσφαγεῖ σώματι, ἐνίοτε δὲ πλείω ἀκόλουθα μέντοι, ὡς ἐπὶ τοῦ νύκτωρ προσαιτοῦντος καὶ κρινομένου λῃστείας, ἐρεῖ γὰρ ὡς 'ᾐδούμην μεθ' ἡμέραν προσαιτεῖν' καὶ ἄλλο 'νύκτωρ γὰρ μᾶλλον οἰκτείρουσιν ἄνθρωποι' καὶ ἄλλο 'συνελάμβανέ μοι πρὸς τὸ λανθάνειν τὸ σκότος'. ἐνίοτε δὲ καὶ πλείω εὑρίσκεται χρώματα πολλῶν ὄντων ⟨τῶν⟩ τεκμηρίων, ὡς ἐπ' ἐκείνου ἐγράφη φυγῆς ψήφισμα Δημοσθένει, Ὑπερείδης περὶ καθόδου συνεβούλευσε, Δημάδης ἀντεῖπεν, ἡττήθη, εὕρηται Δημοσθένης νεκρὸς ἀσκύλευτος καὶ κρίνεται Δημάδης φόνου· πρὸς γὰρ ἕκαστον τῶν τεκμηρίων ἀνακύψει χρῶμα 'ὁ γὰρ ἀντειπὼν τῇ καθόδῳ πρόδηλον ὡς καὶ τὴν σφαγὴν ἐπήνεγκε τῷ κατασπεύδοντι' καὶ ἄλλο 'ὁ γὰρ ἡττηθεὶς ἐφ' οἷς ἔγραφε φανερὸν ὡς θυμῷ τὸ πᾶν ἐπιτρέψας ἐκποδὼν καταστῆσαι τὸν ἐχθρὸν ἔσπευδεν' καὶ τρίτον 'ὁ γὰρ ἀνῃρηκὼς Δημάδης οὐ λωποδύται, καὶ τεκμήριον ὁ Δημοσθένους νεκρὸς τῆς ἐσθῆτος οὐκ ἀπεστερημένος'. καὶ ἐν τοῖς συνεζευγμένοις δὲ στοχασμοῖς πολλὰ ἐμπίπτει χρώματα τῶν πραγμάτων ὄντων ἅπερ

---

2 ἤτω [lac. 1, 8 cm.] τὰ V; fort. διάνοιαν χρώματα ἐκφράσει, τὰ (cf. p. 84, 17) 6 αὐτοὶ | f. 31r | πεπράχαμεν V 7 ἓν Wɪv 386, 3] om. V 9 μέντοι Wɪv 386, 5] μὲν τοῖς V 14 τῶν inserui 16 ὑπερίδης V 22 ἐπιτρέψας, σ int. ι et τ erasa, V 25 ἀπεστερημένος, ras. int. ο et ς, V

αὐτοὶ πεποιήκαμεν, ἀκόλουθα μέντοι ὡς εἴρηται. ὅταν δὲ ἄλλων πραξάντων ἄντικρυς εἰς ἡμᾶς ἀναφέρηται, πλείω τὰ χρώματα ἐμπίπτει καὶ ἀνακόλουθα, ἅπερ καὶ πεπλανημένα καλοῦσιν οἱ τεχνικοί, εἰκότως, εἰ γὰρ ἀκόλουθα λέγομεν, συνειδέναι τοῖς πεποιηκόσι δόξομεν, οἷον ὡς ἐπὶ τοῦ τρισαριστέως, οὗπερ εἰκόνα ἔστησαν οἱ πολέμιοι, ἐρεῖ γὰρ ὡς 'θαυμάζοντες τῆς ἀνδραγαθίας ἔστησαν' καὶ πάλιν 'ἀλλὰ φθονοῦντές μοι τῆς παρ' ὑμῶν τιμῆς εἰκόνος δωρεᾷ διαβεβλήκασιν' καὶ πάλιν 'ἀλλὰ πρᾷον αὐτοῖς ἔσεσθαί με διὰ ταύτης ὑπώπτευσαν' καὶ πάλιν 'ἀλλ' ἴσως ἐπ' ἀρετὴν προτρέψαι τοὺς παρ' ἑαυτοῖς σπεύδοντες τὸν πλεῖστα χαλεπὰ δράσαντα τετιμήκασιν εἰκόνι'. ὡσαύτως δὲ καὶ ἐπὶ τῶν ἐξ ὑπονοίας πραγμάτων πολλὰ καὶ ἀνακόλουθα ἐμπίπτει χρώματα διὰ τὴν προειρημένην αἰτίαν, οἷον ὡς ἐπὶ Ἀρχιδάμου τοῦ κρινομένου προδοσίας διὰ Περικλέα, ἐρεῖ γὰρ 'ἀλλὰ πολεμίοις ἑτέροις ἐπιέναι μέλλουσι δέδωκε τὰ πεντήκοντα τάλαντα', 'ἀλλὰ τοῖς πενομένοις τῶν πολιτῶν ἴσως αὐτὰ διένειμεν', 'ἀλλὰ τὰ προσόντα βουλόμενος αὔξειν τῆς τῶν χρημάτων δαπάνης ἀπεκρύψατο τὴν αἰτίαν'. εἰδέναι δὲ χρὴ ὅτι πλείους μὲν ὁ φεύγων ἕξει ἀντιθέσεις, ἐὰν τὰ ἀπ' ἀρχῆς ἄχρι τέλους πολλὰ ὄντα ἀντιτιθῇ ἑαυτῷ κατὰ μέρος, καὶ ὁ κατήγορος ὁμοίως πολλὰς ἑαυτῷ κινήσει ἀντιθέσεις τὰ τοῦ φεύγοντος χρώματα διαιρῶν καὶ μὴ ἅμα πάντα ἐν μιᾷ συνάγων ἀντιθέσει.

---

1 p. 85, 9   5 λέγοιμεν Wɪv 386, 17   6 cf. p. 67, 26   7 ἐρεῖ Wɪv 387, 1] [ῆ], ex ει, V   8 ἀνδραγαθίας V] ἀνδρείας τὸ μέγεθος Wɪv 387, 1   12 αὐτοῖς Wɪv 387, 4   15 p. 86, 4 ‖ αἰτίαν | f. 31ᵛ | οἷον V   20 βουλόμενος Wɪv 387, 12] βουλευόμενος V   23 πολλὰ om. Wɪv ‖ κατὰ μέρος ἀντιθῇ ἑαυτῷ Wɪv

Ἐφ' ἅπασι δὲ τοῖς κεφαλαίοις ἐμπίπτει ἡ πιθανὴ ἀπολογία, περὶ ἧς ἀποροῦσί τινες, ὅτου χάριν οὕτως ὠνόμασται καίτοι καὶ τῶν ἄλλων κεφαλαίων πιθανῶν ὄντων, εἴ γε καὶ ἡ σύμπασα ῥητορικὴ πειθοῦς ἐστι δημιουργός. ἐροῦμεν οὖν ὅτι μάλιστα μὲν τῷ κοινῷ ὀνόματι ὡς ἰδίῳ ἐχρήσατο - πολλὰ γὰρ καὶ ἄλλα τῷ τοῦ γένους ὀνόματι ὡς κυρίῳ κέχρηται, ὥσπερ καὶ Πλάτων διαιρεῖ τὸ δίκαιον εἴς τε τὸ ὅσιον καὶ τὸ δίκαιον ὁμωνύμως τῷ γένει -, ἔπειτα δὲ ὅτι τοσαύτης μετέχει τῆς πειθοῦς ὥστε τοῖς αὐτοῖς κεχρῆσθαι τεκμηρίοις τὸν φεύγοντα τοῦ μὴ πεποιηκέναι τοῦθ' ὅπερ ἐγκαλεῖται ἢ μέλλειν ποιήσειν, οἷσπερ καὶ ὁ κατήγορος κέχρηται τοὐναντίον ἀποδεικνύων, οἷον ἐπὶ Ἀλκιβιάδου τοῦ παριόντος τὸ δεσμωτήριον, ἐρεῖ γὰρ ὡς 'εἴπερ ἐβουλόμην τυραννεῖν, οὐκ ἂν ἐβόησα τοῖς δεσμώταις θαρρεῖν', ὁ δὲ κατήγορος λέξει ὡς 'πέρας ἤδη προσδοκῶν ἐπάξειν τῇ προαιρέσει καὶ τοὺς ὑπὸ τῶν νόμων καθειργμένους λύσειν ἐκήρυττες'. διαφέρει δὲ τοῦ χρώματος τῷ τὸ μὲν αἰτίαν εὔλογον φέρειν πρὸς τὸ τεκμήριον - διὸ καὶ μετάθεσις αἰτίας καλεῖται -, τὴν δὲ πιθανὴν ἀπολογίαν ἀναιρετικὴν εἶναι τῶν ἀπ' ἀρχῆς ἄχρι τέλους. ἔστι δὲ οὐ τῶν ἀεὶ ἐμπιπτόντων τὸ κεφάλαιον τοῦτο ἐν τῷ ἁπλῷ τελείῳ στοχασμῷ, ἀλλ' ὅταν μὲν τὸ τεκμήριον σύμφωνον ᾖ

---

1 Wɪᴠ 400 ‖ H 147, 28 7 post κυρίω complures litt. er. (fin. vers.) V 8 cf. Plat. Gorg. 507 B 9 δὲ ὅτι] διότι V 10 τῆς om. Wɪᴠ 400, 28 12 π⌊οιήσ⌉ειν V 14 δεσμωτήριον Wɪᴠ 401, 3 (cf. Syr. ɪɪ 24, 15. 83, 28)] δικαστήριον V ‖ καὶ βοήσαντος ante ἐρεῖ Wɪᴠ 16 ὡς πέρας Wɪᴠ 401, 5] ὥσπερ ὡς V 18 καθειργομένους V ‖ τοῖς . . καθειργμένοις λύειν Wɪᴠ 401, 6; fort. τοῖς . . καθειργμένοις λύσιν ‖ ⌊ἐκήρυττες⌉ V 19 ἐπιφέρειν Wɪᴠ 22 ἔστι⌊ν⌉ V

τῷ κρινομένῳ, ἐκλείπει, ὥσπερ καὶ ἡ ἀντίληψις, ὡς ἐπὶ Περικλέους ‘σύμφωνον τῷ βούλεσθαι τυραννεῖν τὸ ὅπλα πολλὰ κεκτῆσθαι’· ὅταν δὲ τὸ τεκμήριον ἀνακόλουθον ᾖ πρὸς τὸ κρινόμενον, ἐμπεσεῖται πάντως, οἷον ἐπὶ τοῦ παρεστῶτος τῷ νεοσφαγεῖ ‘ὁ γὰρ ἀνελὼν οὐ παρεστάναι ἀλλὰ φεύγειν εἴωθε τόν τε πεπονθότα καὶ τὸν τόπον ὡς δεινοὺς κατηγόρους ἐξευλαβούμενος’. ἐφ' ὧν δὲ ἐκλείπει ἡ πιθανὴ ἀπολογία, δυνατὸν οὕτως ἐπιχειρεῖν ὅτι ‘ὁ μὲν τυραννῶν πάντως ὅπλα κτᾶται, οὐ μὴν ὁ κτώμενος ὅπλα ἤδη καὶ τυραννεῖν ἐπιχειρεῖ· πολλαὶ γὰρ αἱ τῆς κτήσεως ἀφορμαί’. πλατύνεται δὲ τὸ κεφάλαιον τοῦτο ὑπὸ μὲν τοῦ φεύγοντος τρισὶ τούτοις τόποις, τῷ μηδὲν ὄφελος ἔχειν, τῷ βλάπτεσθαι τὰ μέγιστα, τῷ δύνασθαι περὶ τῶν αὐτῶν ἄλλως ἐπιχειρεῖν. οὔτε γὰρ ὄνησις ἐγίγνετο τῷ παρεστῶτι τῷ πεφονευμένῳ καὶ τὸ τῆς βλάβης ἀνύποιστον ἦν ἁλόντι φόνου τιμωρίαν ὑπέχειν καὶ μᾶλλον ἂν ἀποκρύπτειν ἑαυτὸν ἐσπούδασε φεύγων τὸν ἔλεγχον. ὁ δὲ κατήγορος πάλιν ἀνατρέψει τὴν πιθανὴν ἀπολογίαν διὰ τριῶν τόπων, τύχης ἀγνοίας ἀνάγκης, ἀπὸ μὲν τύχης οὕτως ἐπιχειρῶν ὅτι ‘θεοί τε καὶ τύχη τὸ τῆς γνώμης ἀνόσιον κατιδόντες φωραθῆναι παρεσκεύασαν’, ἀπὸ δὲ ἀγνοίας ὅτι ‘συνεργὸν τὴν ἐρημίαν τῆς κακουργίας λαβὼν ἠγνόεις ὡς ὄψεταί τις τὰ παρὰ πάντας σοι δρώμενα τοὺς νόμους’, ἀπὸ δὲ ἀνάγκης ὅτι ‘τοσαύτη σέ τις ἐπιθυμία τοῦ φόνου κατεῖχεν, ὡς καὶ μετὰ τὴν πληγὴν παρεστάναι τῷ πεπτωκότι ἐφηδόμενον τοῖς ἔργοις ὥσπερ ἀριστέα’.

---

5 τ[ο]ῦ, ex α, V   6/7 τε | f. 32r | πεπονθότα V   17 ὑποσχεῖν Wɪv 402, 3   24 τῆς κακουργίας τὴν ἐρημίαν Wɪv 402, 9

Ἰστέον δὲ καὶ ἐκεῖνο, ὅτι καθόλου ἐν ταῖς στάσεσιν οὐχ ἡ διάφορος κρίσις - οἷον προδοσίας ἢ τυραννίδος ἢ φόνου - διάφορα τὰ εἴδη ποιεῖ, ἀλλ' ἡ τῶν κεφαλαίων διάφορος διαίρεσις ἐναλλαγὴν ἀπεργάζεται τῶν εἰδῶν. ἔστι δὲ ἡ τῶν κεφαλαίων διαίρεσις ποικίλη καὶ κατὰ τρεῖς ἐναλλαττομένη τρόπους· καὶ γὰρ κατὰ πλεονασμὸν καὶ κατὰ ἔλλειψιν καὶ κατὰ ἐναλλαγὴν προϊόντα διάφορα ἐν ταῖς στάσεσιν ἀπεργάζεται ⟨τὰ⟩ εἴδη.

Ἕπεται δὲ τοῖς κεφαλαίοις ἅπασιν ἡ καλουμένη κοινὴ ποιότης, ἥπερ ἐστὶν οἱ ἐπίλογοι. ὠνόμασται δὲ κοινὴ ποιότης, διότι κοινόν ἐστι τῶν μερῶν ἀμφοτέρων ⟨τὸ κεφάλαιον⟩ ἑκατέρου τῶν ἀγωνιζομένων τὴν οἰκείαν ποιότητα πρὸς τῷ πέρατι τοῦ λόγου συνιστῶντος καὶ τῶν πλατέως δι' ὅλου τοῦ λόγου κατασκευασθέντων ὡς καλῶν ἢ δικαίων ἢ συμφερόντων σύντομον ὑπόμνησιν ποιουμένου. διαιρεῖται δὲ ἡ κοινὴ ποιότης εἴς τε τὸ πραγματικὸν καὶ τὸ παθητικόν. καὶ αὖθις τὸ μὲν πραγματικὸν διὰ δύο τούτων ἐργασόμεθα τόπων, ἐπανόδου καὶ ἀνακεφαλαιώσεως· ἢ γὰρ ἀπὸ τῆς ἀρχῆς ἐπὶ τὸ τέλος τῶν προειρημένων πραγμάτων ἁπάντων ποιούμεθα τὴν ὑπόμνησιν καὶ καλεῖται τοῦτο ἀνακεφαλαίωσις, ἢ ἀπὸ τῶν τελευταίων ἐπὶ τὴν ἀρχὴν ἐπάνιμεν καλοῦντες αὐτὸ ἐπάνοδον· παράδειγμα τοῦ μὲν προτέρου Δημοσθένης ἐν τῷ παραπρεσβείας 'συλλογίσασθαι δὴ βούλομαι τὰ κατηγορημένα ἐξ ἀρχῆς.

---

6 ἐναλλα[ττο]μένη V 9 τὰ inserui 10 H 148, 24 11 WIV 412, 17 12 ἀμφοτέρων τῶν μερῶν WIV 412, 18 13 τὸ κεφάλαιον WIV] om. V; διότι κοινή ἐστι τῶν μερῶν ἀμφοτέρων (om. τὸ κεφάλαιον) WVII 328 ann. 17 ποιουμένου WIV 412, 22; ποιουμένων | f. 32ᵛ | διαιρεῖται V 25 fort. περὶ παραπρεσβείας ‖ Dem. 19, 177—178 26 βούλομα V

ἐπέδειξα οὐδὲν ἀληθὲς αὐτὸν ἀπηγγελκότα, ἀλλὰ φενακίσαντα ὑμᾶς, μάρτυσι τοῖς γεγενημένοις αὐτοῖς οὐ λόγοις χρώμενος. ἐπέδειξα αἴτιον γεγενημένον τοῦ μὴ θέλειν ὑμᾶς ἐμοῦ ἀκοῦσαι τἀληθῆ ταῖς ὑποσχέσεσι καὶ τοῖς ἐπαγγέλμασι τοῖς τούτου καταληφθέντας καὶ πάντα τἀναντία συμβουλεύσαντα ἢ ἔδει, καὶ τῇ μὲν τῶν συμμάχων ἀντειπόντα εἰρήνῃ τῇ δὲ Φιλοκράτους συναγορεύσαντα, τοὺς χρόνους κατατρίψαντα, ἵνα μηδ' εἰ βούλοισθε δύναισθε ἐξελθεῖν εἰς Φωκέας, καὶ ἄλλα ἐπὶ τῆς ἐπιδημίας πολλὰ εἰργασμένον, προδεδωκότα, πεπρακότα πάντα, δῶρα ἔχοντα, οὐδὲν ἐλλελοιπότα μοχθηρίας. οὐκοῦν ταῦτα ὑπεσχόμην ἐν ἀρχῇ, ταῦτα ὑπέδειξα', τῆς δὲ ἐπανόδου παράδειγμα περὶ τοῦ πολλοῦ ἐραστοῦ διεξιὼν Πλάτων ἡμῖν ἐν Φαίδρῳ παρέχεται λέγων 'φυγὰς δὴ γίγνεται ἐκ τούτων καὶ ἀπεστερηκὼς ὑπ' ἀνάγκης ὁ πρὶν ἐραστὴς ὀστράκου μεταπεσόντος ἵεται φυγῇ μεταβαλών, ὁ δὲ ἀναγκάζεται διώκειν ἀνόητος ὢν ἀγανακτῶν καὶ ἐπιθεάζων ἠγνοηκὼς τὸ ἅπαν ἐξ ἀρχῆς, ὅτι οὐκ ἄρα ποτὲ ἔδει ἐρῶντι καὶ ὑπὸ ἀνάγκης κατεχομένῳ χαρίζεσθαι ἀνοήτως, ἀλλὰ πολὺ μᾶλλον μὴ ἐρῶντι καὶ νοῦν ἔχοντι, εἰ δὲ μὴ ἀναγκαῖον εἶναι ἐκδοῦναι αὑτὸν ἀπίστῳ δυσκόλῳ φθονερῷ, βλαβερῷ μὲν πρὸς οὐσίαν, βλαβερῷ δὲ πρὸς τὴν τοῦ σώματος ἕξιν, πολὺ δὲ βλαβερωτάτῳ πρὸς

4 ἀκούειν ἐμοῦ Dem. 9 δύναισθε Dem.] δύνησθε V 12 ⌊μοθχ⌋ηρίας V 13 ἐπέδειξα Dem. ‖ πολλοῦ V] Πώλου W IV 413, 5 14 Plat. Phaedr. 241 BC 15 ἀποστερηκὼς ὑπ' ἐξ (ἐξ lin. del.) V 18 ἀνόητος ὢν om. Plat. ‖ ἐπιθειάζων W IV 19 ἔδει ποτὲ Plat. ‖ ἐρῶντι Plat.] ἔρωτι V W IV 413, 10 20 κατεχομένῳ om. Plat. ‖ ἀνοήτῳ χαρίζεσθαι Plat. 22 εἴη ἐνδοῦναι Plat. ‖ φθονερῷ ἀηδεῖ Plat. 23 βλαβερῷ μὲν Plat.] βλαβερὸν μὲν V 24 ἕξιν | f. 33r | πολὺ V ‖ βλαβεροτερωτάτωι V

τὴν τῆς ψυχῆς παίδευσιν'· ἀρξάμενος γὰρ ἀπὸ τοῦ τελευταίου τῶν χρημάτων ἐπὶ τὸ πρώτιστον ἐπανῆλθε, τὴν τῆς ψυχῆς παίδευσιν. τὸ μὲν οὖν πραγματικὸν οὕτω μεταχειρισόμεθα συντομωτέραν ὑπόμνησιν τῶν πλατέως εἰρημένων ἐν τῷ λόγῳ ποιούμενοι· τὸ δὲ παθητικὸν ὑπὸ μὲν τοῦ κατηγόρου διὰ καταδρομῆς πληρωθήσεται πρὸς ὀργὴν κινοῦντος τοὺς δικαστάς, ὑπὸ δὲ τοῦ φεύγοντος διὰ ἐλεεινολογιῶν προαχθήσεται, ἔνθα δὴ καὶ αἱ παραγωγαὶ γυναίων τε καὶ παίδων χρήσιμοι καὶ φίλων· πολλοὶ γοῦν ἡττώμενοι ταῖς δικαιολογίαις τοσοῦτον ἐν τῇ τοῦ ἐλέου διεξόδῳ κεκινήκασι πάθος τοῖς ἀκροωμένοις, ὡς τὴν νικῶσαν ἀπενέγκασθαι, καὶ τούτου μαρτύριον Ὑπερείδης ἐν τῷ ὑπὲρ Φρύνης τῆς ἑταίρας λόγῳ ἐλεεινολογίας τε πλήθει καὶ τῇ περιρρήξει τῆς ἐσθῆτος διασώσας ἐκ τῆς Εὐθίου κατηγορίας τὴν ἄνθρωπον. ἐπὶ δὲ τῷ παθητικῷ τοῖς τελικοῖς ἄμφω χρήσονται κεφαλαίοις, νομίμῳ δικαίῳ συμφέροντι δυνατῷ ἐνδόξῳ. καὶ καθόλου, ὥσπερ καὶ Ἑρμογένης φησί, λαμβάνονται μὲν οἱ ἐπίλογοι ὅθενπερ καὶ τὰ προοίμια καὶ ἰσχύουσί γε τὰ αὐτά - πάθους γὰρ ψυχῆς ἄμφω κινητικά, εὐνοίας μίσους φόβου ὀργῆς ἐλέου φθόνου ἤ τινος τοιούτου -, διαφέρουσι δὲ ἀλλήλων τῇ ⟨τε⟩ τάξει καὶ τῇ ἐννοίᾳ καὶ τῇ φράσει· τὰ μὲν γὰρ τὴν πρώτην κατέχει τοῦ λόγου τάξιν καὶ σπερματικωτέραις χρώμενα ταῖς ἐννοίαις τοῖς τε σχοινοτενέσι καλουμένοις χαίρουσι τῶν κώλων καὶ τοῖς βεβηκόσι τῶν ῥυθμῶν, οἱ δὲ ἐπίλογοι

---

4 μεταχειρισ⌊ό⌋μεθα, ex ω, V   13 ὑπερίδης V   15 περιρήξει V   19 H 149, 5   23 τε Wɪᴠ 414, 13. Wᴠɪɪ 344, 22] om. V   24 τοῦ λόγου κατέχει Wɪᴠ   25 ⌊σ⌋περματικωτέραις V

τῷ τε λόγῳ παντὶ ἐπάγονται, ὡς καὶ τὸ ὄνομα δηλοῖ, καὶ τὰς ἐννοίας ἐφ' ὅσον ἂν ἐθέλωσι πλατύνοντες τοῖς ἀσυνδέτοις καὶ κομματικωτέροις ⟨χαίρουσι⟩ τῶν κώλων καὶ τοῖς λελυμένοις τῶν ῥυθμῶν.

Τοὺς μὲν οὖν ἁπλοῦς τελείους στοχασμοὺς οὕτω διαιρήσομεν κἀν τοῖς ἀτελέσιν ἐκ προσώπων ἢ πραγμάτων στοχασμοῖς τὰ ἐκ τοῦ προσώπου ἢ τοῦ πράγματος ὡς εἴρηται κεφάλαια παραλιπόντες τὰ λοιπὰ μελετήσομεν. τῶν δὲ διπλῶν τοὺς μὲν ἀντεγκληματικοὺς καλοῦσι διὰ τὸ δύο εἶναι πρόσωπα ⟨τὰ⟩ ἀντεγκαλοῦντα ἀλλήλοις - ἔνιοι δὲ αὐτοὺς κατὰ ἀμφισβήτησιν ὀνομάζουσιν -, τοὺς δὲ συνεζευγμένους. ἰστέον δὲ ὅτι καθόλου τό τε παραγραφικὸν καὶ ἡ τῶν ἐλέγχων ἀπαίτησις ἐν αὐτοῖς ἐκλείπει διὰ τὸ ἐξισάζειν - πανταχοῦ δὲ τὰ ἰσάζοντα ἔφαμεν εἶναι ἀσύστατα -, τῶν δὲ ἄλλων ἕκαστον ἀπὸ τῆς βουλήσεως ἀρξαμένους κεφάλαιον χρὴ πρὸς κεφάλαιον ἀντιτιθέναι, ἀγωνιστικώτερος γὰρ οὕτως ὁ λόγος ὑπάρξει· τὸ δὲ - ὥσπερ ἔνιοι λέγουσι χρῆναι - προθέντας τὴν τοῦ ἑτέρου μέρους ἀπολογίαν οὕτω ποιεῖσθαι τὴν τοῦ ἑτέρου κατηγορίαν ὑπτιότητα πολλὴν τῷ λόγῳ ἐμποιεῖ καὶ τοὺς δικαστὰς ἐπιλανθάνεσθαι ποιεῖ τῶν πρότερον λεχθέντων.

Μετὰ δὲ τοὺς ἀντεγκληματικοὺς στοχασμούς εἰσιν οἱ συνεζευγμένοι, οἵτινες ὠνομάσθησαν μὲν οὕτως διὰ τὸ δύο περιέχειν ἐγκλήματα, διαφέρουσι δὲ τῶν μὲν

2 *ὅσ*[*ο*]*ν*, ex *ω*, V 3 *χαίρουσι* Wɪv 414, 20. Wvɪɪ 344, 30] om. V 4/5 *ῥυθμῶν* | f. 33ᵛ | *τοὺς* V 5 Wɪv 439 6 *κἀν*] *καὶ* V 8 p. 65, 25. 66, 3 9 H 150, 18 ‖ *ἀντεγκληματικοὺς* Wɪv 439, 16 et in mg. V] *ἐγκληματικοὺς* V 10 *εἶναι πρόσωπα* Wɪv] *πρόσωπα εἶναι* V ‖ *τὰ* inserui 15 p. 38, 3 ‖ *ἀ*[*σ*]*ύστατα* V 17 *προς* sup. V ‖ *κεφάλα*[*ιο*]*ν*, ex *ίω*, V 20 *οὔτ*[*ως*], ex *ος*, V 23 H 151, 20 ‖ *εἰσι*[*ν*], *ν* postea ins., V

ἁπλῶν τῷ ἔχειν διπλᾶ τὰ κεφάλαια, τῶν δὲ διπλῶν τῇ τε τάξει καὶ τῷ πλεονασμῷ τῶν κεφαλαίων· τὰ γὰρ διάφορα τῶν στάσεων εἴδη κατὰ πλεονασμὸν ὡς ἔφαμεν ἢ ἔλλειψιν ἢ ἐναλλαγὴν γίγνεται τῶν κεφαλαίων.

Τῶν δὲ συνεζευγμένων ὁ μὲν ἐμπίπτων οὕτως ὠνόμασται, διότι ἐκ τοῦ χρώματος οὗ παρέχεται ὁ φεύγων ἐμπίπτει τὸ δεύτερον ζήτημα, ὡς ἐπὶ τοῦ στρατηγοῦ τοῦ τὸν συστράτηγον ἀνελόντος ὡς ἐπὶ μοιχείᾳ καὶ κρινομένου συνειδότος, ἐρεῖ γὰρ εὐθυνόμενος ὡς 'μοιχὸν ἐπὶ τῇ γυναικὶ καταλαβὼν ἀπέκτεινα κατὰ τὸν νόμον', εἶτα ἐκ τούτου τὸ δεύτερον ἐξετάζεται ζήτημα, πότερον μοιχὸς ὁ δεσμώτης ἢ οὔ.

Δεύτερος δὲ τῶν συνεζευγμένων ἐστὶν ὁ προκατασκευαζόμενος, ὃς ὠνόμασται μὲν οὕτως ἀπὸ τοῦ ἕτερόν τι πρὸ τοῦ κρινομένου πράγματος ἐξετάζεσθαι, εἶθ' οὕτως ἐκεῖνο περὶ οὗ ἡ κρίσις, ὡς ἐπὶ τοῦ ἀνελόντος πλουσίου τοὺς τρεῖς παῖδας τοῦ πένητος καὶ μὴ ἐπεξιόντα τὸν πατέρα κρίνοντος συνειδότος. διαφέρει δὲ τοῦ ἐμπίπτοντος τῷ ἐκεῖ μὲν ⟨τὸ⟩ πρὸς ἀπόδειξιν τοῦ κρινομένου κομιζόμενον παραλαμβάνεσθαι τελευταῖον, ἐν δὲ τῷ προκατασκευαζομένῳ πρότερον· ἐν γὰρ τούτῳ κρινόμενος ὁ πατὴρ συνειδότος πρὸς ἀπόδειξιν τοῦ μὴ συνειδέναι τοῖς παισὶ τὴν προδοσίαν πρότερον κατασκευάσει, ὡς ἥκιστα προδεδώκασιν οἱ παῖδες, εἶθ' οὕτως ὑπὲρ ἑαυτοῦ ἀπολο-

---

4 p. 89, 7 13 μοιχὸς | f. 34r | ὁ V] fort. μοιχὸς γίγνεσθαι δυνατὸς ὁ; cf. H 151, 32: εἰ ἐκεῖνον εἰκὸς δεσμώτην ὄντα μοιχεῦσαι 14 W IV 457 20 τὸ W IV 457, 7] om. V 22 προκατασκευαζομένῳ W IV 457, 9] κατασκευαζομένωι (init. vers.) V 26 ⌊ἑ⌉αυτοῦ, ἑ sup., V

γήσεται, ἐν δὲ τῷ ἐμπίπτοντι κρινόμενος συνειδότος ὁ τὸν συστράτηγον ἀνελὼν πρότερον τὴν περὶ τοῦ συνειδέναι κατηγορίαν ἀποσείσεται καὶ οὕτως τὸ τῆς μοιχείας ἔγκλημα κατὰ τοῦ τεθνεῶτος κινήσει.

Τρίτος δὲ τῶν συνεζευγμένων ἐστὶν ὁ συγκατασκευαζόμενος, ὃς ὠνόμασται μὲν οὕτως ἀπὸ τοῦ δύο ἐγκλήματα ἐπάγειν τῷ φεύγοντι τὸν κατήγορον ὡς πεποιηκότι ἢ μέλλοντι πράττειν, ὡς ἐπὶ τοῦ πλουσίου τοῦ ὀμόσαντος ἐν συμποσίῳ τυραννήσειν καὶ τοῦ πένητος τοῦ τυραννοκτονήσειν ὀμόσαντος καὶ νεκροῦ ἀσκυλεύτου εὑρεθέντος· ἀμφότερα γὰρ συμπλέκων, τόν τε τοῦ πένητος φόνον καὶ τῆς τυραννίδος τὴν ἐπίθεσιν, κρίνει τὸν πλούσιον. διαφέρει δὲ τῶν μὲν ἁπλῶν τῷ εἶναι διπλοῦς, τοῦ δὲ ἐμπίπτοντος τῷ ἐκεῖ μὲν τὸ χρῶμα μὴ ἔξωθεν ἐπινοεῖσθαι ἀλλ' ἐν αὐτῷ κεῖσθαι τῷ προβλήματι, ἐνταῦθα δὲ ἔξωθεν τοῦ προβλήματος ἐπινοεῖσθαι, καὶ τῷ ἐκεῖ μὲν ἓν μόνον εἶναι τὸ ἐπαγόμενον ἔγκλημα κατὰ τοῦ φεύγοντος προσώπου, ἐνταῦθα δὲ δύο. τοῦ δὲ προκατασκευαζομένου διαφέρει, ὅτι ἐν ἐκείνῳ μὲν ὁ φεύγων συνειδότος κρίνεται πάντως, ἐνταῦθα δὲ ὡς αὐτὸς κακόν τι πράξας ἢ μέλλων ποιεῖν, καὶ ἐν μὲν τῷ προκατασκευαζομένῳ τὸ προηγούμενον ὁ φεύγων τελευταῖον ἐξετάζει τὸ δὲ μὴ [κατὰ] προηγούμενον πρότερον, ἐν δὲ τῷ συγκατασκευαζομένῳ ὁμοίως ὑπὲρ ἀμφοτέρων τῶν ἐγκλημάτων ἀπολογεῖται ὁ φεύγων οὐχ ὡς συνειδὼς ἄλλῳ τινὶ ἀλλ' ὡς αὐτὸς ὢν ὁ πράξας.

---

5 Wɪv 460,19 11 συμπλέκων, ras. int. π et λ, V 14 μὲν sup. V 16 δὲ | f. 34ᵛ | ἔξωθεν V 22 ποι[εῖν] V 24 κατὰ V, om. Wɪv 460, 29

II. ΠΕΡΙ ΟΡΟΥ.

Ἡ μὲν οὖν τοῦ στοχασμοῦ διαίρεσις τοιαύτη τίς ἐστιν. χρὴ δὲ εἰδέναι ὡς οἱ λεγόμενοι κακοῦ βίου στοχασμοὶ καὶ ἀχαριστίας καὶ κατασοφισμοῦ καὶ τὰ τοιαῦτα πάντα οὐ ποιοῦσιν ἕτερα εἴδη στοχασμῶν· οὐ γὰρ αἱ διάφοροι κρίσεις αἱ τοῖς προβλήμασι προσκείμεναι τὰ εἴδη ποιοῦσιν - ἢ γὰρ ἂν ἄπειρα εὑρεθείη -, ἀλλ' ὁ τῶν κεφαλαίων πλεονασμός τε καὶ ἔλλειψις καὶ ἐναλλαγὴ τὰς διαφορὰς τῶν εἰδῶν ἐν ταῖς στάσεσιν ἀπεργάζονται. αὐτίκα δὲ ἐπ' ἐκείνων τῶν προβλημάτων μιᾶς οὔσης τῆς κρίσεως διάφορα εὑρίσκεται τὰ εἴδη· μειράκιον ὡραῖον συνεχῶς ἐν θεάτρῳ συρίττεται καὶ κρίνεται κακοῦ βίου· μειράκιον ὡραῖον μυούμενον ἐγέλασε καὶ κρίνεται κακοῦ βίου· μητρυιᾶς ἠράσθη ὁ πρόγονος καὶ παραχωρήσαντος αὐτῷ τοῦ πατρὸς κρίνονται οἱ τρεῖς κακοῦ βίου. εἰ τοίνυν αἱ κρίσεις διάφορα εἴδη ἐποίουν στοχασμοῦ ἢ τινος ἄλλης στάσεως, ἔδει καὶ τὰς αὐτὰς κρίσεις μὴ διαφόρων στάσεων ἔχειν προβλήματα. ἐνταῦθα γοῦν, ἐπειδὴ ‘κακοῦ βίου’ πρόσκειται ἐν πᾶσι, πάντα ἐχρῆν εἶναι στοχαστικά, νῦν δὲ τὸ μὲν στοχαστικόν ἐστι, τὸ δὲ ἀντιληπτικόν, τὸ δὲ συγγνωμονικόν· ὥστε δῆλον ὅτι οὐ διάφορα εἴδη ποιοῦσιν αἱ προσθῆκαι τῶν κρίσεων. αἱ δὲ τοῦ κατασοφισμοῦ καὶ δημοκοπίου καὶ δήμου ἀπάτης κρί-

---

1 Wɪv 429—430 et 474—575 ‖ H 153—157 ‖ caput π. ὅρ. proprie inc. p. 96, 23   4 κατασοφισμοῦ καὶ δημοκοπίας καὶ δήμου ἀπάτης καὶ τὰ τοιαῦτα Wɪv 429, 12   6 προσκείμεναι] προκείμεναι V   8 πλεονασμὸς καὶ ἡ ἔλλειψις καὶ ἡ Wɪv 429, 16   9 τῶν ἰδεῶν, ε lin. del. m. 1, V   10 ἀπεργάζ[ο]νται V; ἀπεργάζεται Wɪv ‖ δὲ om. Wɪv   16 βίου | f. 35r | εἰ V   19/20 γοῦν εἰ πᾶσι κακοῦ βίου πρόκειται Wɪv 430, 1

σεις εἰσὶν ⟨αἱ⟩ αὐταί, ὑπὸ δὲ τῶν σοφιστῶν διαφόρως ὀνομάζονται, εἰσὶ δὲ τοῦ γνώμης στοχασμοῦ, ὃν ἔφαμεν εἶναι τοῦ ἁπλοῦ εἴδους. δυσχέρεια δὲ γίνεται πρὸς τὴν ἐπίγνωσιν τῶν ζητημάτων ποίας εἰσὶ στάσεως δι' αἰτίας δύο· πρώτην μὲν τὸ τὴν αὐτὴν προσθήκην εἶναι τῆς κρίσεως ἐν διαφόροις προβλήμασιν ὡς καὶ ἀνωτέρω ἔφαμεν ὑπὸ πλείονας ἀναγομένοις στάσεις· ἔπειτα τὸ ἄδηλον εἶναι, πότερον ὡς κρινόμενόν τι παραλαμβάνομεν ἐν τοῖς ζητήμασιν ἢ ὡς τεκμήριον, οἷον Παυσανίας Μηδικὴν στολὴν ἀμφιεννύμενος κρίνεται μηδισμοῦ· κἀκεῖνο νόμος τὸν τυραννοκτόνον δωρεὰν λαμβάνειν, μάγος ὑπέσχετο εἴσω πέντε ἡμερῶν ἀποκτενεῖν τὸν τύραννον, ἠνέχθη σκηπτὸς εἴσω πέντε ἡμερῶν κατὰ τοῦ τυράννου καὶ ὁ μάγος αἰτεῖ τὴν δωρεάν· ταῦτα γὰρ καὶ τὰ τοιαῦτα εἰ μὲν ὡς τεκμήρια λαμβάνοιτο τοῦ κρινομένου, στοχαστικὴν ποιήσει τὴν στάσιν τεκμήριον ἡμῶν ποιουμένων τοῦ μηδίζειν τὸ φορεῖν Μηδικὴν ἐσθῆτα καὶ τοῦ τὸν μάγον ἀνῃρηκέναι τὸν τύραννον τὸ εἴσω τῶν παρ' αὐτοῦ ὑποσχεθεισῶν πέντε ἡμερῶν ὑπὸ σκηπτοῦ τὸν τύραννον ἀνῃρῆσθαι· εἰ δὲ ὡς κρινόμενα ταῦτα λαμβάνοιτο, ὁρικὴν ἀπεργάσεται στάσιν.

Ἄξιον δὲ λοιπὸν μετὰ τὸν στοχασμὸν περὶ τοῦ ὅρου κατὰ τὴν αὐτὴν τάξιν διεξελθεῖν. εἰ γὰρ ἐν παντὶ πράγματι περὶ τοῦ εἰ ἔστι πρῶτον ζητητέον, ὅπερ ὁ στοχασμὸς ὡς ἔφαμεν περιέχει, εἶθ' οὕτως περὶ τοῦ τί ἐστιν - ὁ δὲ ὅρος ὡς ἐπιδείξομεν τὴν

1 αἱ αὐταί] αὗται V; fort. etiam μὲν ins. 2 p. 63, 10 5 τ[ὸ], ex ῶ, V 7 p. 95, 11 20 αὐτ[ο]ῦ, ex ω, V 21 ἀνῃρῆσθαι | f. 35^r | εἰ V 22 ἀπεργάζεται τὴν στάσιν W IV 430, 22 23 W IV 474 26 p. 60, 25

περὶ τοῦ τί ἐστι περιέχει ζήτησιν -, τακτέος ἂν εἴη μετὰ τὸν στοχασμὸν ὁ ὅρος.

Ἐπειδὴ δὲ πολλαχῶς ὁ ὅρος, ἀναγκαῖον διαστεῖλαι τὴν ὁμωνυμίαν, ἵνα τὸ ζητούμενον ἡμῖν ἀκριβέστερον ἐπιδειχθείη. καλεῖται τοίνυν πρώτως ὅρος ὁ ἐν τοῖς χωρίοις διορίζων τό τε οἰκεῖον καὶ τὸ ἀλλότριον. καλεῖται δὲ ὅρος καὶ ὁ διαλεκτικός, ⟨οἷον εἰς ὃν ἡ πρότασις διαλύεται. καὶ ἔτι ὅρος καλεῖται⟩ ὁ τὸ τί ἦν εἶναι κατὰ Ἀριστοτέλην σημαίνων, τουτέστιν ὁ τὴν ἑκάστου φύσιν διοριζόμενος καὶ τί ἐστιν ἑκάστῳ τὸ εἶναι σαφῶς ἀνιχνεύων· τοιοῦτοι γὰρ οἱ τέλειοι τῶν πραγμάτων ὅροι. ὅρος λέγεται καὶ τὸ πέρας παντὸς πράγματος, ὡς ἡ ἐπιφάνεια τοῦ σώματος καὶ τῆς ἐπιφανείας ἡ γραμμὴ καὶ τῆς γραμμῆς τὰ σημεῖα. ὅροι λέγονται καὶ τὰ μέρη τῶν προτάσεων, οἷον πρότασίς ἐστι 'πᾶν ζῷον ἔμψυχον', ταύτης οὖν τὰ μέρη - τὸ πᾶν τὸ ζῷον τὸ ἔμψυχον - ὅροι καλοῦνται. λέγονται ὅροι καὶ πάντα τὰ ῥητορικὰ ζητήματα. καλεῖται ὅρος καὶ ἡ στάσις αὐτή, περὶ ἧς ὁ λόγος.

Διαφέρει δὲ τοῦ στοχασμοῦ ὁ ὅρος τῷ ἐκεῖ μὲν περὶ οὐσίας εἶναι τὴν ζήτησιν, ἐν δὲ τῷ ὅρῳ περὶ τοῦ τί ἐστιν.

Ὁρίζεται δὲ ὁ μὲν Ἑρμογένης τὸν ὅρον οὕτως 'ὀνόματος ζήτησις περὶ πράγματος, οὗ τὸ μὲν πέπρακται, τὸ δὲ λείπει πρὸς αὐτοτέλειαν τοῦ ζητουμένου ὀνόματος'· πρῶτον μὲν οὖν κακῶς ὅτι 'ὀνόματος

---

4 μετὰ post ἡμῖν lin. del. V   5 ἐπιδειχθῇ WIV 474, 10 || πρώτως] πρῶτος V   7 οἷον — 8 καλεῖται WIV 474, 12; cf. WV 299, 22] om. V; cf. WVII 396, 8. 397, 24   8 διαλύεται WV Arist. anal. pr. 24^b 16] ἀναλύεται WIV   9 σημαίνων WIV] σημαῖνον V   24 H 138, 23   25 ζητουμένου om. H   26 ὅτι om. WIV

ζήτησις' εἶπεν, ἐν γὰρ τοῖς δικαστηρίοις πραγμάτων ζητήσεις εἰσὶν οὐχὶ ὀνομάτων. ἔπειτα οὐ καλῶς ζήτησιν τὸ γένος τοῦ ὅρου παρέλαβεν, ἡ γὰρ ζήτησις ἐνέργειά τίς ἐστιν, ἐχρῆν δὲ μᾶλλον 'πίστις' εἰπεῖν. ἔτι δὲ οὐ πάντα περιέλαβε τὰ ὁρικὰ ζητήματα διὰ τοῦ ὅρου, τὸ γὰρ 'οὗ τὸ μὲν πέπρακται, τὸ δὲ λείπει' τοῖς μὲν ἐκ λείποντος καὶ πεπραγμένου συνεστῶσιν ὅροις ἁρμόζει, ὡς ἐν ἐκείνῳ τῷ προβλήματι πλούσιος ἐχθρῷ πένητι συνεχῶς ἐπανατείνεται τὰς χεῖρας καὶ κρίνεται ὑπ' αὐτοῦ ὕβρεως, τοὺς δὲ κατὰ τὸ τέλειον ὅρους καὶ τοὺς κατὰ τὸ περιττεῦον οὐδαμῶς περιλαμβάνων ἐλλιπὴς ἂν εἴη· παραδείγματα δὲ αὐτῶν τάδε νόμος τὸν καινὸν ὅπλον ἐπιδείξαντα γέρας λαμβάνειν, ἄνθρωπόν τις πολεμιστὴν δείξας ἀξιοῖ τοῦ γέρως τυχεῖν - ἐν γὰρ τούτῳ λείπει μὲν οὐδέν, τελειότης δέ τις τῷ συνήθει προσγέγονεν -, τοῦ δὲ κατὰ τὸ περιττεῦον ὅρου παράδειγμα τόδε νόμος τὸν ὁλόκληρον ἱερᾶσθαι, ἑξαδάκτυλός τις ὢν ἀντέχεται τῆς ἱερωσύνης καὶ κωλύεται. πάντας τοίνυν τοὺς τοιούτους ὅρους ἔξω τοῦ Ἑρμογένους ὅρου πίπτοντας εὑρήσομεν. ἔτι δὲ οὐ μόνον τοῦ ῥητορικοῦ ὅρου οἰκεῖός ἐστιν ὁ ὅρος, ἀλλὰ καὶ τοῖς φυσικοῖς ἁρμόσει· καὶ γὰρ ὁ ἰατρὸς ζητῶν, πότερον τὸ ἔμβρυον ζῷόν ἐστιν ἢ οὔ, ἐκ λείποντος καὶ ὄντος ἐπιχειρεῖ· ὁ μὲν γὰρ λέγων ζῷον αὐτὸ εἶναι ἐκ τοῦ ὄντος καὶ οἱονεὶ πεπραγμένου ἐπιχειρεῖ, ὁ δὲ λέγων μήπω εἶναι αὐτὸ

---

1 ζήτησις Wɪv 475, 9] ζήτησιν V 4 εἰπεῖν πίστις Wɪv 6 δὲ | f. 36r | λείπει V 7 συνορῶσιν (εστῶ superscr.), ορω lin. del., V 12 περιλαμβάνων — εἴη om. Wɪv 475, 19 ‖ ἐλλειπὴς V ‖ αὐτῶν Wɪv] αὐτοῦ V 14 ἄνθρωπόν V] ἵππον Wɪv 475, 20 (cf. Wɪv 581, 19 ἵππον τις ἐδίδαξε μάχεσθαι) ‖ δεί[ξας] V] διδάξας Wɪv

ζῷον ἐκ τοῦ λείποντος. Μινουκιανὸς δὲ οὕτως ὁρίζεται 'ὅταν ὁμολογῇ μὲν ὁ φεύγων τὸ πεπραγμένον, περὶ δὲ τῆς ἰδιότητος ἡ ζήτησις ᾖ, περὶ τοῦ ποῖόν τί ἐστι τὸ πεπραγμένον.' πρῶτον μὲν οὖν οὐ καλῶς ἐκ μόνου τοῦ φεύγοντος ὡρίσατο τὸν ὅρον ἐξ ἀμφοτέρων τῶν μερῶν γνωριζομένου τοῦ ὅρου ὥσπερ καὶ τοῦ στοχασμοῦ, ἔπειτα ἐκ τοῦ φεύγοντος τὴν στάσιν ὁρισάμενος ἐν τῇ διαιρέσει τῶν κεφαλαίων τῷ κατηγόρῳ προσνέμει τὸν ὅρον, τρίτον οὐ τί ἐστιν ὁ ὅρος διδάσκει ἡμᾶς ἀλλὰ πότε συμβαίνει γίγνεσθαι, ἔτι δὲ ἐν τῇ διαιρέσει τῶν στάσεων ἔξω τῆς ποιότητος ἐάσας τὸν ὅρον ἐνταῦθα ὑπὸ τὴν ποιότητα αὐτὸν ἀνάγει λέγων τὴν ζήτησιν ἐν αὐτῷ γίγνεσθαι περὶ τοῦ ποῖόν τί ἐστι τὸ πεπραγμένον. ὁ δὲ τελείως ἔχων ὅρος ἐστὶν οὗτος 'στάσις πολιτικοῦ πράγματος τῶν ἐπὶ μέρους περὶ τοῦ τί ἐστι τὸ κρινόμενον τὴν ζήτησιν ἔχουσα.' τὰ μὲν οὖν ἄλλα κοινὰ ὄντα πασῶν τῶν στάσεων δῆλά ἐστι καὶ ἐκ τῆς τοῦ στοχαστικοῦ ὅρου ἐξηγήσεως, ἴδιον δὲ τοῦ ὅρου ἐστὶ τὸ τὸ μὲν πεπραγμένον εἶναι δῆλον, ζητεῖσθαι δὲ τί χρὴ καλεῖν αὐτό. τοῦτο δὲ τὸ ἴδιον μόνῳ καὶ παντὶ ὑπάρχει, τὸ δὲ ἕτερον ἴδιον τὸ ἐκ λείποντος εἶναι καὶ πεπραγμένου μόνῳ μὲν ὑπάρχει οὐ παντὶ δέ, ὡς καὶ ἀνωτέρω ἀπεδείξαμεν. ἰστέον δὲ ὅτι ἐν τοῖς ἐκ πεπραγμένου καὶ λείποντος συνεστῶσιν ὅροις τὸ πεπραγμένον ἀεὶ ἀρχὴ τοῦ λείποντός ἐστι καὶ τῷ πραχθέντι τὸ λεῖπον συνελθὸν ἓν

---

3 ᾖ W IV 476, 10] ἡ V; fort. περὶ τοῦ — 4 πεπραγμένον del. (cf. p. 99, 13/14) 6 τῶ[ν με]ρῶν V 10 δὲ om. W IV 11 τῶν W IV 476, 16] τω V (στάσις supra) 15 ὅρος ἐστὶν V; ὅρος ἐστὶν om. W IV 476, 20 17 post ἄλλα cr. 4 litt. er. V 18 ἐστιν | f. 36ᵛ | καὶ V 23 p. 98, 5

τέλειον πρᾶγμα ποιεῖ, οἷον τὸ ἐπανατείνεσθαι τὰς χεῖρας τοῦ τυπτῆσαι ἀρχή ἐστι καὶ τὸ λάθρᾳ νύκτωρ εἰς ἱερὸν παρελθεῖν ἱεροσυλίας ἀρχή· προστεθέντων δὲ τῶν λειπόντων ἐν ἑκατέρῳ τέλεια τὰ πλημμελήματα γίνεται.

Τῶν δὲ ὅρων οἱ μέν εἰσιν ἁπλοῖ, οἱ δὲ διπλοῖ, καὶ τῶν ἁπλῶν οἱ μὲν αὐτὸ τὸ κρινόμενον ἔχουσι καὶ ζητούμενον, ὡς ὁ τοῦ ἐπανατεινομένου πλουσίου πένητι ἐχθρῷ τὰς χεῖρας - κρίνεται γὰρ ἡ ὕβρις καὶ ζητεῖται εἰ τὸ ἐπανατείνεσθαι τὰς χεῖρας ὕβρις ἐστίν -, οἱ δὲ ἕτερον μὲν τὸ κρινόμενον ἔχουσιν ἕτερον δὲ τὸ ζητούμενον, οἷον τὸν ἄπολιν ἐν Ὀλυμπίᾳ μὴ ἀγωνίζεσθαι, Ἀθηναῖον ἀθλητὴν μετὰ τὰ Μηδικὰ βουλόμενον ἀγωνίζεσθαι κωλύουσιν Ἠλεῖοι, καὶ κρίνουσιν αὐτοὺς ἐπὶ τῶν Ἀμφικτυόνων ὕβρεως - κρίνεται μὲν γὰρ ἡ ὕβρις, ζητεῖται δὲ εἰ ἄπολις ὁ Ἀθηναῖος -. ὅμοιον δὲ τούτῳ κἀκεῖνο εὐνοῦχόν τις καταλαβὼν ἐπὶ τῇ γυναικὶ ὡς μοιχὸν ἀνεῖλε καὶ κρίνεται φόνου - κρίνεται μὲν γὰρ ὁ φόνος, ζητεῖται δὲ εἰ μοιχὸς ὁ εὐνοῦχος -. εἴδη δὲ ὁ ἁπλοῦς ὅρος οὐκ ἔχει· οὔτε γὰρ ἐναλλαγὴ κεφαλαίων ἐν αὐτῷ οὔτε πλεονασμὸς οὔτε ἔλλειψίς ἐστιν, ἅπερ ἔφαμεν ποιεῖν ἐν ταῖς στάσεσι τὰ εἴδη. τῶν δὲ διπλῶν ὅρων ὁ μέν τις καλεῖται ἀντονομάζων, ὁ δὲ ἐμπίπτων, ὁ δὲ κατὰ σύλληψιν, ὁ δὲ κατὰ ἀμφισβήτησιν, ὃς καὶ κατὰ δύο πρόσωπα καλεῖται, ὁ δὲ δύο ὅροι.

---

1 cf. p. 98, 9 2 cf. p. 105, 24 8 πένητι ex πένητος V 12 οἷον νόμος τὸν W IV 580, 24 (supervac., cf. e. g. p. 42, 22 et H 156, 12) 14 fort. κρίνουσιν Ἀθηναῖοι αὐτοὺς (cf. W IV 580, 26) 17 κακείνω V 22 p. 89, 7. 95, 8 24 ἀντονομάζων, cf. H 154, 30] αὐτον ὀνομάζων V

Διαιρεῖται δὲ ὁ ἁπλοῦς ὅρος κεφαλαίοις ἑπτά· προβολῇ, ὅρῳ, ἀνθορισμῷ, συλλογισμῷ, γνώμῃ νομοθέτου, πηλικότητι, πρός τι. τούτων δὲ τὰ μέν ἐστι τοῦ κατηγόρου, τὰ δὲ τοῦ φεύγοντος, τὰ δὲ κοινὰ ἀμφοῖν, τοῦ μὲν κατηγόρου προβολὴ ἀνθορισμὸς συλλογισμός, τοῦ δὲ φεύγοντος ὅρος, κοινὰ δὲ γνώμη νομοθέτου πηλικότης πρός τι.

Ἐν οὖν τοῖς ὁρικοῖς ζητήμασι μετὰ τὰ προοίμια τήν τε προκατάστασιν ⟨καὶ τὴν κατάστασιν⟩, ἅπερ κοινὰ πάντων ἐστὶ ζητημάτων τῶν ὑπὸ τὰς στάσεις ἀναγομένων, τακτέον τὴν προβολήν, ἥτις ὠνόμασται μὲν ἀπὸ μεταφορᾶς τῆς Ἀθήνησι δίκης οὕτω καλουμένης κατὰ τῶν ἐν ταῖς ἑορταῖς ἀδικούντων, ὡς καὶ Δημοσθένης φησὶν ἐν τῷ κατὰ Μειδίου ‛καὶ προὐβαλόμην ἀδικεῖν τουτονὶ περὶ τὴν ἑορτήν’ τουτέστι τῇ προβολῇ κατ’ αὐτοῦ ἐχρησάμην, ὥσπερ καὶ ἡ ἔνδειξις καὶ ἡ εἰσαγγελία καὶ ἡ ἐξούλης ὀνόματα δικῶν ὑπῆρχε παρ’ αὐτοῖς. παραλαμβάνεται δὲ ἀντὶ διηγήσεως· ὁ γὰρ ὅρος διήγησιν οὐκ ἐπιδέχεται τῷ τὸν φεύγοντα, ὡς καὶ Μινουκιανός φησιν, ὁμολογεῖν τὸ πεπραγμένον, ἡ δὲ προβολὴ αὔξησιν περιέχει τῶν πεπραγμένων. πλατύνεται δὲ τοῖς περιστατικοῖς μορίοις, οἷον ὡς ἐπ’ ἐκείνου τοῦ ὁρικοῦ προβλήματος νόμος τὸν τυραννοκτόνον δωρεὰν λαμβάνειν, πόλεως τυραννουμένης φιλόσοφος ἔπεισε τύραννον καταθέσθαι τὴν τυραννίδα καὶ αἰτεῖ τὸ γέρας, ἐρεῖ γὰρ ἐκ τῶν προσώπων τῇ πλατύτητι χρώμενος ὅτι ‛φιλοσοφίᾳ

---

3 τι | f. 37ʳ | τούτων V 9 καὶ τὴν κατάστασιν inserui (cf. p. 64, 10) 11 Wɪv 487 ‖ H 153, 17 14 Dem. 21, 1 16 ὥσπερ — 18 αὐτοῖς fort. del. 18 δὲ ἡ προβολὴ ἀντὶ Wɪv 487, 9 21 πρ⌊οβολὴ⌋ V ‖ ⌊αὔξησιν περιέχει τῶν πεπ⌋ραγμένων V

προσέχων ἄνθρωπος τὴν τυραννίδα καθεῖλον λόγοις οὐ φόνῳ τὸν τύραννον σωφρονίσας καὶ τοὺς πολίτας, οἷς ἐλευθερία τε καὶ δημοκρατία πάτριον, τῶν περιεστώτων ἀπήλλαξα δυσχερῶν'· οὕτω μὲν οὖν τοῖς προσώποις ἐπεξελεύσεται, τόπῳ δὲ ὅτι 'τὴν ἀκρόπολιν κατειληφότα καὶ τὴν πόλιν ὅλην δεδουλωμένον καὶ τὴν χώραν ἅπασαν ἀνάστατον τῇ βαρύτητι τῶν φόρων ἀπεργαζόμενον'· τρόπῳ δὲ ὅτι 'τῇ γὰρ ἐκ φιλοσοφίας ἐπιστήμῃ τὸ τῆς γνώμης ἀνόσιον ἐξέκοψα', ἔνθα δὴ καὶ πολὺν αὐτῆς διεξελεύσεται τὸν ἔπαινον, ὡς ὅπλων καὶ χρημάτων καὶ δυνάμεως ἁπάσης ἰσχυροτέρα· αἰτίᾳ 'ὁρῶν γὰρ νεὼς κεκλειμένους, ἱερὰ θεῶν περιφρονούμενα, γυναῖκας ὑβριζομένας, παῖδας δουλεύοντας, ἄνδρας ἀκρίτως ἀπολλυμένους, τολμῶντα δὲ οὐδένα πρὸς τὴν ἀπαλλαγὴν τῶν δεινῶν ἐπὶ ταύτην ἐτραπόμην ἐγὼ τὴν ἔννοιαν.' τούτοις καὶ τοῖς τοιούτοις ἀεὶ λογισμοῖς ἐκ τῶν περιστατικῶν μορίων κινουμένοις ἡ προβολὴ πλατύνεται ὑπὸ τοῦ κατηγόρου.

Τὸν δὲ ὅρον ὁ φεύγων εἰσάξει, ὃς ὠνόμασται μὲν οὕτως ἀπὸ τοῦ ὁρίζειν καὶ περικλείειν τὸ κρινόμενον, εἰς ὅπερ ὁ φεύγων βούλεται· τοῦ γὰρ φιλοσόφου τυραννοκτονίαν ὀνομάζοντος τὸ πρᾶγμα ὁ ἐναντιούμενος αὐτῷ τὴν τοῦ φεύγοντος ἔχων τάξιν ἐρεῖ μηδαμῶς αὐτὸν εἶναι τυραννοκτόνον, οὐ γὰρ ἀνῃρῆσθαι τὸν τύραννον. πλατύνεται δὲ ὁ ὅρος παραδείγμασι, τῷ ἐκ περιτροπῆς, τοῖς λείπουσιν, ὡς ἐπὶ τοῦ πλουσίου

---

1 *καθεῖλε* Wɪᴠ 487, 16 5 *ἐπεξελεύσεται* Wɪᴠ] *ἐξελεύσεται* V 11 *ἰσχυροτέρα* | f. 37[v] | *αἰτία* V ‖ *αἰτίᾳ δὲ οἷον ὁρῶν* Wɪᴠ 487, 26 12 *κεκλ[ει]μένους*, ex *ι*, V] *κεκλεισμένους* Wɪᴠ 14 *τολμ[ῶ]ντα* V 19 Wɪᴠ 490 ‖ H 153, 22 21 *εἰς ὅπερ καταφεύγειν ὁ* Wɪᴠ 25 *τῷ* Wɪᴠ 490, 23] *τὸ* V

τοῦ ἐπανατεινομένου τῷ πένητι τὰς χεῖρας παραδείγμασι μὲν ὅτι 'δύναται γὰρ καὶ ληστείας κρίνεσθαί τις ἐκ τοῦ κακούργῳ διαλεχθῆναι μόνον καὶ τυμβωρυχίας ἕτερος, ὅτι νύκτωρ ἔξω πυλῶν ἐφάνη βαδίζων· ὥσπερ δὲ ἐπ' ἐκείνων ταῦτα λέγειν ἄτοπον, οὕτω κἀμὲ νῦν ὕβρεως κρίνεσθαι παντελῶς ἄδικον μηδὲν ὑβριστικὸν τετολμηκότα'· τῷ δὲ ἐκ περιτροπῆς, ὅταν τῷ κατηγόρῳ περιτρέψωμεν τὸν λόγον λέγοντες 'φέρε γὰρ εἴ τις σοὶ φόνου δίκην ἐπάγοι, διότι τὴν πανοπλίαν ἔχων ἐπὶ τὸ στάδιον ἐχώρεις, ἆρ' ⟨ἂν⟩ ἀνάσχοιο κρίνεσθαι παρὰ τοῖς δικασταῖς ὡς φονεύς; οὐδαμῶς, ἀλλὰ ἀγανακτήσεις εὖ οἶδα πίστεις ἐναργεῖς ἀπαιτῶν τῆς κατηγορίας. μὴ τοίνυν ἐπὶ μὲν σαυτῷ ταῦτα δίκαια νόμιζε, ἐπὶ δὲ ἡμῶν καινοτέρων πραγμάτων ἀποτίθου γραφὰς ὥσπερ ἐπαΐειν τὸ δέον ἀδυνατούντων'· τοῖς δὲ λείπουσιν, ὅταν τὰ λείποντα τῷ πεπραγμένῳ διεξίωμεν λέγοντες 'ὑβριστὴς γάρ ἐστιν ὁ τύπτων τινά, ὁ στρεβλῶν, ὁ ἄγχων, ὁ τὴν ἐσθῆτα καταρρηγνύς· ὁ ταῦτα καὶ τὰ τοιαῦτα τολμῶν ὑβρίζει. εἰ τοίνυν ἐμοί τι πέπρακται κατά σου τοιοῦτον, κατηγόρει καὶ λάμβανε δίκην· εἰ δὲ τούτων ἔχεις ἐπιδεῖξαι μηδὲ ἕν, πέπαυσο συκοφαντῶν, ὦ ταλαίπωρε'. τούτοις ὁ φεύγων ἀεὶ χρώμενος τοῖς τόποις πλατύνει τὸν ὅρον· ἔστι γὰρ ἀεὶ τοῦ φεύγοντος τὸ κεφάλαιον, κἂν μυριάκις ὁ Μινουκιανὸς αὐτὸ τῷ κατηγόρῳ προσνέμοι· χρὴ γὰρ ἀεὶ τὸν μὲν κατήγορον τοῖς πεπραγμένοις ἰσχυρίζεσθαι, τὸν δὲ φεύγοντα τοῖς λείπουσι,

8 περιτρέψομεν V 9 ἐπαγάγοι Wɪv 491, 4 10 ἂν inserui 14 δίκαια Wɪv 491, 8] δίκαιον V 19 καταρρηγνύς, prior ρ lin. del., V 20 τι sup. V

πλὴν εἰ μὴ παραδόξως συμβαίη τὸ ἀνάπαλιν, ὡς ἐπὶ τοῦ τὸν εὐνοῦχον ἀποκτείναντος.

Ὁ δὲ ἀνθορισμός ἐστι μόνου τοῦ κατηγόρου ἐκ τῶν ἐναντίων ἐπιχειρημάτων τῷ ὅρῳ ὁρμώμενος, ὡς καὶ τὸ ὄνομα δηλοῖ· τοῦ γὰρ φεύγοντος μὴ συγχωρήσαντος τῇ παρὰ τοῦ κατηγόρου προβολῆς ὁδῷ προελθεῖν ἀλλ' ἀμφίβολον αὐτὴν διὰ τοῦ ὅρου καταστήσαντος ὁ κατήγορος διὰ τοῦ ἀνθορισμοῦ κατασκευάζειν ἐπιχειρεῖ τὰ σαλευθέντα τῆς προβολῆς. ὁ δὲ ἀνθορισμὸς τῇ προβολῇ κοινωνεῖ μὲν κατὰ τὸ ἔχειν κοινὰ τὰ πεπραγμένα ἀπ' ἀρχῆς ἄχρι τέλους καὶ τὸ ἐκ τῶν περιστατικῶν μορίων ἄμφω τὰ κεφάλαια λαμβάνειν τὴν εὐπορίαν· διαφέρει δὲ τῷ τὴν μὲν προβολὴν αὔξησιν ἔχειν τῶν πεπραγμένων, τὸν δὲ ἀνθορισμὸν κατασκευὴν αὐτῶν, καὶ ἐν μὲν τῇ προβολῇ ὡς ὁμολογούμενα εἰσάγεται, ἐν δὲ τῷ ἀνθορισμῷ ὡς ἀμφίβολα ὑπὸ τῆς ἀντιλογίας τοῦ ὅρου γενόμενα κατασκευάζεται. πλατύνεται δὲ ὁ ἀνθορισμὸς τοῖς περιστατικοῖς, τοῖς πεπραγμένοις, παραδείγμασιν, ὡς ἐπὶ τοῦ φιλοσόφου τοῦ τὴν τυραννίδα καθελόντος, ἐρεῖ γὰρ ὅτι 'τοῦτό ἐστι τυραννοκτονία τὸ ἐπὶ τὴν ἀκρόπολιν παρελθεῖν, τὸ πεῖσαι τὸν τυραννοῦντα τὴν καθ' ἑαυτὸν ἐλαύνειν, τὸ τοὺς δορυφόρους ἀπατῆσαι, τὸ σῶσαι τοὺς νόμους, τὸ δοῦλον ἐλεύθερον καταστῆσαι', καὶ ὁ πένης ὁμοίως ἐρεῖ κατὰ τοῦ πλουσίου 'τοῦτό ἐστιν ὑβρίσαι τὸ

---

2 cf. p. 100, 17 ‖ τὸν | f. 38r | εὐνοῦχον V 3 Wɪᴠ 495 ‖ H 153, 25 ‖ μόνου] μὲν V 6 προβολῆς scripsi ('si reus non concessit, ut ea προβολῆς via et ratione progrediantur, quam proposuit accusator')] προβολῆι V ‖ προελθεῖν VWᴠɪɪ 414, 11] προσελθεῖν Wɪᴠ 495, 22 10 post κοινὰ ras. cr. 2 litt. 11 τὸ V] τῷ Wɪᴠ 495, 26 20 τοῦ τὴν τυρ. καθελόντος om. Wɪᴠ 496, 5 23 τὸ σῶσαι Wɪᴠ 496, 8] τοῦ σῶσαι V

πλούτῳ [θαρροῦντα] τυφλώττοντα τοῖς ὁμοτίμοις τῶν πολιτῶν ἀτίμως προσφέρεσθαι, τὸ ὥσπερ οἰκέτῃ τὰς χεῖρας ἐπανατείνεσθαι καὶ τοῦτο οὐ πρὸς μίαν ἢ δύο μόνας ἡμέρας οὐδὲ ἐπ' ἐρημίας καὶ λάθρᾳ - οἰστὸν γὰρ ἴσως ἂν ἦν - ἀλλ' ἤδη καὶ πρὸς ὅλον ἔτος καὶ πάντων ὁρώντων, οὗ τίς γένοιτ' ἂν ὑπερβολή; οὐ γὰρ ἡ πληγὴ παρίστησι τὴν ὀργὴν ἀλλ' ἡ ἀτιμία, οὐδὲ τὸ τύπτεσθαι τοῖς ἐλευθέροις ἐστὶ δεινὸν καίπερ ὂν δεινὸν ἀλλὰ τὸ ἐφ' ὕβρει'. ταῦτα γὰρ πάντα καὶ τὰ τοιαῦτα ἐκ τῶν περιστατικῶν κινεῖται μορίων, τοῦ προσώπου τοῦ χρόνου τοῦ τόπου. εἶτα ἐκ παραδειγμάτων 'καὶ γὰρ ὁ τριήρεις τῆς πατρίδος ἢ φρούριον προδεδωκὼς εἶτα παρ' ὑμῖν εὐθυνόμενος οὐκ ἂν δύναιτο λέγειν ὡς 'ἐπειδὴ τοὺς νεωσοίκους ἢ τὰ τείχη τῆς πόλεως οὐ προὔδωκα, οὐκ ἂν προδοσίας δικαίως κρινοίμην'· οὐδὲ δικαστὴς εὖ φρονῶν ἀνέξεται τοιαῦτά τινα ληρούντων. τῶν γὰρ πραττομένων ἕκαστον ἐφ' ἑαυτοῦ δεῖ σκοπεῖν καὶ μὴ τὰ μείζονα τῶν ἁμαρτημάτων εἰς μέσον προφέροντας ἀνεύθυνα τὰ βραχύτερα τῶν ἀδικημάτων νομίζειν'· καὶ τούτοις πάλιν τὰ πεπραγμένα συνάψει ἐξομοιῶν τοῖς παραδείγμασι τὰ νῦν κρινόμενα. κέχρηται δὲ ὁ μὲν φεύγων εἰδικοῖς ὀνόμασιν ὁ δὲ διώκων γενικοῖς, οἷον ὁ φεύγων ἱεροσυλίας γραφὴν ἐρεῖ ὡς 'ἱερόσυλός ἐστιν ὁ φιάλας ἐξ ἱερῶν ὑφαιρούμενος, ὁ στεφάνους, ὁ θυμια-

1 θαρροῦντα delevi ‖ τυφλώττοντα τοῖς] τυφλώττοντι τοῖς V; τυφλώττειν τὸ W IV 496, 10 2 προσφέρεσθαι W IV 496, 11] προφέρεσθαι V 3 μίαν μόνον ἢ δύο ἡμέρας W IV 6 cf. Dem. 21, 72 10/11 τοῦ προσώπου — τόπου om. W IV 496, 20 17 τινα] τι V; om. W IV 19 ἀνεύθυνα | f. 38ʳ | τὰ V 21 ἐξ ὁμοίων V W IV 22 κρινόμενα W IV 497, 7] συγκρινόμενα V 23 ἰδικοῖς V 25 [ὑ]φαιρόμενος, ex α, V; ἀφαιρούμενος W IV 497, 10

τήρια καὶ ὅσα τοιαῦτα' [εἰδικὰ ὀνομάζων ἀπολογήσεται], ὁ δὲ διώκων ἐρεῖ ὡς 'ἱερόσυλός ἐστιν ὁ λάθρα παριὼν εἰς ἱερά, ὁ γνώμῃ κακούργῳ χραίνων τὸν νεών, ὁ λαμβάνων ἐξ ἱερῶν ἅπερ οὐ κατέθετο, ὁ τῆς πίστεως τὸ θεῖον ἀποστερῶν· αὕτη γὰρ ἐναργὴς ἱεροσυλία, κἂν σὺ κἂν ὁ δεῖνα διαρραγῆτε ψευδόμενοι'· γενικώτερον μὲν γάρ ἐστι τὸ λαμβάνειν ἐξ ἱεροῦ τινα, εἰδικώτερον δὲ τὸ τάδε ἢ τάδε τὰ σκεύη ὀνομάζειν. τῷ μὲν οὖν φεύγοντι συμβαλεῖται τὰ εἰδικὰ διεξιέναι τῶν ὀνομάτων, ἵνα διὰ τῆς ἀπαριθμήσεως τούτων τὸ καθ' ἑαυτὸν ἐπικρύψαι δυνηθείη· τῷ δὲ κατηγόρῳ τὰ γενικά, περιληπτικώτερα γὰρ ὄντα τῶν εἰδικῶν συμπεριλαμβάνει καὶ τὰ παρὰ τοῦ φεύγοντος τετολμημένα.

Μετὰ δὲ ταῦτα ἐπάξει τὸν συλλογισμὸν ὁ κατήγορος, ⟨ὃς⟩ *ὠνόμασται μὲν* οὕτως ἀπὸ *τοῦ ἐοικέναι πως τῷ διαλεκτικῷ συλλογισμῷ· ὥσπερ γὰρ ἐκεῖνος συνάγει τόδε κατὰ τοῦδε - οἷον ὅτι πᾶν ζῷον ἔμψυχον, πᾶν ἔμψυχον* οὐσία, *πᾶν ἄρα ζῷον* οὐσία, *συνάγει οὖν τὴν* οὐσίαν *κατὰ τοῦ ζῴου -,* οὕτω *καὶ ὁ ῥητορικὸς συλλογισμὸς συνδετικὸς ὢν τοῦ τε ὅρου καὶ τοῦ ἀνθορισμοῦ συνάγει τὸ λεῖπον καὶ τὸ πεπραγμένον. τοῦ γὰρ ὅρου ἐκ τῶν λειπόντων συνεστῶτος καὶ τούτοις ὡς ἐδείξαμεν ἰσχυριζομένου τοῦ δὲ ἀνθορισμοῦ ἐκ τῶν πεπραγμένων ὁ συλλογισμὸς ἀμφότερα συνδεῖ καί φησιν ὡς ἴσον ἐστὶν ἢ οὐδὲν διαφέρει τοιῶσδε* ⟨*ἢ*

---

1 *εἰδικὰ* (*ἰδικὰ* V, *εἰδικῶς* WIV) — *ἀπολογήσεται* delevi (*ἀπολογήσεται* om. WIV) 4 *οὐκ ἀπέθετο* WIV 8 *ἰδικώτερον* V 9 *ἰδικὰ* V 13 *ἰδικῶν* V 15 WIV 502 ‖ H 153, 27 16 ὃς WIV 502, 28] om. V 24 p. 103, 16. 27 26 *ἢ τοιῶσδε* WIV 503, 7] om. VWVII 418, 24

τοιῶσδε⟩ ὑβρίζειν εἴς τινα ἢ ἀδικεῖν. ἐὰν μὲν οὖν μὴ πολὺ λείπηται τὸ παρὰ τοῦ φεύγοντος εἰργασμένον τοῦ παρὰ τοῦ κατηγόρου λεγομένου, ἐροῦμεν ὡς ‛ἴσον ἐστὶ τόδε τῷδε’· τὸ γὰρ ἐπανατείνεσθαι συνεχῶς κατ᾽ αὐτοῦ τὰς χεῖρας ἴσον ἐροῦμεν τῇ διὰ τῶν πληγῶν ὕβρει· ἐὰν δὲ πολὺ λείπηται, ἐροῦμεν ὡς ‛οὐδὲν διαφέρει’, ὡς ἐπ᾽ ἐκείνου νόμος τὸν ἐξιόντα στρατηγὸν ἐπὶ πόλεμον εἰ ἔχοι θυγατέρα παρατίθεσθαι τῷ συστρατήγῳ καὶ νόμος τὸν βιασάμενον χιλίας διδόναι, ἐξιών τις ἐπὶ πόλεμον στρατηγὸς παρέθετο τῷ συστρατήγῳ τὴν θυγατέρα κατὰ τὸν νόμον, λαβὼν ἐκεῖνος ἐβιάσατο, ἐπανελθὼν ὁ στρατηγὸς κρίνει αὐτὸν δημοσίων ἀδικημάτων, ὁ δὲ ὡς βιασάμενος ἀξιοῖ τὰς χιλίας διδόναι· ἐνταῦθα γὰρ ἐπειδὴ τὸ λέγειν ὡς ‛ἴσον ἐστὶ τὸ βιάσασθαι τοῦ στρατηγοῦ τὴν θυγατέρα τῷ λιμένας καὶ τείχη προδοῦναι’ δοκεῖ πως ἀναίσχυντον εἶναι, ἐροῦμεν ὡς ‛οὐδὲν διαφέρει τοιῶσδε ἢ τοιῶσδε τὴν πόλιν ἀδικεῖν· στρατηγοῦ γὰρ παρανομοῦντος ἡ χώρα σύμπασα τῶν ἀδικημάτων ἀνάπλεως’. πλατύνεται δὲ ὁ συλλογισμὸς τῷ ἀπὸ τοῦ τέλους τόπῳ καὶ ἐκφράσει· τῷ μὲν ἀπὸ τοῦ τέλους, οἷον ὡς ἐπὶ τοῦ φιλοσόφου ‛σκοπεῖτε γάρ, τίς ἡ καθαίρεσίς ἐστι τοῦ τυράννου, πότερον τὸ φόνους ἐργάζεσθαι παμπόλλους ἢ τὸ τὴν πόλιν ἐλευθέραν ἀποδεῖξαι τῶν ἐκ τυραννίδος χαλεπῶν. ἐγὼ μὲν γὰρ οἶμαι τοῦτο. εἰ γὰρ οἱ φόνοι τὴν τυραννοκτονίαν ἐβεβαίουν, ἔδει καὶ

4 cf. p. 98, 9 8 θυγατέρα | f. 39r | παρατίθεσθαι V 9 καὶ νόμος — 11 συστρατήγῳ in mg. V (margo decurtatus est; supplevi βιασάμεν⟨ον⟩, διδό⟨ναι⟩, ἐ⟨πὶ⟩, στρα⟨τηγὸς⟩, συστρατήγ⟨ῳ⟩)] om. Wɪv 11 κατὰ τὸν νόμον om. Wɪv 503, 16 26 τυραννοκτονίαν Wɪv 504, 3] τυραννοφονίαν V

τοὺς ἀνδροφόνους ταῖς τῶν τυραννοκτόνων τιμᾶσθαι δωρεαῖς· νῦν δὲ οἱ μὲν τὰς ἐκ τῶν νόμων ὑπέχουσι τιμωρίας, οἱ δὲ τοὺς δήμους ἐλευθεροῦντες πανταχοῦ τίμιοι, ὅπερ ἐμοὶ τετολμημένον εὑρήσεις', εἶτα συνάψει τὴν ἔκφρασιν ἐκφράζων ὅσα διὰ τὴν ἀπαλλαγὴν τοῦ τυράννου κατέχει τὴν πόλιν ἀγαθὰ 'σκέψασθε γάρ, ἡλίκη περιέστηκεν εὐδαιμονία τὴν πόλιν ἀντὶ τῆς πρότερον βαρυδαιμονίας· νεῴ μὲν καὶ τεμένη θεῶν τῆς προσηκούσης θεραπείας τυγχάνουσι παρὰ τῶν εὖ βεβιωκότων, βουλὴ δὲ τὰ λυσιτελοῦντα τῇ πόλει προβουλευσαμένη τὸν δῆμον ἐπιψηφίζειν ὅσα τοῖς εὐνομουμένοις πρόσφορα καταναγκάζει, καὶ οἱ μὲν εὖ δρῶντες τὴν πατρίδα περίβλεπτοι καθεστήκασιν ἐπὶ ταῖς τιμαῖς, οἱ δὲ τῆς μοχθηρίας ἐρασταὶ τὰς κατ' ἀξίαν ⟨ἐκ⟩ τῶν νόμων ὑπέχοντες τιμωρίας σωφρονεστέρους ἀεὶ τοὺς τῶν παραπλησίων ἐφιεμένους ἀπεργάζονται. εἶτα τὸν τῆς τοσαύτης τῶν ἀγαθῶν φορᾶς ἐμπλήσαντα τὴν πόλιν οὐ φήσει τις ἄξιον εἶναι τῆς δωρεᾶς; καὶ πῶς οὐκ ἄτοπον;' λύεται δὲ ὁ συλλογισμὸς ὑπὸ τοῦ φεύγοντος μεταλήψει, οἷον 'ἀλλ' οὐχὶ τὸ πεῖσαι τὸν τύραννον λόγοις ἤδη καὶ τυραννοκτονίαν ὀνομαστέον· ἐκποδὼν μὲν γὰρ ἐκεῖνος τῷ τεθνάναι καταστὰς τῶν τε περὶ τοὺς πολίτας ἀδικημάτων ἀξίαν ὑπεῖχε τὴν δίκην καὶ τὸ λοιπὸν ἐλευθέραν δέους ἀπειργάζετο τὴν πόλιν, ἔτι δὲ περιὼν ἀτιμώρητόν τε τὴν πονηρίαν ἐπιδείκνυσι καὶ μικρὸν ὕστερον πάλιν δορυφόρους συλλέξει καὶ τὴν ἀκρόπολιν αὖθις περισκοπήσει' καὶ τὰ τοιαῦτα.

---

1 τυραννοκτόνων W IV 504, 4] τυραννοφόνων V 8 νεῴ] νεὼς V 15 ἐκ W IV 504, 17] om. V 23 καταστὰς | f. 39v | τῶν V

Ἕπεται τῷ συλλογισμῷ ἡ τοῦ νομοθέτου γνώμη, κοινὸν ἀμφοτέρων τῶν μερῶν κεφάλαιον· εἰ μὲν οὖν ἔχοιμεν νόμον συνηγοροῦντα τῷ προκειμένῳ πράγματι, θέντες αὐτοῦ τὸ ῥητὸν οὕτω τὴν διάνοιαν αὐτοῦ ἐξετάσομεν διὰ πάντων συναγωνιζόμενον ἡμῖν τὸν νομοθέτην ἐπιδεικνύντες· εἰ δὲ μὴ ἔχοιμεν νόμον, ἐπὶ τὰς καλουμένας εὐλόγους αἰτίας καταδραμούμεθα ὡς καὶ τῶν νόμων ἀποδεχομένων τὸ πρᾶγμα καὶ τῆς τοῦ νομοθέτου διανοίας οὐ πόρρω τῶν ἡμῖν πεπραγμένων βλεπούσης, ὥσπερ καὶ ὁ Δημοσθένης ἀπορῶν νόμου πρὸς τὰς εὐλόγους αἰτίας μεταβαίνει καί φησι 'τίς γάρ ἐστι νόμος τοσαύτης ἀδικίας καὶ μισανθρωπίας μεστός' καὶ τὰ ἑξῆς, καὶ πάλιν ἀλλαχοῦ 'τὸ λαβεῖν οὖν τὰ διδόμενα ὁμολογῶν ἔννομον εἶναι τὸ χάριν τούτων ἀποδοῦναι παρανόμων γραφῃ'. πλατύνομεν δὲ τὴν γνώμην τοῦ νομοθέτου τῇ τε ἐξετάσει τοῦ προκειμένου νόμου εἰ ἔχομεν καὶ ταῖς εὐλόγοις αἰτίαις τῶν τε ὁμοίων νόμων τῇ παραθέσει.

Μετὰ δὲ ταῦτά ἐστιν ἡ πηλικότης, κοινὸν κεφάλαιον, ὅπερ καλοῦσιν ἔνιοι καὶ 'μέγα καὶ ποσόν'. περιέχει δὲ αὔξησιν τῶν ἀπ' ἀρχῆς ἄχρι τέλους, ὥσπερ καὶ ἡ προβολή, διαφέρει δὲ τῇ τε τάξει καὶ τῷ ἐκεῖ μὲν ὡς ὁμολογουμένων αὐτῶν αὔξησιν γίνεσθαι, ἐνταῦθα δὲ μετὰ κατασκευῆς αὐτὰ τιθέναι καὶ τρόπον τινὰ ἀνακεφαλαίωσιν εἶναι τῶν ἐν τῇ προβολῇ ῥηθέντων τὴν πηλικότητα. οὐ πᾶσιν οὖν τοῖς περιστατικοῖς μορίοις ἐπεξελεύσεται, μόνῳ δὲ τῷ περιέχοντι ποσῷ·

---

1 W IV 508 ‖ H 154, 2 4 *αὐτοῦ* om. W IV 508, 23 8 *τ[ῶ]ν νόμ[ω]ν* V 11 Dem. 18, 112 12 *ἐστι* V] om. W IV 509, 1. Dem. 13 Dem. 18, 119 19 W IV 516 ‖ H 154, 3

ὁ μὲν γὰρ κατήγορος ἀεὶ τοῖς πεπραγμένοις ἰσχυριζόμενος ἐν τῇ πηλικότητι καὶ τὰ λείποντα ὑπὸ τοῦ πεπραγμένου δείξει περιεχόμενα καὶ τὸ πᾶν μέγεθος αὐτῷ περιθήσει, ὁ δὲ φεύγων τοὐναντίον μειώσει τὸ πεπραγμένον καὶ μᾶλλον ὑπὸ τῶν λειπόντων αὐτὸ δείξει περιεχόμενον, οἷον ὁ μὲν φιλόσοφος ἐρεῖ κατηγόρου τάξιν ἐπέχων ἐν δωρεᾶς αἰτήσει τῷ πρῶτος λέγειν 'λογίσασθε γάρ, ὦ ἄνδρες, πότερον ἡ τυραννοκτονία τὴν εὐνομίαν περιέχει καὶ τὴν ἐλευθερίαν, ἢ τοὐναντίον τῶν νόμων ἡ βεβαιότης καὶ τὸ τῆς γνώμης τῶν εὖ πολιτευομένων ἐλεύθερον οὐδὲ τὴν ἀρχὴν ἔφεσίν τινα τυραννίδος ἐγγίνεσθαι τοῖς ἐνοικοῦσι συγχωρεῖ. ἐγὼ μὲν γὰρ οἶμαι τοῦτο. ἀναιρεθεὶς μὲν γὰρ ὁ τύραννος πολλοὺς ἴσως ἕξει τοὺς διὰ συγγένειαν ἢ φιλίαν τὰ παραπλήσια κατὰ τῆς πατρίδος φρονήσοντας καὶ τυραννίδος ἐργαστήριον τὴν πόλιν ἡμῖν ἐπιδείξοντας, φρονήσας δὲ τὰ βέλτιστα καὶ τὴν ἀδικίαν τῶν κακῶν τὸ κεφάλαιον ἐγνωκὼς οὔτ' αὐτὸς τούτοις ἐπιχειρεῖν ἅπερ ἔσχατα τῶν κακῶν οἴεται τολμήσει οὔτ' ἄλλον τινὰ τοιαῦτα κακουργοῦντα περιόψεται'. τούτοις μὲν οὖν καὶ τοῖς τοιούτοις λογισμοῖς ὁ φιλόσοφος χρώμενος τὸ παρ' αὐτοῦ πεπραγμένον μέγα τε καὶ περιέχον ἀποδείξει, ὁ δὲ ἀντιλέγων κατὰ μείωσιν προάξει τὴν πηλικότητα καὶ μᾶλλον τὸ λεῖπον περιεκτικώτερον ἀποδείξει τοῦ πεπραγμένου λέγων 'εἶτα τῶν ὅπλων οὐχ ἁψάμενος, οὐ τὸν τύραννον ἀπεκτονώς, οὐ κίνδυνον οὐδένα κινδυνεύσας ὑπὲρ τῆς πατρίδος τῶν ἀριστέων αἰτεῖς τὰς δωρεάς; καὶ πῶς

---

7 τάξιν Wɪv 517, 6] τάξεως V 8 τυραννοκτονία | f. 40r | τὴν V 17 ἡμῖν om. Wɪv 517, 15

οὐκ ἀλόγιστον; οὐ γάρ, εἰ δεδοικὼς ἐκεῖνος τοὺς ἐφεδρεύοντας αὐτῷ τῶν πολιτῶν καὶ τὸ τῆς τύχης εὐμετάβολον ὑφορώμενος τοῖς παρὰ σοῦ πείθεσθαι λόγοις ἐσκήψατο, ἤδη που καὶ τῶν τυραννοκτόνων καρποῦσθαι τὰ γέρα δίκαιος ὑπάρχεις. ἐκεῖνοι μὲν γὰρ τὴν παρανομίαν ἐκκόψαντες καὶ κακῶν Ἰλίαδος τὴν πόλιν ἐλευθερώσαντες εἰκότως σοβαροὶ παρίασιν ἐπὶ τὸ βῆμα τῷ μεγέθει τῶν κινδύνων ἐφάμιλλον κομίζεσθαι καὶ τὴν δωρεὰν ἐσπουδακότες, σὺ δὲ τιμωρίας ἐλεύθερον τὸν κοινὸν ἀλάστορα τῆς χώρας ἀφεὶς καὶ διαδρᾶναι τὸν λυμεῶνα παρεσκευακὼς σεμνόν τι διαπεπρᾶχθαι νομίζεις.' ἔστι δὲ τὸ κεφάλαιον ἐπιλογικὸν καὶ θαυμάζειν οὐ χρή, εἰ καὶ ἐν μέσοις τοῖς ἀγῶσιν ἐπιλογίζεσθαι δεῖ· καὶ γὰρ ὁ Δημοσθένης ἐν τῷ κατὰ Ἀριστοκράτους πρῶτον θεὶς τὸ νόμιμον ἐπιλογίζεται, εἶτα τὸ δίκαιον ἐξετάσας καὶ ἐπιλογισάμενος πάλιν τὸ πρέπον διεξελθὼν ἐπιλογίζεται. ἔξεστιν οὖν καὶ κατὰ κεφάλαιον ἐπιλογίζεσθαι καὶ μετὰ τὴν πλήρωσιν τῶν ἀγώνων ἐπάγειν τοὺς ἐπιλόγους, ὡς ἐν τῷ κατὰ Τιμοκράτους ὁ ῥήτωρ ποιεῖ.

Μετὰ δὲ ταῦτά ἐστι τὰ πρός τι, ἅπερ καὶ συγκριτικὰ καλοῦσιν ἔνιοι· ὡς γὰρ καὶ τὸ ὄνομα δηλοῖ, τὴν πρὸς ἕτερα σχέσιν ἐξετάζομεν ἐν αὐτῷ, καὶ ὁ μὲν κατήγορος μείζονα τὰ πεπραγμένα τῶν λειπόντων δείκνυσιν ὁ δὲ φεύγων τὰ λείποντα τῶν πεπραγμένων. ὅταν δὲ πάνυ μείζονα ᾖ τὰ πεπραγμένα, ἐπειδὴ ἀναίσχυντόν ἐστι τὸ λέγειν μείζονα εἶναι τὰ

3/4 λόγοις[β] πείθεσθαι[α] 16 ἐπιλογ[ι]σάμενος, ex η, V 20 ποιεῖ | f. 40ᵛ | μετὰ V 21 Wɪᴠ 524 ‖ H 154, 4 23 αὐτῷ Wɪᴠ] ταυτῶι V 26 πάνυ V; περιφανῶς p. 112, 26 λείποντα τῶν πεπραγμένων, ἐὰν μὲν ᾖ τὸ ζήτημα ἱστορικόν, παραδείγματα ὅμοια κινήσομεν κἀκείνων μείζονα δείξομεν τὰ παρὰ τοῦ φεύγοντος καθ' ἡμῶν τετολμημένα, ὥσπερ Δημοσθένης ἐν τῷ κατὰ Μειδίου πεποίηκεν - βουλόμενος γὰρ δεῖξαι χαλεπώτατα καὶ φόνοις ὅμοια τὸν Μειδίαν διὰ τοῦ κονδύλου τετολμηκότα πιστοῦται διὰ παραδειγμάτων, ὅτι πολλοὶ διὰ πληγὴν ἀγανακτήσαντες ἐφόνευσαν τοὺς τυπτήσαντας καί φησιν 'ἴσασιν Εὐαίωνα πολλοὶ τὸν Λεωδάμαντος ἀδελφὸν ἀποκτείναντα Βοιωτὸν ἐν δείπνῳ καὶ συνόδῳ κοινῇ διὰ πληγὴν μίαν' -· ἐὰν δὲ μὴ ᾖ τὸ ζήτημα ἱστορικόν, λογισμοῖς αὐτὸ μεθοδεύσομεν, οἷον ὡς ἐπὶ τοῦ πλουσίου τοῦ συνεχῶς ἐπανατεινομένου τὰς χεῖρας, εἰ γὰρ καὶ τὸ τυπτῆσαι μεῖζον εἶναι δοκεῖ τοῦ ἐπανατείνεσθαι, ἀλλ' οὖν βιαιότερον ἐπιχειροῦντες ἔλαττον αὐτὸ δείξομεν τῷ λόγῳ λέγοντες 'αἴθε γὰρ ἐπάγων συνεχῶς οὑτοσὶ τὰς χεῖρας ἔπληξεν, αἴθε τὴν ἄτιμον ἐπάταξε πληγήν, ὡς εὐθέως ἂν ἐπικουροῦντος ηὐτύχουν τοῦ νόμου καὶ δίκην αἰκίας εἰσπραξάμενος αὐτός τε τῆς ὕβρεως ἀνεπεπαύμην καὶ ὁ σοβαρὸς ἡμῖν ἐπὶ τῷ πλούτῳ ταπεινότερος γενόμενος ἐσωφρόνει· νυνὶ δὲ ἡ συνεχὴς ἐπανάτασις τῶν χειρῶν ἐμοί τε τὸ τῆς ὕβρεως ἀφορητότερον καθίστη καὶ τὸν αἰκιζόμενον ἀτιμώρητον διαφεύγοντα ἐπεμβαίνειν ὁσημέραι τῷ πένητι παρεκάλει· μοχθηρία γὰρ ἀνυπεύθυνον ἔχουσα τὴν ἐξουσίαν ἀνύποιστος.' ὁρᾷς ὡς τὸ περιφανῶς μεῖζον ἔλαττον ἀποδέδεικται τῇ μεθόδῳ. τούτοις οὖν καὶ τοῖς τοιούτοις λογισμοῖς ἐπὶ τῶν δοκούντων ἀναισχύντων εἶναι πρός τι χρηστέον.

---

9 Dem. 21, 71 525, 18] οὑτωσὶ V 12 συλλογισμοῖς Wɪv 17 οὑτοσὶ Wɪv 24 [ὁ]σημέραι, ex ω, V

Μετὰ δὲ ταῦτα ἐμπίπτει γνώμης αἴτησις παρὰ τοῦ κατηγόρου κινουμένη λυομένη δὲ ὑπὸ τοῦ φεύγοντος χρώματι, οἷον ἐπὶ τοῦ ἱεροσύλου τοῦ ὑφελομένου τὰ ἰδιωτικὰ χρήματα ἐξ ἱεροῦ 'ἀλλ' εἴπερ μὴ ἱεροσυλεῖν ἐβούλου, τίνος ἕνεκεν οὐ πρὸς ἰδιώτου παρελθὼν οἰκίαν ἐλήστευες;' ὁ τοίνυν φεύγων πρὸς τὴν αἴτησιν τῆς γνώμης κινήσει χρῶμα συγγνωμονικόν, ὡς 'λαθεῖν ἤλπιζον μᾶλλον ἐξ ἱεροῦ χρήματα λαμβάνων· οἱ γὰρ φύλακες ἐν ἑορταῖς ἀεὶ καὶ μέθαις ὄντες ἀπερίοπτοι τῶν φυλαττομένων εἰσί, τὰ δὲ οἴκοι κείμενα φυλάκων ⟨καὶ⟩ προφυλάκων ἀξιοῦται παμπόλλων'. κινήσει δὲ καὶ ὁ φιλόσοφος γνώμην - εἴρηται γὰρ ὡς ἐν ταῖς αἰτήσεσι τῶν δωρεῶν ὁ πρῶτος λέγων κατηγόρου τάξιν ἐπέχει ὁ δὲ ἀντιλέγων τὴν τοῦ φεύγοντος -, ὁ τοίνυν φιλόσοφος κινήσει τοιάνδε γνώμην 'ἀλλ' εἴπερ μὴ καθελεῖν ἔσπευδον τὴν τυραννίδα, τίνος ἕνεκεν ἐμαυτοῦ περιφρονήσας ἐπὶ τὴν ἀκρόπολιν ἐχώρουν καὶ λόγοις ἐλαύνειν τὸν τύραννον ἐπειρώμην, ὃν ὁπλιτῶν φάλαγγες τόσαι καὶ τόσαι μέχρι καὶ τήμερον ἔδρασαν οὐδὲ ἕν;' ὁ δὲ ἀντιλέγων πρὸς ταῦτα κινήσει χρῶμα κατὰ διάνοιαν τοιάνδε 'ἀλλ' ἤδη σαθρὰν ἐγνωκὼς εἶναι τὴν τυραννίδα πείθειν τετόλμηκας ἄνθρωπον αἱρετωτέραν ἤδη τῆς ἄκρας ἡγούμενον τὴν φυγήν.' ἰστέον δὲ ὡς τινὰ μὲν τῶν ἐν τοῖς ὁρικοῖς ζητήμασι χρωμάτων ῥᾴδιόν ἐστιν εὑρεῖν τινὰ δὲ οὔ, ἅπερ καὶ ἄπορα χρώματα καλοῦσιν οἱ τεχνικοί, ὡς ἐπὶ τοῦ ⟨τὸ⟩ κενοτάφιον διορύξαντος καὶ κρινομένου τυμβωρυχίας

---

1 Wɪv 540 ‖ H 154, 23 2 *κατηγόρου μὲν* Wɪv 3 *χρώματι* | f. 41r | *οἷον* V 11 *καὶ* Wɪv 541, 9] om. V 12 p. 110, 7. 102, 23 14 *τὴν* om. Wɪv 21 *τ⌊οι⌋άνδε* V 26 *τὸ* Wɪv 541, 24; cf. p. 115, 5] om. V 27 *⌊δι⌋ορύξαντος, δι* sup., V

ἐπί τε τοῦ εὐνούχου τοῦ κρινομένου μοιχείας. ὅταν οὖν δυσχερὲς ᾖ χρῶμα εὑρεῖν τῷ φεύγοντι καὶ ἄπορον ᾖ πρὸς τὴν αἴτησιν τῆς γνώμης ἀποκρίνεσθαι, τοιῷδε λογισμῷ κεχρῆσθαι προσήκει καὶ βιαιότερον ἐπάγειν τὸ χρῶμα κατὰ διάνοιαν, ὡς ‘δίκαιόν ἐστι πρὸς τὴν τῶν πραγμάτων ἑκάστοτε φύσιν ἀποβλέπειν καὶ τὰ ὀνόματα σαφῶς ἐξετάζειν, ἐπὶ τίσιν ὁ νομοθέτης ταῦτα διώρισεν. πρόδηλον γὰρ ὡς τυμβώρυχον μὲν ἀναγορεύει τὸν κέρδους ἕνεκα τὰς τῶν κειμένων διορύττοντα θήκας καὶ ταύτας ἐσθῆτος ἢ χρυσίου γυμνὰς ἀποδείξαντα· ἐγὼ δὲ οὐδὲν ὁτιοῦν εἰληφὼς ἐκ τοῦ τάφου πεφώραμαι’, ⟨καὶ⟩ πάλιν ‘ὁ νομοθέτης μοιχοὺς ἀποκαλεῖ τοὺς τῶν γυναίων τὴν σωφροσύνην διαφθείροντας καὶ παῖδας ἐξ ὧν ἥκιστα θέμις ποιουμένους, οὐχὶ τοὺς σπείρειν ἀδυνατοῦντας καὶ τοῖν γενοῖν ἑκατέρου διὰ δυσδαιμονίαν τὴν φύσιν ἀρνησαμένους. τίς γὰρ ἂν τῶν ἀδυνάτων ἐρῴη; τίς δ’ ἂν ἀδικεῖν μὴ δυνάμενος τὰς τῶν πλημμελούντων ἀγαπῴη προσηγορίας;’

Μετὰ δὲ ταῦτα ἐμπίπτουσιν ἐν τοῖς ὁρικοῖς προβλήμασιν ἀντιθέσεις ἀντιθετικαί τε καὶ μεταληπτικαὶ ὁρικαί τε καὶ στοχαστικαί. λύονται δὲ αἱ μὲν ἀντιθετικαὶ μεταλήψει, ⟨αἱ δὲ μεταληπτικαὶ ἀντιλήψει,⟩ αἱ δὲ ὁρικαὶ ἀνθορισμῷ τε καὶ συλλογισμῷ, αἱ δὲ στοχαστικαὶ βουλήσει ⟨καὶ⟩ δυνάμει. οὐκ ἐν πᾶσι δὲ τοῖς ὁρικοῖς προβλήμασιν αἱ ἔξωθεν ἀντιθέσεις ἐμπίπτουσιν· τῶν γὰρ ὅρων ⟨ἢ⟩ κατὰ ἐνέργειαν ὄντων

---

5 fort. *διάνοιαν τοιάνδε ὡς* 11 *ὁτιοῦν* | f. 41v | *εἰληφὼς* V 12 *καὶ* inserui 15 *γενοῖν* [1—2 litt. er.] *ἑκατερο*[*υ*] V 20 W IV 542 et 531 ‖ H 154, 6 23 *αἱ δὲ μεταληπτικαὶ ἀντιλήψει* W IV 531, 28] om. V 25 *καὶ* W IV] om. V 27 *ἢ* W IV] om. V

ἢ κατὰ πρόσωπον ἢ κατὰ τόπον - κατ' ἐνέργειαν μέν, ὡς ἐπὶ τοῦ τὰ ἰδιωτικὰ χρήματα ἐξ ἱεροῦ ὑφελομένου καὶ κρινομένου ἱεροσυλίας, κατὰ πρόσωπον δέ, ὡς ἐπὶ τοῦ τὸν εὐνοῦχον ὡς μοιχὸν ἀνελόντος, κατὰ τόπον δέ, ὡς ἐπὶ τοῦ τὸ κενοτάφιον διορύξαντος - ἐπὶ μόνων τῶν κατ' ἐνέργειαν καὶ κατὰ πρόσωπον ὄντων ὁρικῶν προβλημάτων ἔξωθεν κινοῦνται ἀντιθέσεις, ὥσπερ ἐπί τε τοῦ ἱεροσύλου ἡ συγγνωμονικὴ ὡς ἔφαμεν καὶ αὖθις ἐπὶ τοῦ εὐνούχου συγγνωμονικὴ ἔρωτα μόνης ὄψεως αἰτιωμένου καὶ ἐπὶ τοῦ συνεχῶς ἐπανατεινομένου πλουσίου ἀντιληπτικὴ λέγοντος ὡς 'ἔξεστιν ὅπως ἄν τις βούλοιτο κινεῖν τὼ χεῖρε, παίειν δὲ προπετῶς εἴργουσιν οἱ νόμοι'· ἃς ὁ κατήγορος ἁπάσας λύσει μεταλήψει· λυτικὴ γὰρ πασῶν τῶν δικαιολογικῶν ἡ μετάληψις.

Ἡ μὲν οὖν τῶν πάντῃ ἁπλῶν ὁρικῶν προβλημάτων διαίρεσις τοιαύτη τίς ἐστιν. ἰστέον δὲ ὅτι οἱ ἔχοντες ὅροι ἄλλο μὲν τὸ κρινόμενον ἄλλο δὲ τὸ ζητούμενον - ὡς ἐπὶ τοῦ εὐνούχου τοῦ διὰ μοιχείαν ἀνῃρημένου καὶ τοῦ Ἀθηναίου ἀθλητοῦ τοῦ ὡς ἀπόλιδος κωλυθέντος ὑπὸ Ἠλείων ἀγωνίζεσθαι - ἁπλοῖ μέν εἰσι τῷ ἔχειν ἁπλᾶ τὰ κεφάλαια, διαφέρουσι δὲ αὐτῶν τῷ ἐναλλάττεσθαι τῶν ἀγωνιζομένων τὴν τάξιν ἐν αὐτοῖς· ἕως μὲν γὰρ τὰ κρινόμενα λέγουσι, φυλάττουσι τὴν τάξιν ὅ τε κατήγορος καὶ ὁ φεύγων, ἐπει-

---

4 cf. p. 100, 17 6 ὄντων Wɪv 532, 7] τῶν V 8 p. 137, 7 9 cf. p. 114, 1. 12 10 cf. p. 98, 9 12 ⌊κινεῖν⌋ V ‖ προπετῶς V] συνεχῶς Wɪv 532, 15 13/14 λύσει (β over υ) ἁπάσας (α over π) V 17 Wɪv 547, 9 ‖ cf. p. 100, 12 20 cf. p. 100, 17 24 κρινόμενα | f. 42ʳ | λέγουσιν V

δὰν ⟨δὲ⟩ τὸ ζητούμενον ἐξετάζωσι, τότε τὴν τάξιν ἐναλλάττουσιν, ὥσπερ ἐν τῷ ἐμπίπτοντι στοχασμῷ, καὶ ὁ μὲν κατήγορος ἀπολογούμενος γίγνεται ὁ δὲ φεύγων διώκων· οἷον ἐπὶ τοῦ εὐνούχου ὁ μὲν κατήγορος χρήσεται τῇ προβολῇ λέγων ὅτι ‘φονεὺς εἶ καὶ δίκην ἄξιος ὑποσχεῖν εὐνοῦχον ὡς μοιχὸν ἀπεκτονώς, ὃν ἡ φύσις μοιχεύειν οὐκ εἴα’, εἶτα ὁ φεύγων τῷ ὅρῳ χρήσεται ‘ἀλλ’ οὐκ ἐφόνευσα, τοῦτο γὰρ ἀδίκου πράγματος ὄνομα’, μετὰ δὲ τοῦτο ἐναλλάττουσι τὴν τάξιν καὶ ὁ φεύγων τὴν τοῦ κατηγόρου τάξιν ἀναλαβὼν τοῖς ἐκείνου χρήσεται κεφαλαίοις καὶ ἀνθορισμὸν κινήσει λέγων ⟨ὡς⟩ ‘ἀλλὰ μοιχὸν ἀπεκτονὼς [ὡς] κατὰ τὸν νόμον ἥκιστα δίκαιος ὑπέχειν εὐθύνας’, εἶτα ὁ πρότερον κατήγορος πρὸς τὴν ἀπολογίαν ὑπὲρ τοῦ εὐνούχου χωρῶν τῷ ὅρῳ χρήσεται ἐκ τῶν λειπόντων ὡς πολλάκις εἴρηται συνεστηκότι ‘καὶ τίς ἂν φαίη τὸν εὐνοῦχον γεγονέναι μοιχόν, γονῆς ἔρημον, σπέρματος ἄπορον, εἰ μὴ καὶ τὰς ἡμιόνους σπείρειν ἐντελῆ καὶ κυεῖν πεισόμεθα;’ εἶτα τὸν συλλογισμὸν ἐξ ἀντιθέσεως ἑαυτῷ κινήσει ‘ἀλλ’ ἴσον, φησίν, ἐστὶ τὸ πλησιάσαι παρὰ τὸν νόμον ἑτέρου γαμετῇ τῷ μοιχεύειν’, τοῦτον δὲ λύσας λογισμοῖς τῶν λοιπῶν κεφαλαίων τῇ τάξει χρήσεται. παραπλησίως δὲ καὶ ὁ τὸν ἄπολιν μελετῶν διαιρήσει.

Καθόλου δὲ οἱ μὲν διπλοῖ τῶν ἁπλῶν διαφέρουσι τῷ ἔχειν ἁπλᾶ τὰ κεφάλαια, ἰδίως δὲ ὁ ἀντονομάζων

---

1 δὲ W IV 547, 16] om. V ‖ κατηγορίαν ante τάξιν lin. del. V 12 ὡς post λέγων inserui; ὡς ante κατὰ V, om. W IV 547, 27 13 εὐθύνας ἐγώ W IV 16/17 τὸν εὐνοῦχον (β) φαίη (α) V 17 fort. μοιχόν, τὸν γονῆς 21 τῷ W IV 548, 5] τοῦ V 25 W IV 548 26 H 154, 30

διαφέρει τῶν ἁπλῶν τῷ ἐν μὲν τοῖς ἁπλοῖς ἄρνησιν εἶναι μόνον τοῦ ἐπιφερομένου, ἐνταῦθα δὲ ἄρνησιν μὲν τοῦ ἐπιφερομένου ἀντεισαγωγὴν δὲ ἐλάττονος ἀδικήματος· ὥσπερ ὁ ἐξ ἱεροῦ τὰ ἰδιωτικὰ ὑφελόμενος τὸ μὲν ἱερόσυλος εἶναι ἀρνεῖται κλέπτην δέ φησιν ἑαυτόν· διὰ τοῦτο γὰρ καὶ τῆς τοῦ ἀντονομάζοντος τετύχηκε προσηγορίας τὸ εἶδος τοῦτο τοῦ ὅρου, διότι ἑκάτερος τῶν ἀντιδίκων ἐκβάλλων τὸ ὑπὸ τοῦ ἑτέρου λεγόμενον ἕτερόν τι ὄνομα τῷ ἀδικήματι ἐπάγει ὁ μὲν κλοπὴν ὁ δὲ ἱεροσυλίαν. ἐν ὅσῳ μὲν ⟨οὖν⟩ τὸ λεῖπον ἐξετάζεται, κατὰ φύσιν προβαίνει τῶν ὁρικῶν κεφαλαίων ἡ διαίρεσις τοῦ τε κατηγόρου καὶ τοῦ φεύγοντος τοῖς οἰκείοις κεχρημένων, ὡς ἔφαμεν ἐν τῇ διαιρέσει· ἐπειδὰν δὲ εἰς τὸ πεπραγμένον μεταβῶσιν, ἐναλλάττουσι τὰ κεφάλαια καὶ τῷ μὲν ἀνθορισμῷ καὶ συλλογισμῷ ὁ φεύγων κέχρηται, τῷ ⟨δὲ⟩ ὅρῳ ⟨ὁ⟩ κατήγορος, ὡς ἐπὶ τοῦ ἐξ ἱεροῦ ὑφελομένου τὰ ἰδιωτικὰ χρήματα. ἔνιοι δὲ τῶν σοφιστῶν ἀμαθαίνοντες κατὰ ἀνθορισμὸν αὐτὸν καλοῦσιν ὡς καὶ τῶν ἁπλῶν μὴ ἐχόντων ἀνθορισμόν, οἱ δὲ κατὰ τέσσαρας ὅρους, ἐπειδὴ δύο ὅρους ἔχει καὶ δύο ἀνθορισμούς· οἷς οὐδαμῶς προσεκτέον.

Δεύτερος δὲ τῶν διπλῶν ὅρων ἐστὶν ὁ κατὰ σύλληψιν, ὃς ὠνόμασται μὲν οὕτως ἀπὸ τοῦ τὸν κατήγορον ἐν αὐτῷ ἄμφω τὰ ἐγκλήματα συλλαμβάνειν, τό τε παρ' αὐτοῦ ἐπαγόμενον τῷ φεύγοντι καὶ ὅπερ ὁ φεύγων ἀντιπροβάλλεται· οὐ γὰρ ὥσπερ ἐν τῷ ἀντο-

2 μόνον εἶναι WIV 6 τοῦ sup. V 10 οὖν WIV 549, 11] om. V 12 κατηγόρου | f. 42v | καὶ V 13 ὡς VWIV; an οἷς? ‖ p. 101, 3 16 δὲ et ὁ WIV 549] om. V 23 δεύτερος ex δεύτερον V ‖ WIV 555 ‖ H 155, 7

νομάζοντι ἐκβάλλει μὲν τὸ ὑπὸ τοῦ φεύγοντος ὁμολογούμενον ὡς μικρόν - τὴν κλοπήν -, μεῖζον δέ τι κατ' αὐτοῦ πειρᾶται κατασκευάζειν - τὴν ἱεροσυλίαν -. κοινωνεῖ δὲ τῷ ἀντονομάζοντι τῷ τε διπλοῦς εἶναι καὶ δύο περιέχειν ἐγκλήματα, διαφέρει δὲ αὐτοῦ, ὅτι ἐν μὲν τῷ ἀντονομάζοντι τὸ ὑπὸ τοῦ φεύγοντος λεγόμενον ἕπεται τῷ ὑπὸ τοῦ κατηγόρου ἐγκαλουμένῳ ὥσπερ τὰ εἴδη τοῖς γένεσιν - ἕπεται γὰρ ἡ κλοπὴ τῇ ἱεροσυλίᾳ, οὐκ ἀναστρέφει δέ, εἴ τις μὲν γὰρ ἱερόσυλος, οὗτος καὶ κλέπτης, οὐ πᾶς δὲ κλέπτης ἱερόσυλος, ὥσπερ καὶ ὁ ἄνθρωπος ἕπεται τῷ ζῴῳ, εἴ τι μὲν γὰρ ἄνθρωπος, τοῦτο καὶ ζῷον, οὐκ εἴ τι δὲ ζῷον, τοῦτο ⟨καὶ⟩ ἄνθρωπος -, ἐν δὲ τῷ κατὰ σύλληψιν τὸ ἀνάπαλιν συμβαίνει· ἐὰν γὰρ τῶν ἐν τῷ ζητήματι δύο ἐγκλημάτων ⟨μηδέτερον⟩ μηδετέρῳ ἀκολουθῇ ἀλλὰ διεστῶτα ᾖ ἀπ' ἀλλήλων, τότε γίνεται τὸ κατὰ σύλληψιν εἶδος τοῦ ὅρου, ὥσπερ καὶ ὁ Δημοσθένης ἐν τῷ κατὰ Μειδίου ποιεῖ· διεστώτων γὰρ πολὺ τῆς τε εἰς ἄνθρωπον ὕβρεως καὶ τῆς περὶ τὸν θεὸν ἀσεβείας αὐτὸς ἐν τῇ κατηγορίᾳ συλλαμβάνει ἄμφω καί φησι τὸν Μειδίαν αὐτόν τε ἠδικηκέναι τὰ μέγιστα καὶ περὶ τὸν θεὸν ἠσεβηκέναι. τοιοῦτόν ἐστι κἀκεῖνο τὸ ζήτημα τὸ κατὰ τοῦ στρατηγοῦ τοῦ βιασαμένου τὴν τοῦ πρεσβευτοῦ θυγατέρα καὶ κρινομένου δημοσίων ἀδικημάτων· καὶ γὰρ ἐνταῦθα ὁ πρεσβευτὴς ἑαυτόν τε ἠδικῆσθαί φησι καὶ τὴν πόλιν σύμπασαν παρὰ τοῦ στρατηγοῦ.

---

6 *λεγόμενον* V] *ὁμολογούμενον* Wɪᴠ 556, 10   10 *κλέπτης* post *δὲ* sup. V   13 *καὶ* Wɪᴠ 556, 15] om. V   15 *μηδέτερον* Wɪᴠ] om. V ‖ *ἀκολουθεῖ* V   23 (cf. p. 107, 7)   25 *ἐνταῦθα* | f. 43r | *ὁ* V

Τρίτον ἐστὶν εἶδος τῶν διπλῶν ὅρων τὸ καλούμενον ἐμπῖπτον, ὅπερ ὠνόμασται μὲν οὕτως ἀπὸ τοῦ δύο τινῶν ἐν αὐτῷ περιεχομένων ζητημάτων ἀπὸ τῶν πρός τι τοῦ πρώτου ζητήματος ἀνακύπτειν τὸ δεύτερον πρόβλημα, ὥσπερ ἐν τῷ ἐμπίπτοντι στοχασμῷ ἀπὸ τοῦ χρώματος ⟨τοῦ προτέρου ζητήματος⟩ ἐμπίπτει τὸ δεύτερον ζήτημα, οἷον νόμος τὸν ἐξειπόντα τὰ μυστήρια τεθνάναι, ὄναρ τις ἰδὼν τὰ μυστήρια ἠρώτησε μεμυημένον, εἰ οὕτως ἔχοι, ἐπένευσεν ἐκεῖνος καὶ ὡς ἐξειπὼν τὰ μυστήρια ὑπάγεται τῷ νόμῳ· ἐνταῦθα γὰρ δύο ὄντων τῶν ζητουμένων, τοῦ τε εἰ τὸ ἐπινεῦσαι ἐξειπεῖν ἐστι καὶ τοῦ εἰ μεμύηται ὁ ὄναρ ἑωρακώς, μέχρι τῶν πρός τι προελθούσης τῆς ἐξετάσεως τοῦ προτέρου ζητήματος οὕτως ἐμπίπτει τὸ δεύτερον· ἔνθα δὴ καὶ τὴν τάξιν ἐναλλάττουσιν οἱ ἀγωνιζόμενοι, ὥσπερ ἐν τοῖς ἁπλοῖς ὅροις, ἐν οἷς ἄλλο μὲν τὸ κρινόμενον ἔφαμεν ἄλλο δὲ τὸ ζητούμενον, καὶ ὁ μὲν κατήγορος γίνεται φεύγων ὁ δὲ φεύγων διώκων. ἀμέλει καὶ τῶν κεφαλαίων ἐναλλάττουσι τὴν διαίρεσιν· ζητούντων γὰρ αὐτῶν εἰ μεμύηται ὁ τεθεαμένος τὸ ὄναρ ὁ μὲν φεύγων τοῖς ἰδίοις τοῦ κατηγόρου χρήσεται κεφαλαίοις - ἀνθορισμῷ φημὶ καὶ συλλογισμῷ - κατασκευάζων ὅτι μεμύηται, ὁ δὲ πρότερον κατήγορος τῷ τοῦ φεύγοντος ὅρῳ ἀνατρέπων τὸ μεμυῆσθαι διὰ τοῦ ὀνείρου τὸν ἄνθρωπον. ζητητέον δὲ τίς ἡ διαφορὰ ἐμπίπτοντος ὅρου καὶ στοχασμοῦ ἐμπίπτοντος· καὶ φαμὲν ὅτι ἐν μὲν στοχασμῷ

---

1 Wɪᴠ 557 ‖ H 156, 21 6 τοῦ προτέρου ζητήματος addidi (cf. p. 119, 1) 10 Wɪᴠ 570 11 ζητημάτων, τημάτων (supra: τουμένων) lin. del., V 17 p. 115, 18

ἀπὸ τοῦ χρώματος τοῦ προτέρου ζητήματος τὸ δεύτερον ἀναφαίνεται ζήτημα καὶ οἰκεῖόν ἐστι καὶ ἠρτημένον τοῦ προτέρου, καὶ αὐτὸ δὲ τὸ χρῶμα οὐχ ὁ λέγων ποιεῖ ἀλλ' ἐν αὐτῷ κεῖται τῷ προβλήματι, ἐν δὲ τῷ ἐμπίπτοντι ὅρῳ τά τε ζητήματα ἄμφω κεχώρισται ἀλλήλων - μετὰ γὰρ τὰ πρός τι τὸ ἕτερον ἐξετάζεται ζήτημα φύσεως ἄλλης ὑπάρχον, ἄλλο γὰρ τὸ ζητεῖν τί τὸ ἐξειπεῖν καὶ ἄλλο τίς ἀμύητος - καὶ ἀπὸ τῶν πρός τι τοῦ πρώτου ζητήματος ἐμπίπτει τὸ δεύτερον ζήτημα.

Τέταρτον δὲ εἶδος τῶν διπλῶν ὅρων τὸ κατὰ ἀμφισβήτησιν καλούμενον, ὅπερ καὶ κατὰ δύο πρόσωπα ὀνομάζουσιν, ὃ ὠνόμασται μὲν οὕτως, διότι περὶ ἑνὸς πράγματος ὑπ' ἀμφοῖν εἰργασμένου ποιοῦνται τὴν ἀμφιβολίαν· κατὰ δύο δὲ πρόσωπα καλεῖται, οὐχ ὅτι καὶ ἐν τοῖς ἄλλοις ὅροις οὐκ εἰσι δύο πρόσωπα τὰ ἀγωνιζόμενα, ἀλλ' ὅτι τὸ ἓν ἐνταῦθα πρᾶγμα ὑπὸ τῶν δύο εἴργασται τοῦ μὲν τὴν ἀρχὴν αὐτοῦ τοῦ δὲ τὸ πέρας πεποιηκότος, ὡς ἐπὶ τῶν δυοῖν ἐκείνων, ὧν ὁ μὲν τὸν τύραννον ἐδίωξε τῆς ἀκροπόλεως, ὁ δὲ συντυχὼν ἀνεῖλε, καὶ ἀμφισβητούντων ἀλλήλοις τῆς τοῦ τυραννοκτόνου δωρεᾶς. διαφέρει δὲ τῶν μὲν πάντῃ ἁπλῶν τῷ εἶναι διπλοῦς, τῶν δὲ ἄλλο τὸ κρινόμενον καὶ ἄλλο τὸ ζητούμενον ἐχόντων τῷ ἐν ἐκείνοις μὲν ὑπὸ τοῦ ἑτέρου τῶν ἀγωνιζομένων πεπρᾶχθαι τὸ πρᾶγμα ἐνταῦθα δὲ ὑπὸ τῶν δύο

2 ἠρτημένον Walz] ἠρτυμένον V 8 ἀμύητος | f. 44v | καὶ V 11 Wɪv 571 ‖ H 156, 10 13 ὃ Walz] ὃς V 15 κατὰ] καὶ τὰ V 16 λοιποῖς, λοιποῖς (ἄλλοις sup.) lin. del., V ‖ fort. καὶ del. 19 δυεῖν, in mg. οῖν, V 20 τὸν sup. V 22 τυραννοκτόνου (cf. p. 108, 1)] τυράννου V

προσώπων εἰργάσθαι, τῶν δὲ διπλῶν τῷ ἐκεῖ μὲν εἶναι διπλᾶ τὰ πράγματα ἐνταῦθα δὲ τὰ πρόσωπα διπλᾶ μίαν μὲν εἰργασμένα πρᾶξιν, κἀκεῖ μὲν μίαν εἶναι τὴν προβολὴν ἐνταῦθα δὲ δύο. ἐπειδὴ δὲ καὶ στοχασμοὶ κατὰ ἀμφισβήτησίν εἰσιν - ὡς ἐκεῖνος τύραννος νοσῶν καὶ ὑποπτεύσας εἰληφέναι φάρμακον παρὰ τοῦ οἰκείου ἰατροῦ μετεπέμψατό τινα τῶν ἐκ τοῦ δήμου ἰατρῶν ἀλεξιφάρμακον δώσοντα, ἔλαβεν, ἐτελεύτησεν ἐπὶ σημείοις φαρμάκων· νόμου κελεύοντος τὸν τυραννοκτόνον δωρεὰν λαμβάνειν ἀμφισβητοῦσιν ἀλλήλοις οἱ ἰατροὶ περὶ τῆς δωρεᾶς -, ζητητέον τίς ἡ διαφορὰ τούτου τε καὶ τοῦ κατὰ ἀμφισβήτησιν ὅρου. ἐν μὲν οὖν τῇ κατὰ στοχασμὸν ἀμφισβητήσει περὶ τοῦ προσώπου ποιούμεθα τὴν ζήτησιν, πότερος τῶν ἰατρῶν τυραννοκτόνος· ἐν δὲ τῇ ὁρικῇ ἀμφισβητήσει τὸ πρᾶγμα ζητοῦμεν, πότερον τὸ διῶξαι τῆς ἀκροπόλεως ἢ τὸ ἀνελεῖν τυραννοκτονία, καὶ τῷ μὲν λείπει τι τοῦ ὅλου πράγματος, τῷ δὲ πέπρακταί τι, συνελθόντα δὲ τὰ παρ' ἑκατέρων γενόμενα ἓν τέλειον ἀποτελεῖ· πάντως οὖν ἡ ὁρικὴ ἀμφισβήτησις ἐκ λείποντός ἐστι καὶ πεπραγμένου. ἐν δὲ τῇ κατὰ ἀμφισβήτησιν πραγματικῇ ἐπαινέσει μὲν καὶ τὸν συναμφισβητοῦντα ὁ φεύγων, ἑαυτὸν δὲ μᾶλλον ἄξιον ἀποφανεῖ τῆς τιμῆς, ὡς ἐπ' ἐκείνου μετὰ τὰ Μηδικὰ ἔδοξεν ὑπὸ τοῦ ἀρίστου τῶν Ἑλλήνων βασιλεύεσθαι τὴν Ἑλλάδα καὶ

---

3 aut *διπλᾶ μίαν μέντοι* scrib. aut *τελείαν δὲ οὐδέτερον* post *πρᾶξιν* ins. ‖ *εἰργασμένα*, ras. sup. *ν*, V ‖ *μὲν* post *μίαν* lin. del. V 4 W IV 566 ‖ *δὲ* sup. V 5 *ἐκεῖνο* W IV 566, 22 6 [φ]*άρμακον* V 15 post *πρᾶγμα* 2 litt. er. V 17 *τῷ μὲν* W IV 567, 3] *τὸ μὲν* V 21 *ἀμφισβήτησιν πραγματικῇ*] *πραγματικῆι ἀμφισβητήσει* V; cf. Syr. fol. 90r Ven. 22/23 fort. *ὁ φεύγων* del. (cf. Ven. fol. 90r med.) 23 *φεύγων* | f. 44r | *ἑαυτὸν* V ‖ *ἀποφανεῖ* W IV 567, 9] *ἀποφαίνει* V

ἀμφισβητοῦσι Θεμιστοκλῆς καὶ Παυσανίας. γνωστέον δὲ ὅτι πολλὰ τοιαῦτα προβλήματα ὁρικὰ εὑρίσκεται· ὥσπερ γὰρ ἐν στοχασμῷ ἄπειρα μὲν τὰ ἁπλᾶ, πολλὰ δὲ τὰ ἐκ προσώπων ἀτελῆ, ὀλίγα δὲ τὰ ἐκ πραγμάτων ἀτελῆ, προκατασκευαζόμενά τε καὶ ἐμπίπτοντα καὶ συνεζευγμένα, οὕτω καὶ ἐπὶ τῶν ὅρων τὰ μὲν ἁπλᾶ ἄπειρά ἐστι, τὰ δὲ ἀντονομάζοντα καὶ ἐμπίπτοντα ὀλίγα, πλεῖστα δὲ ⟨τὰ⟩ κατὰ δύο πρόσωπα, ἃ καὶ κατὰ ἀμφισβήτησιν ἔφαμεν. ἡ δὲ ὁρικὴ ἀμφισβήτησις γίγνεται καὶ κατὰ συμβουλὴν καὶ κατὰ τὸ δικανικὸν εἶδος. οὐ μόνον δὲ ἐκ λείποντος καὶ πεπραγμένου συνέστηκεν ὁ κατὰ ἀμφισβήτησιν ὅρος ἀλλὰ καὶ ἐκ πεπραγμένου μόνον, ὡς ἐπὶ τοῦ Κεφάλου καὶ Ἀριστοφῶντος τῶν ἀμφισβητούντων τοῦ καλοῦ βίου, καὶ ἐκ λείποντος μόνον, ὡς ἐπὶ τοῦ μὴ γελῶντος καὶ κωλυομένου ἱερᾶσθαι. δοκεῖ δὲ καὶ τὸ κατὰ τὸν Κέφαλον ἐκ λείποντος εἶναι καὶ πεπραγμένου, λείποντος μὲν τοῦ κατὰ τὸν Κέφαλον μέρους τῷ μηδεμίαν γραφὴν φυγεῖν, πεπραγμένου δὲ τοῦ κατὰ τὸν Ἀριστοφῶντα τῷ πολλὰς φυγεῖν γραφὰς καὶ μηδεμίαν ἁλῶναι. οἱ μὲν οὖν μελετῶντες ὡς ὅρον τὸ κατὰ τὸν Κέφαλον πρόβλημα τῷ ἑτέρῳ μέρει οὐ προσάψουσιν ἐπαίνους, οἱ δὲ ὡς πραγματικὴν κατὰ ἀμφισβήτησιν ἐπαινέσουσι μὲν καὶ τὸν ἕτερον, ἑαυτοὺς δὲ μᾶλλον συστήσουσιν. ἐν μὲν οὖν πραγματικῇ ὥρισται ἡ αἴτησις τῆς δωρεᾶς, οἷον σίτησις ἢ εἰκὼν ἢ ἐχθροῦ ἀναίρεσις, ἐν δὲ ταῖς ἄλλαις στάσεσιν ἀόριστος ἡ δωρεά ἐστιν. οὐ μόνον δὲ ἐν ὅρῳ κατὰ ἀμφισβήτησίν ἐστι προβλήματα ἀλλὰ

---

8 *τὰ* ins., cf. Wɪᴠ 567, 19 9 p. 120, 12 13 *καλοῦ βίου γέρως ἀμφισβητοῦσι* Wɪᴠ 705, 23. cf. fol. 90ʳ Ven. 15 *μὴ* VWɪᴠ 581, 9, cf. p. 126, 15] om. Wɪᴠ 567, 25 (p. 95, 13)

καὶ ἐν πραγματικῇ καὶ ἐν ἀμφιβολίᾳ, σπανίως δὲ καὶ ἐν στοχασμῷ. καθόλου τοίνυν τὰ κατὰ ἀμφισβήτησιν προβλήματα γνωσόμεθα ποίας ἐστὶ στάσεως, εἰ μάθοιμεν ὅτι ὁ μὲν στοχασμὸς τὸ δικανικὸν ἔχει μόνον, σπανίως δὲ καὶ τὸ συμβουλευτικόν, αἱ δὲ ἀντιθετικαὶ μόνον τὸ δικανικόν, πραγματικὴ δὲ ἄμφω, αἱ δὲ νομικαὶ [καὶ] τὸ δικανικὸν πλὴν τῆς ἀμφιβολίας - ⟨αὕτη⟩ γὰρ ἔσθ' ὅτε καὶ τὸ συμβουλευτικὸν ἐπιδέχεται -. πᾶσαι τοίνυν αἱ ἀμφισβητήσεις γίγνονται ἢ κατὰ στοχασμὸν ἢ κατὰ ὅρον ἢ κατὰ πραγματικὴν ⟨ἢ κατὰ⟩ ἀμφιβολίαν· ἀλλὰ ἐν μὲν στοχασμῷ ὡς εἴρηται οὔτε ἡ τῆς δωρεᾶς αἴτησις ὥρισται καὶ τίς ὁ τυραννοκτόνος ζητοῦμεν, ὡς ἐπὶ τῶν δύο ἰατρῶν τῶν ἀνελόντων φαρμάκῳ τὸν τύραννον καὶ ἀμφισβητούντων ἀλλήλοις τῆς δωρεᾶς, ἐν δὲ τῷ ὅρῳ ἐκ λείποντος καὶ πεπραγμένου ἡ ἀμφισβήτησίς ἐστι καὶ εἰ τὸ διῶξαι τὸν τύραννον τυραννοκτονία ζητοῦμεν, ἐν δὲ τῇ πραγματικῇ ἡ μὲν τῆς δωρεᾶς αἴτησις ὥρισται, περὶ μελλόντων ⟨δὲ⟩ ἡ σκέψις γίνεται, ἐν δὲ τῇ ἀμφιβολίᾳ ἡ κατὰ ὁμωνυμίαν ἀμφισβήτησις γίνεται - ὡς ἐπὶ τῶν ἡγεμόνων τῶν ἀμφισβητούντων τίνες οἱ ἡγεμόνες, πότερον οἱ ῥήτορες ἢ οἱ στρατηγοί, ἢ ὡς ἐπὶ τοῦ ξυλίνου τείχους οὗ ἔχρησεν ὁ θεός -, ἢ κατὰ σύνθεσιν καὶ διαίρεσιν, ὡς ἐπὶ τοῦ Πανταλέοντος, ὅπερ δοκεῖ καὶ ἀσύστατον εἶναι. ὥσπερ δὲ περὶ τιμῆς καὶ

---

3 ἐστὶ[ν], ν postea ins., V   6 δικανικόν | f. 44ᵛ | πραγματική V   7 καὶ V; om. Wɪv ‖ αὕτη Wɪv 568, 18] om. V   10 ἢ κατὰ Wɪv] om. V   11 cf. p. 121, 13 sq.   16/17 τὸ . . τυραννοκτονία Wɪv 568, 27] τῶι . . τυραννοκτονίαν V   19 δὲ Wɪv 569, 1] om. V ‖ σκέψις: πρᾶξις, πρᾶξις lin. del., V   20 ὁμ[ω]νυμίαν, ex o, V ‖ ἡ ἀμφισβήτησις Wɪv ‖ cf. p. 124, 7   22/23 cf. fol. 102ᵛ Ven.   23 ἔχρεισεν V   24 καὶ V] ἢ Wɪv 569, 6

πρωτείων ἀμφισβητήσεις γίγνονται, οὕτω καὶ περὶ τιμωριῶν καὶ κολάσεων, καὶ λέγεται ἐπ' ἐκείνων 'ἀντιπροβάλλονται ἀλλήλους', ὡς ἐπ' ἐκείνου λοιμοῦ καταλαβόντος τὴν Ἑλλάδα ἔχρησεν ὁ θεὸς παύεσθαι τὴν νόσον, εἰ τὴν ἀσεβῆ πόλιν κατασκάψειαν, καὶ ἀντιπροβάλλονται ἀλλήλας Ἄργος τε καὶ Θῆβαι· καὶ τόδε μετὰ τὰ ἐν Χαιρωνείᾳ χρωμένοις περὶ τῆς ἥττης ἔχρησεν ὁ θεὸς ἡγεμόνων κακότητι γεγενῆσθαι τὴν ἧτταν, καὶ ἀντιπροβάλλονται ἀλλήλους οἱ στρατηγοὶ καὶ οἱ ῥήτορες. ἔστι δὲ δυσχερεστέρα τῶν τοιούτων προβλημάτων ⟨ἡ⟩ ἐπίγνωσις, πότερον ὁρικῆς ἐστιν ἀμφισβητήσεως ἢ τῆς κατὰ ἀμφιβολίαν, ὥσπερ κἀκεῖνο πολεμοῦντές τινες πρὸς ἑτέρους ἐκήρυξαν ὥστε τὸν αὐτομολοῦντα ἐλεύθερα καὶ ἴδια ἔχειν ἃ ἐπάγεται, ηὐτομόλησέ τις δοῦλον ἐπαγόμενος, ἄλλος ηὐτομόλησε τὴν ὠνὴν ἐπιφερόμενος τοῦ δούλου καὶ ἀμφισβητοῦσι περὶ αὐτοῦ. πλεῖστα δὲ καὶ ἄλλα τοιαῦτά ἐστι, περὶ ὧν ἄπορον ἀποφήνασθαι ποίας ἐστὶ στάσεως, πλὴν ἐάν τις τὰ ἴδια ἑκάστης διερευνῶν ἢ στάσεως μᾶλλον ὁρικὰ εὑρεθήσεται ἐκ λείποντος ὄντα καὶ πεπραγμένου· τὰ γὰρ κατὰ ἀμφιβολίαν ἢ περὶ προσῳδίαν ἢ διάστασιν γίνεται συλλαβῶν, ὡς ἀκριβέστερον ἐν τῷ περὶ ἀμφιβολίας λελέξεται.

Τοσαῦτα μὲν οὖν περὶ τῶν κατὰ ἀμφισβήτησιν ὁρικῶν προβλημάτων. τελευταῖον δὲ εἶδος τῶν διπλῶν

2 κολάσεως Wɪv 4 ἔχρ⌊ει⌉σεν, ex η, V ‖ παύσασθαι Wɪv; fort. παύσεσθαι 7 χερωνείαι V 8 ἔχρ⌊ει⌉σεν, ex η, V 11 ἡ inserui ‖ ὁρικῆς Walz] ὁρικὴ V 15 [ἐπα] ἔχωνγόμενος, ἔχων lin. del., V 16 [ἐπιφε] αυτουρόμενος, αυτου lin. del, V 17 δὲ sup. V 18 στάσεως | f. 45[r] | πλὴν V 21 ἀμφιβολί⌊α⌉ν V 25 Wɪv 573 ‖ H 156, 30

ὅρων ἐστὶν οἱ καλούμενοι δύο ὅροι, ὅπερ ὠνόμασται μὲν οὕτως, διότι τοῦ ἀντιλέγοντος τῇ δωρεᾷ δύο τινὰ κινοῦντος ἐγκλήματα καὶ δύο προβολαῖς κεχρημένου ἀναγκαίως ὁ τὴν δωρεὰν αἰτῶν τοῖς ἐναντίοις κεχρημένος κεφαλαίοις δύο ὅροις κέχρηται πρὸς ἑκατέραν ἑκατέρῳ τῶν ὅρων ἀπαντῶν. διαφέρει δὲ τῶν μὲν ἁπλῶν τῷ εἶναι διπλοῦς, τῶν δὲ διπλῶν τῇ τάξει τῶν κεφαλαίων· καὶ τοῦ μὲν ἀντονομάζοντος καὶ τοῦ κατὰ σύλληψιν τῷ ἐν ἐκείνοις μὲν τῶν ἐπαγομένων ἐγκλημάτων τὸν φεύγοντα τὸ μὲν μεῖζον μὴ παραδέχεσθαι τὸ δὲ ἔλαττον ἑκόντα ἐπαναιρεῖσθαι, ἐνταῦθα δὲ τοῖς δύο ὅροις ἀμφότερα ἐκβάλλει καὶ οὐδέτερον παραδέχεται ὁ τὴν τάξιν ἔχων τοῦ φεύγοντος· τοῦ δὲ ἐμπίπτοντος ὅτι ἐκεῖ μὲν ἐν τῷ αὐτῷ ζητήματι τὴν τάξιν ἐναλλάττουσι τῶν κεφαλαίων ὅ τε κατήγορος καὶ ὁ φεύγων ὡς εἴρηται τὰς οἰκείας ἀμείβοντες τάξεις, ἐνταῦθα δὲ δι' ὅλου τοῦ προβλήματος τὴν οἰκείαν ἑκάτεροι διασῴζουσι τάξιν· τοῦ δὲ κατὰ ἀμφισβήτησιν ὅτι ἐκεῖ μὲν τὸ ἓν πρᾶγμα τοῖς δύο πέπρακται προσώποις, ἐνταῦθα δὲ τὰ δύο τοῦ ἑνὸς κατηγορεῖται, ὡς ἐπ' ἐκείνου νόμος τὸν καθαρὸν καὶ ἐκ καθαρῶν ἱερᾶσθαι, πατέρα τις ὡς μοιχὸν καταλαβὼν ἀπέκτεινε καὶ βουλόμενος ἱερᾶσθαι ὡς μὴ καθαρὸς κωλύεται· ὁ γὰρ ἀντιλέγων ἐνταῦθα τῇ ἱερωσύνῃ δύο τινὰ κατὰ τοῦ ἑτέρου σπεύδει ἀποδεῖξαι, ὅτι τε οὐ καθαρὸς ὡς ἀπεκτονὼς τὸν πατέρα καὶ ὅτι οὐκ ἐκ καθαρῶν, μοιχὸς γὰρ ὁ πατήρ. ἔοικε δὲ ὥσπερ ἄλλο τι παρὰ τὰ εἰρη-

---

ἐγκλήματα
3 κεφάλαια, κεφάλαια lin. del., V 5 ἑκατέραν προβολὴν W IV 573, 17 12 δὲ sup. V 16 p. 119, 15 17 προβλ[ή]ματος, ex α, V

μένα εἶδος εἶναι ὅρου, ὅπερ ἓν μὲν ἔχει τὸ κρινόμενον δύο δὲ ὅρους καὶ δύο ἀνθορισμούς, ὡς τόδε νόμος τὸν ἱερέα καθαρὸν καὶ ἐκ καθαρῶν εἶναι, ἱέρεια ὑπὸ λῃσταῖς ἐγένετο, ἀπεδόθη ὑπ' αὐτῶν πορνοβοσκῷ, προέστησεν αὐτὴν ἐκεῖνος, ἡ δὲ τοὺς πρὸς αὐτὴν εἰσιόντας ἔπειθε τὸ μὲν ἀργύριον καταβάλλεσθαι ἐξιέναι δὲ μὴ πλησιάντας, στρατιώτην εἰσελθόντα μὴ δυνηθεῖσα πεῖσαι ἀπάτῃ ἀπέκτεινε, διαφυγοῦσα ἀπῆλθε εἰς τὴν ἑαυτῆς πόλιν καὶ ἀντιποιουμένη τῆς ἱερωσύνης κωλύεται ὡς μὴ καθαρά. ἁπλοῦν μὲν γὰρ εἶναι δοκεῖ τῷ τὸ κρινόμενον ⟨ἓν⟩ εἶναι, διπλοῦν δὲ τῷ δύο ὅρους ἐκ τοῦ φεύγοντος καὶ δύο ἀνθορισμοὺς ἐπιδέχεσθαι.

Ἰστέον δὲ ὅτι τῶν ὁρικῶν ζητημάτων τὰ μὲν ἀκούσια ἔχει τὰ κρινόμενα τὰ δὲ ἑκούσια, ἀκούσια μὲν ὡς τὸ ἑξαδάκτυλον εἶναι ἢ ὡς τὸ μὴ γελᾶν, ἑκούσια δὲ ὡς τὸ ἐπανατείνεσθαι τὸ κλέπτειν τὸ βιάζεσθαι. ἐπὶ μὲν οὖν τῶν ἀκουσίων οὔτε γνώμης αἴτησιν κινήσομεν οὔτε ἀντίθεσιν ἔξωθεν οὐδεμίαν ὧν ἔφαμεν ἐν τοῖς ὁρικοῖς ἐμπίπτειν ζητήμασι μετὰ τὴν ἐργασίαν τῶν οἰκείων κεφαλαίων, ἐπὶ δὲ τῶν ἑκουσίων ἥ τε τῆς γνώμης αἴτησις ἐμπεσεῖται καὶ αἱ ἔξωθεν ἀντιθέσεις ὡς ἐπὶ τὸ πολύ.

Αἱ δὲ διηγήσεις ἐν μὲν τῷ στοχασμῷ ἐκ τῶν ἀπ' ἀρχῆς ἄχρι τέλους γίγνονται, ἐν δὲ τῷ ὅρῳ ἐκ τῆς προβολῆς· καὶ γὰρ αὕτη τὰ ἀπ' ἀρχῆς ἄχρι τέλους περιέχει. οἱ δὲ φεύγοντες ἐκ τῶν ἐναντίων ἐννοιῶν δηλονότι καὶ λυσιτελεῖν αὐτοῖς πρὸς τὸν ἀγῶνα δυνα-

---

2 καὶ ⌊δύ⌉ο V 8 πεῖσαι | f. 45ᵛ | ἀπάτη V 10 εἶναι] εἰ καὶ V 11 ἓν inserui 15 cf. p. 98, 18 ‖ μὴ γελᾶν, cf. p. 122, 15 16 ἐπανατείνεσθαι χεῖρας W IV 574, 15 (cf. p. 98, 9 115, 10) 17 ἀκου⌊σ⌉ίων V 18 p. 114, 20 sq.

μένων τάς τε καταστάσεις καὶ τὰς διηγήσεις ποιήσονται ἀρχόμενοι μὲν ἔκ τινων καθολικωτέρων ἐννοιῶν, τὰ δὲ μερικὰ καὶ τῆς παρούσης ὑποθέσεως οἰκεῖα συνυφαίνοντες ἐκείνοις. γνωστέον δὲ ὅτι καὶ Κόραξ ὁ τεχνογράφος τῷ τῆς καταστάσεως ὀνόματι κέχρηται προοίμια τοῦ λόγου τὴν κατάστασιν καλῶν, οἱ δὲ τεχνικώτερον περὶ αὐτῆς διεξιόντες ὡς καὶ ἀνωτέρω εἴρηται τὴν κατάστασίν φασι τῷ λόγῳ λυσιτελεῖν πρὸς τοῦτο, ὅπερ καὶ τὸ ὄνομα δηλοῖ, πρὸς τὴν πρεπωδεστάτην διάπλασιν τῆς διηγήσεως· τὸ μὲν γὰρ διηγεῖσθαι ψιλὸν τὸ πρᾶγμα οὐ σφόδρα ἔντεχνον, τὸ δὲ σὺν καταστάσει διηγεῖσθαι τεχνικώτατον· ὅθεν καὶ Δημοσθένης ἐν τοῖς δημοσίοις μάλιστα τῶν λόγων, ὅπου καὶ τὴν ἀκρίβειαν ἐκφαίνει τῆς τέχνης, τοιαύταις κέχρηται ταῖς διηγήσεσιν.

III. ΠΕΡΙ ΑΝΤΙΛΗΨΕΩΣ.

Οἱ τὴν ἀρίστην τῶν στάσεων ποιησάμενοι διαίρεσιν μετὰ τὸν ὅρον τάττουσι τὴν ἀντίληψιν, ἥτις ὠνόμασται μὲν ἀπὸ τοῦ τὸν φεύγοντα [μὲν] ἐν μέσῳ τῷ τῆς δίκης ὑπάρχοντα κλύδωνι ὡσπερεὶ πείσματός τινος ἀσφαλοῦς ἀντιλαμβάνεσθαι τῆς ἐπὶ τῷ πεπραγμένῳ ἐξουσίας. ὁρίζεται δὲ αὐτὴν Μινουκιανὸς μὲν οὕτως ʽὅταν ὁμολογῶν ὁ φεύγων *τὸ πεπραγμένον τὴν ἐξου-*

7 *διορίζοντες* WIV 575, 10 ‖ p. 64, 20 8 *τ[ῶ] λόγ[ωι]* V 12 *συγκαταστάσει* VWIV 14 *ἐμφαίνει* (om. *τῆς τέχνης*) WIV 575, 17 15 *διηγήσεσιν* | f. 46r | *περὶ ἀντιλήψεως* V 16 WIV 582—643 ‖ H 157—161 19 *μὲν* delevi ‖ *το* (ῶ sup.), al. atr. sup., V 20 *πεί[σ]ματος* V

σίαν προβάλληται', ἔχει δὲ οὐκ ὀρθῶς μήτε ἐκ γένους ὢν καὶ διαφορῶν, ὅπερ προσήκει τοῖς τελείως ἔχουσιν ὅροις προσεῖναι, μήτε τί ἐστι κατ' οὐσίαν ἡ ἀντίληψις ὁριζόμενος, ἀλλὰ πότε γίγνεται· τοῦτο δὲ ὅρων ἀλλότριον, εἴπερ τὸ τί ἦν εἶναι κατὰ Ἀριστοτέλην σημαίνουσι, τουτέστι τί τὸ κατ' οὐσίαν ὑπάρχον ἑκάστῳ τῶν ὁριζομένων· ἔτι δὲ καὶ στοχασμῶν τοῦτο οἰκεῖον, καὶ γὰρ ἐκεῖ μάλιστα ἐν τοῖς ἐμπίπτουσι καὶ συγκατασκευαζομένοις τὴν ἐξουσίαν ὁ φεύγων προβάλλεται, ὡς ἐπὶ τοῦ τὸν μοιχεύοντα πατέρα ἀπεκτονότος. κακία δὲ ὅρων ὡς πολλάκις εἴρηται τὸ ἐλλείπειν ἢ περιττεύειν, ἀρετὴ δὲ τὸ διασῴζειν τὸ προσῆκον ἑκάστῳ μέτρον. Ἑρμογένης δέ φησιν ἀντίληψιν εἶναι ἀνευθύνου πράγματος εἶναι δοκοῦντος ὡς ὑπευθύνου κατηγορίαν, οὗτος ⟨δὲ⟩ ὁ ὅρος τὸ μὲν ἴδιον τῶν ἀντιληπτικῶν προβλημάτων μηνύει, ἀτελὴς δέ ἐστιν· οὔτε γὰρ ἐκ γένους ἐστὶ καὶ διαφορῶν, ὥσπερ οὐδὲ ὁ τοῦ Μινουκιανοῦ, καὶ ἀπὸ τοῦ κατηγόρου γνωρίζει τὴν ἀντίληψιν καίτοι γε πάντων ὡς εἰπεῖν τεχνογράφων ἀπὸ τοῦ φεύγοντος αὐτὴν χαρακτηριζόντων. διὰ τοῦτο δὲ τούτων μόνων τῶν τεχνογράφων παρεθέμεθα τοὺς ὅρους, ἐπεί γε εὐδοκιμώτεροι τῶν πρὸ ἑαυτῶν ἔδοξαν μέχρι τῶν Εὐαγόρου τε καὶ Ἀκύλου χρόνων· οὗτοι δὲ τὴν ἐκ τῆς θείας φιλοσοφίας ἐπιστήμην τοῖς περὶ τῶν

4 τοῦτο — 7 ὁριζομένων om. Wɪv 583, 8   7 ἔτι V] ἔστι Wɪv   10 μοιχ[εύ]οντα V ‖ cf. p. 93, 8: ἐπὶ τοῦ στρατηγοῦ τοῦ τὸν συστράτηγον ἀνελόντος ὡς ἐπὶ μοιχείᾳ   περιττεύ 11 πλεοναζειν, πλεοναξ lin. del., V   13 H 139, 20   14 κατηγορίαν Wɪv 583, 16] κατηγορία V   15 δὲ Wɪv] om. V   16 οὐ γὰρ Wɪv   17 καὶ συστατικῶν διαφορῶν Wɪv   19 καίτοι] καὶ τό V   22 γε] γαρ V

στάσεων ἐγκαταμίξαντες θεωρήμασιν ἀκριβεστέρους τούς τε ὅρους καὶ τὰς τῶν προβλημάτων ἐποιήσαντο διαιρέσεις. ὁ δὲ τελείως ἔχων τῆς ἀντιλήψεως ὅρος ἐστὶν οὗτος 'ἀντίληψίς ἐστι στάσις πολιτικοῦ πράγματος τῶν ἐπὶ μέρους, καθ' ἣν ὁ φεύγων ὁμολογῶν τὸ πεπραγμένον τῆς ἐξουσίας ἀντιλαμβάνεται'· 'στάσις' μὲν οὖν τὸ γένος τοῦ ὅρου, τὰ δὲ ἄλλα διαφοραὶ χωρίζουσαι αὐτὴν τῶν τε ἑτερογενῶν καὶ ὁμογενῶν, ἑτερογενῶν μὲν 'πολιτικοῦ πράγματος τῶν ἐπὶ μέρους'· χωρίζει γὰρ τὴν ἀντίληψιν γεωμετρικῶν τε καὶ μουσικῶν καὶ φυσικῶν θεωρημάτων, πολλαὶ γὰρ κἀκεῖσε περὶ τὴν ἀκρίβειαν τῶν δογμάτων ἀμφιβολίαι· τὸ δὲ 'ἐπὶ μέρους' τῶν καθόλου πολιτικῶν χωρίζει πραγμάτων. τὰ δὲ λοιπὰ τῶν ὁμογενῶν χωρὶς αὐτὴν ἵστησι στάσεων· ἐν γὰρ ταύτῃ τοῦ παντὸς πράγματος τὴν αἰτίαν ἐπὶ τὴν ἐξουσίαν ἀνάγει.

Γίγνεται δὲ τὰ ἀντιληπτικὰ προβλήματα κατὰ τέσσαρας τρόπους, κατὰ νόμον κατὰ ἔθος κατὰ φύσιν κατὰ τέχνην, κατὰ νόμον μὲν ὡς ἐκεῖνο τρισαριστέα τις μοιχὸν καταλαβὼν ἀπέκτεινε καὶ κρίνεται φόνου, τὸν γὰρ νόμον αὐτῷ τὴν ἐξουσίαν τοῦ φόνου φησὶ δεδωκέναι· κατὰ ἔθος δὲ μετὰ τὰ ἐν Χαιρωνείᾳ Φίλιππος ἀπέστειλε πρὸς Ἀθηναίους αἵρεσιν διδοὺς ἢ τοὺς δισχιλίους λαβεῖν αἰχμαλώτους ἢ τοὺς χιλίους νεκροὺς ἀνελέσθαι πρὸς ταφήν, ἔπεισε Δημοσθένης ἑλέσθαι τοὺς νεκρούς, ἀπέκτεινε Φίλιππος τοὺς δισχι-

9 μὲν οἷον τὸ Wɪv 584, 5 ‖ πράγματος | f. 46ᵛ | τῶν V 10 γὰρ om. Wɪv ‖ τε om. Wɪv 12 δογμάτων V] πραγμάτων Wɪv 17 τὰ om. Wɪv 584, 12 20 μοιχόν (β) τις (α) V 21 φησὶ τοῦ φόνου Wɪv 22 χ[αι]ρωνείαι V 26 ἑλέσθαι Wɪv. Wv 319, 20. Wvɪɪ 499, 2. H 159, 10] ἀνελέσθαι V

λίους ζῶντας καὶ κρίνεται ⟨Δημοσθένης⟩ δημοσίων ἀδικημάτων ὑπ' Αἰσχίνου - ἔθος γὰρ ἦν παρ' Ἀθηναίοις τοὺς βουλομένους παριέναι καὶ συμβουλεύειν τὰ δοκοῦντα, ὡς καὶ ὁ Δημοσθένης φησὶν 'ἐβόα μὲν ὁ κῆρυξ· τίς ἀγορεύειν βούλεται; παρῄει δὲ οὐδείς' -· κατὰ τέχνην δὲ ζωγράφος ναυάγια πρὸ τοῦ λιμένος ἔγραψε καὶ μηδενὸς εἰσπλέοντος κρίνεται δημοσίων ἀδικημάτων, ἄδειαν γὰρ αὐτῷ τοῦ γράφειν ἃ βούλοιτο φησὶ δεδωκέναι τὴν τέχνην· κατὰ φύσιν δὲ Αἰσχίνης μετὰ τὰ ἐν Χαιρωνείᾳ ἕπεται Δημοσθένει δακρύων καὶ κρίνεται ὑπ' αὐτοῦ ὕβρεως, φύσιν γὰρ ἀνθρώπῳ φησὶ τῶν δακρύων τὴν ἐξουσίαν χορηγεῖν.

Διαφέρει δὲ τοῦ μὲν στοχασμοῦ, ὅτι ἐν ἐκείνῳ μὲν περὶ τοῦ εἰ ἔστι γίγνεται ἡ ζήτησις καὶ ἄλλο δι' ἄλλου κρίνομεν, ἐν δὲ ἀντιλήψει περὶ τοῦ ποῖόν τί ἐστι καὶ τὸ κρινόμενον οὐ δι' ἑτέρου κρίνεται. τοῦ δὲ ὅρου διαφέρει, ὅτι ἐν ἐκείνῳ μὲν περὶ τοῦ τί ἐστι γίγνεται ἡ ζήτησις καὶ τῶν ὁρικῶν προβλημάτων ἐν ἐνίοις τὸ μὲν πέπρακται τὸ δὲ λείπει καὶ τὰ μὲν αὐτὸ τὸ κρινόμενον ἔχουσι καὶ ζητούμενον τὰ δὲ ἄλλο μὲν τὸ κρινόμενον ἄλλο δὲ τὸ ζητούμενον ὡς δέδεικται, ἐν δὲ ἀντιλήψει περί τε ποιότητος ἡ ζήτησις γίγνεται καὶ αὐτὸ μὲν οὐ κρίνεται τὸ παρὰ τοῦ φεύγοντος γεγονὸς ὡς ἔγκλημα διὰ δέ τινα περίστασιν λαμβάνει τὴν κρίσιν. ἄξιον δὲ ζητῆσαι, εἰ κατὰ νόμον ἡ ἀντίληψις, τίνι διενήνοχε τοῦ κατὰ νόμον ὅρου, ἐν

1 *Δημοσθένης* Wɪv 584, 22. Wv 319, 21] om. VWvɪɪ 499, 9 4 Dem. 18, 170 10 *χ⌊αι⌋ρωνείαι* V 12 *χορηγίαν*, *χορηγί* lin. del., *ἔξουσί* V 17 ⌊ὅ⌋*τι* V ‖ *ἐστι τὸ κρινόμενον* Wɪv 585, 11 21 p. 100, 7 ‖ *ὡς δέδεικται* om. Wɪv 585, 15 24 *ἔγκλημα* ¦ f. 47r | *διὰ* V 25/26 *ζητῆσαι ἡ κατὰ νόμον ἀντίληψις τίνι* Wɪv 26 *νόμον* Wɪv 585, 19] *νόμου* V ‖ cf. p. 100, 17

ᾧ ὁ εὐνοῦχος ὡς μοιχὸς ἀνῄρηται· φαμὲν οὖν ὅτι ἐν μὲν τῷ ὅρῳ ἐκ πεπραγμένου καὶ λείποντος ὄντι ζητεῖται, εἰ μοιχεύειν ὁ εὐνοῦχος οἷός τε καὶ εἰ τὸ συγκαθευδῆσαι ἁπλῶς μοιχεία, ἐν δὲ ἀντιλήψει τοῦ πράγματος ὡμολογημένου καὶ τελείου ὄντος καὶ τοῦ τρισαριστέως μοιχοῦ φανερῶς ἑαλωκότος ζητεῖται, εἰ τὸν τρισαριστέα φονεύειν ἐχρῆν ἢ μή.

Εἴδη δὲ τῆς ἀντιλήψεώς ἐστι τέσσαρα· ἡ μὲν γάρ ἐστι πάντη ἁπλῆ, οἷον τρισαριστέα τις μοιχὸν καταλαβὼν ἀπέκτεινε καὶ κρίνεται φόνου· ἡ δὲ ἁπλῆ κατὰ συμβεβηκός, οἷον ζωγράφος ἔγραψε ναυάγια πρὸ τοῦ λιμένος καὶ μηδενὸς εἰσπλέοντος κρίνεται δημοσίων ἀδικημάτων, ἐκ γὰρ τοῦ συμβάντος ἐπὶ τῇ γραφῇ τὴν κρίσιν ὑπέχει, εἰ δέ γε τὴν ἀπορίαν μὴ συνέβη γενέσθαι τῶν εἰσπλεόντων, οὐκ ἂν ὁ ζωγράφος ἐπὶ τὸ δικαστήριον εἵλκετο. διὰ τοῦτο τοίνυν ἐπισυμβεβηκὸς ὠνόμασται τὸ εἶδος τοῦτο· ἕτερον δὲ αὐτὸ τοῦ πάντη ἁπλοῦ φαμεν εἶναι, διότι δύο κεφαλαίοις πλεονάζει, παραγραφικῷ τε καὶ συγγνωμονικῷ - οἱ δὲ πλεονασμοὶ τῶν κεφαλαίων ἐλλείψεις τε καὶ ἐναλλαγαὶ ὡς πολλάκις εἴρηται τὰς διαφορὰς τῶν εἰδῶν ἀπεργάζονται· οὐ γάρ ὡς τινές φασι τὸ κατὰ νόμον ἢ ἔθος ἢ τέχνην ἢ φύσιν εἴδη ἐστὶν ἀντιλήψεως ἀλλὰ τρόποι ἀντιληπτικῶν ὡς ἔφαμεν προβλημάτων· οὐδεμία γὰρ ἐν αὐτοῖς διαφορὰ τῶν κεφαλαίων εὑρίσκεται -.

---

2 ὄντι] ὂν V 5 ὁμολογουμένου Wɪv ‖ τελείου ὄντος Wɪv 585, 24] τελειοῦντος V 6 ἑαλωκότος φανερῶς Wɪv ‖ ζητεῖται εἰ] ζητεῖ τε V; ζητεῖ εἰ Wɪv 585, 25 8 Wɪv 585 et 629 ‖ H 158, 26 9 τρισαριστέα, int. α et ϱ 1 litt. er., V 10/11 κατ' ἐπισυμβεβηκός Wɪv 629, 22 13 ἐν (ἐκ supra lin.), ἐν lin. del., V ‖ ⌊ἐπι⌉ V 17 δέ τι αὐτὸ Wɪv 629, 27 24 p. 129, 18

τὰ μὲν οὖν ἁπλᾶ τῆς ἀντιλήψεως εἴδη τοιαῦτα. ἔστι δὲ καὶ διπλῆ ἀντίληψις καὶ τριπλῆ, διπλῆ μὲν ὡς ἥδε ταῖς πάντων γνώμαις τις ἀντιλέγων καὶ μηδὲν αὐτὸς ἀποφαινόμενος κρίνεται δημοσίων ἀδικημάτων, τριπλῆ δὲ ὡς αὕτη ἐγράψαντό τινες ἀλλήλους ἐπὶ ταῖς γυναιξί, καθυφῆκαν τὰς γραφάς, ἠγάγοντο τὰς ἀλλήλων γυναῖκας καὶ κρίνονται κακοῦ βίου.

Διαιρεῖται δὲ ἡ ἀντίληψις κεφαλαίοις τούτοις· προβολῇ, μορίοις δικαίου, προσώπῳ, ὅρῳ, ἀνθορισμῷ, συλλογισμῷ, γνώμῃ νομοθέτου, πηλικότητι, πρός τι, ἀντιλήψει, μεταλήψει, γνώμης ἐρωτήσει, χρώματι ἐκ τῶν ἀντιθετικῶν κινουμένῳ. ἔξωθεν δὲ πολλάκις ὁρικαί τε καὶ στοχαστικαὶ ἐμπίπτουσιν ἀντιθέσεις αἱ μὲν ἀνθορισμῷ τε καὶ συλλογισμῷ αἱ δὲ βουλήσει τε καὶ δυνάμει λυόμεναι. τούτων δὲ τὰ μὲν τοῦ κατηγόρου ἐστί, τὰ δὲ τοῦ φεύγοντος, τὰ δὲ κοινὰ ἀμφοῖν· τοῦ μὲν κατηγόρου προβολὴ ἀνθορισμὸς συλλογισμὸς μετάληψις γνώμης αἴτησις, τοῦ δὲ φεύγοντος μόρια δικαίου πρόσωπον ὅρος ἀντίληψις χρῶμα, κοινὰ δὲ ἀμφοῖν γνώμη νομοθέτου πηλικότης πρός τι.

Ἡ μὲν οὖν προβολὴ ὥσπερ καὶ ἐν ὅρῳ τοῦ κατηγόρου ἐστί, πλατυνομένη τοῖς τε πεπραγμένοις καὶ τοῖς περιστατικοῖς μορίοις καὶ μάλιστα τῷ καιρῷ.

Τὰ δὲ μόρια τοῦ δικαίου ἔστι μὲν τοῦ φεύγοντος, ὠνόμασται δὲ οὕτως, διότι μέρη τοῦ δικαίου ἐστὶ νόμος τε καὶ φύσις καὶ τέχνη καὶ ἔθος, ὧν ἑνὶ πάν-

---

1 cf. W IV 630, 27 7 β[ί]ου V 8 H 157, 7 10 νομοθέ-
ἔξωθεν δὲ
του | f. 47v | πηλικότητι V 12 W IV 593, 5 ‖ συλλογισμῷ, συλ-
ἐστιν
λογισμῷ lin. del., V 16 εἰσί, εἰσὶ lin. del., V 21 H 157, 11
22 τε om. W IV 593, 14 24 H 157, 11

τως ὁ φεύγων ἐν ἀντιλήψει ἰσχυρίζεται· ταῦτα δὲ παραγραφικοῦ τάξιν ἔχει.

Τὸ δὲ πρόσωπον οὐκ ἀεὶ ἐμπίπτει ἐν ἀντιλήψει· ὅταν μὲν γὰρ ἰδιώτης κρίνηται δημοσίων ἀδικημάτων, ἐμπίπτει λέγοντος ὡς 'οὐκ ἂν οἷός τε ἦν ἰδιώτης ὢν τηλικαῦτα κινεῖν καὶ μεταφέρειν πράγματα', ὅταν δὲ ἔνδοξον ᾖ τὸ πρόσωπον, ἐκλείπει, πλὴν εἰ μή τις ἐκ μεταχειρίσεως αὐτὸ εἰσάγοι, ὡς ὁ κρινόμενος Αἰσχίνης δημοσίων ἀδικημάτων, διότι μετὰ Χαιρώνειαν εἵπετο τῷ Δημοσθένει δακρύων, ἐρεῖ γὰρ ὅτι 'τοὺς κακῶς ἐστρατηγηκότας αἰτιᾶσθαι χρεὼν τῶν δημοσίων ἀδικημάτων, τοὺς προδιδόντας τὰ φρούρια καὶ τὰς τριήρεις, οὐχὶ τοὺς ῥήτορας'.

Ὁ δὲ ὅρος ἔστι μὲν τοῦ φεύγοντος, πλατύνεται δὲ ⟨οἷς⟩ καὶ ἐν ὅρῳ εἴρηται, ἀπὸ τῶν λειπόντων. ταῦτα δὲ τὰ τρία κεφάλαια - μόρια δικαίου πρόσωπον ὅρος - παραγραφικοῦ τάξιν ἔχοντα λύει τὴν προβολήν.

Ὁ δὲ ἀνθορισμὸς καὶ συλλογισμὸς ἔστι μὲν τοῦ κατηγόρου λύοντα τὸν ὅρον, πλατύνεται δὲ οἷς εἰρήκαμεν ἐν ὅρῳ.

Ἡ δὲ γνώμη τοῦ νομοθέτου πηλικότης τε καὶ πρός τι κοινὰ ὄντα παρ' ἑκατέρων πρὸς τὸ τῷ λόγῳ συμφέρον μελετηθήσεται ἐπὶ μὲν τῆς γνώμης τοῦ νομοθέτου ἢ νόμοις εἰ ἔχοιεν ἢ νόμων ὁμοίων μέρεσιν ἢ ταῖς εὐλόγοις αἰτίαις χρωμένων, τὴν δὲ πηλικότητα

---

3 Wɪᴠ 598 ‖ H 157, 19   7 *πλὴν* om. Wɪᴠ 598, 16   9 *χ[αι]ρώνειαν* V   11 fort. *τῶν* del.   12 *τὰ τείχη καὶ τὰς τριήρεις καὶ τὰ φρούρια* Wɪᴠ 598, 21   13 *ῥήτορας* | f. 48r | *ὁ* V   14 Wɪᴠ 600 ‖ H 157, 23   15 *οἷς* Wɪᴠ 600, 16] om. V ‖ p. 102, 26 ‖ *λειπόντων* Wɪᴠ] *εἰπόντων* V   18 H 157, 25   19 *λύοντος* Wɪᴠ 600, 20   20 p. 104, 18. 107, 20   21 H 157, 30   22 *ἑκατέρων*] *ἑκατέρου* V   24 *ἔχοιμεν* Wɪᴠ

τοῦ μὲν κατὰ αὔξησιν τοῦ δὲ κατὰ μείωσιν προάγοντος, ἐπὶ δὲ τῶν πρός τι ὁ μὲν διὰ παραδειγμάτων ἐκ συγκρίσεως αὐξήσει τὸ πεπραγμένον, ὁ δὲ ἐξ ἀναιρέσεως ἐπιχειρῶν οὐδ' ὅλως ἀδίκημα δείξει τὸ κατηγορούμενον.

Τὴν δὲ ἀντίληψιν ὁ φεύγων οὐκ ἀνέδην εἰσάξει, ἀναίσχυντον γὰρ τὸ λέγειν ὡς 'ἔξεστιν ἅπερ ἂν τις βούλοιτο διαπράττεσθαι', ἀλλ' ὑφειμένως αὐτὴν θήσει καὶ λανθανόντως, ἵνα τὸ ἀναιδὲς αὐτῆς ἐπικρύπτηται, οἷον ὡς ἐπὶ τοῦ ζωγράφου 'ἀλλὰ γὰρ ἀποστερεῖν με τῆς τέχνης ὁ συκοφάντης ἐπικεχείρηκεν, ὥσπερ ἂν εἰ καὶ τοῦ γελᾶν ἐξεῖργε καὶ ὅλως τῇ φύσει κεχρῆσθαι διεκώλυεν· εἰ γὰρ αἰτιᾷ τὴν τέχνην, γράφου καὶ τὴν φύσιν, ἧς παράδειγμα γέγονεν ἀνθρώποις ἡ τέχνη'.

Τὴν δὲ μετάληψιν ὁ κατήγορος διαιρήσει μὲν ἐνστάσει καὶ ἀντιπαραστάσει, πλατυνεῖ δὲ αὐτὴν παραδείγμασιν. πλείονα δὲ τῷ φεύγοντι τὴν διαβολὴν εἰργασμένος εὐθὺς ἐπὶ τῇ προβολῇ θήσει τὴν ἀντίληψιν ἐξ ἀντιθέσεως ⟨καὶ⟩ λύσει ὡς εἴρηται τῇ μεταλήψει.

Μετὰ ταῦτα τὴν αἴτησιν τῆς γνώμης εἰσάξει ὁ κατήγορος τοιῶσδε ἐπὶ τοῦ ζωγράφου 'ἀλλ' εἴπερ μὴ δημοσίᾳ τὴν πόλιν ἀδικεῖν ἐβούλου, τίνος χάριν πρὸ τοῦ λιμένος ἔγραφες τὰ ναυάγια;'

Πρὸς δὲ τὴν γνώμην χρῶμα ἀντιστατικὸν εἰσάξει ὁ φεύγων λέγων 'ἀλλ' ὑπὲρ ὑμῶν τε καὶ τῶν πλεόντων τὴν τοιάνδε πρὸ τοῦ λιμένος πεποίημαι γραφήν, ἵν' οἱ μὲν τοὺς χειμῶνας ὀρρωδοῦντες καὶ τὰ ναυάγια ἐν τοῖς

---

2 ἀπὸ παραδειγμάτων Wɪv 601, 2 6 Wɪv 610 ‖ H 158, 6 ‖ ἀναίδην V 10 cf. p. 130, 6 11 ἐπικεχείρ[η]κεν, ex ι, V 15 Wɪv 612 ‖ H 158, 7 19 καὶ Wɪv 612, 23] om. V 20 μετὰ δὲ Wɪv 24 H 158, 11

προσήκουσι καιροῖς ναυτίλλοιντο, ἡ δὲ πόλις τὸν πλοῦν ἐκείνων ἐν τῷ δέοντι ποιουμένων μὴ τὰς ἐκ ναυαγίων ὀλοφύροιτο συμφοράς' καὶ λοιπὸν ἐκφράσει ἐνταῦθα τριήρων καταδύσεις ναυτῶν ὄλεθρον καὶ τὰς ἐπὶ τούτοις τῶν οἰκείων συμφοράς.

Ἐπὶ τούτῳ μετάληψις κινηθήσεται παρὰ τοῦ κατηγόρου δευτέρα ὡς 'ἐνῆν ἑτέρῳ τρόπῳ τῇ πόλει βοηθεῖν συμβουλεύοντα παραινοῦντα τῶν ἀναγομένων ἐνίους ἰδίᾳ πείθοντα'.

Ὁ δὲ φεύγων ἐπὶ ταύτῃ πάλιν ἀντίληψιν κινήσει δευτέραν λέγων 'ἀλλ' οὐδὲ εἷς κεκώλυκε νόμος καὶ τὴν ἀπὸ τῆς τέχνης τῇ πόλει πορίζειν ἐπικουρίαν· ὅση γὰρ δύναμις ἑκάστῳ τῶν ἐνοικούντων, ταύτῃ βοηθεῖν ἐπάναγκες'.

Αὕτη μὲν οὖν τῶν ἀντιληπτικῶν κεφαλαίων διαίρεσις. ἔξωθεν δὲ ὡς ἔφαμεν ἐμπίπτει ἀντίθεσις ὁρικὴ μὲν ὡς ἐπ' ἐκείνου Πλάτων [μὲν] ἐπὶ τῇ πολιτείᾳ κρίνεται δημοσίων ἀδικημάτων, ἐρεῖ γὰρ 'ἀλλὰ τἀληθῆ εἶπον' καὶ σκοπηθήσεται πότερον τἀληθῆ εἶπεν ἢ οὔ· στοχαστικὴ δὲ ὡς ἐπ' ἐκείνου Θουκυδίδης ἐπὶ τῇ ἱστορίᾳ κρίνεται δημοσίων ἀδικημάτων, ἐρεῖ γὰρ 'ἀλλ' εἰ δοκεῖ, τὴν ἱστορίαν ἀπαλείψω', λυθήσεται δὲ βουλήσει τε καὶ δυνάμει τῶν ἐχόντων αὐτήν, ὡς 'ἀδύνατον ⟨τὸ⟩ τοιόνδε, οἱ γὰρ ἔχοντες οὐ βουλήσονται ἀφανίσαι τὴν ἱστορίαν, ὥστε ἀδύνατος ἡ ἀπάλειψις'.

Τῶν δὲ διπλῶν ἀντιλήψεων ἡ μέν τίς ἐστι κατὰ

---

1 *ναυτίλλωνται* Wɪv 2 *τὰ[ς]*, ς sup., V 3 *συμφοράς* | f. 48ᵛ | *καὶ* V 6 Wɪv 619 ‖ H 158, 13 7 *ἐνῆν ἑτέρω* Wɪv 619, 6] *ἐν ημετέρω* V 10 H 158, 15 15 *ἡ τῶν* Wɪv 16 p. 132, 12 17 *μὲν* V; om. Wɪv 619, 15 24 *τὸ* Wɪv 619, 21] om. V 25 *ἀπάληψις* V 26 H 160, 6

σύνθεσιν, ἡ δὲ κατὰ διαίρεσιν· κατὰ σύνθεσιν μέν, ὅταν ἑκατέρα τῶν ἐν τῷ ζητήματι ἀντιλήψεων μὴ δύνηται καθ' ἑαυτὴν ἐπιδέξασθαι κατηγορίαν, συντεθεῖσα δὲ τὸ ἔγκλημα βέβαιον ἀπεργάζηται, οἷον ζωγράφος πάντα γράφων καὶ θεοὺς μὴ γράφων κρίνεται ἀσεβείας· ἐὰν γάρ τις λάβῃ τὸ 'πάντα γράφων', μὴ εἴπῃ δὲ 'μόνους θεοὺς μὴ γράφων', οὐδεμιᾶς κατηγορίας θάτερον ἄξιον· διὸ συντίθησιν ἀμφότερα βουλόμενος ἰσχυρὰν ποιήσασθαι τὴν κατηγορίαν. διὰ τοῦτο οὖν διπλοῦν κατὰ σύνθεσιν καλεῖται τὸ εἶδος τοῦτο τῆς ἀντιλήψεως. ἰστέον δὲ ὡς ἐν ταῖς διπλαῖς κατὰ σύνθεσιν ἀντιλήψεσιν ὁ φεύγων ἐπὶ μὲν θατέρῳ ὡς πράξας ἐπὶ δὲ θατέρῳ ὡς μὴ πράξας τὴν ἐξουσίαν προβάλλεται. πλεῖστα δ' ἄν τις εὕροι παραπλήσια τούτῳ ζητήματα, ὥσπερ κἀκεῖνο ταῖς πάντων γνώμαις τις ἀντιλέγων καὶ μηδὲν αὐτὸς ἀποφαινόμενος κρίνεται δημοσίων ἀδικημάτων. τοιαύτη μὲν οὖν ἡ κατὰ σύνθεσιν ἁπλῆ ἀντίληψις· κατὰ διαίρεσιν δέ ἐστιν, ὅταν μία ἑκάστη τῶν ἀντιλήψεων ⟨ἰσχυρὰ μὲν ᾖ ἱκανῶς, συντεθέντα δὲ ἀμφότερα τὰ ἀντιληπτικὰ⟩ ἰσχυρότερά τε ᾖ καὶ τῷ φεύγοντι φέρῃ τινὰ διὰ τὴν περίστασιν κίνδυνον ἢ ψόγον, οἷον πολλάς τις ἀμείβων γυναῖκας καὶ πολλοὺς παῖδας θετοὺς ποιούμενος κρίνεται δημοσίων ἀδικημάτων, καὶ γὰρ τὸ πολλὰς ἀμείβειν γυναῖκας οὐκ ἔξω μέμψεως καὶ τὸ πολλοὺς ποιεῖσθαι

---

1 σύλληψιν, σύλληψιν lin. del., σύνθεσιν (supra lin.) V 2 ἑκατέρω V 3 ἐπιδέξασθαι] ἐπιδείξασθαι V 4 ἀπεργάζεται V 7 μὴ in mg. add. m. post. 8 συντίθησιν] συντιθ[εῖ] οἷον V 14 ⌊δ' ἄν⌉ V 16 ἀποφαινόμενος | f. 49r | κρίνεται V 18 Wɪv 642 ‖ H 160, 18 19 ἰσχυρὰ — 20 ἀντιληπτικὰ inserui 20 ἰσχυροτέρα V] ἰσχυρά Wɪv 642, 15 21 φέρει V 23/24 κακοῦ βίου φεύγει H 160, 22

θετοὺς παῖδας οὐκ ἀνεύθυνον. ἐπειδὴ οὖν ἑκάτερον τῶν ἐν τῷ ζητήματι δύναται καὶ ἰδίᾳ γραφὴν ἀναδέξασθαι, καλεῖται κατὰ διαίρεσιν. ὁ μὲν οὖν κατήγορος ἐν ἑκατέραις ταῖς τε κατὰ σύνθεσιν καὶ ταῖς κατὰ διαίρεσιν ἀμφότερα συλλήψεται τὰ ἀντιληπτικά, ἐν μὲν ταῖς κατὰ σύνθεσιν διὰ τὸ ἑκάτερον αὐτῶν ἰδίᾳ ὡς εἴρηται μὴ εἶναι γραφῆς ἄξιον, ἐν δὲ ταῖς κατὰ διαίρεσιν, ἵνα σφοδροτέραν ἀπεργάσηται τὴν κατηγορίαν. ὁ δὲ φεύγων ἐν ἀμφοτέραις διαιρήσει τὴν ἀπολογίαν, ἐν μὲν τῇ κατὰ σύνθεσιν δεῖξαι βουλόμενος, ὅτι μάτην ὁ κατήγορος τὴν κατ' αὐτοῦ πεποίηται γραφήν, ἐν δὲ ταῖς κατὰ διαίρεσιν, ἵνα τοὐναντίον οὗ βούλεται ὁ διώκων διαπράξηται· εἰ γὰρ ἐκεῖνος συλλαβὼν ἀμφοτέρας τὰς ἀντιλήψεις σφοδροτέραν ἀπεργάζεται τὴν κατηγορίαν, εἰκότως οὗτος διαιρήσει σαθρότερον τῶν ἀντιληπτικῶν ἑκάτερον ἰδίᾳ δεῖξαι σπουδάζων.

Τὸ δὲ τριπλοῦν τῆς ἀντιλήψεως εἶδος ταύτῃ μόνον διαφέρει τοῦ διπλοῦ, ὅτι τρεῖς ἀντιλήψεις ἔχει, ὡς ἐπ' ἐκείνου ἐγράψαντό τινες ἀλλήλους ἐπὶ ταῖς γυναιξί, καθυφῆκαν τὰς γραφάς, ἠγάγοντο τὰς ἀλλήλων γυναῖκας ⟨καὶ⟩ κρίνονται κακοῦ βίου· ἐπὶ ἑκάστῳ γὰρ τῶν πεπραγμένων προβαλοῦνται τὴν ἐξουσίαν, διὰ δὲ τὸ μὴ προσκορῆ φαίνεσθαι τὸν λόγον συνάψουσι τὰ ἀντιληπτικά· τῶν τε γὰρ ἀκροατῶν στοχαστέον καὶ τῆς συντομίας τούτοις προνοητέον.

Ἰστέον δὲ ὅτι αἱ τῆς ἀχαριστίας γραφαὶ οὔτε ῥη-

---

1 θετοὺς W IV 642, 18] τοὺς V   2 γραφ[ὴν] V
ἀντιληψ
7 p. 136, 2   14 ἀποδείξεις, ἀποδείξ lin. del., V   21 ἠγάγοντο (cf. p. 132, 6)] ἤγαγον V   22 καὶ ins. (cf. p. 132, 7)

τορικαί εἰσιν, ὥς τινὲς οἴονται, οὔτε ἀντιληπτικαί – ἀναίσχυντον γὰρ τὸ λέγειν 'ἐξῆν μοι' – ἀλλὰ μᾶλλον ἀντιστατικαί.

IV. ΠΕΡΙ ΑΝΤΙΣΤΑΣΕΩΣ.

Μετὰ τὴν ἀντίληψιν ἀκολούθως ἐπὶ τὰς ἀντιθετικὰς μετιέναι στάσεις εὔλογον· εἰ γὰρ αἱ τέσσαρες ἀντιθετικαὶ σὺν τῇ ἀντιλήψει δικαιολογικαὶ καλοῦνται ὡς τὰς περιτρόπους τοῦ φεύγοντος περιέχουσαι δικαιολογίας, ἀναγκαῖον ἂν εἴη εὐθέως τῇ ἀντιλήψει ταύτας ἐπάγειν. ὧν πρώτην τακτέον τὴν ἀντίστασιν, ἥτις ὠνόμασται μὲν οὕτως ἀπὸ τοῦ ἀντιτιθέναι καὶ ἀνθιστᾶν τῷ ἐγκαλουμένῳ ἀδικήματι εὐεργέτημα· ὁρίζεται δὲ αὐτὴν Μινουκιανὸς μὲν οὕτως 'ἀντίστασίς ἐστιν ἡ ἔχουσα φαῦλόν τι καὶ καλόν'. ἐλέγχεται δὲ οὗτος μήτε ἐκ γένους ὢν καὶ διαφορῶν ὡς εἶναι τέλειον ὅρον μήτε ὑπογραφή τις ὤν· αἱ γὰρ ὑπογραφαί, εἰ καὶ μὴ τὴν οὐσίαν σημαίνουσι τῶν ὑποκειμένων, ἀλλ' οὖν ἴδιόν τι πάντως αὐτῶν περιλαμβάνουσιν. τὸ δὲ πρὸς Μινουκιανοῦ εἰρημένον στοχασμῶν τε ἐνίοις καὶ ἀντιλήψει καὶ μεταλήψει ἁρμόσει· καὶ γὰρ ἐν στοχασμῷ εὑρεθήσεται φαῦλόν τι καὶ καλόν, ὡς ἐπὶ τοῦ Περικλέους τοῦ λέγοντος ὑπὲρ τῆς πόλεως παρεσκευάσθαι τὰς πανοπλίας, καὶ ἐν ἀντιλήψει, ὡς ἐπὶ τοῦ τὸν τρισαριστέα μοιχὸν ἀνελόντος, καὶ ἐν μεταλήψει, ὡς ἐπὶ τῆς ἱερείας τῆς ἐν ἱερῷ τὸν τύραννον ἀνελούσης.

---

3 ἀντιστατικαί | f. 49v | περὶ ἀντιστάσεως V 4 W IV 691—695 ‖ H 161—163 8 fort. πολυτρόπους (p. 66, 10) 14 τ[ι καὶ καλον] V ‖ ἐλέγχεται] ἔσται V 19 Μινουκιανοῦ] μινουκιανὸν V 22 cf. p. 68, 1 23 cf. p. 129, 19

Ἑρμογένης δὲ καὶ Μητροφάνης οὕτως ὁρίζονται τὴν ἀντίστασιν ʻὅταν ὁμολογῶν ὁ φεύγων τὸ πεπραγμένον ἀντιτιθῇ δι᾽ αὐτοῦ τοῦ ἀδικήματος εὐεργέτημά τι γεγενημένον᾽. ἔχει δὲ καὶ οὗτος ἀτελῶς· οὔτε γὰρ ἐκ γένους ἐστὶ καὶ διαφορῶν, καὶ πότε γίνεται ἀντιστατικὸν πρόβλημα οὐ τί ἐστιν ἀπεφήνατο. ὁ δὲ τελείως ἔχων τῆς ἀντιστάσεως ὅρος ἐστὶν οὗτος ʻστάσις πολιτικοῦ πράγματος τῶν ἐπὶ μέρους, καθ᾽ ἣν ὁ φεύγων ὁμολογῶν τὸ γεγενημένον ἀντιτίθησιν εὐεργέτημα μεῖζον δι᾽ αὐτοῦ πεπραγμένον τοῦ ἀδικήματος᾽. ἴδιον δὲ τῆς ἀντιστάσεώς ἐστι τὸ δι᾽ αὐτοῦ τοῦ ἀδικήματος ἀντιτιθέναι μεῖζον εὐεργέτημα γεγενημένον, ὡς ὁ τὸν ἵππον ἀνελὼν ἀντιτίθησι τοῦ δεσπότου τὴν σωτηρίαν, ὁ δὲ τὸ τεῖχος κατασκάψας στρατηγὸς τὴν κατὰ πολεμίων νίκην· τὸ γὰρ λέγειν ἴδιον εἶναι ἀντιστάσεως τὸ ἀμφότερα ὡμολογῆσθαι ἐν αὐτῇ, τό τε ἀδίκημα καὶ τὸ εὐεργέτημα, κοινόν ἐστι καὶ τῶν ἄλλων ἀντιθετικῶν. ἀποροῦσι δέ τινες πρὸς τοῦτο λέγοντες ʻεἰ ἄμφω ὡμολόγηται, καὶ οὐδεμία τις ἐν αὐτῇ γενήσεται ζήτησις, ἀσύστατος ἄρα᾽· πρὸς οὓς ἐροῦμεν ὅτι κατὰ μὲν τὸν τοῦ φεύγοντος λόγον ἀμφότερα δοκεῖ ὡμολογῆσθαι, κατὰ δὲ τὸν τοῦ διώκοντος τὸ μὲν ἀδίκημα φανερόν ἐστι, τὸ δὲ δοκοῦν εὐεργέτημα δι᾽ ἕτερον πεπρᾶχθαι φαίνεται, ὡς ἐπὶ τοῦ κατασκάψαντος στρατηγοῦ τὸ τεῖχος καὶ νικήσαντος ἡ μὲν καθαίρεσις τοῦ τείχους φανερά, ἡ δὲ νίκη ἀμφισβητεῖται πότερα διὰ τὸν

2 H 139, 28 3 ἕτερόν τι εὐεργέτημα μεῖζον (μεῖζον om. Par. 2977) H 11 τὸ Walz] τοῦ V 13 cf. p. 140, 16 14 cf. p. 140, 19 19 ὁμολογεῖται καὶ .. γίνεται W IV 692, 15 20 ζήτησις | f. 50r | ἀσύστατος V ‖ ἀσύστατον W IV 692, 16 21 μὲν τὸν τοῦ] κατὰ V

στρατηγὸν ἢ διὰ τὴν εὐτολμίαν τῶν πολιτῶν γέγονεν. ἔτι γε μὴν οὐδὲ ὡς ἀδίκημα τὸ γεγονὸς ὁ φεύγων ὁμολογεῖ πεπραχέναι, ἀλλὰ τῆς εὐεργεσίας ἀρχὴν ὁρίζεται τὸ εὐθυνόμενον· ὥστε ἀμφότεροι τὸ μὲν ὠφελοῦν αὐτοὺς ὡς πρόδηλον ἐξετάζουσι, τὸ δὲ ἐναντιούμενον, εἰ καὶ φανερὸν εἶναι δοκεῖ, ἀλλ' ἐφ' ὃ βούλονται μετάγουσιν.

Εἴδη δὲ ἡ ἀντίστασις οὐκ ἐπιδέχεται, διότι οὐδὲ τὰ εἰδοποιοῦντα ἐν ταῖς στάσεσιν ἐν αὐτῇ ἐμπίπτει, φημὶ δὲ κεφαλαίων πλεονασμὸν ἢ ἔλλειψιν ἢ τάξιν διάφορον, ἅπερ πολλάκις ἔφαμεν τὴν ἑτερότητα τῶν εἰδῶν ἐν ταῖς στάσεσιν ἀπεργάζεσθαι.

Τρόποι δὲ ἀντιστατικῶν προβλημάτων εἰσὶ τρεῖς, ὁ μὲν γὰρ περὶ ἰδιωτικῶν ἐστιν, ὁ δὲ περὶ δημοσίων, ὁ δὲ περὶ δημοσίων ἅμα καὶ ἰδιωτικῶν· περὶ ἰδιωτικῶν μὲν οἷον ⟨ἵππον⟩ τις τὸν ἔποχον εἰς τοὺς πολεμίους ἐκκομίζοντα βαλὼν ἀπέκτεινε καὶ κρίνεται μετὰ ταῦτα ὑπὸ τοῦ δεσπότου βλάβης· περὶ δημοσίων δὲ πόλεως πολιορκουμένης συνεβούλευεν ὁ στρατηγὸς ἐπεξελθεῖν, μὴ δυνηθεὶς πεῖσαι κατέσκαψε μέρος τι τοῦ τείχους, ἐπεξελθόντες ἐνίκησαν καὶ κρίνεται δημοσίων ἀδικημάτων ὁ στρατηγός· περὶ δημοσίων δὲ καὶ ἰδιωτικῶν οἷον τύραννος ἐξ ἀστυγείτονος πόλεως ἤρα κόρης, ἔπεμψεν αἰτῶν καὶ πόλεμον ἀπειλῶν, εἰ μὴ λάβοι, ἡ πόλις οὐκ ἔδωκεν, ἐπιόντος τοῦ τυράννου πολέμου νόμῳ ἀπέκτεινεν ὁ πατὴρ τὴν παῖδα καὶ πρὸ τοῦ τείχους ἔρριψεν, ἰδὼν ὁ τύραννος ἀνέζευξε καὶ κρίνεται ὁ πατὴρ φόνου.

---

8 cf. H 163, 5   9 στά[σ]εσιν V   10 δὲ V; δὴ Wιv 693, 3   13 cf. H 163, 11   16 ἵππον inserui (cf. p. 139, 13. Wιv 685, 11)

Διαιρεῖται δὲ ἡ ἀντίστασις κεφαλαίοις τοῖσδε· προβολῇ κοινῇ, γνώμῃ τοῦ φεύγοντος, τοῖς ἀπ' ἀρχῆς ἄχρι τέλους τοῦ κατηγόρου, ἀντιστάσει τοῦ φεύγοντος, μεταλήψει τοῦ κατηγόρου, μεταστάσει ὅτε ἐμπίπτει τοῦ φεύγοντος - ἰστέον γὰρ ὅτι μόνη τῶν ἀντιθετικῶν ἡ μετάστασις συμπλέκεται τῇ ἀντιστάσει οὐκ ἀεὶ ἀλλ' ἐπὶ τινῶν προβλημάτων, ὡς ἐπὶ τοῦ κατασκάψαντος τὸ τεῖχος στρατηγοῦ -, μεταλήψει δευτέρᾳ τοῦ κατηγόρου, τοῖς πρός τι καὶ βιαίῳ ὅρῳ κοινοῖς, μεταλήψει ἐκ προσώπου, ἀντιλήψει.

Ἡ μὲν οὖν προβολὴ κοινή ἐστι τῷ τὸν μὲν κατήγορον τὸ ἀδίκημα αὔξειν τὸν δὲ φεύγοντα τὸ εὐεργέτημα ἐν τῇ ἑαυτοῦ προβολῇ.

Ἡ δὲ γνώμη ἔστι μὲν ὡς εἴρηται τοῦ φεύγοντος, πλατύνεται δὲ τῷ ἐκ διαιρέσεως σχήματι, αἰτίᾳ δι' ἣν τοῦτο πέπραχε, παραδείγμασι, προσώπου ποιότητι, τοῖς ἐγκωμιαστικοῖς τόποις - γένει φύσει ἀγωγῇ ἐπιτηδεύμασιν -, ἀνάγκῃ, ἐκφράσει τῶν τε νῦν ὄντων ἀγαθῶν καὶ τῶν ἐπελθόντων ἂν χαλεπῶν εἰ μὴ τοῦτο ἦν πράξας.

Τὰ δὲ ἀπ' ἀρχῆς ἄχρι τέλους θήσει ὁ κατήγορος οὐχὶ τὸ ἀδίκημα ἀφηγούμενος - πρόδηλον γὰρ τοῦτο καὶ ὡμολογημένον ὡς εἴρηται - ἀλλὰ κατασκευάζων ὅτι φαύλῃ τῇ γνώμῃ τὸ γεγονὸς ὁ φεύγων διαπέπρακται.

Εἶτα τὴν ἀντίστασιν τὸ οἰκεῖον τῆς στάσεως κεφάλαιον εἰσάξει ὁ φεύγων τὸ συμφέρον τὸ διὰ τῆς βλάβης γεγονὸς ἐξαίρων· πλατύνεται δὲ ἐκφράσει καὶ

---

5 *ἀντιθετικῶν* | f. 50ᵛ | *ἡ* V 11 cf. H 161, 22—162, 32 14 p. 141, 2 18 *ἐκφράσει*] *ἐκβάσει* VWɪᴠ 694, 6 23 p. 139, 9

αὐξήσει τοῦ δεινοῦ καὶ θέσει, χρὴ γὰρ πρότερον ἐξᾶραι τῷ λόγῳ τὰ περιστάντα δεινὰ τὴν πόλιν ἢ τὸν ἄνθρωπον τὸν ὑπὸ τοῖς πολεμίοις μέλλοντα γίγνεσθαι διὰ τοῦ ἵππου καὶ οὕτω τὸ εὐεργέτημα ἐπάγειν πλατύνοντα τῇ θέσει.

Ἕπεται δὲ τῇ ἀντιστάσει μετάληψις λύουσα αὐτήν, ἐνστάσει τε καὶ ἀντιπαραστάσει πλατυνομένη.

Μετὰ δὲ ταῦτα κινήσει στοχαστικὴν ἀντίθεσιν ὁ κατήγορος, ἥτις ὑπὸ τοῦ φεύγοντος λύεται βουλήσει τε καὶ δυνάμει.

Εἶτα ἡ μετάστασις ὑπὸ τοῦ φεύγοντος εἰσάγεται ὅτε ἐμπίπτει λέγοντος 'ἀλλ' ὁ δῆμος αἴτιος μὴ πεισθείς'.

Καὶ πάλιν ταύτην ὁ κατήγορος λύσει μεταλήψει· καθόλου γὰρ τῶν πέντε δικαιολογικῶν λυτική ἐστιν ἡ μετάληψις.

Πρός τι κοινὰ τοῦ μὲν μεῖζον ἀποφαινομένου τὸ ἀδίκημα τοῦ εὐεργετήματος τοῦ δὲ φεύγοντος προκρίνοντος μετὰ κατασκευῆς τὸ εὐεργέτημα τοῦ ἀδικήματος.

Ὅρος βίαιος κοινὸς τοῦ μὲν μηδ' ὅλως εὐεργέτημα γεγενῆσθαι παρὰ τοῦ φεύγοντος διαγορεύοντος τοῦ δὲ μηδεμίαν ἀπηντηκέναι βλάβην ἐκ τοῦ γεγονότος ἰσχυριζομένου.

Εἶτα μετάληψις ἐπὶ πρόσωπον κινεῖται παρὰ τοῦ

ἐπάγειν
4 εὐ[1 litt. er.]εργέτημα V ‖ πλατυν, πλατυν lin. del., V 8 fort. *Μετὰ* — 10 *δυνάμει* del., cf. p. 141, 4 et 143, 3; idem colligo ex ordine capitum, qualem praebet schema in codicis V folio 51ʳ (marg. inf.) scriptum 12/13 πεισθ[ει]ς V 21 εὐεργέτημά τι Wɪv 695, 1 22 διαγορεύοντος | f. 51ʳ | τοῦ V 23 ἀπη[ν]τηκέναι V 25 παρὰ om. Wɪv 695, 5

κατηγόρου· ἔστι δὲ οὐ τῶν ἀεὶ ἐμπιπτόντων, ὅταν δὲ ἐμπέσῃ, λύεται ἀντιλήψει.

Ἔστι δὲ ὅτε καὶ στοχαστικὴ ἀντίθεσις ἐν ἀντιστάσει ἐμπίπτει, οἷον ἐπὶ τοῦ κατασκάψαντος στρατηγοῦ τὸ τεῖχος 'ἀλλ' ἄδηλον ἦν εἰ πάντως ἡ νίκη πρὸς ἡμῶν ὑπάρξει', ἣν ὁ στρατηγὸς λύσει τῶν στρατιωτῶν βουλήσει τε καὶ δυνάμει ὡς 'προκινδυνεύειν βουλόμενοι τῆς πατρίδος οὐκ ἀδύνατοι κατὰ πολεμίων ὑπῆρχον στῆσαι τὰ τρόπαια καλῶς ἐκπαιδευθέντες ὑπ' ἐμοὶ τὰ πολέμια καὶ τεθνάναι μᾶλλον εὐκλεῶς ἢ ζῆν αἰσχρῶς ἐπὶ τῶν παρατάξεων αἱρούμενοι'.

Τοιαύτη μὲν οὖν ἡ τῶν ἀντιστατικῶν ὑπάρξει διαίρεσις κεφαλαίων. ἰστέον δὲ ὅτι τῇ μὲν ἀντιστάσει μετάστασις συνεπιπλέκεται, τῇ δὲ μεταστάσει συγγνώμη, τῇ δὲ συγγνώμῃ ἃ καὶ τῷ ἀντεγκλήματι ἀντίστασις. ἔστι δὲ κἀκεῖνο τὸ ζήτημα ἀντιστατικόν, κἂν ἐνίοις τῶν τεχνογράφων μετάστασις εἶναι δοκῇ· Ἀρχίδαμος λοιμοῦ καταλαβόντος Ἀθήνας ἀνέζευξε καὶ κρίνεται παρὰ Σπαρτιάταις δημοσίων ἀδικημάτων· τό τε γὰρ ἀδίκημα φανερὸν ἐνταῦθα τὸ καταλιπεῖν οὑτωσὶ τὴν πολεμίαν ἑτοίμως καὶ τὸ εὐεργέτημα πρόδηλον τὸ μὴ συγχωρῆσαι τῷ στρατεύματι λοιμοῦ πειραθῆναι· ἔτι δὲ ἐν τῇ μεταστάσει ἐπὶ πρόσωπον ὑπεύθυνον ἢ ῥητὸν ὑπεύθυνον μεταφέρει τὴν αἰτίαν ὁ φεύγων τοῦ πεπραγμένου, ὁ δὲ λοιμός, ἐφ' ὃν ὁ Ἀρχίδαμος μεταφέρει τὴν αἰτίαν, ἀνεύθυνον.

6/7 βουλήσει τε καὶ δ(β)υνάμει τῶν σ(α)τρατιωτῶν V (βουλ. τε κ. δυν. τ. στρατ. W IV 695, 9) ‖ προκινδυνεύειν ἀεὶ W IV
12 ὑπάρ⌊ξ⌉ει, ex χ, V 15 ἃ om. W IV 695, 17; fort. τε
21 ἑτ⌊οί⌉μως V 26 ἀνεύθυνον | f. 51v | περὶ μεταστάσεως V

V. ΠΕΡΙ ΜΕΤΑΣΤΑΣΕΩΣ.

Τὴν μετάστασιν Μινουκιανὸς μὲν οὕτως ὁρίζεται 'ὅταν μεταφέρωμεν τὸ ἀδίκημα ἐπὶ πρόσωπον ἢ ῥητὸν ὑπεύθυνον', Ἑρμογένης ⟨δὲ⟩ 'ὅταν ὁμολογῶν ὁ φεύγων τὸ ἀδίκημα ἐπὶ πρόσωπον ἢ ῥητὸν ὑπεύθυνον μεταφέρῃ τὴν αἰτίαν'. προδήλων δὲ ὄντων κἀνταῦθα τῶν περὶ τοὺς ὅρους ἁμαρτημάτων ἀπὸ τῆς ἐξετάσεως τῶν ἐν ταῖς ἄλλαις στάσεσιν ὅρων περίεργον ἂν εἴη τοὺς αὐτοὺς ἐπεισκυκλεῖν λόγους. ὁ δὲ τελείως ἔχων τῆς μεταστάσεως ὅρος ἐστὶν ὅδε 'μετάστασίς ἐστι στάσις πολιτικοῦ πράγματος τῶν ἐπὶ μέρους, καθ' ἣν ὁ φεύγων ὁμολογῶν τὸ ἀδίκημα ἐπὶ πρόσωπον ὑπεύθυνον ⟨ἢ ῥητὸν ὑπεύθυνον⟩ μεταφέρει τὴν αἰτίαν'. ἴδιον δὲ μεταστάσεώς ἐστι τὸ ἐπὶ πρόσωπον ἢ ῥητὸν ὑπεύθυνον μεταφέρειν τὴν αἰτίαν, ἐπὶ πρᾶγμα δὲ μηδέποτε, ὡς Ἀρχίδαμος ἐπὶ τὸν λοιμόν. πρόσωπον μὲν οὖν ὑπεύθυνόν ἐστι τὸ δυνᾶμενον δοῦναι δίκην, ῥητὸν δὲ ὑπεύθυνον τὸ λυθῆναι δυνάμενον. κοινωνεῖ δὲ μετάστασις ταῖς ἄλλαις ἀντιθετικαῖς πρῶτον μὲν τῷ γένει· ποιότης γὰρ καὶ δικαιολογία καὶ ἀντίθεσις γένος αὐτῶν, τὸ μὲν εἰδικώτατον ἡ ἀντίθεσις, τὸ δὲ σὺν ἀντιλήψει ἡ δικαιολογία, τὸ δὲ σὺν ἄλλαις πλείοσιν ἡ ποιότης - πλὴν γὰρ στοχασμοῦ καὶ ὅρου αἱ λοιπαὶ στάσεις ὑπὸ τὴν ποιότητα ἀνάγονται -· ἔπειτα τῷ

---

1 Wɪv 696—698 2 *τὴν δὲ* Wɪv 696, 2 4 *δὲ* Wɪv 696, 4] om. V ‖ cf. H 140, 4 5 *ῥητὸν* om. sed *πρᾶγμα* add. H 9 *ἐπ⌊εισ⌉κυκλεῖν*, ex *ι*, V 11
πραγ
ζητηματος, *ζητη* lin. del., V 13 *ἢ ῥητὸν ὑπεύθυνον* Wɪv 696, 9] om. V 14 *πρόσωπον ὑπεύθυνον ἢ* Wɪv 21 *ἰδικώτατον* V

ἀμφότερα ὡμολογῆσθαι, τό τε ἀδίκημα καὶ τὸ εὐεργέτημα· κοινὸν γὰρ καὶ τοῦτο τῶν ἀντιθετικῶν. διαφέρει δὲ τῶν ⟨μὲν⟩ ἀντιθετικῶν τῷ ἐπί τι ὑπεύθυνον τῶν ἔξωθεν μεταφέρειν τὴν αἰτίαν τοῦ ἀδικήματος, τῆς δὲ ἀντιλήψεως τῷ ἐνταῦθα μὲν τὸ ἀδίκημα ὑπὸ τοῦ φεύγοντος ὁμολογεῖσθαι, ἐν δὲ ἀντιλήψει ἀνεύθυνον μὲν εἶναι τὸ πεπραγμένον παρὰ τοῦ φεύγοντος, διὰ δέ τινα περίστασιν ὡς ἀδίκημα κρίνεσθαι.

Εἴδη δὲ διάφορα οὐκ ἔχει ἡ μετάστασις.

Ἡ δὲ τῶν κεφαλαίων διαίρεσις ἔστι μὲν ἡ αὐτή πως τοῖς ἐν ἀντιστάσει, διαφέρει δὲ τῇ τε τάξει καὶ τῇ προβολῇ· τῇ μὲν προβολῇ, ὅτι ἐν μὲν ἀντιστάσει κοινή ἐστιν ἑκατέρου τῶν ἀγωνιζομένων, ἐν δὲ μεταστάσει μόνου τοῦ κατηγόρου· τῇ δὲ τάξει, ὅτι ἡ μετάστασις τὸ κεφάλαιον ἐνταῦθα μετὰ προβολὴν καὶ γνώμην καὶ τὰ ἀπ' ἀρχῆς ἄχρι τέλους πρὸ τῶν λοιπῶν τάττεται κεφαλαίων, ὥσπερ ἐν τῇ ἀντιστάσει τὸ ἀντιστατικὸν μεθ' ἃ εἶπον κεφάλαια τάττεται. ἔτι δὲ καὶ ἡ στοχαστικὴ ἀντίθεσις ἡνίκα ἐμπίπτει ἐν μὲν ἀντιστάσει ὑπὸ τοῦ κατηγόρου εἰσάγεται, ἐν δὲ μεταστάσει ὑπὸ τοῦ φεύγοντος.

Ἡ δὲ τῶν κεφαλαίων διαίρεσίς ἐστι τοιαύτη· προβολὴ τοῦ κατηγόρου, πλατυνομένη οἷς πολλάκις εἴρηται· γνώμη τοῦ φεύγοντος, ὥσπερ ἐν ἀντιστάσει πλατυνομένη· τὰ ἀπ' ἀρχῆς ἄχρι τέλους ⟨τοῦ κατηγόρου⟩, μετὰ κατασκευῆς εἰσαγόμενα ὡς οὐ δεῖ τὰ πραχθέντα μόνα σκοπεῖν ἀλλὰ καὶ τὴν γνώμην ἀφ'

---

1 *ὡμολογ⌊ῆ⌋σθαι*, ex *εῖ*, V 3 *μὲν* Wɪᴠ 696, 23] om. V 11 *τοῖς* VWɪᴠ; fort. *τῇ* 18 *ἀντιστατικὸν* | f. 52r | *μεθ'* V 19 fort. *καὶ* del. 25 *τοῦ κατηγόρου* inserui 27 *ἀφ'* Walz] *ἐφ'* V

ἧς ἐπὶ ταῦτα κεχώρηκεν, ὡς ἐπ' ἐκείνου τοῦ ζητήματος νόμος Ἀθήνησι νύκτωρ μὴ ἀνοίγεσθαι τὰς πύλας, Κλέωνος ἀγαγόντος τοὺς τριακοσίους ἀπὸ Σφακτηρίας <νύκτωρ> Νικίας ἐφεστὼς τῷ τείχει οὐκ ἠνέῳξεν, ἐπελθόντες οἱ πολέμιοι ἀπέκτειναν αὐτοὺς καὶ κρίνεται Νικίας δημοσίων ἀδικημάτων· μετάστασις τοῦ φεύγοντος, πλατύνεται δὲ τοῖς αὐτοῖς οἷσπερ καὶ ἡ ἀντίστασις, ἐκφράσει τε καὶ αὐξήσει τοῦ δεινοῦ καὶ θέσει· μετάληψις ἐκ πράγματος κατηγόρου· ἀντίθεσις στοχαστικὴ τοῦ φεύγοντος, καὶ οὐχ ὥσπερ ἐν ἀντιστάσει ὑπὸ τοῦ κατηγόρου ἐκινεῖτο, λύεται δὲ οἷς πολλάκις εἴρηται βουλήσει τε καὶ δυνάμει· πρός τι καὶ ὅρος βίαιος κοινά· μετάληψις ἐπὶ πρόσωπον τοῦ κατηγόρου· ἀντίληψις τοῦ φεύγοντος, λύουσα τὴν μετάληψιν.

Τῆς δὲ μεταστάσεως ἡ μέν τίς ἐστιν ἐπὶ ῥητόν, ἧς παράδειγμα τὸ εἰρημένον ζήτημα, ἡ δὲ ἐπὶ πρόσωπον, ὡς τόδε νόμος τὸν πρεσβευτὴν λαβόντα παρὰ τοῦ ταμίου χιλίας δραχμὰς εἰς ἐφόδιον ἐξιέναι, πρεσβευτής τις χειροτονηθεὶς καὶ μὴ λαβὼν παρὰ τοῦ ταμίου τὰ χρήματα οὐκ ἐξῆλθε καὶ ὑπάγεται τῷ νόμῳ· ἐνταῦθα γὰρ ἐπὶ τὸ πρόσωπον τοῦ ταμίου μετοίσει τὴν αἰτίαν ὁ πρεσβευτὴς εὐθυνόμενος.

Διαφέρει δὲ τῆς ἐπὶ νόμον ἀντιλήψεως ἡ ἐπὶ

1 ⌊ἐπὶ⌉ V 2 ἀνοίγειν Wɪv 3 τριακοσίους (i. e. τ') dubitanter scripsi] την V; om. Wɪv 698, 2 4 νύκτωρ Wɪv] om. V 5 ἠνέ⌊ω⌉ιξεν V ‖ ἀπέκτεινον Wɪv 6 δη^{β}μοσίων ^{α}ικίας V 10 fort. καὶ — 11 ἐκινεῖτο del. 13 πρόσωπον ex προσώπου V 14 post κατηγόρου ras. 1, 2 cm. 16 ῥητ⌊ο⌉ν, ex ω, V 19 ταμ⌊εί⌉ου, ex ι m. 2, V ‖ δραγμὰς V 21 et 22 ταμ⌊εί⌉ου, ex ι m. 2, V 23 post εὐθυνόμενος 1 litt. er. V 24 τ⌊ῆς⌉ V

νόμον μετάστασις τῷ τὴν μὲν ἐφ' οἷς ἐποίησε προβάλλεσθαι τὴν ἐξουσίαν, πλὴν εἰ μή ποτε ἀντίληψις ἐφ' οἷς οὐκ ἐποίησεν εὑρεθείη, τὴν δὲ μετάστασιν πάντως ἐφ' οἷς οὐκ ἐποίησεν εἶναι.

VI. ΠΕΡΙ ΑΝΤΕΓΚΛΗΜΑΤΟΣ.

Ἀντέγκλημα δέ ἐστι στάσις πολιτικοῦ πράγματος τῶν ἐπὶ μέρους, καθ' ἣν ὁ φεύγων ὁμολογῶν τὸ πεπραγμένον ἄξιον εἶναί φησι τὸν πεπονθότα τοῦ γεγονότος· τὸν γὰρ Μινουκιανοῦ τε καὶ Ἑρμογένους ὅρον ὡς κατὰ τὰ αὐτὰ τοῖς ἄλλοις ἡμαρτημένον παραλιμπάνειν εὔλογον. ἴδιον δὲ ἀντεγκλήματός ἐστι τὸ πάντως τὸ πεπονθὸς πρόσωπον ἑκὸν παρέχεσθαι τὴν αἰτίαν τοῦ παθεῖν ἅπερ πέπονθεν, οἷον τὸ ὑπὸ τοῦ πατρὸς ἀνῃρημένον μειράκιον ἑκὸν ἐπὶ τὴν πορνείαν ἐχώρησεν, ἡ κατασκαφεῖσα πόλις ὑπὸ τοῦ στρατηγοῦ ἑκοῦσα ἀπέστη, ἑκατέρῳ γὰρ ὑπῆρχε δυνατὸν μὴ γενέσθαι τοῦ πάθους αἰτίῳ· ὥστε πᾶν πρόβλημα, ἐν ᾧ τὸ πεπονθὸς πρόσωπον ἄκον παρέσχε τοῦ πάθους τὴν αἰτίαν, οὐκ ἂν εἴη ἀντεγκληματικόν. ὥσπερ δὲ ἐν τῷ ἁπλῷ ὅρῳ, ἐν ᾧ ἄλλο μέν ἐστι τὸ κρινόμενον ἄλλο δὲ τὸ ζητούμενον, ὁ μὲν κατήγορος ἀπολογεῖται ὁ δὲ φεύγων διώκει διὰ τὴν τῶν πραγμάτων φύσιν ἐναλλάττοντες τὴν τάξιν, οὕτω καὶ ἐν τῷ ἀντεγκλήματι ὁ μὲν διώκων ἀπολογεῖται ὑπὲρ τοῦ πεπονθότος

1 ⌊οἷ⌋ς V   4 εἶναι | f. 52ʳ | περὶ ἀντεγκλήματος V
ὅρον
5 W IV 698—699   6 δὲ om. W IV 698, 15   10 λόγον V || H 140, 1 || ἡμαρτημένον Walz] ἠρτημένον V   14 cf. p. 148, 10

ὁ δὲ φεύγων κατηγορεῖ. δέχεται δὲ ἀντίστασιν τὸ ἀντέγκλημα.

Ἡ δὲ τῶν κεφαλαίων διαίρεσις ἡ αὐτὴ ταῖς ἄλλαις ἀντιθετικαῖς ἐστι μόνῃ τῇ τάξει τοῦ οἰκείου διαφέρουσα κεφαλαίου καὶ τῇ ἐναλλαγῇ τῶν λεγόντων ὡς εἴρηται. τὸ δὲ ἀντέγκλημα τὸ κεφάλαιον πλατύνεται ὑπὸ τοῦ φεύγοντος κοινῷ τόπῳ καὶ πολλῇ τῇ καταφορᾷ, ὑπὸ δὲ τοῦ κατηγόρου λύεται μεταλήψει.

Προβλήματα δέ ἐστιν ἀντεγκληματικὰ τάδε· τρισαριστεὺς πορνεύοντα τὸν υἱὸν ἀπέκτεινε καὶ κρίνεται φόνου· στρατηγὸς συνεχῶς ἀφισταμένην πόλιν συμμαχίδα κατέσκαψε καὶ κρίνεται δημοσίων ἀδικημάτων.

VII. ΠΕΡΙ ΣΥΓΓΝΩΜΗΣ.

Συγγνώμη δέ ἐστι στάσις πολιτικοῦ πράγματος τῶν ἐπὶ μέρους, καθ' ἣν ὁ φεύγων ὁμολογῶν τὸ πεπραγμένον ἐπί τι ἀνεύθυνον μεταφέρει τὴν αἰτίαν. ἴδιον δὲ συγγνώμης τὸ πάντως ἐπί τι ἀνεύθυνον ῥητὸν ἢ πρόσωπον ἢ πρᾶγμα μεταφέρειν τὴν αἰτίαν· ῥητὸν μὲν ἀνεύθυνον χρησμόν, οἷον μετὰ τὸν περὶ τοῦ Ἅλυος χρησμὸν Κροίσῳ τις συμβουλεύσας στρατεύειν ἐπὶ Πέρσας κρίνεται μετὰ τὴν ἧτταν, ἐπὶ ῥητὸν γὰρ ἀνεύθυνον τὸν χρησμὸν μετάξει τὴν αἰτίαν· ἐπὶ πρόσωπον δὲ ἀνεύθυνον τύραννον ἢ πολεμίους· ἐπὶ πρᾶγμα δὲ ἀνεύθυνον ὀργὴν ἢ ἔρωτα λύπην

5 p. 147, 23   6 τὸ (alt.) sup. V   9 προβλήματα — 12 ἀδικημάτων om. Wɪᴠ 699, 12   13 Wɪᴠ 699—701 ‖ cf. H 140, 7   16 ἀνεύθυνον ῥητὸν ἢ πρόσωπον ἢ πρᾶγμα Wɪᴠ 699, 16   20 συμβουλεύσας | f. 53r | στρατεύειν V   24 ἢ post ὀργὴν om. Wɪᴠ 699, 21

φόβον νόσον ὕπνον χειμῶνα ἀνάγκην καὶ τὰ τοιαῦτα, τὰ γὰρ πράγματα ἐφ' ἃ μετάξει τὴν αἰτίαν ἢ ψυχικά ἐστιν ἢ σωματικὰ ἢ ἔξωθεν νικῶντα φύσιν ἀνθρωπίνην.

Διαιρεῖται δὲ τοῖς αὐτοῖς κεφαλαίοις ταῖς ἄλλαις ἀντιθετικαῖς, πλὴν ὅτι τὸ οἰκεῖον αὐτῆς - φημὶ δὲ τὸ συγγνωμονικόν - μετὰ τὰ ἀπ' ἀρχῆς ἄχρι τέλους πρὸ τῶν ἄλλων τάττεται κεφαλαίων, ὥσπερ ἐν ἀντιστάσει τὸ ἀντιστατικὸν καὶ ἐν μεταστάσει τὸ μεταστατικὸν καὶ ἐν ἀντεγκλήματι τὸ ἀντεγκληματικόν. ἑκάστη γὰρ τῶν ἀντιθετικῶν διαφέρει τῆς ἑτέρας πρῶτον μὲν τῷ ὅρῳ, δεύτερον δὲ τῷ ἰδίῳ, τρίτον δὲ τῷ οἰκείῳ κεφαλαίῳ, τέταρτον δὲ τῷ πρός τι· τὸ γὰρ πρός τι ἐν μὲν ἀντιστάσει σύγκρισιν ἔχει τοῦ τε ἀδικήματος καὶ τοῦ εὐεργετήματος, ἐν δὲ μεταστάσει τῇ ἐπὶ νόμον σύγκρισιν τοῦ ῥητοῦ καὶ τοῦ ἀδικήματος, ἐν δὲ μεταστάσει τῇ ἐπὶ πρόσωπον σύγκρισιν τοῦ μεθιστάντος προσώπου καὶ τοῦ εἰς ὃ μεθίστησιν, ἐν δὲ ἀντεγκλήματι τοῦ τε ἀδικήματος καὶ τῆς ἀνάγκης ἧς ἂν προβάληται ὁ παθὼν καὶ τοῦ τολμήματος οὗ τετόλμηκεν ὁ παθών, ἐν δὲ συγγνώμῃ τοῦ τε ἀδικήματος καὶ τῆς ἀνάγκης ἧσπερ ἂν προβάληται ὁ παθών, οἷον νόμος τὸν ἀποκαθευδήσαντα τῶν φρουρῶν θανάτῳ ζημιοῦσθαι, πόλεως πολιορκουμένης φύλαξ τις ἀποκαθευδήσας εἶδεν ὄναρ, ᾧ χρησάμενοι περιγένοιντο τῶν πολεμίων, ἀναστὰς ἐξεῖπε, ποιήσαντες οἱ πολῖται τὰ ὑπὸ τοῦ ὀνείρου δηλωθέντα ἐνίκησαν καὶ μετὰ τὴν νίκην ὑπάγεται ὁ φρουρὸς τῷ νόμῳ· ἐν γὰρ τῷ πρός

1 ὕπνον χειμῶνα νόσον Wɪv 6 δ[ὲ] V; δὴ Wɪv 700, 4 15 τῇ] τὴν V 17 σύγκρισιν Walz] συγκρίσει V 19 ἧς ἂν] ἢ ἐὰν V

τι ὁ μὲν κατήγορος τῆς ἀνάγκης ἧς προβάλλεται ὁ φεύγων μεῖζον ἀποφαίνεται τὸ ἀδίκημα, ὁ δὲ φεύγων τὸ ἐκ τοῦ ὕπνου γεγονὸς εὐεργέτημα μεῖζον ἀποδείκνυσι τῆς παραβάσεως τοῦ νόμου.

Διαφέρει δὲ ἡ συγγνώμη τοῦ καλουμένου τῆς γνώμης στοχασμοῦ τῷ ἐνταῦθα μὲν ὡμολογῆσθαι τὸ ἀδίκημα ὡς ἀκούσιον, ἐν δὲ στοχασμῷ τῆς γνώμης ἐξέτασιν γίγνεσθαι πότερον ἄκουσα ἡ μητρυιὰ πεφόνευκε τὸν πρόγονον ἢ ἑκοῦσα καὶ μὴ μανεῖσα· καὶ ἡ μὲν στάσις ἐστί, τὸ δὲ στοχασμοῦ εἶδος· καὶ ἐν μὲν τῷ στοχασμῷ τῆς γνώμης ἕτερον δι' ἑτέρου κρίνεται - διὰ γὰρ τοῦ τὸν μὲν υἱὸν τρῶσαι τὸν δὲ πρόγονον ἀνελεῖν τὸ πεπλασμένον τῆς μανίας κρίνεται -, ἐν δὲ τῇ συγγνώμῃ αὐτὸ τὸ πεπραγμένον κρίνεται, τὸ ἀποκαθευδῆσαι, τὸ μὴ ἀνελέσθαι τὰ ναυάγια ὡς ἐπὶ τῶν δέκα στρατηγῶν· καὶ ἐν μὲν τῷ εἰ ἔστιν ἡ μανία ζητοῦμεν, ἐν δὲ τῷ ποῖόν τί ἐστι, πότερον παράνομον ἢ οὔ. ἔστω δὲ ἡμῖν παράδειγμα γνώμης στοχασμοῦ καὶ τόδε· ῥήτωρ ἐπὶ τῷ πάντα νικᾶν ἐφυγαδεύθη, ἀμφισβητήσεως περὶ ὅρων γενομένης πρὸς ἀστυγείτονα πόλιν ἀνεκλήθη καὶ ἡττηθεὶς κρίνεται καθυφέσεως.

---

6 *τ[ῶι]*, ex *ο*, V ‖ *μὲν* | f. 53ᵛ | *ὡμολογῆσθαι* V 12 cf. p. 63, 13 13 *κρίνεται*^{β} *τῆς* ^{α}*μανίας* V 17 post *τί ἐστιν* ras. 4 cm. (*ἡ μανία — τί ἐστιν* omissa erant, suppleta sunt inter lineas) V

VIII. ΠΕΡΙ ΜΕΤΑΛΗΨΕΩΣ.

Τὴν δὲ μετάληψιν ὁ μὲν Ἑρμογένης τελευταίαν τάττει πασῶν τῶν στάσεων λέγων αἰτίας τάσδε· πρώτην μὲν ὅτι ἔν τε ταῖς λογικαῖς καὶ ἐν ταῖς νομικαῖς ἐμπίπτει στάσεσιν, εἰκότως οὖν τήν τε ἄγραφον καὶ τὴν ἔγγραφον ποιότητα πρῶτον ἐξεταστέον, τουτέστι τάς τε λογικὰς καὶ νομικάς, ἐν αἷς εὑρίσκεται, καὶ τελευταῖον ἐπάγειν τὸν περὶ τῆς μεταλήψεως λόγον· δευτέραν δὲ τήνδε, ὅτι αἱ μὲν ἄλλαι στάσεις τὸ εἰ ἔστιν ἢ τί ἐστιν ἢ ποῖόν τί ἐστι σημαίνουσιν - τὸ μὲν εἰ ἔστιν ὁ στοχασμός, τὸ δὲ τί ἐστιν ὅρος, τὸ δὲ ποῖόν τί ἐστιν αἱ λοιπαί -, ἡ δὲ μετάληψις τῷ πεπραγμένῳ φανερῷ ὄντι καὶ ὁμολογουμένῳ συγχωροῦσα ἕν τι τῶν περιστατικῶν αἰτιᾶται μορίων. οἱ δὲ μεταγενέστεροι σὺν φιλοσοφίᾳ τοὺς περὶ τῶν στάσεων διεξελθόντες λόγους ἐπὶ ταῖς ἀντιθετικαῖς τάττουσι τὴν μετάληψιν, πρῶτον μὲν διότι τῶν πέντε δικαιολογικῶν στάσεων μία αὕτη λυτική ἐστιν ἡ μετάληψις, εἰκότως οὖν τὴν ἐπ' ἐκείναις δέχεται τάξιν, ὅπως ἂν γνῶμεν ποίας ὑπάρχουσα φύσεως τηλικαύτην ἰσχὺν διὰ τῶν μεθόδων ἐπιδείκνυται ὡς μόνη τὰς πέντε λύειν· ἔπειτα δὲ καὶ τῶν παλαιῶν τεχνογράφων οἱ πλείονες ταύτην αὐτῇ τὴν τάξιν ἀποδεδώκασιν· τρίτον δὲ πολλῷ ἂν ἄμεινον εἴη καθ' ἑαυτὴν πρῶτον ἐξετάσαι τὴν οὐσίαν αὐτῆς, ἵνα μὴ ἐν ταῖς νομικαῖς περὶ

---

1 Wɪᴠ 766—769   2 cf. H 141, 31 sq.   3 Hermogenes causas illas expressis verbis non affert   13 [ὁ]μολογουμένω, ex ω, V   15 συμ V   24 πρῶτον | f. 54r | ἐξετάσαι V

ταύτης τι λέγειν ἐπιχειροῦντες τὴν τῶν προκειμένων διακόπτωμεν διδασκαλίαν.

Τινὲς μὲν οὖν τῶν τεχνογράφων ὑπὸ τὴν ποιότητα τὴν μετάληψιν ἀνάγουσι, τινὲς δὲ οὔ. ἄμεινον δὲ τάττειν ὑπὸ τὴν ποιότητα· εἰ γὰρ καὶ τὸ εἰ ἔστιν ἔγνωσται ἐν αὐτῇ καὶ τὸ τί ἐστιν, ἤδη δὲ καὶ τὸ ποῖόν τί ἐστιν ὡς ἐπὶ τῆς ἀνελούσης τὸν τύραννον ἱερείας, ἀλλ' οὖν διὰ τὸ ἐν τοιῷδε τόπῳ τὸ πρᾶγμα συμβῆναι ζητοῦμεν πότερον ἔννομον ἢ παράνομον τὸ πεπραγμένον.

Ἔτι δὲ οἱ μὲν ὡς μίαν στάσιν παραλαμβάνουσι τὴν μετάληψιν τὸ μὲν αὐτῆς ἄγραφον τὸ δὲ ἔγγραφον λέγοντες, οἱ δὲ ἄμεινον φάσκοντες δύο τε αὐτὴν λέγουσι περιέχειν στάσεις καὶ πλεῖστον ἀλλήλων διεστάναι ταύτας, πρῶτον μὲν τῷ ὀνόματι, ἡ μὲν γὰρ ἄγραφος μετάληψις καλεῖται ὁμωνύμως τῷ γένει, ἡ δὲ ἔγγραφος παραγραφή· ἔπειτα τοῖς ὅροις τε καὶ τῇ διαιρέσει τῶν κεφαλαίων, ὧν δὲ διάφοροι οἱ ὅροι, τούτων ἐξ ἀνάγκης καὶ τὰ ὁριστὰ διάφορα· ἔπειτα ἡ μὲν ἐκ τοῦ φεύγοντος γνωρίζεται ἡ δὲ ἐκ τοῦ κατηγόρου, καὶ ἡ μὲν τῶν λογικῶν ἐστιν ἡ δὲ τῶν νομικῶν. εἰ δὲ αἱ τέσσαρες ἀντιθετικαὶ τοῖς αὐτοῖς σχεδὸν διαιρούμεναι κεφαλαίοις πλὴν ἑνὸς τοῦ ἑκάστης οἰκείου πᾶσαί τε ἐκ τοῦ φεύγοντος γνωριζόμεναι διάφοροι παρὰ πάντων ἐνομίσθησαν εἶναι στάσεις, πόσῳ πλέον αὗται τοσούτοις ἀλλήλων ὡς ἔφαμεν διαφέρουσαι. κοινωνοῦσι δὲ ἀλλήλαις τῷ τε ὑπὸ τὸ αὐτὸ γένος ἀνάγεσθαι, τὴν μετάληψιν, καὶ τῷ ἐκ τῶν περιστατι-

---

7 cf. p. 153, 23 22 *εἰ δὲ αἱ Δ'*] *ἰδέαι δὲ* V 26 *διαφέρουσ*[*αι*] V

κῶν μορίων ποιεῖσθαι τὴν παραγραφήν, ἀλλ' ἐν μὲν τῇ ἀγράφῳ ὁ διώκων κέχρηται τῷ περιστατικῷ μορίῳ εἰς παραγραφὴν ἐν δὲ τῇ ἐγγράφῳ ὁ φεύγων. πρῶτον δὲ ἡμῖν ὁ λόγος γιγνέσθω περὶ τῆς ἀγράφου μεταλήψεως ὡς ἁπλουστέρας τε καὶ ταῖς λογικαῖς ἃς ἔτι μελετῶμεν ᾠκειωμένης.

Μετάληψις τοίνυν ἐστὶ στάσις πολιτικοῦ πράγματος τῶν ἐπὶ μέρους, καθ' ἣν ὁ κατήγορος συγχωρῶν τῷ πεπραγμένῳ ἕν τι τῶν περὶ τὸ πρᾶγμα περιστατικῶν μεταλαμβάνει μορίων.

Διαφέρει δὲ τῶν ἀντιθετικῶν ἡ μετάληψις, ὅτι αἱ μὲν ἐκ τῶν φευγόντων ἡ δὲ ἐκ τοῦ κατηγόρου γνωρίζεται, καὶ αἱ μὲν τὰ πεπραγμένα ⟨ὑπεύθυνα ἔχουσι, ἡ δὲ αὐτὸ μὲν τὸ πεπραγμένον⟩ ἀνεύθυνον ἔχει, τῶν δὲ περὶ τὸ πεπραγμένον τι περιστατικῶν μορίων ἐν αὐτῇ μεταλαμβάνεται.

Ἡ δὲ μετάληψις εἰς εἴδη οὐ διαιρεῖται· οὐδεμίαν γὰρ εἰδοποιὸν διαφορὰν ὧν πολλάκις ἔφαμεν ἐπιδέχεται τὰ ὑπ' αὐτὴν ἀναγόμενα ζητήματα, ἀλλὰ πάντα τὰς αὐτὰς ἐπιδέχεται διαιρέσεις.

Τρόποι δέ εἰσι τῶν μεταληπτικῶν προβλημάτων πέντε, κατὰ τόπον κατὰ πρόσωπον κατὰ χρόνον κατὰ τρόπον κατ' αἰτίαν· κατὰ τόπον μέν, οἷον ἱέρεια μυοῦσα τύραννον ἀπέκτεινεν ἐν ἱερῷ καὶ κρίνεται ἀσεβείας, τῷ γὰρ πράγματι συγχωροῦντες ὡς καλῶς γεγονότι - φημὶ δὴ τῇ τυραννοκτονίᾳ - τόπον αἰτιώ-

---

6 *ωικ⌊ει⌋ωμένης*, ex *οι* m. 2, V   8 ⌊*κατή*⌋*γορος* V
12 *φευγόντων* | f. 54^{v} | *ἡ* V   13 *ὑπεύθυνα — πεπραγμένον* inserui   14 *ἀνεύθυνον*, *α* sup. m. 2, V ‖ *ἔχει*, *ουσι* m. 2, V
17 ⌊*εἴ*⌋*δη* V   26 *ἄτοπον*, *α* lin. del. m. 2, V

μεθα· κατὰ πρόσωπον δὲ πένης καὶ πλούσιος ἐχθροί, κατεγνώσθη θανάτου παρὰ τοῦ δήμου ὁ πένης, παρεδόθη τῷ δημίῳ, πείσας ὁ πλούσιος ταλάντῳ τὸν δήμιον αὐτὸς λαβὼν ἀπέκτεινε καὶ κρίνεται φόνου, τὸ μὲν γὰρ πρᾶγμα κἀνταῦθα δίκαιον ἀναιρεθῆναι τὸν κατεγνωσμένον, τὸ δὲ πρόσωπον οὐ δικαίως εἴργασται τὸν μὴ προσήκοντα φόνον· κατὰ χρόνον δὲ νόμος τὸν μοιχὸν καὶ τὴν μεμοιχευμένην ἀναιρεῖσθαι παραχρῆμα, καταλαβών τις μοιχὸν ἐπὶ τῇ γυναικὶ τὸν μὲν ἀπέκτεινεν, ὕστερον δὲ χρόνῳ τὴν γυναῖκα εὑρὼν ἐπὶ τοῦ τάφου τοῦ μοιχοῦ κλαίουσαν ἀνεῖλε καὶ κρίνεται φόνου, οὐδὲν γὰρ ἔχοντες αἰτιᾶσθαι τοῦ πράγματος τὸν χρόνον ἐπιμεμφόμεθα· κατὰ τρόπον δὲ νόμος τὸν μοιχὸν ἀναιρεῖσθαι, καταλαβών τις ἐν τῇ οἰκίᾳ μοιχὸν ἀποκλείσας ἐνέπρησε τὴν οἰκίαν καὶ συγκατέφλεξε τὸν μοιχὸν καὶ κρίνεται φόνου, μόνος γὰρ ὁ τρόπος ἐνταῦθα τῆς ἀναιρέσεως ἀφορμὴν παρέχει τῆς κατηγορίας· κατ' αἰτίαν δὲ νόμος τὸν μοιχὸν φονεύειν ἢ χρήματα πράττεσθαι, καταλαβών τις ἐπὶ τῇ γυναικὶ μοιχὸν ὑποσχομένου τοῦ μοιχοῦ τρία τάλαντα δώσειν ἀφῆκεν, ὕστερον παρ' ἐχθροῦ τοῦ μοιχοῦ λαβὼν ἓξ τάλαντα παρέδωκεν ἐκείνῳ τὸν μοιχὸν καὶ κρίνεται φόνου αἰτίας.

Ἄξιον δὲ ζητῆσαι τῆς κατὰ πρόσωπον μεταλήψεως καὶ τῆς κατὰ νόμον ἀντιλήψεως τίς ἡ διαφορά· ἐν ἑκατέρᾳ γὰρ οὐκ ἀδίκως ὁ πεφονευμένος ἀνῃρῆσθαι

---

1 cf. p. 44, 5   2 κατεγνώθη V   8 [με]μοιχευμένην, με sup., V   22 τάλαντα | f. 55r | παρέδωκεν V   23 αἰτίας (β) φόνου (α) V   24 μεταλήψεως] ἀντιλήψεως V

δοκεῖ. φαμὲν οὖν ὅτι ἐν μὲν τῇ ἀντιλήψει ἔνδοξόν πώς ἐστι τὸ πεπονθὸς πρόσωπον - τρισαριστέως γὰρ υἱὸς ἀνῃρημένος -, ἐν δὲ τῇ μεταλήψει κατεγνωσμένον ἐστὶ τὸ πεπονθὸς πρόσωπον, καὶ ἐν μὲν τῇ κατὰ νόμον ἀντιλήψει αὐτὸ τὸ πρᾶγμα ὡς οὐ δεόντως εἰργασμένον καταιτιώμεθα - οὐ γὰρ φόνῳ τὴν πορνείαν ἰᾶσθαι δίκαιον ἀλλ' ὕβρει πληγαῖς ἀτιμίᾳ καὶ τοῖς τοιούτοις -, ἐν δὲ τῇ κατὰ πρόσωπον μεταλήψει τό γε πεπραγμένον συγχωροῦντες γεγενῆσθαι καλῶς τὸ πεποιηκὸς πρόσωπον αἰτιώμεθα - οὐ γὰρ τὸν ἐχθρὸν ἀλλὰ τὸν δήμιον ἐχρῆν ἀποκτεῖναι τὸν πένητα -.

Ἔνιοι δέ φασι καὶ τόδε τὸ ζήτημα κατὰ πρόσωπον εἶναι μετάληψιν· ἀπεστάλη πρὸς Φίλιππον Αἰσχίνης περὶ εἰρήνης πρεσβευτής, τελευτήσαντα καταλαβὼν ἐκεῖνον Ἀλεξάνδρῳ συνέθετο περὶ τῆς εἰρήνης, ἐπανελθὼν κρίνεται παραπρεσβείας· ἐπειδὴ δὲ τὸ πρόσωπον οὐκ ἔστι κατεγνωσμένον, μᾶλλον ἂν ὁρικὸν εἴη.

Διαιρεῖται δὲ κεφαλαίοις ἡ μετάληψις τοῖς αὐτοῖς οἷσπερ ὁ ὅρος καὶ ἡ ἀντίληψις πλὴν σφόδρα ὀλίγων· ὥσπερ γὰρ αἱ ἀντιθετικαὶ τοῖς αὐτοῖς διαιροῦνται σχεδὸν πλὴν τῆς τάξεως [καὶ] τοῦ οἰκείου ἑκάστης κεφαλαίου, οὕτω καὶ αὗται. κεφάλαια δ' οὖν μεταλήψεώς ἐστι τάδε· προβολὴ τοῦ κατηγόρου, παραγραφικὸν τοῦ φεύγοντος ἀντιληπτικῶς εἰσαγόμενόν τε καὶ πλατυνόμενον, μετάληψις τοῦ κατηγόρου, συλλογισμῷ

---

2 *πεφονευμενον* (sup. *πεπονθὸς*), *πεφονευμενον* lin. del., V ‖ (cf. p. 129, 19) 4 *πρόσωπον* (sup. β) *πεπονθος* (sup. α) V 5 *οὐδὲ ὄντως* V 8 *ἀντιλήψει*, (sup. *μετα*) *αντι* lin. del., V 9 *γε*] *τε* V 10/11 cf. p. 154, 1 18 W IV 783 21 *καὶ* delevi 22/23 *δ'* ⌊*οὖν μετα*⌉*λήψεως*, sup. rasur. 3—4 litterarum, V 25 sq. *συλλογισμὸς* . . *ὅρος* . . *γνώμη* . . *πηλικότης* . . *κοινά* W IV 784, 2; fort. ante *συλλογισμῷ* exciderunt

τοῦ φεύγοντος, ὅρῳ τοῦ κατηγόρου, γνώμῃ τοῦ νομοθέτου πηλικότητι πρός τι κοινοῖς - τὴν δὲ πηλικότητα καὶ τὸ πρός τι ποτὲ μὲν ἐξετάσουσιν ὡς δεῖ, ποτὲ δὲ καὶ παραλείψουσιν ὡς παρέλκοντα διὰ τὸ σφόδρα τοῦ πράγματος ὡμολογημένον -, ἀντιθέσει ἀντεγκληματικῇ ἀεὶ ἐν μεταλήψει ἐμπιπτούσῃ, λύσει μεταληπτικῇ.

Ζητοῦσι δέ τινες τίνι διαφέρει ἀντέγκλημα μεταλήψεως, εἴ γε ἐν ἀμφοτέραις τὸ πεπονθὸς κατέγνωσται πρόσωπον· ἐροῦμεν οὖν ὅτι ἐν μὲν ἀντεγκλήματι ἀδίκημά ἐστι τὸ ὑπὸ τοῦ φεύγοντος πραχθέν, ἐν δὲ μεταλήψει αὐτὸ μὲν τὸ γεγονὸς οὔκ ἐστιν ἀδίκημα, διὰ δέ τι τῶν περιστατικῶν ὡς ἀδίκημα εὐθύνεται.

Ἰστέον δὲ ὅτι πᾶν ἐνθύμημα καὶ πᾶν εἰκὸς καὶ σημεῖον τῆς κατὰ τὰς στάσεις ῥητορικῆς λύεται τῷ καὶ τὴν ὕλην ἐνδεχομένην εἶναι· τεκμήρια δὲ αὐτῆς τινὰ ἄλυτά ἐστιν, ὡς κατὰ τὸν Αἰσχίνην τὸν ἐπὶ τῷ προδεδωκέναι τὸν Κερσοβλέπτην κρινόμενον, διόπερ καὶ ἐν τοῖς ἀσυστάτοις αὐτὸ τετάχαμεν ὡς κατὰ τὸ τεκμήριον δῆλον. ἡ μέντοι ἀληθινὴ ῥητορικὴ τὴν αὐτὴν ὕλην ἔχουσα τῇ φιλοσοφίᾳ - φημὶ δὴ τὴν ἀναγκαίαν - ἀναγκαίους ἔχει καὶ τοὺς λόγους· οὐ γὰρ τὸ νομιζόμενον ἐκείνη σκοπεῖ δίκαιον καὶ συμφέρον καὶ καλόν, ἀλλὰ τὰ ὄντως ὄντα καὶ ἀμιγῆ, διόπερ καὶ ἀντιρρήσεων ἐπὶ τοῖς ἀναγκαίοις λόγοις ἐστὶν ἐλευθέρα.

ἔτι διαιρεῖται καὶ τοῖσδε, cf. p. 156, 5 ann. 1 τοῦ alt. om. Wɪv 784, 3 2 κοινοῖς | f. 55ᵛ | τὴν V 5 ὡμολογημένον· ἔτι διαιρεῖται καὶ τοῖσδε, ἀντιθέσει Wɪv 784, 7 11 γεγονὸς Wɪv 784, 13] γένος V 18 p. 41, 21 23 ἀντιρήσεων V

IX. ΠΕΡΙ ΠΑΡΑΓΡΑΦΗΣ.

Ἕπεται τῇ μεταλήψει ὁ περὶ τῆς παραγραφῆς λόγος εἰκότως, εἴ γε ὑπὸ τὸ αὐτὸ γένος ἄμφω τελοῦσι τὴν μετάληψιν· ὅτι γὰρ ἑτέρα στάσις ἐστὶν ἡ παραγραφὴ τῆς μεταλήψεως, πρόδηλον ἔκ τε τῶν ἤδη περὶ αὐτῶν εἰρημένων ἐν τῇ μεταλήψει καὶ ἔτι ἐκ τοῦ τὴν μετάληψιν ἕνα μόνον ἐπιδέχεσθαι ἀγῶνα, τὴν δὲ παραγραφὴν δύο, τόν τε τῆς εὐθυδικίας καὶ τὸν δι' ὃν ἡ παραγραφή, οἷον ἐγράψατο Τίμαρχος Αἰσχίνην παραπρεσβείας, ὁ δὲ ἑταίρησιν ἐγκαλῶν αὐτῷ παραγράφεται τὴν δίκην· ἐνταῦθα ἕτερος μέν ἐστιν ὁ ἀγὼν ὁ τῆς παραπρεσβείας ἕτερος δὲ ὁ τῆς ἑταιρήσεως, καὶ πρότερος μὲν εἰσάγεται ὁ τῆς ἑταιρήσεως ἀγὼν στάσεως ὢν διὰ τὸ ἀμάρτυρον στοχαστικῆς κατὰ παραγραφήν, μετὰ δὲ τὸ ἡττηθῆναι διὰ τῆς παραγραφῆς Τίμαρχον ὁ τῆς παραπρεσβείας ἀγὼν εἰσάγεται στοχαστικῆς ὢν καὶ αὐτὸς στάσεως.

Ὠνόμασται δὲ παραγραφὴ ἀπὸ τοῦ παραγράφειν καὶ ἐκβάλλειν τὸν φεύγοντα τὸν περὶ τοῦ πράγματος ἀγῶνα· τὸ γάρτοι παραγράφειν ἐναντίον ἐστὶ τῷ ἐγγράφειν· εἰ οὖν τὸ ἐγγράφειν εἰσάγειν ἐστὶν εἰς τὸν δῆμον καὶ καθιστάναι δημότην, εἰκότως τὸ παραγράφειν ἐκβάλλειν ἐστί, καὶ ἀπὸ τούτου καὶ ἡ παραγραφὴ ἡ ἐκβάλλουσα τὴν εὐθυδικίαν. ὅρος δέ ἐστι τῆς παραγραφῆς οὗτος 'στάσις πολιτικοῦ πράγματος

---

1 Wɪv 769—773 6 p. 152, 14 11 ὁ ante ἀγὼν om. Wɪv 770, 1 14 τὸ | f. 87r | ἀμάρτυρον V ‖ παραγραφήν Wɪv 770, 3] περιγραφήν V 22 καθιστάνειν Wɪv 24 εὐθυδικίαν ἐλέχθη Wɪv 770, 12

τῶν ἐπὶ μέρους, καθ' ἣν ὁ φεύγων ἐνίσταται περὶ τοῦ μὴ εἰσαγώγιμον εἶναι τὴν δίκην'.

Τῆς δὲ παραγραφῆς ἡ μέν ἐστι τελεία ἡ δὲ ἀτελής, καὶ τελεία μέν ἐστιν ἡ πάντη τήν τε εὐθυδικίαν καὶ τὸν ἀγῶνα παρακρουομένη, ἀτελὴς δὲ ἡ μέρος τι καταιτιωμένη τῶν περιστατικῶν οἷον χρόνον ἢ τόπον ἢ πρόσωπον. διὰ δὲ τὰς τοιαύτας παραγραφὰς ἔδοξέ τισιν ἡ αὐτὴ εἶναι τῇ μεταλήψει ἡ παραγραφὴ ὡς παραπλησίως ἐκείνῃ ἐκ τῶν περιστατικῶν κινουμένη τόπων· τὸ δὲ οὐκ ἀξιόχρεών ἐστι πρὸς τὸ κοινωνεῖν, πολλὰ γὰρ ἕτερα ὡς ἔφαμεν ἐστὶ τὰ χωρίζοντα αὐτὰς ἀπ' ἀλλήλων.

Γίνεται δὲ ἡ παραγραφὴ κατὰ στοχασμὸν κατὰ ὅρον κατὰ πραγματικὴν κατὰ ῥητὸν καὶ διάνοιαν κατὰ ἀντινομίαν καὶ πάντως τοῖς κεφαλαίοις τῆς ἐμπιπτούσης διαιρεθήσεται στάσεως. καὶ ἔστι κατὰ στοχασμὸν μέν, ὡς ⟨ὁ⟩ ἐπὶ Τιμάρχῳ ἀγών, οἷον νόμος τὸν ἡταιρηκότα μὴ λέγειν, ἐγράψατο Τίμαρχος Αἰσχίνην παραπρεσβείας, ὁ δὲ τὴν ἑταίρησιν ἐγκαλῶν παραγράφεται· κατὰ ὅρον δέ, οἷον δὶς περὶ τῶν αὐτῶν μὴ εἶναι δίκας, ἱέρεια προαγωγείας ἁλοῦσα ἐκρίθη καὶ ἠφείθη καὶ πάλιν φεύγει ἀσεβείας, ἡ δὲ παραγράφεται, ἐνταῦθα γὰρ εἰ ἡ προαγωγεία τῇ ἀσεβείᾳ ταὐτόν ἐστι ζητεῖται· κατὰ δὲ πραγματικήν, ὡς τόδε νόμος τὸν ἀντιλέγοντα νόμῳ τινὶ εἴσω τριάκοντα ἡμερῶν ἀντιλέγειν, πένης καὶ πλούσιος ἐχθροί, ἐπέμφθη πρεσβευ-

10 κοινωνεῖν (cf. fol. 99r Ven.)] κοινωνίαν V 11 p. 152, 15. 157, 6 ‖ ⌊δ⌉ὲ V 14 καὶ Wɪᴠ 771, 1] κατὰ V 17 ὁ Wɪᴠ 771, 4] om. V ‖ aut οἷον post μὲν ponendum aut verba ὡς — ἀγών delenda esse puto 19 ἑταίρησιν αὐτῷ ἐγκαλῶν Wɪᴠ 771, 6 21 προαγωγίας V 23 προαγωγία V 24 cf. H 166, 24

τῆς ὁ πένης, παρὰ τὴν ἀποδημίαν τοῦ πένητος ⟨ὁ πλούσιος⟩ τέθεικε νόμον τὸν ὑπὲρ πέντε τάλαντα ⟨μὴ⟩ κεκτημένον μὴ πολιτεύεσθαι, ἐπανελθὼν ὁ πένης μετὰ δύο μῆνας ἀντιλέγειν βούλεται, ὁ δὲ παραγράφεται· κατὰ δὲ ῥητὸν καὶ διάνοιαν δὶς περὶ τῶν αὐτῶν μὴ εἶναι δίκας, φόνου κρινόμενός τις ἀπέφυγεν, ὕστερον χρωμένῳ αὐτῷ ἀνεῖλεν ὁ θεὸς 'ἀνδροφόνοις οὐ χρῶ', καὶ πάλιν φεύγει φόνου, ὁ δὲ παραγράφεται· κατὰ δὲ ἀντινομίαν νόμος τὸν στρατηγὸν μὴ ἔχειν δίκας καὶ νόμος τὸν ἔμπορον εἴσω τριάκοντα ἡμερῶν δικάζεσθαι, ἔμπορος ἔχων πρὸς στρατηγὸν πράγματα βούλεται δικάζεσθαι, ὁ δὲ παραγράφεται. ἁπλῶς τε εἰπεῖν ᾗ δ' ἂν συνεπιπλέκηται στάσει ἡ παραγραφή, ταύτης καὶ τὰ κεφάλαια λήψεται. καὶ ποτὲ μὲν ὁ τῆς εὐθυδικίας ἀγὼν εἰσάγεται καὶ ἰδίᾳ μετὰ τοῦτον ὁ τῆς παραγραφῆς, ποτὲ δὲ ἅμα συνεισάγονται οἱ ἀγῶνες ὅ τε τῆς παραγραφῆς καὶ ὁ τῆς εὐθυδικίας.

Ἵνα δ' ἔτι σαφέστερον περὶ τελείας καὶ ἀτελοῦς παραγραφῆς διεξέλθωμεν, ἰστέον ὅτι τέλειαι μέν εἰσι παραγραφαὶ ⟨αἱ⟩ ἐπὶ κεκριμένοις ἤδη τοῖς ἐγκλήμασι γιγνόμεναι καὶ πάντῃ τὴν εὐθυδικίαν ἐκβάλλουσαι, ὡς ἡ περὶ τοῦ ἀνδροφόνου τοῦ δεύτερον κρινομένου καὶ τῆς ἱερείας· ἐν τούτοις γὰρ οὐδ' ὁτιοῦν πρὸς τὸ ἐπιφερόμενον ἔγκλημα ὁ φεύγων ἀπολογεῖται, περὶ δὲ τοῦ μὴ ἐξεῖναι κρίσιν αὐτὸν ὑπέχειν δεύτερον περὶ τῶν αὐτῶν τὴν πᾶσαν ποιεῖται δικαιολογίαν. ἀτελεῖς

---

1 πένης] πλούσιος V ‖ πένητος | f. 87ʳ | τέθεικεν V 1/2 ὁ πλούσιος inserui 2 εἴσω πέντε ταλάντων H 166, 25 μὴ inserui 5 οἷον δὶς Wɪv 771, 12 9 οἷον νόμος Wɪv 12 τε V] δὲ Wɪv 772, 4 13 συνεπιπλέκεται V 18 δέ τι VWɪv 19 διεξέλθωμεν παραγραφῆς Wɪv 20 αἱ Wɪv 772, 8] om. V 22 cf. p. 159, 6 23 cf. p. 158, 21

δέ εἰσιν, ὅταν τοῦ ῥητοῦ βοηθοῦντος τῷ φεύγοντι ⟨καθ'⟩ ἕν τι τῶν περιστατικῶν μορίων ἡ παραγραφὴ γίγνηται ἢ πρόσωπον ἡμῶν παραγραφομένων, ὡς ἐπὶ Τιμάρχου, ἢ χρόνον, ὡς ἐπὶ τοῦ πένητος τοῦ μετὰ τὰς τριάκοντα ἡμέρας ἀντιλέγειν βουλομένου, ἢ τόδε τὸ δικαστήριον ἤ τι ἄλλο τῶν περιστατικῶν. ἀτελεῖς δὲ αὐτάς φαμεν τῷ μὴ τέλεον ἐκβάλλειν τὴν εὐθυδικίαν ὥσπερ αἱ τέλειαι, ἀλλ' ἀγωνιζομένης τῆς ἐπὶ τῷ ἀγῶνι κρίσεως δι' ἕν τι τῶν εἰρημένων παραγράφεσθαι· ὁ γὰρ Αἰσχίνης ὁ διὰ τὴν τοῦ προσώπου ποιότητα τὸν τῆς παραπρεσβείας ἀγῶνα παραγραψάμενος ἀγωνισάμενος πρὸς Τίμαρχον καὶ νικήσας οὐδὲν ἧττον ὑπὸ Δημοσθένους ἐγράφη παραπρεσβείας καὶ τὴν ἐπὶ ταύτῃ δίκην εἰσῆλθεν· εἰκότως οὖν ἀτελεῖς αἱ τοιαῦται καλοῦνται παραγραφαὶ ὡς πάντῃ τὴν εὐθυδικίαν ἐκβάλλειν οὐ δυνάμεναι, ἀλλὰ κἂν ὁ δεῖνα μὴ ἐπεξέλθῃ τῇ γραφῇ ἢ χρόνος ἢ τόπος παραχρῆμα τῷ φεύγοντι βοηθήσῃ, διαδέξεται πάντως αὐτὸν ὁ τῆς εὐθυδικίας ἀγὼν καὶ γραφήν τις ἄλλος ἐπὶ τοῖς αὐτοῖς ἐγκλήμασιν ἀποθήσεται ⟨κατ' αὐτοῦ καὶ δικαστήριον ἕτερον εὑρεθήσεται⟩ παρ' ᾧ κυρίως τὰς περὶ τῶν ἐγκαλουμένων κρίσεις ὑπομενεῖ, ὡς εἴ τις παρὰ τοῖς θεσμοθέταις Ἀθήνησιν ὑπὲρ ἱερῶν εὐθυνόμενος παραγράφοιτο τὴν δίκην λέγων παρὰ τῷ βασιλεῖ μᾶλλον δίκαιος εἶναι κρίνεσθαι περὶ τῶν τοιούτων.

Μὴ λανθανέτω δὲ ἡμᾶς ὡς ἔνιοί φασιν ἴδια

---

2 *καθ'* WIV 772, 16] om. V 3 *γίγνεται* V 4/5 cf. p. 158, 25 7 *τέ*[*λεο*]*ν* V 10 *ὁ* ante *διά* om. WIV 772, 24 15 *καλοῦνται* | f. 88r | *παραγραφαὶ* V 18 *διαδέξεται* WIV 773, 6] *διαλέξεται* V 19 *τις*] *τε* V 20/21 *κατ' αὐτοῦ — εὑρεθήσεται* WIV 773, 8] om. V

κεφάλαια τὴν παραγραφὴν ἔχειν τό τε κατὰ ἐπαγγελίαν καὶ τὸ κατὰ ἔκβασιν καὶ τὸ ἐκ παραδειγμάτων· ταῦτα δὲ ὡς πολλάκις εἴρηται κοινὰ παντός ἐστι ζητήματος, ὥστε ἴδια μὲν οὐκ ἔχει, τοῖς δὲ τῆς συμπλεκομένης στάσεως ⟨ὡς⟩ καὶ ἄνω ἔφαμεν διαιρεθήσεται κεφαλαίοις.

Ἔστι δὲ καὶ τόδε τὸ ζήτημα παραγραφὴ κατὰ στοχασμόν· νόμος ἐπὶ ἀδίκῳ κρίσει ἐπικαλεῖσθαι τοὺς δημάρχους καὶ νόμος τὸν ⟨μὴ⟩ ὁμολογήσαντα κακοῦργον εἴσω τριάκοντα ἡμερῶν δεδέσθαι παρὰ τοῖς ἄρχουσιν, εἶτα ἀπάγεσθαι, ἤρα τις κόρης, προσῆλθε τῷ πατρὶ αὐτῆς, ὁ δὲ οὐκ ἔδωκε, καὶ δεύτερον προσῆλθεν, ὁ δὲ οὐδ' οὕτως δέδωκεν, εὕρηται ἡ παῖς πεφονευμένη καὶ παρεστὼς ὁ παῖς ἐπερωτώμενος οὐκ ἔφησεν ἀνῃρηκέναι τὴν παῖδα, ἐδέδετο κατὰ τὸν νόμον, ἱερόσυλοι μεταξὺ ἑάλωσαν, βασανιζόμενοι ἄλλα τε ἐξεῖπον καὶ ὅτι αὐτοὶ εἴησαν οἱ πεφονευκότες τὴν κόρην, παρελθούσης τῆς προθεσμίας ἀπάγειν οἱ ἄρχοντες τὸν παῖδα βούλονται, οἱ δὲ οἰκεῖοι αὐτοῦ ἐπικαλοῦνται τοὺς δημάρχους, οἱ δὲ παραγράφονται.

X. ΠΕΡΙ ΠΡΑΓΜΑΤΙΚΗΣ.

Ἐπὶ τῇ παραγραφῇ τάττουσιν οἱ τῶν τεχνογράφων ἄριστοι τὴν πραγματικὴν πολυσχιδῆ τε καὶ πολύυλον οὖσαν καὶ ποικίλας προβλημάτων ἰδέας ἐπιδεχομένην. ὠνόμασται μὲν οὖν πραγματικὴ ἀπὸ τοῦ πλεονάζοντος

3 πάντως V 5 ὡς addidi ‖ p. 158, 15. 159, 13 9 μὴ inserui ‖ ⌊ὁ⌋μολογήσαντα, ex ω, V 20 παραγράφονται | f. 88ᵛ | περὶ πραγματικῆς V 21 W IV 701—763 ‖ H 164—166; cf. H 139, 10 23 πολυσχεδῆ V

ἐν αὐτῇ· τῆς γὰρ ποιότητος τῶν πραγμάτων, ὡς καὶ ἐν τῇ διαιρέσει τῶν στάσεων ἐγνώκαμεν, εἴς τε τὰ γεγονότα καὶ τὰ μέλλοντα διαιρουμένης μόνη τὴν περὶ τῶν μελλόντων ἅπασαν ἀπειληφέναι ἐπισκοπεῖ φύσιν, ἔσθ' ὅτε δὲ καὶ τῶν γεγονότων ἐφάπτεται πρὸς κατασκευὴν τῶν μελλόντων. ὅρος δέ ἐστιν αὐτῆς οὗτος 'στάσις πολιτικοῦ πράγματος τῶν ἐπὶ μέρους περὶ τοῦ εἰ γέγονέ τι ἢ γενήσεται καὶ περὶ τοῦ εἰ τόδε τι πρακτέον ἐστὶν ἢ μὴ τὴν ζήτησιν ποιουμένη'.

Τῆς δὲ πραγματικῆς ἡ μέν ἐστιν ἔγγραφος ἡ δὲ ἄγραφος, καὶ ἡ μὲν ἔγγραφος ἀπὸ ῥητοῦ τινος καὶ περὶ ῥητὸν ἔχει τὴν ἐξέτασιν, ἡ δὲ ἄγραφος ῥητῶν οὐ προσαπτομένη περὶ ψιλὰ μόνον ἔχει πράγματα τὴν ζήτησιν. εἴδη δὲ αὐτῶν οὐδετέρα ἔχει, διότι οὐδὲ διαφορὰ κεφαλαίων ἐν αὐταῖς θεωρεῖται, κἂν μυριάκις ἔνιοι ξένοις ὀνόμασι τὰ συνήθη προσαγορεύειν ἐπιχειρῶσι, διαφορὰ δὲ προβλημάτων.

Τῶν μὲν οὖν ὑπὸ τὴν ἔγγραφον πραγματικὴν προβλημάτων εἰσὶ διαφοραὶ ἑπτά, κατὰ νόμου εἰσφοράν, κατὰ νόμου παλαιοῦ κύρωσιν καὶ ἀναίρεσιν, κατὰ πρόσθεσιν ἐν νόμῳ μέρους τινός, κατὰ ψηφίσματος εἰσαγωγήν, κατὰ ῥητὸν καὶ διάνοιαν, κατὰ ἀντινομίαν, κατὰ αἴτησιν δωρεᾶς· κατὰ μὲν νόμου εἰσφοράν, οἷον πολλῶν ἀτελῶν γιγνομένων καὶ τῶν πολυτελευομένων ἐκλειπόντων τίθησι νόμον Λεπτίνης μηδένα εἶναι ἀτελῆ· κατὰ δὲ νόμου πάλαι κειμένου κύρωσιν καὶ ἀναίρεσιν, οἷον μετὰ τὰ ἐν Μαραθῶνι γράφει τις

---

2 p. 57, 12   3 *μόνη τῇ* Wɪᴠ 711, 8   4 fort. *ἀπείληφε καὶ* (*ἐπειληφέναι ἐπισκοπεῖν* ed. Ald.)   6 *αὐτῆς ἐστιν* Wɪᴠ 711, 11   10 Wɪᴠ 717   13 *τὰ πράγματα* Wɪᴠ 717, 17   24 *πολυτελευομένων*] *πολιτευομένων* VWɪᴠ   25 *ἐκλειπόντων* Wɪᴠ 718, 1] *ἐκλιπόντων* V   26 *παλαιοῦ* (om. *κειμένου*) Wɪᴠ

παρὰ Λακεδαιμονίοις ἀναιρεῖσθαι τὸν τῆς πανσελήνου νόμον· κατὰ δὲ πρόσθεσιν ἐν νόμῳ μέρους τινός, οἷον νόμος τὸν τυπτήσαντα χιλίας διδόναι, πλούσιος ἐχθρὸς πένητα ἅπαξ τυπτήσας ἐξέτισε τὰς χιλίας καὶ δεύτερον τυπτήσας δέδωκε τὰς χιλίας, ὁ δὲ πένης νόμον εἰσφέρει καὶ ἀτίμους τοὺς τυπτήσαντας γίγνεσθαι - οὐ γὰρ ἀναιρῶν τὴν ἔκτισιν τῶν χιλίων τῇ προσθήκῃ τῆς ἀτιμίας ἕνα τὸν ὅλον ἀπεργάζεται νόμον -· κατὰ δὲ ψηφίσματος εἰσαγωγήν, οἷον βασιλέως ἐπερχομένου πολλῷ στρατῷ γράφει Θεμιστοκλῆς ἐκλιπόντας τὴν πόλιν εἰς τὰς τριήρεις ἐμβαίνειν - οὐ ῥᾳδίαν δὲ τὴν ἐπίγνωσιν ἔχει τὰ τοιαῦτα συμβουλευτικὰ προβλήματα, πότερον τῆς ἐγγράφου πραγματικῆς ἐστιν ἢ τῆς ἀγράφου· τὰ γὰρ αὐτὰ δυνατὸν ὑπὸ ἑκατέραν ἀνάγειν, πλὴν ἐκείνῳ γε διεστήκασιν· ἐὰν μὲν γὰρ ᾖ τὸ ʽγράφειʼ προσκείμενον ἐν τῷ ζητήματι, δηλονότι ὡς ψηφίσματος εἰσαγομένου τινὸς τὸ ʽγράφειʼ προσγέγραπται καὶ οὕτως ἂν τῷ ψηφίσματι ὁ συμβουλεύων συσταίη, εἰ δὲ ἀντὶ τοῦ ʽγράφει Θεμιστοκλῆς ἢ ὁ δεῖναʼ τὸ ʽσυμβουλεύειʼ προσκείμενον ἔχοι, ψιλὴ τῶν πραγμάτων ἐξέτασις ἔσται· καὶ οὕτως ὑπὸ μὲν τὴν ἔγγραφον πραγματικὴν ἀναχθήσεται πᾶσα ψηφίσματος εἰσαγωγὴ καὶ λόγος τῷ ψηφίσματι συνιστάμενος, ὑπὸ δὲ τὴν ἄγραφον πραγματικὴν πᾶς συμβουλὴν περιέχων ἄνευ ῥητοῦ λόγος -· ἀνάγονται δὲ ὑπὸ τὴν ἔγγραφον πραγματικὴν τά τε κατὰ ῥητὸν

---

2 δὲ om. Wɪᴠ   4 ἅπαξ πένητα Wɪᴠ 718, 7; πένητος ἅπαξ V   7 fort. οὐκ ἄρ'   8 ἕνα | f. 89r | τὸν V   11 ἐκλιπόντας Wɪᴠ 718, 12] ἐκλείποντας V   17/18 γράφει πρόσκειται Wɪᴠ 718, 19   20 ἔχει Wɪᴠ   24 ἄγραφον Wɪᴠ 718, 25] ἔγγραφον V ‖ πραγματικὴν om. Wɪᴠ ‖ τά τε κατὰ ῥητὸν ante πᾶς lin. del. V   26 fort. ἐπὶ τούτοις ante ὑπὸ ins.

καὶ διάνοιαν προβλήματα, οἷον νόμος περὶ πολέμου μέχρι τριῶν ἡμερῶν βουλεύεσθαι, Ἐλάτειαν ἔχοντος Φιλίππου γράφει συμβουλεύων Δημοσθένης αὐθημερὸν ἐξιέναι, ⟨καὶ⟩ Αἰσχίνης ἀντιλέγει, καὶ κατὰ ἀντινομίαν, οἷον νόμος τὸν τύραννον μὴ θάπτεσθαι ἐν ᾗ ἐτυράννησε πόλει καὶ νόμος τὸν κεραυνῷ βληθέντα ἐκεῖ θάπτεσθαι, ἔνθαπερ ἐβλήθη, ἠνέχθη σκηπτὸς κατὰ τυράννου, καὶ ὁ μέν τις ἐκεῖσε θάπτειν αὐτὸν συμβουλεύει, ὁ δὲ ἀντιλέγει· ἔτι γε μὴν καὶ κατὰ αἴτησιν δωρεᾶς πάντα ὑπὸ τὴν ἔγγραφον ἀναχθήσεται πραγματικήν, ἐπείπερ κατὰ νόμον γίγνονται, οἷον νόμος τὸν ἀριστέα λαμβάνειν ἣν ἂν βούλοιτο δωρεάν, πλούσιος ἀριστεύσας αἰτεῖ πένητος ἐχθροῦ φόνον καὶ ἀντιλέγει τις.

Τῶν μὲν οὖν ὑπὸ τὴν ἔγγραφον πραγματικὴν ἀναγομένων προβλημάτων αὗται διαφοραί. τῆς δὲ ἀγράφου πραγματικῆς προβλημάτων ὁμοίως εἰσὶ διαφοραὶ ἑπτά, κατὰ ἀμφισβήτησιν, κατὰ ἀποκήρυξιν, κατὰ δοκιμασίαν, κατὰ προσαγγελίαν, κατὰ τίμησιν καὶ ἀνθυποτίμησιν, κατὰ συμβουλὴν περὶ μελλόντων, κατὰ ἀξίωσιν· κατὰ ἀμφισβήτησιν μὲν ἔδοξε τῶν ἐν Μαραθῶνι πεσόντων ἐπιτάφιον εἰπεῖν τοῦ ἀριστεύσαντος τὸν πατέρα καὶ ἀμφισβητοῦσι περὶ τούτου ὅ τε Κυνεγείρου καὶ ὁ Καλλιμάχου πατήρ· κατὰ ἀποκήρυξιν δὲ ἐπέστη νύκτωρ ὁ παῖς ξιφήρης τῷ πατρί, μεταγνοὺς ὥρκωσε μὴ ἐξειπεῖν καὶ ἀποκηρύττεται ὑπὸ

2/3 Φιλίππου καταλαβόντος Wrv 4 καὶ inserui 5 οἷον om. Wrv 6 ἐτυράν[ν]ησεν, ν sup., V ‖ [β]ληθέντα V 11 εἴπερ Wrv 719, 10 17 [ἀ]γράφου V ‖ πραγματικῆς om. Wrv ‖ τῶν προβλημάτων Wrv 20 μελλόντων | f. 89ᵛ | κατα V 21 μὲν οἷον Wrv τοῦ πατρός· κατὰ δὲ δοκιμασίαν Ἐπίκουρος λαχὼν δᾳδουχεῖν δοκιμάζεται· κατὰ προσαγγελίαν μετὰ Χαιρώνειαν Δημοσθένης ἑαυτὸν προσαγγέλλει· κατὰ δὲ τίμησιν καὶ ἀνθυποτίμησιν μετὰ Πάρον ἁλόντι Μιλτιάδῃ Ξάνθιππος τιμᾶται πεντήκοντα ταλάντων, ὁ δὲ ἑαυτῷ ἀνθυποτιμᾶται θανάτου· κατὰ δὲ συμβουλὴν περὶ μελλόντων, οἷον Ἀλκιβιάδης μετὰ ⟨Κύζικον⟩ συμβουλεύει πλεῖν ἐπὶ Σικελίαν· κατὰ ἀξίωσιν Ἀλκιβιάδης ἐπανελθὼν ἀπὸ τῆς φυγῆς καὶ στρατηγεῖν ἀναγκαζόμενος ἀξιοῖ περὶ τῶν ἐπενεχθέντων ἐγκλημάτων αὐτῷ πρότερον ἀπολογεῖσθαι.

Διαφέρει δὲ ἡ κατὰ ἀξίωσιν πραγματικὴ τῆς κατὰ συμβουλήν, ὅτι ἐν μὲν ταῖς συμβουλαῖς ὑπὲρ τοῦ κοινῇ τῇ πόλει συμφέροντος προηγουμένως ποιεῖται τοὺς λόγους ὁ συμβουλεύων, ἐν δὲ ταῖς κατὰ ἀξίωσιν ὑπὲρ ἑαυτοῦ ποιεῖται τὴν πρόσοδον ὁ λέγων· παράδειγμα τῆς κατὰ συμβουλὴν Ἀλκιβιάδης μετὰ Κύζικον συμβουλεύει πλεῖν ἐπὶ Σικελίαν - τοῦτο γὰρ συμφέρει τῇ πόλει -, τῆς δὲ κατὰ ἀξίωσιν Ἀλκιβιάδης ἐπανελθὼν ἀπὸ τῆς φυγῆς καὶ στρατηγεῖν ἀναγκαζόμενος ἀξιοῖ πρότερον περὶ τῶν ἐπενεχθέντων αὐτῷ ἐγκλημάτων ἀπολογεῖσθαι· ἐνταῦθα μὲν οὖν δι' ἑαυτὸν τῇ πόλει προσάγει τὴν ἀξίωσιν, ἐκεῖ δὲ τὴν συμβουλὴν διὰ τὸ τῆς πόλεως συμφέρον ποιεῖται. ἡ δὲ κατὰ ῥητὸν καὶ διάνοιαν πραγματικὴ διαφέρει τοῦ ῥητοῦ καὶ διανοίας τῆς νομικῆς στάσεως, ὅτι ἐκεῖ μὲν ἑκὼν ὁ κρινόμενος παραβαίνει καὶ ὡς ἤδη παραβεβη-

---

1 οἷον Ἐπίκουρος WIV 2 δὲ οἷον μετὰ WIV 7/8 Κύζικον WIV 720, 5] om. V ‖ ⌊μετὰ συμβουλεύει πλεῖν ἐπὶ σι⌋κελίαν V 8 κατὰ δὲ WIV 14 τῇ πόλει om. WIV 16 ⌊π⌋οιεῖται V 17 μετὰ τὰ κατὰ WIV 25 fort. τοῦ del.

κῶς τὸν νόμον κρίνεται καὶ ἀρθέντος τοῦ νόμου τὸ λοιπὸν οὐδεμίαν ἐγκλημάτων ἐπιδέχεται χώραν, ἐνταῦθα δὲ οὐδέπω παραβέβασται ἀλλ' εἰ χρὴ παραβῆναι ζητεῖται. καὶ ἡ κατὰ ἀντινομίαν δὲ πραγματικὴ διαφέρει τῆς ἀντινομίας τῷ ἐκεῖ μὲν παραβεβάσθαι ἤδη τὸν ἕτερον τῶν νόμων, ἐνταῦθα δὲ βουλὴν προκεῖσθαι πότερον αὐτῶν παραβατέον - ὡς ἐπὶ τοῦ κεραυνωθέντος τυράννου ἐν ᾗ ἐτυράννει πόλει -. ἐπειδὴ δὲ δωρεᾶς αἴτησις καὶ ἐν στοχασμῷ ἐμπίπτει - ὡς ἐπὶ τοῦ μάγου τοῦ ὑποσχομένου εἴσω πέντε ἡμερῶν ἀποκτενεῖν τὸν τύραννον καί, ἐπειδὴ ἠνέχθη κατ' αὐτοῦ σκηπτὸς εἴσω τῶν πέντε ἡμερῶν, αἰτοῦντος κατὰ τὸν νόμον τὴν δωρεάν - καὶ ἐν ὅρῳ καὶ ἐν πραγματικῇ, ἰστέον ὅτι ταύτῃ διαφέρουσιν ἀλλήλων, ὅτι ἐν ἐκείνοις μὲν οὐ κεχώρισται ποίαν αἰτεῖ ὁ λαβεῖν ἀξιῶν, ἐν δὲ ταύτῃ ὡρισμένην αἰτεῖ - οἷον πατέρα σῴζεσθαι ἢ ἐχθροῦ φόνον ἢ γυναῖκα πρὸς γάμον -, καὶ ἔτι <ἐν μὲν τῷ στοχασμῷ περὶ μόνου τοῦ προσώπου ποιούμεθα τὴν ζήτησιν εἰ οὗτος ἔστιν ὁ τυραννοκτόνος,> ἐν δὲ τῷ ὅρῳ οὐδ' ὅλως τὸν αἰτοῦντα φαμὲν ἄξιον εἶναι δωρεᾶς, οὐ γὰρ τὸ παρὰ τοῦ νόμου διηγορευμένον ἐπὶ τῇ δωρεᾷ πεπραχέναι, ἐν δὲ τῇ πραγματικῇ τῆς μὲν αἰτουμένης κωλύομεν τὸν αἰτοῦντα τυχεῖν, ἑτέραν δὲ λαμβάνειν συγχωροῦμεν. διαφέρει δὲ ἡ κατὰ ἀμφισβήτησιν πραγματικὴ τοῦ κατὰ ἀμφισβήτησιν ὅρου, ὅτι ἐν μὲν τῷ ὅρῳ ἐκ

4 πραγματικὴ | f. 90^r | διαφέρει V 8 cf. p. 164, 5 10 cf. p. 96, 12 10 εἴσω [1 litt. er.] ε ἡμερῶν V 15 οὐχ ὥρισται W IV 721, 7 16 οἷον ἢ W IV 18 καὶ ἔτι W IV 721, 10] αἰτεῖ V ‖ ἐν — 19 τυραννοκτόνος inserui (cf. p. 55, 12. 121, 5 sq. 123, 12) 20 ἐν δὲ V] ἐν μὲν W IV 721, 10 21 φαμὲν W IV] μὲν V

λείποντος καὶ πεπραγμένου συνέστηκεν ἡ ἀμφισβήτησις καὶ ἑαυτὸν μὲν ἄξιον εἶναι τοῦ αἰτουμένου λέγει τὸν δὲ ἀντιλέγοντα οὐδαμῶς, ἐν δὲ τῇ πραγματικῇ ἑαυτὸν μὲν μᾶλλον ἄξιον εἶναί φησιν ἧττον δὲ τὸν ἐναντιούμενον· διόπερ ἐν ταῖς πραγματικαῖς, ἡνίκα ποιούμεθα τὰς συγκρίσεις, οὐ χρὴ τὸν ἀμφισβητοῦντα ψέγειν, ἀλλὰ κἀκεῖνον μὲν ἐπαινεῖν ἑαυτοὺς δὲ μᾶλλον προκρίνειν, ὡς ἐπὶ Κεφάλου καὶ Ἀριστοφῶντος, οἳ περὶ τοῦ γέρως ἀμφισβητοῦσιν. δύο δὲ τῆς ῥητορικῆς εἰδῶν ὡς πολλάκις ἔφαμεν ἐν ταῖς στάσεσι θεωρουμένων, δικανικοῦ τε καὶ συμβουλευτικοῦ, <συνεπιπλεκομένου δὲ ἔσθ' ὅτε τούτοις τοῦ πανηγυρικοῦ,> τὸ μὲν δικανικὸν ἐν ταῖς ἄλλαις ἐμπίπτει στάσεσι, τὸ δὲ συμβουλευτικὸν ὑπὸ μόνην σχεδὸν ἀνάγεται τὴν πραγματικὴν συνεπιπλεκομένων αὐτῇ καὶ τῶν ἄλλων δύο εἰδῶν. σπανίως γὰρ ἐν στοχασμῷ συμβουλὴ εὑρεθήσεται, ὡς ἐπ' ἐκείνου πολιορκούμενοί τινες ἀνέῳξαν τὰς πύλας καὶ βουλεύονται οἱ πολιορκοῦντες εἰ χρὴ εἰσελθεῖν· σπανίως δὲ καὶ ἐν ὅρῳ, ὡς ἐπ' ἐκείνου νόμος τὴν ἄχρηστον ἡλικίαν ἀναιρεῖσθαι, τρισαριστεὺς ἄχειρ ἐστὶ καὶ βουλεύονται - τοῦτο γὰρ οὐκ ἔστι κατὰ ῥητὸν καὶ διάνοιαν, εἰ καὶ Μινουκιανὸς φησίν, ἀλλὰ ὅρος· ζητοῦμεν γὰρ τίς ἐστιν ἡ ἄχρηστος ἡλικία καὶ εἰ ἄχρηστος ὁ τρισαριστεύς -. πλὴν οὖν ὀλίγων συμβαίνει πᾶσαν συμβουλὴν ὑπὸ τὴν ἄγραφον ἀνάγεσθαι πραγματικήν. οὐ

---

1 ἡ ins. m. post. V 2/3 λέγει τοῦ αἰτουμένου Wɪᴠ 7 ἑαυτὸν Wɪᴠ 721, 23 12 συνεπιπλεκομένου — πανηγυρικοῦ inserui, cf. p. 167, 15/16. 57, 5 21 ἀναιρεῖσθαι | f. 90ᵛ | τρισαριστεὺς V ‖ βουλεύονται περὶ τούτου. τοῦτο Wɪᴠ 722, 9

μόνον δὲ τὸ συμβουλευτικὸν ἀλλ' ἤδη καὶ τὸ δικανικὸν εἶδος ἐπιδέχεται ἡ πραγματική· πᾶσαι γὰρ αἱ τῶν παρανόμων γραφαὶ πραγματικῆς στάσεώς εἰσιν. πᾶσα δὲ συμβουλὴ ὥς φησιν Ἀριστοτέλης περὶ τούτων γίγνεται γενικῶς· περὶ πολέμου καὶ εἰρήνης, περὶ πόρου χρημάτων, περὶ εἰσαγωγῆς καὶ ἐξαγωγῆς χρημάτων, περὶ οἰκισμοῦ πόλεων ἢ κατασκαφῆς, περὶ μεταναστάσεως, περὶ νόμων, περὶ τιμῆς. ἐπειδὴ δὲ καὶ ἐν ὅρῳ περὶ τιμῆς γίγνεται ἡ ζήτησις, ὅταν τις ἀξιοῖ τιμᾶσθαι τύραννον διώξας ἢ προσκτησάμενός τινα πόλιν, ἰστέον ὅτι ἐν ὅρῳ μὲν ἡ ζήτησις περὶ τὸ πρᾶγμα γίγνεται, εἰ τὸ διῶξαι μόνον τὸν τύραννόν ἐστι τυραννοκτονία ἢ τὸ πεῖσαι Φίλιππον ἀποδοῦναι Ἀμφίπολιν προσκτήσασθαι πόλιν ἐστίν, ἵνα εἰ τοῦτο γένοιτο φανερὸν τῆς προσηκούσης ὁ αἰτῶν τύχοι τιμῆς· ἐν δὲ τῇ πραγματικῇ φανεροῦ τοῦ πράγματος ὄντος ἡ σκέψις γίγνεται περὶ τοῦ ποίαν τινὰ λαβεῖν χρὴ τὸν αἰτοῦντα δωρεάν. εἰσὶ δὲ καὶ περὶ τιμωρίας ἐν πραγματικῇ ἀμφισβητήσεις, ὡς ἐπ' ἐκείνου ἐξῆν ἐν πολέμῳ μισθωσάμενον ἕτερον ἐκπέμπειν ἀνθ' ἑαυτοῦ, πολέμου καταλαβόντος ἐξέπεμψέ τις ἄλλον ἀνθ' ἑαυτοῦ μισθωσάμενος, ἀριστεύσας ἐκεῖνος κατὰ τὸν νόμον ἔλαβε τὴν δωρεάν, ἑτέρου πολέμου καταλαβόντος ἐξέπεμψεν αὐτὸν ὁμοίως μισθωσάμενος, ἔλιπε τὴν τάξιν καὶ νόμου κελεύοντος κολάζεσθαι τὸν λιπόντα τὴν τάξιν ἀντιπροβάλλονται ἀλλήλους

---

1 δεικανικὸν V 4 cf. Arist. rhet. A. 1359b 20 (rh. ad Alex. 1423a 23) ‖ τούτω V 7 πόλεως Wɪᴠ 722, 21 ‖ περὶ μεταναστάσεως om. Wɪᴠ 10 προσκτισάμενος V 12 cf. p. 123, 16 13 προκτίσασθαι V 15 [ὁ α]ἰτῶν V ‖ τιμῆς ἐν δὲ Wɪᴠ 723, 6] τινες δὲ ἐν V 18 πραγματείας, τιμωρι πραγματει lin. del., V

ὅ τε ἐκπέμψας καὶ ὁ ἐκπεμφθείς· τοῦτο δὲ τὸ ζήτημα τινές φασι γνώμης στοχασμὸν τῷ πλείστους ἐν αὐτῷ λογισμοὺς ἐμφαίνεσθαι στοχαστικούς, ὥσπερ καὶ ἐν τοῖς πολιορκοῦσι καὶ βουλευομένοις εἰ χρὴ εἰσελθεῖν ἀνοιξάντων τὰς πύλας τῶν πολιορκουμένων· ἔστι δὲ πραγματικῆς ἀγράφου κατὰ στοχασμὸν ἐχούσης τὴν ζήτησιν. καθόλου δὲ χρὴ γινώσκειν, ὅτι πολλὰ προβλήματά ἐστιν ὡς καὶ ἀνωτέρω εἴρηται, ἅπερ ὑπὸ μίαν ἄντικρυς ἀνάγειν στάσιν οὐχ οἷόν τε, ὥσπερ καὶ τόδε νόμος τὸν στρατηγὸν τοὺς καταστείχοντας φυγάδας ἀναιρεῖν, διδύμων ἀδελφῶν τὸν ἕτερον φυγόντα εἶργεν ὁ νόμος κατιέναι, τὸν ἕτερον συναποδημήσαντα μόνον εἶτα ἐπανιόντα ἀπέκτεινεν ὁ στρατηγὸς ὡς φυγάδα καὶ κρίνεται φόνου· τοῦτο γὰρ καὶ γνώμης ἄν τις εἴποι στοχασμὸν καὶ συγγνώμην.

Διαιρεῖται δὲ ἥ τε ἔγγραφος καὶ ἡ ἄγραφος πραγματικὴ τοῖς τελικοῖς κεφαλαίοις, ἅπερ ἐστὶ πέντε, τὸ νόμιμον τὸ δίκαιον τὸ συμφέρον τὸ δυνατὸν τὸ πρέπον· ἐν δὲ τῇ ἀγράφῳ ἀντὶ τοῦ νομίμου τὸ ἔθος παραληψόμεθα. ἐκ δὲ τούτων καὶ ⟨αἱ⟩ ἀντιθέσεις ἐν αὐτῇ κινοῦνται, ἐκ [δὲ] τοῦ νομίμου μὲν αἱ νομικαί, ἐκ δὲ τοῦ δικαίου καὶ συμφέροντος αἱ δικαιολογικαί, οἷον 'ἀλλ' ἄξιον τὰς αἰτίας λέγειν', 'ἀλλ' ἄτοπον τόδε τι ποιήσαντά με κρίνεσθαι'. καὶ τὸ ὁρικὸν δὲ ἐν αὐτῇ κινεῖται καὶ πλατύνεται οἷς περὶ ἑκάστου τόποις εἰρήκαμεν. ἐκ δὲ τοῦ συμφέροντος αἱ ἀντιστατικαὶ κινηθήσονται. ἔτι δὲ κἀκεῖνο ἰστέον, ὡς ἀπὸ τριῶν

---

8 cf. p. 124, 10. 17 ‖ ἅπερ | f. 91r | ὑπὸ V 13/14 ὡς φυγάδα ὁ στρατηγός Wiv 724, 2 16 Wiv 711 20 αἱ Wiv 711, 18] om. V 21 δὲ delevi; δὲ τοῦ om. Wiv 22 καὶ τοῦ Wiv 25 αὐτῇ Wiv 711, 22] αὐτῷ V ‖ περὶ αὐτοῦ τόποις Wiv 27 τῶν τριῶν Wiv

τούτων τόπων ἐν τῇ πραγματικῇ χρὴ τὰς ἀντιθέσεις κινεῖν, ἀπὸ προσώπων ἀπὸ πραγμάτων ἀπὸ καιρῶν, ἢ ἐκ πάντων ἅμα ἢ τινῶν· οἷον μετὰ τὴν Πλαταιέων κατασκαφὴν νόμον εἰσφέρουσι Λακεδαιμόνιοι πόλιν Ἑλληνίδα μηκέτι κατασκάπτεσθαι, ἐνταῦθα γὰρ ἀπὸ μὲν τοῦ προσώπου ἐμπεσεῖται ἥδε 'ἀλλὰ πικροί τινες ὄντες Λακεδαιμόνιοι καὶ πόλιν Ἑλληνίδα κατασκάψαντες οὐ δίκαιοι περὶ τούτου νομοθετεῖν', ἀπὸ δὲ τοῦ καιροῦ 'ἀλλ' ἐν τῷ πολέμῳ ἥκιστα προσήκει νομοθετεῖν, γνώμης γὰρ σωφρονούσης οὐ τεταραγμένης ἔκγονος ὁ νόμος', ἀπὸ δὲ τοῦ πράγματος 'ἀλλ' ἡ Πλαταιέων παράνομος ἅλωσις οὐ συγχωρήσει βέβαιον ἑστάναι τὸν νόμον'.

Ἰστέον δὲ ὅτι ἡ πραγματικὴ περὶ μελλόντων ποιουμένη τὴν ζήτησιν οὔτε προβολὴν οὔτε διήγησιν ἐπιδέχεται, εἴπερ ἥ τε προβολὴ καὶ ἡ διήγησις τῶν γεγονότων ἢ ὡς γεγονότων ἔκθεσιν περιέχουσιν, ἀλλ' ἀντὶ τούτων τὴν κατάστασιν ἕξει συνδετικὴν οὖσαν τῶν τε προοιμίων καὶ τῶν ἀγώνων. τρόποι δὲ καταστάσεώς εἰσι ΙΒ, ὡς Ἀψίνης ἐν τῇ περὶ τῶν μερῶν τοῦ λόγου τέχνῃ φησίν, οὓς χρὴ διασκεψαμένους ἀκριβῶς κατ' ἐκείνους ποιεῖσθαι τὰς καταστάσεις· μάλιστα δὲ τὸ παρ' Ἰσοκράτους εὖ ἐχόντως εἰρημένον ἐν τῇ τέχνῃ μνημονευτέον ὡς 'περισκοπητέον ἐν τῇ καταστάσει τό τε πρᾶγμα καὶ τὰ πρὸ τοῦ πράγματος καὶ τὰ μετὰ τὸ πρᾶγμα καὶ τὰς διανοίας, αἷς ἑκάτερος τῶν ἀγωνιζομένων τόδε τι πέπραχεν ἢ μέλλει

5 ante γὰρ 2 litt. er. V   6 ἀντίθεσις ἤδε Wɪv 712, 8   9 τῷ om. Wɪv   19 ἀγώνων | f. 91^{v} | τρόποι V   20 Aps. ɪ 348, 15—23 Sp. cf. p. 65, 7   24 ὡς περισκοπητέον] ὥσπερ σκοπητέον V; ὡς σκοπητέον Wɪv 712, 25   27 χρώμενος ante τόδε p. 65, 6 (om. Syr. ɪ 25, 6)

πράττειν, καὶ τούτων τοῖς συμβαλλομένοις ἡμῖν χρηστέον'.

Τελικὰ δὲ κεφάλαια κυρίως μέν ἐστι τρία, ὡς καὶ ἐν προγυμνάσμασιν ἡμῖν εἴρηται, εἴ γε καὶ τρία τῆς ῥητορικῆς ἔγνωμεν εἴδη, ὧν τοῦ μὲν δικανικοῦ τέλος τὸ δίκαιον, τοῦ δὲ συμβουλευτικοῦ τὸ συμφέρον, τοῦ δὲ πανηγυρικοῦ τὸ καλόν· τούτων δὲ ἕκαστον ὑποδιαιρεῖται εἰς τάδε, τὸ μὲν δίκαιον εἴς τε τὸ νόμιμον καὶ τὸ δίκαιον καὶ τὸ ἔθος, τὸ δὲ συμφέρον εἰς χρήσιμον ἀναγκαῖον δυνατὸν ῥᾴδιον ἐκβησόμενον, τὸ δὲ καλὸν εἴς τε τὸ πρέπον καὶ τὸ ἔνδοξον.

Τὸ μὲν οὖν νόμιμον πλατύνεται τῇ τε γνώμῃ τοῦ νομοθέτου καὶ τοῖς περιστατικοῖς μορίοις καὶ νόμοις ἑτέροις, ὥσπερ καὶ Δημοσθένης ἐν τῷ περὶ τοῦ στεφάνου τὸ νόμιμον διὰ νόμων ἑτέρων ἐπλάτυνεν — ἔθηκε δὲ τὸ νόμιμον ἐξ ἀρχῆς· οὐ γὰρ ὡς ἕτεροί φασιν ἐν μέσῳ τοῦ λόγου· ἀφ' οὗ γὰρ τὴν πολιτείαν τὴν ἑαυτοῦ καὶ τὴν περὶ τὸν δῆμον εὔνοιαν ἐξετάζει, οὐδὲν ἄλλο ποιεῖ ἢ τὸ νόμιμον κατασκευάζει· τοῦ γὰρ Αἰσχίνου τὸ Κτησιφῶντος ψήφισμα παρὰ τρεῖς γεγράφθαι λέγοντος νόμους, πρῶτον μὲν ὅτι ψευδῆ γέγραφε περὶ Δημοσθένους γράμματα γράψας ὅτι εὔνους - νόμος δέ ἐστιν ὁ κωλύων ψευδῆ εἰσφέρειν γράμματα -, δεύτερον δὲ μὴ ἐξεῖναι ἐν τῷ θεάτρῳ στεφανοῦσθαι ἀλλ' ἐν πυκνί, τρίτον τὸν ὑπεύθυνον μὴ στεφανοῦσθαι, πρῶτον ἐξετάζει Δημοσθένης τὸν περὶ τοῦ μὴ ψευδῆ γράφειν νόμον καὶ δείκνυσι διὰ τῆς αὐτοῦ πολιτείας τήν γε εὔνοιαν ὡς οὐ ψευδῆ

---

12 Wɪᴠ 724 ‖ H 164, 10 19 *τὸ νόμιμον* Wɪᴠ 725, 6] *τὸν νόμον* V 24 *θεάτρῳ* Wɪᴠ 725, 11 (om. *τῷ*)] *θατέρω* V 28 *γε*] *τε* VWɪᴠ ‖ *ὡς οὐ* Wɪᴠ 725, 15] *καὶ ὡς* V

γέγραφε Κτησιφῶν ἀλλ' ὅτι μάλιστ' ἀληθῆ· ἀφ' οὗ γοῦν τόπου τῆς ἑαυτοῦ πολιτείας ἄρχεται καὶ τῆς εὐνοίας, ἀπ' ἐκείνου καὶ τοῦ νομίμου τὴν ἐξέτασιν ποιεῖται· ἐπιδείκνυσι γὰρ ὡς οὐ παράνομον τὸ ψήφισμα Κτησιφῶντος μὴ ψευδῆ γράμματα περὶ Δημοσθένους περιέχον ὡς εὔνους τῇ πόλει ἀλλ' ἀληθῆ —. ζηλώσωμεν οὖν τὸν Δημοσθένην πλατύνοντες τὸ νόμιμον, καθάπερ ἐκεῖνος ἔν τε τῷ περὶ τοῦ στεφάνου καὶ ἐν τῷ κατὰ Ἀριστοκράτους καὶ πρὸς Λεπτίνην. πλατυνοῦμεν δὲ τὸ νόμιμον καὶ ἀπὸ τῶν προσώπων καὶ τῶν πραγμάτων, ἀπὸ προσώπων μὲν τίς ἐστιν ὁ γράφων πολεμεῖν ἢ βοηθεῖν καὶ τίσι καὶ πότε καὶ πῶς, ἀπὸ δὲ πραγμάτων διὰ τί χρὴ πολεμεῖν ἢ βοηθεῖν.

Ἐν μὲν οὖν τῇ ἐγγράφῳ πραγματικῇ τὸ νόμιμον ἐμπίπτει, ἕπεται δὲ αὐτῷ καὶ τὸ ἔθος, ἐν δὲ τῇ ἀγράφῳ τὸ μὲν νόμιμον οὐκ ἐμπίπτει, τὸ δὲ ἔθος ἀντὶ αὐτοῦ παραληψόμεθα. ἔθος δέ ἐστιν, ὅπερ ἢ χρόνος ἐκράτυνεν ἢ ὡς συμφέρον αἱ τῶν πολλῶν ἐκύρωσαν γνῶμαι. διαφέρει δὲ νόμος ἔθους τῷ τὸ μὲν ἄγραφον εἶναι τὸν δὲ ἔγγραφον, καὶ τὸ μὲν καθόλου τὸν δὲ ἐπὶ μέρους, καὶ τὸ μὲν φύσει τὸν δὲ θέσει τι . . . . παρά τινων. πλατύνεται δὲ τόποις ἕξ, διά τε τῆς πατρίου πολιτείας, ὅπερ ἐστὶ τὰ παρ' ἡμῖν ἔθη, καὶ διὰ παραδειγμάτων, τουτέστιν εἴ τινες ἄνδρες ἄριστοι τετυχήκασι παρ' ἡμῖν δωρεᾶς, καὶ ἀπὸ τῶν εὐνομουμένων πόλεων καὶ τῶν παρ'

---

3 ἐκείνου | f. 92r | καὶ V 6 ζηλώσομεν Wɪv 725, 20 12 fors. καὶ πότε καὶ πῶς del. 14 H 164, 10 sq. 17 Wɪv 727 20 τὸν δὲ Wɪv 728, 2] τὸ δὲ V ‖ τὸ μὲν Wɪv] τὸν μὲν V 22 θέσει τι ⌊lac. 1, 2 cm.⌋ παρά τινων V; θέσει· ζητεῖται δὲ καὶ ἐπὶ τούτου, τίνες τε τοῦτο ἔθεσαν καὶ παρὰ τίνων Wɪv 728, 3 25 τετυχήκα[σ]ι V

αὐτοῖς ἀρίστων, καὶ ἀπὸ τῶν περὶ τοὺς ἥρωας τιμῶν, ἔτι δὲ ἀπὸ τῶν παρὰ βαρβάροις τιμηθέντων καὶ ἀπὸ τῶν παρ' αὐτοῖς ἐπαράτων. τοῦτο δὲ ἱκανῶς Ἀριστείδης ἐν τῷ Περικλεῖ ἐπλάτυνεν, ὃν ἀξιοῖ τις ἀποστῆναι τῆς προσηγορίας τοῦ Ὀλυμπίου κατέχοντος τοῦ λοιμοῦ κατάλογόν τε τῶν προγόνων ποιούμενος καὶ τὰς πράξεις αὐτῶν διεξιὼν καὶ τὴν παλαιὰν πολιτείαν ἀνυμνῶν καὶ δεικνὺς ὡς οὐδεὶς πώποτε ἄνθρωπος ὢν ὄνομα θεῶν ἔλαβεν. καὶ τὸν μὲν Ἀριστείδου Περικλέα παράδειγμα ἕξομεν περὶ τοῦ μὴ δεῖν τοῖς μὴ κατὰ ἔθος οὖσι κεχρῆσθαι, εἰς δὲ τὸ μὴ χρῆναι λύειν τὰ ἔθη τὸν πρὸς Λεπτίνην Δημοσθένους. λύεται δὲ τὸ ἔθος τοιῶσδε, ὥσπερ ἐπὶ Κλέωνος τοῦ ἀξιοῦντος καλεῖσθαι Πυθίου μετὰ τὰ ἐν Πύλῳ, πρὸς γὰρ τὴν ἀντίθεσιν τὴν ὅτι 'καινὰ αἰτεῖς' ἀπαντήσει ὁ Κλέων λέγων 'ἀλλ' οὐδὲ πρὸς τὸν βίον ἐξ ἀρχῆς ἅπαντα παρῆλθεν οὐδὲ τέλειον ἕκαστον εὐθὺς ἀνεφάνη, ἀλλὰ μὴ πρότερον ὄντα κατὰ μέρος ἤρξατο γίγνεσθαι· οὕτω καὶ τέχναι ηὐξήθησαν καὶ τὰ πράγματα εἴληφε τὰς ἐπιδόσεις' καὶ παραδείγματα ἐπάξει νόμων τεχνῶν ἰατρικῆς κυβερνητικῆς φιλοσοφίας καὶ τῶν τοιούτων. ἕκαστα δὲ τούτων κατὰ ἔνστασιν καὶ ἀντιπαράστασιν εἰσάξομεν.

Τὸ δὲ δίκαιον ὁ μὲν θεῖος Πλάτων εἴς τε τὸ ὅσιον καὶ τὸ δίκαιον ὁμωνύμως τῷ γένει διαιρεῖ ἐν τῷ Εὐθύφρονι, καὶ ἔστιν ἡ τοιαύτη ἀκρίβεια φιλο-

---

1 αὐταῖς Wɪv 6 τε Wɪv 728, 14] τὸ V 8 ἄνθρωπος ὢν V] ἀνθρώπων Wɪv 10 παράδειγμα σαφὲς Wɪv 13 post κλέωνος lac. 3 cm. (fin. vers.) V 16 οὐδὲ | f. 92ʳ | προς V 20 ἐπιδόσεις Wɪv 729, 7] ἀποσ[ό]σεις, ex ω, V 24 Wɪv 731 ‖ H 164, 22 ‖ Plat. Euthyph. 12 E 25 [ὁ]μωνύμως, ex ω, V

σοφωτέρα τὸ μὲν ὅσιον τοῖς κρείττοσιν ἡμῶν ἀπονέμουσα τὸ δὲ δίκαιον τοῖς συστοίχοις. οἱ δὲ ῥήτορες ἀδιαίρετον ἐῶντες αὐτὸ ἅτε τὸ περὶ τὰ ἀνθρώπινα καθῆκον αὐτοῦ μάλιστα θεωροῦντες πλατύνουσιν αὐτὸ καθάπερ ἐν ταῖς δικαιολογίαις· ἐν γὰρ πάσαις ταύταις πολυτρόπως τὸ δίκαιον ἐξετάζεται ὅ τε κρινόμενος τοὺς ἀκολούθους ἀπὸ τῶν ἑξῆς κεφαλαίων ἐπάγει λογισμούς, ὁ μὲν φεύγων δίκαιον εἶναι τὸ γεγονὸς ἀποφαινόμενος, ὁ δὲ διώκων ἄδικον αὐτὸ διὰ τῶν ἐναντίων λογισμῶν ἀποδεικνύων. ἐν μὲν γὰρ ἀντιλήψει λέγοντος ⟨τοῦ φεύγοντος⟩ εἰ τύχοι ὡς 'κατὰ φύσιν γελάσας οὐκ ὀφείλω κρίνεσθαι' ἐξετάζομεν πότερον ἀφεῖναι τὸν τοιόνδε δίκαιον ἢ μή, ἐν δὲ ἀντιστάσει ὁμοίως ὁ φεύγων ἐρεῖ 'οὐ δίκαιόν ἐστιν ἐμὲ κρίσιν ὑπέχειν ὑπὲρ σοῦ πεποιηκότα', ἐν δὲ μεταστάσει ἄλλου αἰτίου ὄντος, ἐν δὲ ἀντεγκλήματι τοῦ πεπονθότος ὑπάρχοντος ἀξίου παθεῖν ἃ πέπονθεν, ἐν δὲ συγγνώμῃ τῆς ἀνάγκης τῆς ἀγνοίας ἢ τινος ἄλλου κρείττονος βιασαμένου. ἔτι δὲ πλατύνεται τὸ δίκαιον ταῖς εὐλόγοις αἰτίαις· ταύτας δὲ διαιρετέον τῇ τε κατὰ πρόσωπον σχέσει καὶ τῇ κατὰ πράγματα καὶ μερικῶς τῇ ἐκβάσει, οἷον τῇ μὲν κατὰ πρόσωπον σχέσει εἰ φίλοι οἱ τὴν συμμαχίαν αἰτοῦντες ἢ ἐχθροί, ἀδικούμενοι ὑφ' ἑτέρων ἢ ἐπιβουλεύοντες ἄλλοις, ὑπὲρ οἰκείας ἀγωνιζόμενοι ἢ τὴν ἀλλοτρίαν διασῶσαι σπεύδοντες· ἐκ τούτων γὰρ καὶ τῶν τοιούτων τὸ κατὰ τὰ πρόσωπα δίκαιον ἐπισκεψό-

4 αὐτοῦ V] αὐτοὶ Wɪᴠ 731, 22 5 δικαιολογικαῖς Wɪᴠ 6 fort. ἐξετάζει ὁ κατήγορος, ὅ τε (vel ὁ δὲ) κρινόμενος . . ἐπάγει 11 τοῦ φεύγοντος Wɪᴠ 732, 4] om. V 12 (cf. p. 95, 23) ‖ ωφειλω V 14 ἐστιν ἐμὲ] εἶναι με V 24 οἰκείας Wɪᴠ 732, 17] οἰκίας V 25 διασῶσαι V; fort. δηῶσαι 26 τὰ om. Wɪᴠ

μεθα. ὁ δὲ Θουκυδίδης βιαιότερον κατασκευάζων τὸ δίκαιον ἐν τῇ Κερκυραίων δημηγορίᾳ καὶ μὴ δυνάμενος εἰπεῖν ὅτι 'ὡς φίλοις οὖσι βοηθητέον' - οὐ γὰρ συμμαχήσαντες ἦσαν Ἀθηναίοις οἱ Κερκυραῖοι - ἐκ τῆς τοῦ ἐναντίου ἀποφάσεως μεθοδεύσας εἰσήγαγεν αὐτὸ λέγων 'ὡς οὐκ ἐχθροῖς οὖσι βοηθήσατε'· φησὶ γὰρ οὕτως 'εἶτα ἐν ἀδικήματι θήσονται πεισθέντων ὑμῶν ἃ δεόμεθα. πολὺ δὲ ἐν πλείονι αἰτίᾳ ἡμεῖς μὴ πείσαντες ἕξομεν· ἡμᾶς μὲν γὰρ κινδυνεύοντας καὶ οὐκ ἐχθροὺς ὄντας ἀπώσεσθε, τῶνδε δὲ οὐχ ὅπως κωλυταὶ ἐχθρῶν ὄντων καὶ ἐπιόντων γενήσεσθε, ἀλλὰ καὶ ἀπὸ τῆς ὑμετέρας ἀρχῆς δύναμιν προσλαβεῖν περιόψεσθε, ἣν οὐ δίκαιον'. τῇ δὲ κατὰ πράγματα σχέσει, ὅταν τὴν τῶν πραγμάτων φύσιν ἐξετάζωμεν, οἷον εἰ δίκαιον τοῖς μὴ συμμαχήσασι βοηθεῖν ἢ τοῖς ἀδικοῦσιν ἐπικουρεῖν ἢ τοὺς εὐεργετήσαντας λυπεῖν ἢ τὰ ἐναντία, ὡς καὶ Θουκυδίδης ἐν τῇ Κορινθίων δημηγορίᾳ 'καίτοι δίκαιοί γέ ἐστε μάλιστα μὲν ἐκποδὼν στῆναι ἀμφοτέροις, εἰ δὲ μή, τοὐναντίον ἐπὶ τούτους μεθ' ἡμῶν ἰέναι· Κορινθίοις μέν γε ἔνσπονδοί ἐστε, Κερκυραίοις δὲ οὐδὲ δι' ἀνακωχῆς πώποτε ἐγένεσθε'. εἰ δέ γε λυποίη ἡμᾶς τὸ κατὰ πρόσωπον δίκαιον, ἐπὶ τὸ κατὰ πράγματα μόνον φευξόμεθα, ὡς καὶ Ἀριστείδης ἐν Καλλιξένῳ πεποίηκεν· λυποῦντος γὰρ αὐτὸν τοῦ κατὰ πρόσωπα δικαίου - οὐ γὰρ ἠδύνατο λέγειν δίκαιον εἶναι θάπτειν τοὺς μὴ ἀνελομένους τὰ

---

2 δυνάμενος V 4 οἱ om. Wɪv ‖ κερκυραῖοι | f. 93r | ἐκ V 7 Thuc. 1, 35 9 πείσαντες ὑμᾶς Thuc. ‖ post γὰρ 2 litt. er. V 11 κωλυταὶ Thuc. Wɪv] κωλύεται V ‖ γενήσεσθαι V 12/13 περιόψεσθαι V 15 δίκαιον καὶ Wɪv 733, 17 15/16 ἀδικουμένοις Wɪv 733, 18 17 Thuc. 1, 40 18 καίτοι Thuc. Wɪv] καὶ τὸ V 23 φευξούμεθα Wɪv 734, 2

ναυάγια πρὸς ταφὴν τῶν ἐν Ἀργινούσαις πεπτωκότων - ἐπὶ τὸ κατὰ πράγματα δίκαιον ἐχώρησε καθόλου τὸν λόγον εἰσάγων καί φησιν 'ἄνδρες Ἀθηναῖοι, βουλεύεσθε εἰ χρή τινα θάψαι τῶν τετελευτηκότων'. τοῦ δὲ κατὰ τὰς ἐκβάσεις τόπου ἐφαψόμεθα μόνον ἐν τῷ δικαίῳ, ἐν δὲ τῷ συμφέροντι τὴν πλατύτητα αὐτοῦ τηρήσομεν. ἡ δὲ τοῦ δικαίου λύσις ὡς καὶ ἀνωτέρω εἴρηται κατὰ μίαν τῶν δικαιολογικῶν γίγνεται στάσεων, οἷον ἐπ' ἐκείνου τοῦ ζητήματος φυγάδες πόλιν ἔκτισαν καὶ γράφει τις στρατεύειν ἐπ' αὐτούς, λεγόντων γὰρ ἡμῶν μὴ δίκαιον εἶναι περιορᾶν κατοικιζομένους τοὺς φυγάδας καὶ τρόπον ἕτερον κατάγοντας ἑαυτοὺς ἀντιτεθήσεται ἡμῖν ἀντιληπτικὸν τόδε 'ἀλλ' οὐδεὶς κεκώλυκε νόμος κτίζειν ὅποι βούλοιντο τοὺς φυγάδας πόλιν'.

Τὸ δὲ συμφέρον διαιρεῖται μὲν εἴς τε τὸ χρήσιμον, ὃ καὶ ἐκ περιουσίας καλοῦσι, καὶ εἰς τὸ ἀναγκαῖον καὶ τρίτον τὸ ἐκβησόμενον· θεωρεῖται δὲ ἐν κτήσει ἀγαθῶν, ἐν φυλακῇ ἀγαθῶν, ἐν ἀπωλείᾳ κακῶν, ἐν φυλακῇ τοῦ μὴ προσελθεῖν τὰ κακά, ἐν συγκρίσει ⟨ἀγαθῶν, ἐν συγκρίσει⟩ ἀτόπων. ληψόμεθα δὲ ταῦτα ἐπὶ μὲν τῶν καθ' ἕνα ἀπὸ ψυχῆς ἀπὸ σώματος ἀπὸ τῶν ἐκτός - ἔστι δὲ κατὰ μὲν ψυχὴν καλὰ αἱ ἀρεταὶ δηλονότι ἀνδρεία φρόνησις δικαιοσύνη σωφροσύνη καὶ ὅσα τούτων ἔχεται, κακὰ δὲ δειλία ἄγνοια ⟨ἀδικία ἀκολασία καὶ τὰ ὅμοια⟩, κατὰ δὲ σῶμα καλὰ μὲν ἰσχὺς

---

14 ὅπου Wɪᴠ ‖ βούλοιντο τοὺς Wɪᴠ 734, 18] βούλοιτό τ[οὐ]ς, ex ι, V 15 πόλεις Wɪᴠ 16 Wɪᴠ 738 ‖ H 164, 25 18 τρίτον | f. 93[v] | τὸ V 19 ἀπολείαι V; ἀποβολῇ Wɪᴠ. rhet. ad Alex. 1422[a] 6 21 ἀγαθῶν ἐν συγκρίσει Wɪᴠ 738, 14] om. V 22 τῶν Wɪᴠ 738, 15] τὸν V 25 ἀδικία — 26 ὅμοια inserui, cf. Wɪᴠ 738, 18: κακὰ δὲ ἄγνοια ἀκολασία ἀνελευθερία καὶ τὰ ὅμοια

ὑγίεια κάλλος, κακὰ δὲ ἀσθένεια νόσος αἶσχος, ἐπὶ δὲ τῶν ἐκτὸς καλὰ μὲν φίλοι χρήματα περιφάνεια δόξα, κακὰ δὲ ἐχθροὶ ἔνδεια καταφρόνησις ἀδοξία -, ἐπὶ δὲ πόλεως ἀντὶ μὲν τῶν ἀπὸ ψυχῆς παραληψόμεθα νόμων θέσιν πολιτείας εὐταξίαν, ἀντὶ τῶν ἀπὸ σώματος τείχη νεώρια ἱερῶν κατασκευὴν πεζοὺς ὁπλίτας ἱππέας καὶ ναυτικόν, ἀντὶ δὲ τῶν ἐκτὸς χρήματα συμμάχους δόξαν. ἐξετάσομεν δὲ τὸ συμφέρον διὰ τόπων ἑπτά, ἀπὸ τοῦ τοῖς ἐχθροῖς κακοῦ ἡμῖν δὲ ὠφελίμου, ἀπὸ τοῦ τοῖς ἐχθροῖς ἡδέος ἡμῖν δὲ ἀσυμφόρου, ἀπὸ τοῦ σφόδρα δεῖν ἐκείνων ἀντέχεσθαι ὑπὲρ ὧν πόνους τε παμπόλλους ἐπονήσαμεν καὶ χρήματα ἀνηλώσαμεν, ἀπὸ τῆς πάντων ἀνθρώπων ἢ τῶν πλειόνων κρίσεως, ἀφ' ὧν οἱ ἐχθροὶ θαυμάζουσιν, ἀπὸ τοῦ ὑπὸ τῶν ἐχθρῶν μὴ ψέγεσθαι, ἀπὸ ⟨τῆς⟩ τῶν ἐνδόξων κρίσεως. διπλῆ δέ ἐστιν ἡ τοῦ συμφέροντος ἐξέτασις ἡ μὲν τὸ χρήσιμον κατασκευάζουσα ἡ δὲ τὸ ἀναγκαῖον, οἷον χρήσιμον μὲν Ἀθηναίοις Κερκυραίους ποιήσασθαι συμμάχους διὰ τὴν τοῦ ναυτικοῦ δύναμιν, οὐ μέντοι σφόδρα ἀναγκαῖον, Ὀλυνθίους δὲ συμμάχους προσλαβεῖν ἀναγκαῖον, ἵνα μὴ Φίλιππος σὺν ἐκείνοις στρατεύσῃ κατὰ τῆς πόλεως. χρήσιμον δὲ ἡ τοῦ ἀναγκαίου ἐξέτασις καὶ μάλιστα χώραν ἔχει ἐν ταῖς δυσκολίαις τῶν πραγμάτων, ὅταν ἐπὶ πόνους ἢ δαπάνας ἢ ἄλλο τι τῶν δυσχερῶν παρακαλῶμεν τοὺς ἀκούοντας· ἔνθα καὶ ἡ τοῦ ἐκβησομένου ἐξέτασις ἀναγκαία ὡς 'εἰ μὴ τάδε πράξομεν, τάδε ἡμᾶς καὶ τάδε περιστήσεται τὰ

περι
2 ἐπιφάνεια, περι man. rec., V 6 καὶ om. Wɪv 738, 26 12 ⌊παμ⌋πόλλους (παμ sup.) ἐπονέσαμεν V 15 τῆς Wɪv 739, 8] om. V 17 κατασκευάζουσα Wɪv 739, 10] ἐξετάζουσα V 27 πράξομεν Wɪv 739, 19] πράξωμεν V ‖ ἡμᾶς | f. 94r | καὶ V

δεινά', ὅπερ ὁ Δημοσθένης ἐν Ὀλυνθιακοῖς ποιεῖ κατασκευάζων οἷα συμβήσεται τοῖς Ἀθηναίοις, εἰ μὴ βοηθήσειαν Ὀλυνθίοις· φησὶ γὰρ 'εἰπέ μοι· τίς αὐτὸν κωλύσει δεῦρο βαδίζειν; Θηβαῖοι; μὴ λίαν πικρὸν εἰπεῖν ᾖ καὶ συνεισβάλλουσιν ἑτοίμως. - ἀλλὰ Φωκεῖς; οἱ τὴν οἰκείαν οὐχ οἷοί τε ὄντες φυλάττειν, ἂν μὴ βοηθήσητε ὑμεῖς; - ἢ ἄλλος τις;' πολλάκις δὲ οἱ ῥήτορες καὶ τὸ χρήσιμον μεθοδεύοντες ἀναγκαῖον πειρῶνται δεικνύναι, ὡς Θουκυδίδης ἐν τῇ Κερκυραίων δημηγορίᾳ 'τὸν δὲ πόλεμον, δι' ὅνπερ χρήσιμοι ἂν εἴημεν, εἴ τις ὑμῶν μὴ οἴεται ἔσεσθαι, γνώμης ἁμαρτάνει καὶ οὐκ αἰσθάνεται τοὺς Λακεδαιμονίους φόβῳ τῷ ὑμετέρῳ πολεμησείοντας καὶ τοὺς Κορινθίους δυναμένους τε παρ' αὐτοῖς καὶ ὑμῖν ἐχθροὺς ὄντας καὶ προκαταλαμβάνοντας ἡμᾶς νῦν εἰς τὴν ὑμετέραν ἐπιχείρησιν'. διττῶν δὲ οὐσῶν τῶν ἀποδείξεων πανταχοῦ ἔν τε γεωμετρίᾳ καὶ διαλεκτικῇ καὶ ῥητορικῇ - ἤτοι γὰρ προηγουμένως ἀποδείκνυμεν ἢ εἰς ἄτοπον ἀπάγοντες, προηγουμένως μὲν οἷον 'διὰ τὸ ἐπιβουλεύειν τῇ πόλει Φίλιππον συμφέρει κτήσασθαι συμμάχους Ὀλυνθίους', εἰς ἄτοπον δὲ ἀπάγοντες ·οἷον 'εἰ γὰρ ἐθέλοιτε τῆς ἐλευθερίας ἀπαλλαγέντες καὶ τοῦ τῶν ἄλλων ἡγεῖσθαι δουλεύειν ἑτέροις καὶ ὑποτετάχθαι, μὴ πολεμεῖτε Φιλίππῳ' - διττῶν οὖν οὐσῶν ὡς ἔφαμεν τῶν ἀποδείξεων ἔοικεν ἡ μὲν τοῦ χρησίμου κατασκευὴ τῇ προηγουμένῃ ἀποδείξει, ἡ δὲ τοῦ

3 Dem. 1, 25 4 βαδίζοντα Dem. Wɪv 739, 23 (cf. p. 190, 23) 5 ᾖ V, om. Dem. Wɪv ‖ συνεισβαλοῦσιν Dem. Wɪv 9 Thuc. 1, 33 14 ὑμῖν Thuc.] ἡμῖν V 19 et 21 ἀπάγοντες Wɪv 740, 10 et 12] ἀνάγοντες V 23 τε ἑτέροις Wɪv 740, 14; ἑτέρως V 25 p. 178, 16

ἀναγκαίου τῇ εἰς ἄτοπον ἀπαγωγῇ, μᾶλλον δὲ ἐπὶ τῶν ῥητορικῶν τῇ εἰς ἄδοξον καὶ ἀσύμφορον ἀπαγωγῇ. τὴν δὲ τοῦ χρησίμου καὶ τοῦ ἀναγκαίου ἐξέτασιν ποιησόμεθα τετραχῶς ἑκατέραν, ἐπὶ μὲν τοῦ χρησίμου καταφατικῶς ⟨ἐπὶ δὲ τοῦ ἀναγκαίου ἀντιφατικῶς⟩ κατασκευάζοντες, οἷον 'εἰ μὲν ἑλοίμεθα τόδε περὶ οὗ ἡ βουλή - συμμαχῆσαι εἰ τύχοι Ὀλυνθίοις -, τὰ ὄντα ἀγαθὰ παραμενεῖ ἐλευθερία ἀσφάλεια, τὰ οὐκ ὄντα προσέσται δόξα σύμμαχοι χρημάτων πρόσοδοι τῶν ἄλλων ἡγεμονία· τὰ παρόντα φαῦλα ἀπωσόμεθα χρημάτων ἔνδειαν συμμάχων ἀπορίαν ἐχθρῶν ἰσχύν, τὰ οὐκ ὄντα φαῦλα οὐ προσέσται ὑπὸ ἐχθρῶν ἡττηθῆναι συμμάχων ἀπορῆσαι καὶ ὅσα τοιαῦτα. ⟨εἰ δὲ μὴ ἑλοίμεθα, τὰ τούτοις ἐναντία συμβήσεται ἡμῖν.⟩' ἡ δὲ τῶν τοιούτων ἐργασία τε καὶ χρῆσις ἔστι μὲν καὶ παρὰ Δημοσθένει ἐν Φιλιππικοῖς τε καὶ συμβουλευτικοῖς, μάλιστα δὲ παρὰ Θουκυδίδῃ ἐν ταῖς δημηγορίαις· διὸ καὶ δριμύτατος ἐν αὐταῖς ἐστι διὰ πάντων τῶν εἰρημένων τόπων ἐξετάζειν τὸ χρήσιμον ἐπιχειρῶν καὶ εἰς τὸ ἀναγκαῖον αὐτὸ μετάγων, ὡς εἴρηται πολλάκις. τάξομεν δὲ καὶ τὴν ἔκφρασιν ἐν τοῖς τοῦ συμφέροντος λογισμοῖς, ἐὰν μὲν ἐπί τι χαλεπὸν δοκοῦν εἶναι παρακαλῶμεν, καὶ πρὸ τῶν ἄλλων τοῦ συμφέροντος κατασκευῶν, οἷον κινεῖται συνεχῶς ἡ Σικελία καὶ συμβουλεύει τις μετοικεῖν - ἐὰν γὰρ

5 καταφατικῶς V] ἀντιφατικῶς Wɪᴠ 740, 21 ‖ ἐπὶ — 5/6 ἀντιφατικῶς inserui 7 κρίσις, κρίσις (βουλή) lin. del., V ‖ οἷον συμμαχῆσαι Wɪᴠ 8 ἀσφάλεια καὶ Wɪᴠ, cf. H 164, 32 10 ἡγεμονεία V 12 φαῦλα om. Wɪᴠ 741, 2 ‖ οἷον ὑπ' Wɪᴠ 13 ἀπορῆσαι | f. 94ᵛ | καὶ V ‖ εἰ — 14 ἡμῖν Wɪᴠ 741, 3] om. V 16/17 fort. τε καὶ συμβουλευτικοῖς del.

εὐθὺς ἐν ἀρχῇ μὴ προτάξωμεν τὴν ἀπὸ τῶν σεισμῶν ἔκφρασιν, οὐδ' ⟨ἂν⟩ ἀνάσχοιντο ἡμῶν τὰ ἄλλα κατασκευαζόντων, ὑπομνησθέντες δὲ τῶν φοβερῶν διὰ τῆς ἐκφράσεως εὐαγωγότεροι πρὸς τὸ πεισθῆναι γενήσονται -, ἐὰν δὲ περί τινος εὐκολωτέρου συμβουλεύωμεν, μέσην τῶν ἄλλων τοῦ συμφέροντος λογισμῶν ἢ καὶ τελευταίαν πολλάκις τάξομεν τὴν ἔκφρασιν αὔξησιν δι' αὐτῆς τοῖς κατασκευαζομένοις ἐπάγοντες.

Τὸ δὲ δυνατὸν ὁ μὲν Βασιλικὸς ἀξιοῖ μετὰ τὸ συμφέρον τάττειν λέγων περιττὸν εἶναι μὴ συμφέροντος τοῦ ζητουμένου σκοπεῖν εἰ δυνατόν ἐστιν. ἀλλ' ἀντιστρέφων ὁ λόγος φανεῖται· καὶ γὰρ μὴ δυνατοῦ ὄντος τοῦ προκειμένου περιττὸν ἂν εἴη ἡ τοῦ συμφέροντος ἐξέτασις. χρὴ δὲ μάλιστα τῷ θείῳ Πλάτωνι καὶ περὶ τὴν τάξιν τῶν κεφαλαίων τούτων ἀκολουθῆσαι, ᾗπερ κἀκεῖνος ἐν τῇ πολιτείᾳ κέχρηται· δεῖ γὰρ ἐπ' ἐκεῖνο πρότερον ἥκειν τὸ κεφάλαιον, ὅπερ μάλιστα διαταράττει τοὺς ἀκροωμένους καὶ προηγουμένως ζητεῖται παρ' αὐτοῖς· ἐν γὰρ τῷ πέμπτῳ τῆς πολιτείας κατασκευάσαι βουληθείς, ὅτι τὰ αὐτὰ μετελευστέον ἀνδράσι τε καὶ γυναιξὶν ἐπιτηδεύματα, εἶδεν ὅτι τὸ μὲν συμφέρον ἐνταῦθα πρόδηλον ἦν, τὸ δὲ δυνατὸν ἐλύπει τὸν λόγον ὡς δυσχερεστέρας ἐν αὐτῷ τῆς κατασκευῆς γενομένης, διόπερ πρότερον τὸ δυνατὸν κατασκευάσας, ἐφ' ὅπερ κατήπειγεν ὁ λόγος, οὕτως ἐπὶ τὸ συμφέρον ἐτράπη· πάλιν ἐν τῷ ἐχομένῳ θεω-

---

2 ἂν ἀνάσχοιντο W IV 741, 19] ἀνάσχοιτο (om. ἂν) V 4 εὐαγωγότεροι W IV 741, 21] εὐαγώτεροι V 9 W IV 747 || H 165, 6 13 περιττὴ W IV 747, 5 19 Plat. reip. v 452 E sq. 21 οἶδεν W IV 747, 13 23 [ἐλυ]πει V || δυσχερεστ[έρας] V 26 Plat. reip. v 458 A sq.

ῥήματι περὶ τοῦ δεῖν κοινὰς εἶναι τὰς γυναῖκας λυποῦντος αὐτὸν τοῦ συμφέροντος ἐπ' ἐκεῖνο πρῶτον χωρήσας οὕτως ἐπὶ τὸ δυνατὸν ἐτράπη. φαίνεται δὲ καὶ Δημοσθένης ἐνίοτε τῇ τοιαύτῃ μεθόδῳ κεχρημένος καὶ τοῦ τε καιροῦ καὶ τῶν λυπούντων ἄριστα στοχαζόμενος καὶ πρὸς ἐκεῖνα πρότερον μετάγων τὸν λόγον· καὶ ἐπὶ ζητημάτων δὲ φανερὸν τὸ τοιοῦτον, οἷον Ἀλεξάνδρου ἐν Ἰνδοῖς ὄντος συμβουλεύει Δημοσθένης ἀντιλαμβάνεσθαι τῶν πραγμάτων - γελοῖον γὰρ ἐνταῦθα μὴ πρότερον κατασκευάσαντα τὰ δυνατὰ μνήμην τινὰ ποιεῖσθαι τοῦ συμφέροντος -. ἡ δὲ τοῦ δυνατοῦ ἐξέτασις ἐπὶ μὲν τῶν καθ' ἕνα γενήσεται, ὥσπερ ἐπὶ τοῦ συμφέροντος, ἀπὸ ψυχῆς ἀπὸ σώματος ἀπὸ τῶν ἐκτός - ἀπὸ μὲν ψυχῆς εὐορκίας ἐπιορκίας πίστεως ἀπιστίας εὐνοίας φθόνου μεγαλοψυχίας φιλοχρηματίας ἐμπειρίας ἀπειρίας καὶ τῶν τοιούτων, ὁπόσα ψυχῆς ἐστι πάθη, ἀπὸ δὲ σώματος ῥώμης ἀσθενείας εὐεξίας καχεξίας καὶ τῶν τοιούτων, ἀπὸ δὲ τῶν ἐκτὸς χρημάτων φίλων <περιφανείας δόξης εἴτε προσόντων εἴτε ἀπόντων -, ἐπὶ δὲ πόλεως ἀπὸ χρημάτων> στρατιωτῶν ὅπλων συμμάχων τριήρων ἵππων τόπων λιμένων καιρῶν τύχης καὶ τῶν παραπλησίων· ἀπὸ γὰρ τῶν προσόντων ἡμῖν αὐτοῖς ἢ τοῖς ἐναντίοις ἢ πάντων ἅμα ἢ τινῶν ληψόμεθα τὴν εὐπορίαν εἰς τὴν τοῦ δυνατοῦ κατασκευήν. ὑποδιαιρήσομεν δὲ τὸ δυνατὸν πρῶτον μὲν ἐὰν ἐγχωρῇ τῷ μὴ χαλεπὸν εἶναι, ἔπειτα

2 πρῶτον | f. 95r | χωρήσας V 4 ἐνίοτε] ἐν V (ἐν τῇ om. Wɪv) 6 πρότερον Wɪv 747, 23] πρότερα V 13 cf. p. 176, 22 16 ὅσα Wɪv 19 περιφανείας — 20 χρημάτων inserui 21/22 λιμένων τόπων Wɪv 24 εἰς Wɪv 748, 11] ἢ V 26 πρ[ῶ]τον V ‖ ἐγχωρῇ Wɪv 748, 12] χωρῆι V

τῷ εἰ καὶ χαλεπὸν εἴη ἀλλ' οὖν ἀναγκαῖον καὶ ὅτι δεῖ ὑπὲρ τῶν χρηστῶν καὶ πόνους καὶ κινδύνους ὑπομένειν καὶ ὅτι ὑπὲρ τοῦ μὴ χαλεπωτέροις περιπεσεῖν ἀντιληπτέον τῶν πραγμάτων, ὡς Δημοσθένης ἐν Φιλιππικοῖς 'εἰ δέ τῳ δοκεῖ ταῦτα καὶ δαπάνης μεγάλης καὶ πόνων πολλῶν καὶ πραγματείας εἶναι, καὶ μάλα ὀρθῶς δοκεῖ· ἀλλ' ἐὰν λογίσηται τὰ τῇ πόλει μετὰ ταῦτα γενησόμενα, ἐὰν ταῦτα μὴ θέλῃ ποιεῖν, εὑρήσει λυσιτελοῦν τὸ ἑκόντας ποιεῖν τὰ δέοντα' καὶ τὰ ἑξῆς, εἶτα ἐπειδὴ ἀντέπιπτεν αὐτῷ ὅτι 'εἰ καὶ χρήσιμον τὸ πολεμεῖν, ἀλλ' οὐκ ἀναγκαῖον' τέθεικεν εὐθέως τὴν τοῦ ἀναγκαίου κατασκευὴν λέγων 'ποῖ οὖν ἀναδυόμεθα; ἢ τί μέλλομεν; ἢ πότε, ὦ Ἀθηναῖοι, τὰ δέοντα ποιεῖν ἐθελήσομεν; ὅταν νὴ Δί' ἀνάγκη τις ᾖ. ἀλλ' ἣν μὲν ἄν τις ἐλευθέρων ἀνθρώπων ἀνάγκην εἴποι, οὐ μόνον ἤδη πάρεστιν ἀλλὰ καὶ πάλαι παρελήλυθε, τὴν δὲ τῶν δούλων ἀπεύχεσθαι δήπου μὴ γενέσθαι δεῖ', εἶτα τῇ εἰς ἄτοπον ἀπαγωγῇ κατεσκεύασεν οὕτως 'οὐδὲ γὰρ Φεραίοις πρότερον πρὸς τὰ τείχη προσβάλλων ἔφασκε πολεμεῖν οὐδὲ Ὀλυνθίοις ἐξ ἀρχῆς, ἕως ἐν αὐτῇ τῇ χώρᾳ τὸ στράτευμα παρῆν ἔχων. ἢ καὶ τότε τοὺς ἀμύνεσθαι κελεύοντας πόλεμον ποιεῖν φήσομεν; οὐκοῦν ὑπόλοιπον δουλεύειν· οὐ γὰρ ἄλλο γε οὐδέν ἐστι μεταξὺ τοῦ μήτε ἀμύνεσθαι μήτε ἄγειν ἡσυχίαν ἐᾶσθαι'. ἐπὶ δὲ τούτοις κατασκευάζειν χρὴ καὶ τὸ ῥᾴδιον· αὔξησις γὰρ τοῦ δυνατοῦ ἡ τοῦ ῥᾴστου

3/4 ἀντιληπτέον τῶν πραγμάτων om. H 165, 10 4 Dem. 8, 48 8 θέλει V 10 αὐτῷ Wɪᴠ 748, 22] αὐτοῖς V 11 ἐπήνεγκεν εὐθὺς Wɪᴠ 12 λέγων | f. 95v | ποι V 12 Dem. 8, 50–51 17 ἀπεύχεσθαι Dem.] ἀπέχεσθαι V 19 Dem. 8, 59 19/20 προσβάλλων Dem. cf. Wɪᴠ 749, 6] προσβαλὼν V ἀπόδειξις, καὶ πᾶν μὲν ῥᾴδιον δυνατόν, οὐ πᾶν δὲ δυνατὸν ἤδη καὶ ῥᾴδιον. εἰσάξομεν δὲ αὐτὸ οὕτως ὅτι 'ὑμεῖς μὲν χρημάτων τοσῶνδε καὶ πόνων καὶ στρατείας ἡγεῖσθε τὰ παρόντα προσδεῖσθαι πράγματα, τὸ δὲ οὐχ οὕτως ἔχει' καὶ ἑξῆς ἐπὶ τὰς ἀποδείξεις τοῦ ῥᾳδίου χωρήσομεν· καθόλου γὰρ ἢ δυσχέρειά τις πρόσεστι τοῖς συμβουλευομένοις ἢ ῥᾳστώνη· εἰ μὲν οὖν δυσχέρεια προσείη, διὰ τῶν προειρημένων ποιησόμεθα τοῦ δυνατοῦ τὴν κατασκευὴν τελείως ἑκάστου ταῖς ἐργασίαις ἐπεξιόντες, εἰ δὲ εὐκολία προσείη, περιττὸν πρὸς τοὺς εἰδότας ὅτι ῥᾳδίαν ἔχει τὴν ἐπιχείρησιν τὰ πράγματα, περὶ ὧν ἡ βουλή, τοιαύτας ἀποδείξεις καὶ κατασκευὰς ἐπάγειν, ἀλλὰ διὰ βραχέων αὐτοῦ [ῥᾴδιον] ἐφαψάμενοι ὡς μὴ δοκεῖν παντελῶς παραλιμπάνειν ἐπὶ τὴν κατὰ ὑπόθεσιν τρεψόμεθα μέθοδον λέγοντες ὅτι 'εἰ καὶ δυσκολίαν τινὰ συνέβαινε προσεῖναι τοῖς πράγμασιν, οὐδ' οὕτως ἐχρῆν αὐτῶν ἀποστῆναι· προσήκει γὰρ ὑπὲρ τῶν χρηστῶν καὶ πόνους καὶ κινδύνους ὑπομένειν' καὶ συστήσομεν τοῦτο ἀπὸ παραδειγμάτων ὅτι 'καὶ σύνηθες ὑπὲρ τοιούτων ἀγωνίζεσθαι τῇ πόλει· καὶ γὰρ τόνδε τὸν πόλεμον - εἰ τύχοι - προθύμως ὑπέστησαν'. τελέα δὲ δυνατοῦ κατασκευή ἐστιν ἡ ἑκατέρων ἐξέτασις, τῶν τε ἡμῖν αὐτοῖς προσόντων καὶ τῶν τοῖς ἀντιπάλοις, ὥσπερ Θουκυδίδης πεποίηκεν ἔν τε τῷ Περικλεῖ λέγων 'τὰ δὲ τοῦ πολέμου καὶ τῶν ἑκατέροις ὑπαρχόντων ὡς οὐκ ἀσθενέστερα ἕξομεν, γνῶτε καθ' ἕκαστον

2 ῥᾴδιον· εἰσὶ γάρ τινα καὶ μέσα. εἰσάξομεν Wɪv 749, 14 4 ἡγεῖσθαι V 6 τις] τισι V 7 εἰ Wɪv 749, 20] ἡ V 10 εὐεργεσίαις Wɪv 14 ῥᾴδιον delevi; Wɪv 749, 25: βραχέων τοῦ ῥᾳδίου 20 δὲ τοῦτο Wɪv 25 Thuc. 1, 141 26 ἑκατέροις | f. 96r | ὑπαρχόντων V

ἀκούοντες. αὐτουργοί τε γάρ εἰσι Πελοποννήσιοι καὶ οὔτε ἰδίᾳ οὔτε ἐν κοινῷ χρήματα αὐτοῖς ἐστιν, ἔπειτα χρονίων πολέμων καὶ διαποντίων ἄπειροι' καὶ τὰ ἑξῆς, εἶτα ἐπήγαγε 'καὶ τὰ μὲν Πελοποννησίων τοιαῦτα καὶ παραπλήσια τούτοις ἔμοιγε δοκεῖ· τὰ δὲ ἡμέτερα τούτων τε ὧν ἐκείνοις ἐμεμψάμην ἀπηλλάχθαι καὶ ἄλλα οὐκ ἀπὸ τοῦ ἴσου μεγάλα ἔχειν' καὶ τὰ ἑξῆς· πάλιν ἐν τῇ Κορινθίων πρὸς Λακεδαιμονίους δημηγορίᾳ τοῦτο ποιεῖ λέγων 'οἱ μὲν γὰρ νεωτεροποιοὶ καὶ ἐπινοῆσαι ὀξεῖς καὶ ἐπιτελέσαι ἔργῳ ὃ ἂν γνῶσιν, ἡμεῖς δὲ τὰ ὑπάρχοντά τε σῴζειν καὶ ἐπιγνῶναι μηδὲν καὶ ἔργῳ οὐδὲ τὰ ἀναγκαῖα ἐξικέσθαι· αὖθις δὲ οἱ μὲν καὶ παρὰ δύναμιν τολμηταὶ καὶ ἐν τοῖς δεινοῖς εὐέλπιδες, τὸ δὲ ἡμέτερον τῆς τε δυνάμεως ἐνδεᾶ πρᾶξαι καὶ τῆς γνώμης μηδὲ τοῖς βεβαίοις πιστεῦσαι τῶν τε δεινῶν μηδέποτε οἴεσθαι ἀπολυθήσεσθαι· καὶ μὴν καὶ ἄοκνοι πρὸς ὑμᾶς μελλητὰς καὶ ἀποδημηταὶ [καὶ] πρὸς ἐνδημοτάτους'. καὶ ἔστι τοῦτο τῶν δαιμονίως τε καὶ συντόμως ἀπηγγελμένων ἀντιθέτων· καθελὼν δὲ τὰ Λακεδαιμονίων ηὔξησε τὰ τῶν Ἀθηναίων ἐναντίων ὄντων, διότι λίαν ἐπηρμένους ἑώρα τοὺς Λακεδαιμονίους καὶ καταφρονοῦντας τῶν Ἀθηναίων, ἠπείγετο δὲ πρὸς τὸν πόλεμον αὐτοὺς παροξῦναι· χρὴ γὰρ τὸν ἔμφρονα ῥήτορα θαρροῦντάς τε παρὰ τὸ δέον τοὺς συμβουλευομένους καταπλῆξαι φυλαττόμενον εἰς

---

4 Thuc. 1, 143   5 *τούτοις* V; *τοιούτοις* Wɪᴠ 750, 17; om. Thuc. (ordine verborum differente)   7 *καὶ πάλιν* Wɪᴠ   9 Thuc. 1, 70 ‖ *γὰρ* V] *γε* Wɪᴠ 750, 21. Thuc.   13 *τολμηταὶ καὶ παρὰ γνώμην κινδυνευταὶ καὶ* Thuc.   13/14 *εὐέ[λ]πιδες* V   17 *καὶ* V; om. Thuc. et Wɪᴠ 751, 5   19 *ἀπηγγελμένων* Wɪᴠ 751, 6] *ἀπηλλαγμένων* V   25 *φυλ.* ἓν *τοῦτο εἰς* Wɪᴠ 751, 12

ἀθυμίαν αὐτοὺς ἐμβάλλειν, ὅπερ καὶ ὁ ῥήτωρ ἐν τρίτῳ τῶν Ὀλυνθιακῶν εὐθὺς ἐκ προοιμίων ποιεῖ, καὶ πάλιν ἀθύμως διακειμένους ἐγεῖραι καὶ φρονήματος ἐμπλῆσαι φυλάττοντα κἀνταῦθα, ὅπως μὴ προαχθῶσιν εἰς καταφρόνησιν καὶ ῥαθυμότεροι γένωνται. τοῦτο δὲ πρῶτος μὲν Ὅμηρος πεποίηκεν· Ἀχιλλεὺς γὰρ ἐπιστρέψαι τὸν βασιλέα βουλόμενος εἰς τὴν ὑπὲρ τῶν παρόντων φροντίδα πρότερον καταπλήττει λέγων 'Ἀτρεΐδη, νῦν ἄμμε παλιμπλαγχθέντας δίω ἂψ ἀπονοστήσειν, εἴ κεν θάνατόν γε φύγοιμεν, εἰ δὴ ὁμοῦ πόλεμός τε δαμᾷ καὶ λοιμὸς Ἀχαιούς', εἶτα καταπλήξας οὐ συγκεχώρηκε τραπῆναι πρὸς ἀθυμίαν, ἀλλὰ τὴν ἴασιν ἔδειξε πλησίον ὑπάρχουσαν εἰπὼν 'ἀλλ' ἄγε δή τινα μάντιν ἐρείομεν ἢ ἱερῆα'· Δημοσθένης δὲ καλῶς ἐζήλωσεν ἔν τε τῷ προειρημένῳ τρίτῳ τῶν Ὀλυνθιακῶν καὶ ἐναργέστερον ἐν τῷ περὶ τῆς εἰρήνης ἐκ προοιμίων 'ὁρῶ μέν, ὦ Ἀθηναῖοι, τὰ παρόντα πράγματα πολλὴν δυσκολίαν ἔχοντα καὶ ταραχὴν οὐ μόνον τῷ πολλὰ προεῖσθαι καὶ μηδὲν εἶναι προὔργου περὶ αὐτῶν εὖ λέγειν' καὶ τὰ ἑξῆς, εἶτα διὰ τούτων καταπλήξας αὐτοὺς ἐπανήγαγε πρὸς τὸ θαρρεῖν λέγων 'οὐ μὴν ἀλλὰ καίπερ τούτων οὕτως ἐχόντων οἴομαι καὶ πεπεικὼς ἐμαυτὸν ἀνέστηκα, ἂν ἐθέλητε τοῦ θορυβεῖν καὶ φιλονεικεῖν ἀποστάντες ἀκούειν, ὡς ὑπὲρ πόλεως βουλευομένοις καὶ τηλικούτων πραγμάτων προσήκει, ἕξειν καὶ λέγειν καὶ συμβουλεύειν, δι' ὧν καὶ τὰ παρόντα

---

1 ἐμβαλεῖν Wɪᴠ] ἐμβαλ(λ)εῖν V 2 Dem. 3, 1 sq. 4 προαχθῶσιν Wɪᴠ 751, 16] προσαχθῶσιν V 8 A 59 9 παλιμπλαχθέντας V 11 συγκεχώρηκεν | f. 96ᵛ | τραπῆναι V 13 A 62 15 p. 185, 1 17 Dem. 5, 1 19 προεῖσθαι Dem.] προίεσθαι V 21 Dem. 5, 3 25 ἕξειν Dem.] ἕξαι V

ἔσται βελτίονα καὶ τὰ προειρημένα σωθήσεται'. εἰ δέ τις ἐν τῇ τελείᾳ τοῦ δυνατοῦ ἐργασίᾳ μὴ δύναται χρῆσθαι τῇ ἀντεξετάσει, ἑτέρως αὐτὸ μεθοδεύσομεν καὶ διὰ παραδειγμάτων τὸ δυνατὸν κατασκευάσομεν, ὥσπερ ὁ ῥήτωρ ἐν τῷ δευτέρῳ τῶν Ὀλυνθιακῶν 'εἰ δέ τις ὑμῶν, ὦ Ἀθηναῖοι, δυσπολέμητον οἴεται τὸν Φίλιππον εἶναι σκοπῶν τό τε πλῆθος τῆς ὑπαρχούσης αὐτῷ δυνάμεως καὶ τὸ τὰ χωρία πάντα ἀπολωλέναι τῇ πόλει, ὀρθῶς μὲν οἴεται, λογισάσθω μέντοι τοῦτο, ὅτι εἴχομεν ἡμεῖς ποτε, ὦ Ἀθηναῖοι, Πύδναν καὶ Ποτείδαιαν καὶ Μεθώνην καὶ πάντα τὸν τόπον τοῦτον οἰκεῖον κύκλῳ καὶ πολλὰ τῶν μετ' ἐκείνου νῦν ὄντων ἐθνῶν αὐτονομούμενα καὶ ἐλεύθερα ὑπῆρχε καὶ μᾶλλον ἡμῖν ἐβούλετο οἰκείως ἔχειν ἢ ἐκείνῳ. εἰ τοίνυν ⟨ὁ⟩ Φίλιππος τότε ταύτην ἔσχε τὴν γνώμην, ὡς χαλεπὸν πολεμεῖν ἐστιν Ἀθηναίοις ἔχουσι τοσαῦτα ἐπιτειχίσματα τῆς ἑαυτοῦ χώρας ἔρημον ὄντα συμμάχων, οὐδὲν ἂν ὧν νυνὶ πεποίηκεν ἔπραξεν οὐδὲ τοσαύτην ἐκτήσατ' ἂν δύναμιν'.

Τὸ δὲ ἔνδοξον καλεῖται καὶ πρέπον, ἔστι δὲ πρέπον τὸ καθῆκον ἑκάστῳ, οἷον Ἀθηναίοις τὸ ἐλευθερίας μᾶλλον φροντίζειν ἢ χρημάτων, τὸ συμμαχῆσαι τοῖς ἀτυχοῦσι, τὸ τοῖς πρότερον ἠδικηκόσι κειμένοις ὕστερον μὴ ἐπεμβαίνειν· τὰ δὲ τοιαῦτα καὶ δόξαν ἐπάγοντα τοῖς δρῶσι δηλονότι τοῦ ἐνδόξου ἔχεται, τὸ δὲ ἔνδοξον ὑπὸ τὸ καλὸν ἀνακτέον. τὴν δὲ τοῦ ἐνδόξου

---

1 *βέλτιον* V; *βελτίω* Dem. 5 Dem. 4, 4—5 (non est or. Olynth. II); tamen recensioni Aldinae (*ἐν τῷ πρώτῳ κατὰ Φιλίππου*) diffido, Syrianus ipse errasse videtur 8 *καὶ τῶ* V 9 *λογισάσθω* Dem. W IV 752, 18] *ἀπολογησάσθω* V 11 *ποτίδαιαν* V 14 *ὁ* W IV 752, 20. Dem.] om. V 20 W IV 755 || H 165, 28

ἐργασίαν διχῶς ἐξετάσομεν ‘ποιούντων ἡμῶν τόδε τί προσγενήσεται’ καὶ ‘μὴ ποιούντων τόδε τί συμβήσεται’, καὶ τούτων ἑκάτερον διὰ τεσσάρων πλατυνοῦμεν τόπων, οἷον ‘συμμαχησάντων ⟨μὲν ἡμῶν⟩ Ὀλυνθίοις ἡ οὖσα δόξα παραμενεῖ, καὶ ἡ μὴ οὖσα προσέσται, ἡ οὖσα ἀδοξία ἀπελαθήσεται, ἡ μὴ οὖσα οὐ προστεθήσεται, μὴ συμμαχησάντων δὲ τοῖς κινδυνεύουσιν ἡ νῦν οὖσα δόξα οὐ παραμενεῖ, ἡ μὴ οὖσα οὐ προσέσται, ἡ προσοῦσα ἀδοξία οὐκ ἀπελαθήσεται, ἡ μὴ οὖσα προσγενήσεται’· ὡς Δημοσθένης ἐν τῷ πρὸς Λεπτίνην φησίν - ἃ γὰρ οὐ πρόσεστι τοῖς Ἀθηναίοις, ταῦτά φησιν ἀπαντήσεσθαι, εἰ τὴν ἀτέλειαν ἀφέλοιντο τοὺς εὐεργέτας - ‘νῦν γάρ’ φησὶν ‘οὗτος ὁ νόμος ἀντὶ καλῆς αἰσχρὰν τῇ πόλει περιάπτει δόξαν καὶ οὔτε τῶν προγόνων οὔθ’ ὑμῶν ἀξίαν. τρία γὰρ τὰ μέγιστα ὀνείδη κτᾶται, φθονεροὺς ἀπίστους ἀχαρίστους εἶναι δοκεῖν’. περὶ δὲ τῆς οὔσης δόξης ἐν Ὀλυνθιακῶν δευτέρῳ τάδε φησὶν ‘ἀλλ’ ἵνα οἱ ἄλλοι τῶν δικαίων τύχωσι, τὰ ὑμέτερα αὐτῶν ἀνηλίσκετε εἰσφέροντες καὶ προεκινδυνεύετε στρατευόμενοι’, καὶ πάλιν ἐν τῷ περὶ τοῦ στεφάνου ἐκ παραδειγμάτων κατασκευάζει τὸ ἔνδοξον λέγων ‘καίτοι τότε ταῦτα ἀμφότερα, Αἰσχίνη, οὐχ ὑπὲρ εὐεργετῶν ἐποίουν οὔτ’ ἀκίνδυνα ἑώρων. ἀλλ’ οὐ διὰ ταῦτα προΐεντο τοὺς καταφεύγοντας ἐπ’ αὐτούς, ἀλλ’ ὑπὲρ εὐδοξίας καὶ τιμῆς ἤθελον τοῖς

---

2 *προσγενήσεται* | f. 97[r] | *καὶ* V 4 *μὲν ἡμῶν* inserui, cf. p. 189, 27 (Wɪv hic et lin. 7 *συμμαχήσασιν*) 5 *καὶ* om. Wɪv 6/7 *οὐ προσέσται* Wɪv; fort. *οὐ προσγενήσεται*, cf. lin. 10 6 et 9 *ἀδοξία* Wɪv 756, 12 et 14 (cf. H 165, 31)] *δόξα* V ‖ *ἀπελαθήσεται* Wɪv] *ἀπελασθήσεται* V 13 Dem. 20, 10 18 Dem. 2, 24 19 *ἀν*|*η*|*λίσκετε*, ex *α*, V 22 Dem. 18, 97 25/188, 1 *τοῖς δεινοῖς* Wɪv 757, 7. Dem.

κινδύνοις ἑαυτοὺς διδόναι ὀρθῶς καὶ καλῶς βουλευόμενοι'.

Κοινὴ δὲ τῶν τελικῶν κεφαλαίων μέθοδός ἐστιν ἡ κατὰ ἀντίφασιν εἰσαγωγή· εἰ μὲν γὰρ ἔχοιμεν δεῖξαι, ὅτι δίκαιον ἢ συμφέρον τὸ προκείμενόν ἐστι, τοῦτο κατασκευάσομεν, εἰ δὲ μή, ἐροῦμεν ὅτι οὐκ ἄδικον ἢ οὐκ ἀσύμφορον. ἔστι δὲ αὐτοῦ τὸ παράδειγμα καὶ παρὰ τῷ ῥήτορι· μὴ δυνηθεὶς γὰρ κατασκευάσαι, ὅτι δυνατόν ἐστι λυθῆναι τὴν Φιλίππου δύναμιν, ἐπὶ τὴν ἀντίφασιν χωρήσας ἔφη 'μὴ γὰρ ὡς θεῷ νομίζετε ἐκείνῳ τὰ παρόντα πεπηγέναι πράγματα ἀθάνατα', οὐκ ἀδύνατον γὰρ λυθῆναι τὴν Φιλίππου δύναμιν ἐν χρόνῳ τήν γε ἀπό τινος ἀρξαμένην χρόνου. εἰ δὲ ὁ ἀντίδικος τῇ ἀντιφάσει χρήσαιτο, ἡμεῖς τὸ κατὰ θέσιν ἀπαιτήσομεν λέγοντες ὡς 'οὐκ ἀρκεῖ τὸ μὴ βλάπτειν μόνον, ἀλλ' ὅτι καὶ συμφέρει δεικτέον'· καὶ γὰρ ὁ Δημοσθένης ἐν τῷ κατὰ Ἀριστοκράτους αἰσθόμενος τοὺς ἀντιλέγοντας τὸ κατὰ ἀντίφασιν εἰσάγοντας ὅτι 'εἰ καὶ μὴ εὔνους ἐστὶν ὁ Χαρίδημος τῇ πόλει, ἀλλ' οὔτι γε δύσνους', ἐκ προοιμίων εὐθὺς ἀναιρεῖ τὸ τοιόνδε καὶ δείξειν ἐπαγγέλλεται κακονούστατον ⟨φάσκων⟩ 'ἐγὼ δ' ἐάνπερ ἃ βούλομαί τε καὶ οἶδα πεπραγμένα ἐκείνῳ δυνηθῶ πρὸς ὑμᾶς εἰπεῖν, οἴομαι δείξειν οὐ μόνον οὐκ εὐεργέτην ἀλλὰ καὶ κακονούστατον ἁπάντων ἀνθρώπων καὶ πολὺ τοὐναντίον ἢ προσῆκεν ὑπειλημμένον'. ἔτι γε μὴν κἀκείνη τῶν τελικῶν κεφαλαίων ἡ μέθοδος κοινὴ τὸ ποτὲ μὲν καθολικοὺς ἀφορισμοὺς

5 ἐστιν ex ἔσται V 10 Dem. 4, 8 ‖ νομίζεται V
20 δύσνους | f. 97ʳ | ἐκ V 21 φάσκων Wɪv 757, 27] om. V (init. vers.) ‖ Dem. 23, 6 24/25 ἀνθρώπων ἁπάντων Dem.
25 προσῆκεν Wɪv 758, 4. Dem.] προσήκειν V

προθέντα περὶ τῶν προκειμένων οὕτως ἐπάγειν τὰς κατὰ μέρος ἀποδείξεις, ποτὲ δὲ ἐπὶ ταῖς μερικαῖς κατασκευαῖς ἐπάγειν τοὺς ἀφορισμούς· καὶ πολλὰ τῶν τοιούτων παρά τε Θουκυδίδῃ καὶ Δημοσθένει τὰ παραδείγματα, ὡς ἐν τῷ πρώτῳ τῶν Ὀλυνθιακῶν προτάξας τὸν ἀφορισμὸν ἐπάγει τὰς κατασκευὰς 'ἀλλ' οἶμαι παρόμοιόν ἐστιν ὅπερ καὶ περὶ τῆς τῶν χρημάτων κτήσεως· ἂν μὲν γὰρ ὅσα ἄν τις λάβῃ καὶ σώσῃ, μεγάλην ἔχει τῇ τύχῃ τὴν χάριν, ἂν δὲ ἀναλώσας λάθῃ, συνανήλωσε καὶ τὸ μεμνῆσθαι τῇ τύχῃ τὴν χάριν. καὶ περὶ τῶν πραγμάτων οὕτως οἱ μὴ χρησάμενοι τοῖς καιροῖς ὀρθῶς οὐδ' εἰ συνέβη τι παρὰ τῶν θεῶν χρηστὸν μνημονεύουσιν· πρὸς γὰρ τὸ τελευταῖον ἐκβὰν ἕκαστον τῶν προϋπαρξάντων κρίνεται. διὸ καὶ σφόδρα δεῖ τῶν λοιπῶν ὑμᾶς, ὦ Ἀθηναῖοι, φροντίσαι, ἵνα ταῦτα ἐπανορθωσάμενοι τὴν ἐπὶ τοῖς πεπραγμένοις ἀδοξίαν ἀποτριψώμεθα'. πάλιν μετ' ὀλίγα περὶ τῶν θεωρικῶν χρημάτων τὰς μερικὰς κατασκευὰς εἰπὼν ἐπάγει τὸν ἀφορισμὸν 'ἔστι δὴ λοιπὸν οἶμαι πάντας εἰσφέρειν, ἂν πολλῶν δέῃ, πολλά, ἂν ὀλίγων, ὀλίγα. δεῖ δὲ χρημάτων καὶ ἄνευ τούτων οὐδὲν ἔστι γενέσθαι τῶν δεόντων'. ἔτι γε μὴν καὶ ὁ ἀπὸ τοῦ μᾶλλον καὶ ἧττον τόπος κοινός ἐστι τῶν τελικῶν κεφαλαίων.

'Τὸ δὲ ἐκβησόμενον κατὰ ὑπόθεσιν λαμβάνεται'. ἀπορήσειε δ' ἄν τις, τίνι διαφέρει τὸ ἐκβησόμενον ⟨τὸ⟩ κεφάλαιον τῆς ἐν τῷ συμφέροντι ἐκβάσεως, ἐν ᾗ φαμεν ὅτι συμμαχησάντων μὲν ἡμῶν τάδε ἀποβήσεται μὴ συμμαχησάντων δὲ τάδε· φαμὲν οὖν ὅτι ἐν μὲν

2 *μέρως* V 6 Dem. 1, 11 10 *συνανήλωσε* W IV 758, 15. Dem.] *συνάλωσεν* V 12 *οὐδ ἡ σ[υ]νεβη* V 17 *ὀλίγον* W IV 758, 22 19 Dem. 1, 20 24 W IV 761 ‖ H 166, 4 26 *τὸ* inserui

τῇ τοῦ συμφέροντος ἐκβάσει τὰ προσεχῆ ἐξετάζομεν τέλη, ἐν δὲ τῷ ἐκβησομένῳ τῶν ἐκεῖ τελῶν ἐξετασθέντων τὰ τέλη διασκοποῦμεν. τὴν δὲ διαφορὰν ταύτην ἔδειξεν ἡμῖν Δημοσθένης ἐν πρώτῳ Ὀλυνθιακῶν· τὸ μὲν γὰρ συμφέρον ἐξετάζων ἔφη ὅτι ‘συμφέρει Ὀλυνθίοις βοηθῆσαι’, εἶτα ἡ ἔκβασις ‘τοῦτο γὰρ ἡμῶν ποιησάντων ἐν Μακεδονίᾳ ἔσται ὁ πόλεμος, μὴ συμμαχησάντων δὲ τοῖς Ὀλυνθίοις ἐλθὼν εἰς τὴν Ἑλλάδα Φίλιππος πολεμήσει τὴν Ἀττικήν’. καὶ ταῦτα μὲν προσεχῆ τῆς ἐκβάσεως τέλη· τὰ δὲ τῶν τελῶν τέλη, ἅπερ εἰς τὸ ἐκβησόμενον ἀνάγομεν, ἐκεῖνα ὅτι ‘ἐν Μακεδονίᾳ μὲν πολεμοῦντες πλεῖστα κερδανοῦμεν, ἐν δὲ τῇ Ἀττικῇ τοῦ πολέμου συστάντος τάδε καὶ τάδε ἡμᾶς περιστήσεται τὰ δεινά’. ἄξιον δὲ καὶ ἀπ' αὐτῆς ἑκάτερον γνῶναι τῆς λέξεως· τὴν μὲν οὖν τοῦ συμφέροντος ἔκβασιν ἐξετάζων τάδε φησὶν ‘ἔτι τοίνυν, ὦ Ἀθηναῖοι, μηδὲ τοῦθ' ὑμᾶς λανθανέτω, ὅτι νῦν αἵρεσίς ἐστιν ὑμῖν, πότερον ὑμᾶς ἐκεῖ χρὴ πολεμεῖν ἢ παρ' ὑμῖν ἐκεῖνον· ἐὰν μὲν γὰρ ἀντέχῃ τὰ τῶν Ὀλυνθίων, ὑμεῖς ἐκεῖ πολεμήσετε καὶ τὴν ἐκείνου κακῶς ποιήσετε τὴν ὑπάρχουσαν καὶ τὴν οἰκείαν ταύτην ἀδεῶς καρπούμενοι· ἐὰν δὲ ἐκεῖνα Φίλιππος λάβῃ, τίς αὐτὸν κωλύσει δεῦρο βαδίζειν; Θηβαῖοι; μὴ λίαν πικρὸν εἰπεῖν ᾖ καὶ συνεισβάλλουσιν ἑτοίμως. – ἀλλὰ Φωκεῖς; οἱ τὴν οἰκείαν οὐχ οἷοί τε ὄντες φυλάττειν, ἂν μὴ βοηθήσητε ὑμεῖς; – ἢ ἄλλος τις;’ τὰ δὲ ἀπὸ τοῦ ἐκβησομένου πάλιν ἐξετάζων τάδε φησὶν ‘ἀλλὰ μὴν ἡλίκα γέ ἐστι τὰ διάφορα ἐνθάδε ἢ ἐκεῖ

---

5 ἔφη | f. 98r | ὅτι V   9 μὲν τὰ WIV 761, 21   11 ἄγομεν WIV   13 τοῦ om. WIV   16 Dem. 1, 25—26   20 πολεμήσεται V   21 ποιήσεται V   23 cf. p. 178, 4 sq.   28 Dem. 1, 27—28

πολεμεῖν, οὐ λόγου προσδεῖν ἡγοῦμαι. εἰ γὰρ ὑμᾶς δεήσειεν αὐτοὺς τριάκοντα ἡμέρας μόνας ἔξω γενέσθαι καὶ ὅσα ἀνάγκη στρατοπέδῳ χρωμένους τῶν ἐκ τῆς χώρας λαμβάνειν - μηδενὸς ὄντος ἐν αὐτῇ πολεμίου λέγω -, πλεῖον ἂν οἶμαι ζημιωθῆναι τοὺς γεωργοῦντας ἡμῶν, ἢ ὅσα εἰς ἅπαντα τὸν πρὸ τοῦ χρόνον δεδαπάνησθε· εἰ δὲ δὴ πόλεμός τις ἥξει, πόσα χρὴ νομίσαι ζημιωθήσεσθαι; καὶ πρόσεσθ' ἡ ὕβρις καὶ ἔτι τῶν πραγμάτων αἰσχύνη οὐδεμιᾶς ἐλάττω ζημίας τοῖς γε σώφροσιν. πάντα δὴ ταῦτα δεῖ συνιδόντας ἅπαντας βοηθεῖν καὶ ἀπωθεῖν ἐκεῖσε τὸν πόλεμον, τοὺς μὲν οὖν εὐπόρους, ἵνα ὑπὲρ τῶν πολλῶν ἃ καλῶς ποιοῦντες ἔχουσι μικρὰ ἀναλίσκοντες τὰ λοιπὰ ἀδεῶς καρπῶνται, τοὺς δὲ ἐν ἡλικίᾳ, ἵνα τὴν τοῦ πολεμεῖν ἐμπειρίαν ἐν τῇ τοῦ Φιλίππου χώρᾳ κτησάμενοι φοβεροὶ φύλακες τῆς οἰκείας ἀκεραίου γένωνται, τοὺς δὲ λέγοντας, ἵνα αἱ τῶν πεπολιτευμένων αὐτοῖς εὔθυναι ῥᾴδιαι γένωνται'. καὶ προτρέψαι δὲ καὶ ἀποτρέψαι ἱκανωτάτη ἐστὶν ἡ τοῦ ἐκβησομένου ἐξέτασις, διόπερ ἐπιμελῶς αὐτῇ κεχρῆσθαι προσήκει.

Χρὴ δὲ καὶ τὰς γνώμας ἐν ταῖς συμβουλαῖς ἐξετάζειν, τήν τε οἰκείαν, μεθ' ἧς ἐπὶ τὸ συμβουλεύειν ἀπήντηκε, καὶ τὰς τῶν ἀντιλεγόντων, μεθ' ἧς ἕκαστος ἐναντιοῦσθαι ἐπιχειρεῖ, ἔτι δὲ καὶ τὰς τῶν ἀκουόντων, δι' ἃς ἐπὶ τὸ προθεῖναι τὴν βουλὴν ὥρμησαν· ἱκαναὶ γὰρ αὗται καὶ συστῆσαι καὶ διαβαλεῖν τὰ πράγματα.

---

6 ὑμῶν Dem. 8 ἔτι ἡ τῶν Dem. 9 ἐλάττων Dem. 10 συνιδόντας Dem.] συνιδότας V; an legit Syrianus συνειδότας? 12 οὖν om. Dem. ‖ ὧν καλῶς Dem. 13 ἔχο⌊υσ⌋ι V 14 καρποῦνται V ‖ καρπῶνται ἀδεῶς Dem. ‖ ἵνα | f. 98^{v} | τὴν V 15 κ^{β}τησάμενοι χ^{α}ώραι V 23 ἀπήντησε W IV 762, 14

Διαφέρει δὲ συμβουλὴ προτροπῆς, ὅνπερ τρόπον καὶ τοῦ ὅλου τὸ μέρος - ὅλον μὲν γάρ τι ἡ συμβουλή, μέρος δὲ ἡ προτροπή -, καὶ τῷ τὸ μὲν περιέχειν τὸ δὲ περιέχεσθαι. ἔτι διαφέρει παραίνεσις συμβουλῆς τῷ τὴν μὲν συμβουλὴν περὶ ἑνὸς γίγνεσθαι πράγματος τὴν δὲ παραίνεσιν περὶ πλειόνων, καὶ τῷ τὴν μὲν συμβουλὴν πρὸς πρᾶξίν τινα τῶν ἔξωθεν γίγνεσθαι - πότερον ἄξιόν ἐστι τόδε ⟨τι⟩ πράττειν ἢ μή - τὴν δὲ παραίνεσιν πρὸς ἤθους εὐρυθμίαν παραλαμβάνεσθαι, καὶ τῷ τὴν μὲν παραίνεσιν πρὸς ἕνα γίγνεσθαι τὴν δὲ συμβουλὴν πρὸς πολλούς, καὶ ἡ μὲν συμβουλὴ ἀντιλογίαν ἐπιδέχεται, οἷον ‘χρὴ βοηθεῖν Ὀλυνθίοις’, ἡ δὲ παραίνεσις οὔ, οἷον ‘χρὴ τὸ θεῖον σέβειν, γονεῖς τιμᾶν’.

XI. ΠΕΡΙ ΡΗΤΟΥ ΚΑΙ ΔΙΑΝΟΙΑΣ.

Ἱκανῶς ἡμῶν ἤδη καὶ περὶ τῆς πραγματικῆς τῆς τε ἀγράφου καὶ τῆς ἐγγράφου διεληλυθότων καὶ τὴν πλατύτητα τῶν κεφαλαίων ἐκθεμένων ἀναγκαῖον ἂν εἴη μετελθεῖν ἐπὶ τὰς νομικάς, αἵπερ λοιπαὶ τῶν στάσεών εἰσιν. ὠνομάσθησαν οὖν νομικαί, διότι περὶ νόμους καὶ ῥητά τινα τὴν σύμπασαν ἔχουσι ζήτησιν· οὐ γάρ, ὥσπερ ἐν ταῖς ἄλλαις στάσεσιν οἱ νόμοι καὶ τὰ ῥητὰ πρὸς ἑτέρων ἀπόδειξιν παρελαμβάνοντο, οὕτω κἀνταῦθα, ἀλλ᾽ ἐκεῖ μέν, κἂν περιαιρεθῶσιν οἱ νόμοι,

---

1 συμβουλῆ[ς], ς lin. del., V 8 πότερον Wɪv 763, 10] πρότερον V ‖ τι Wɪv] om. V 12 οἷον ὅτι οὐ χρὴ Wɪv 15 Wɪv 797—802 ‖ H 168; cf. 140, 17 23 προς | f. 99^r | ἑτέρων V

σῴζεται τὰ ἀδικήματα, ἐνταῦθα δὲ τὸ ὅλον κῦρος ἐν τοῖς νόμοις ἐστίν, ὧν σιωπηθέντων οὔτε ἔγκλημα οὔθ' ὅλως ἀδίκημα τὸ λειπόμενον τυγχάνει. ἀνάγονται δὲ πᾶσαι ὑπὸ τὴν ἔγγραφον ποιότητα.

Καὶ πρῶτόν γε περὶ τοῦ ῥητοῦ καὶ τῆς διανοίας λεκτέον, ὅπερ ὠνομάσθη μὲν οὕτως, διότι ὁ μὲν κατήγορος τῷ ῥητῷ ὁ δὲ φεύγων τῇ διανοίᾳ κέχρηται· ὅρος δὲ αὐτῆς ἐστιν οὗτος 'ῥητὸν καὶ διάνοιά ἐστι στάσις πολιτικοῦ πράγματος τῶν ἐπὶ μέρους, καθ' ἣν ὁ φεύγων ῥητῷ ὑφ' ἑαυτοῦ ἑκόντος παραβεβασμένῳ ἐπ' οὐδεμιᾷ ἀδικίᾳ διάνοιαν ἀντιτίθησιν', καὶ γένος μὲν τοῦ ὅρου ἡ στάσις τὰ δὲ λοιπὰ διαφοραὶ χωρίζουσαι αὐτὴν ἀντιστάσεώς τε καὶ συγγνώμης καὶ πραγματικῆς τῆς κατὰ ῥητὸν καὶ διάνοιαν· ταύταις γὰρ καὶ κοινωνεῖν δοκεῖ.

Ἰστέον δὲ ὅτι πᾶσαι αἱ νομικαὶ μονοειδεῖς εἰσιν, ὥσπερ αἵ τε ἀντιθετικαὶ καὶ ἡ πραγματική· ἔφαμεν γὰρ πολλάκις εἴδη διάφορα γίγνεσθαι ἐν ταῖς στάσεσιν ἢ κατὰ ἐναλλαγὴν κεφαλαίων ἢ κατὰ διπλασιασμὸν ἢ τάξιν [ἢ] διάφορον, εἰ δὲ μηδὲν τούτων ὑπάρχοι, μονοειδὴς ἂν εἴη ἡ στάσις.

Διαφέρει δὲ τὸ ῥητὸν καὶ ἡ διάνοια ἀντιστάσεως μὲν τῷ τὴν μὲν ἀντίστασιν ἀδίκημα ἔχειν φανερὸν καὶ ἐν αὐτοῖς κεῖσθαι τοῦτο τοῖς προβλήμασι πρόδηλον, ἐν δὲ τῷ ῥητῷ καὶ τῇ διανοίᾳ μήτε ἀδίκημα ἄντικρυς ἀλλ' ὡς ἀδίκημά πως εἶναι τὸ γεγονὸς καὶ

νόμοις
2 ὀνόμασιν, ὀνόμασιν lin. del., V ‖ ἔγκλημα Wɪv 797, 24] ἐγκλήματα V 3 τυγχάν[ει], ex η, V 5 τοῦ et τῆς om. Wɪv 14 ταύται[ς], ς sup., V 15 καὶ om. Wɪv 798, 7 20 ἢ V, om. Wɪv 798, 12 26 εἶναι om. Wɪv

περιαιρεθέντος τοῦ νόμου ἀσύστατον εἶναι τὸ λειπόμενον, οἷον νόμος τὸν ξένον εἰς τὸ τεῖχος μὴ ἀνιέναι, πολέμου καταλαβόντος ἀνελθών τις ξένος ἐπὶ τὸ τεῖχος ἠρίστευσε καὶ κρίνεται μετὰ τὴν νίκην νόμου παραβάσεως, οὔτε γὰρ ἀδίκημα τὸ ἀριστεῦσαι ἐν πολέμῳ, καὶ περιαιρεθέντος τοῦ νόμου εὐεργέτημα μᾶλλον οὐκ ἀδίκημα τὸ γεγενημένον, καὶ συκοφάντης ὁ τὰς εὐθύνας ἐπάγων. τῆς δὲ συγγνώμης διενήνοχε τῷ ἐν ἐκείνῃ μὲν ἄκοντα τὸν κρινόμενον πεποιηκέναι τοῦτο, διὸ καὶ τὴν κρίσιν ὑπέχει, ἐν δὲ τῷ ῥητῷ καὶ τῇ διανοίᾳ ἑκόντα. τῆς δὲ κατὰ ῥητὸν καὶ διάνοιαν πραγματικῆς διαφέρει ταύτῃ, ὅτι ἐν ἐκείνῃ μὲν εἰ δεῖ παραβαθῆναι τὸν νόμον ἢ μὴ γίγνεται [δὲ] ἡ σκέψις, ἐνταῦθα δὲ ὁ μὲν νόμος παραβέβασται, ζητοῦμεν δὲ εἰ δίκαιον τὸ πεπραγμένον ἢ μή.

Διαιρεῖται δὲ κεφαλαίοις τοῖσδε· προβολῇ ῥητοῦ, διανοίᾳ τῇ πρὸς τὸ ῥητὸν αὐτοῦ τοῦ παραβάντος τὸν νόμον, προσδιορισμῷ, διανοίᾳ τῇ πρὸς τὸν διορισμόν, συλλογισμῷ, ὅρῳ, ἀντιστάσει, μεταλήψει τῇ ἐκ πράγματος, πρός τι, ὅρῳ βιαίῳ, μεταλήψει τῇ ἐκ προσώπου ἐὰν ἐμπίπτῃ.

Αἱ δὲ ἐργασίαι τῶν κεφαλαίων τούτων ἐκ τῶν ἐν ταῖς ἄλλαις στάσεσιν εἰρημένων πρόδηλοι τυγχάνουσι πλὴν ἴσως τοῦ προσδιορισμοῦ, ὅσπερ ἐστὶ τοιόσδε· τοῦ γὰρ φεύγοντος ἀντιτιθέντος τῇ προβολῇ τὴν διάνοιαν καὶ λέγοντος ὅτι 'τοὺς ἐπὶ προδοσίᾳ τῆς

---

9 κρινόμενον | f. 99v | πεποιηκέναι V 14 δὲ V; om. Wɪv 799, 1 22 ἐμπίπτει V ‖ Wɪv 801 25 προσδιορισμοῦ Wɪv 801, 24] προδιορισμοῦ V ‖ [ὅ]σπερ, ex ω, V 26 ἀντιθέντος Wɪv

πόλεως ἀνιόντας ἐπὶ τὸ τεῖχος τῶν ξένων ὁ νόμος κωλύει ἀνιέναι, οὐχὶ τοὺς ἐπ' εὐεργεσίᾳ', ἀντιτίθησι τὸν προσδιορισμὸν ὁ κατήγορος λέγων ὡς 'οὐδαμοῦ τοῦτο προσδιώρισεν ὁ νομοθέτης ἀλλ' ἁπλῶς ἀπείργει τὸν ξένον τῆς ἐπὶ τὸ τεῖχος ἀνόδου'.

XII. ΠΕΡΙ ΑΝΤΙΝΟΜΙΑΣ.

Ἡ δὲ ἀντινομία ἐκ μὲν τοῦ ὀνόματος πρόδηλος ὡς ἐναντίωσίν τινα περιέχει νόμων οὐχὶ καθ' αὑτό - ἄτοπον γὰρ τοῦτό γε καὶ πολιτείας οὐκ εὖ διοικουμένης νόμων ἐναντιότητι δουλεύειν - ἀλλὰ φύσει μὲν οὐδαμῶς ἐναντιουμένων ἀλλήλοις κατὰ δέ τινα περίστασιν ἐναντιοῦσθαι δοκούντων· ὅρος δὲ αὐτῆς οὗτος 'ἀντινομία ἐστὶ στάσις πολιτικοῦ πράγματος τῶν ἐπὶ μέρους, καθ' ἣν ὁ φεύγων ἕτερον ἀντιτίθησι νόμον τῷ ὑπὸ τοῦ κατηγόρου προτεινομένῳ ὡς παραβεβασμένῳ'. ἴδιον δὲ ἀντινομίας τὸ δύο νόμων ὄντων ἢ τριῶν ἢ ὅσων δή ποτε ἕνα πάντως παραβεβάσθαι ἢ ἑνὸς μόνου ὄντος νόμου μέρος μέν τι αὐτοῦ παραβεβάσθαι μέρος δὲ μή. καὶ ἐν ῥητῷ δὲ <καὶ> διανοίᾳ παραβεβάσθαι ἀνάγκη τὸν νόμον, περὶ οὗ ἡ κρίσις· εἰ γὰρ μήπω παραβεβασμένος εἴη, ἀλλὰ βουλὴ προκέοιτο πότερον δεῖ παραβαίνειν ἢ μή, οὔτε ῥητὸν καὶ διάνοια οὔτε ἀντινομία συστήσεται ἀλλὰ πραγματικὴ

---

1 τῶν ξένων WIV 801, 27] τὸν ξένον V 2 εὐ[1 litt. er.] εργεσίαι V 3 προδιορισμὸν V 6 WIV 815—820 ‖ H 169—171; cf. H 141, 6 8 περιέχουσα τῶν νόμων WIV 815, 14 15/16 παραβεβιασμένω V 16 ἀντινομίας | f. 100r | τὸ V 17 ὅσων δή ποτε WIV 815, 23] ὅσων ποτε V 18 μέν τι WIV 815, 24] μέντοι V ‖ αὐτοῦ om. WIV 19 καὶ WIV 815, 25] om. V 22 πότερον WIV 815, 27] πρότερον V

κατὰ ῥητὸν καὶ διάνοιαν καὶ πραγματικὴ κατὰ ἀντινομίαν. διόπερ οὔτε Ἑρμογένει οὔτε Μητροφάνει τῷ τούτου ἐξηγητῇ πεισόμεθα ἀντινομικὰ λέγουσιν εἶναι τὰ ζητήματα ἐκεῖνα, τῆς μὲν κατὰ δύο νόμους τόδε νόμος τὸν ἀποκήρυκτον μὴ μετέχειν τῶν πατρῴων καὶ νόμος τὸν ἐπιμείναντα χειμαζομένῃ νηῒ δεσπότην εἶναι αὐτῆς, ἀποκήρυκτος ἐπέμεινεν ἐν χειμαζομένῃ πατρῴᾳ νηῒ καὶ ἀξιοῖ δεσπότης εἶναι αὐτῆς, εἴργει δέ τις ὡς πατρῴας· τῆς δὲ κατὰ ἕνα νόμον ἀντινομίας τόδε νόμος τὴν βιασθεῖσαν ἢ γάμον ἢ θάνατον αἱρεῖσθαι τοῦ βιασαμένου, δύο τις κόρας κατὰ ταὐτὸν ἐβιάσατο, καὶ ἡ μὲν γάμον αὐτοῦ ἡ δὲ θάνατον αἱρεῖται· ἐν ἑκατέρῳ γὰρ τούτων βουλὴ πρόκειται πότερον δεῖ παραβαθῆναι νόμον ἢ ποῖον νόμου μέρος, ἐχρῆν δὲ ὡς ἔφαμεν ἤδη παραβεβάσθαι. διόπερ ταῦτα μὲν πραγματικῆς κατὰ ἀντινομίαν ἐροῦμεν τὰ ζητήματα, παράδειγμα δὲ ἀντινομίας μὲν τῆς κατὰ δύο νόμους ἔστω τόδε νόμος τὸν μὴ θάψαντα τὸν αὑτοῦ πατέρα τῆς πατρῴας ἐλαύνεσθαι χώρας μηδενὸς τῶν ἐκείνου μετασχόντα καὶ νόμος τὸν ἀποδόμενον τὰ ὅπλα ἄτιμον εἶναι, πένης τις τελευτήσαντος αὐτῷ τοῦ πατρὸς ἀποδόμενος τὰ ὅπλα ἔθαψε τὸν πατέρα καὶ ὑπάγεται τῷ ἑτέρῳ τῶν νόμων· τῆς δὲ κατὰ ἕνα νόμον ἀντινομίας παράδειγμα τόδε νόμος τὸν λυπήσαντα τοὺς αὑτοῦ πατέρας εἰ τελευτήσειεν ἄταφον μένειν, ἔχων τις γυναῖκα καὶ υἱὸν ἀπεδήμησεν, ὑπὸ καταποντισταῖς γενόμενος ἐδήλωσε τοῖς οἴκοι περὶ

---

1 πραγματικὴ om. Wιv 816, 3 ‖ cf. H 141, 6 sq. 7 fort. ἐν delendum 14 μέρος νόμου Wιv 15 p. 195, 15. 18 17 μὲν τῆς V; μὲν om. Wιv 816, 15; fort. τῆς μὲν 19/20 τῶν ἐκείνου μηδενὸς Wιv 23 ὑπάγεται | f. 100ᵛ | τῶι V

λύσεως, ἡ γυνὴ συνεχῶς ἐντυγχάνουσα τοῖς γράμμασι καὶ δακρύουσα τῶν ὄψεων ἐστερήθη, καταλιπὼν ὁ παῖς παρὰ τῇ μητρὶ τὴν οὐσίαν καὶ πρὸς τοὺς καταποντιστὰς ἀπελθὼν ἀντέδωκεν ἑαυτὸν ὑπὲρ τοῦ πατρός, ἐν δεσμοῖς ἐτελεύτησεν, ἐρρίφη κατὰ τῆς θαλάσσης, προσηνέχθη τοῖς αἰγιαλοῖς τῶν πατέρων τὸ σῶμα, καὶ ὁ μὲν πατὴρ βούλεται θάπτειν, ἡ δὲ μήτηρ ἀντιλέγει· ἐνταῦθα γὰρ τὸ μὲν κατὰ τὴν μητέρα μέρος παραβέβασται - λελύπηται γὰρ παρ' αὐτοῦ ὡς τυφλὴν καταλιπόντος -, τὸ δὲ κατὰ τὸν πατέρα σῷόν ἐστιν.

Διαιρεῖται δὲ ἡ ἀντινομία κεφαλαίοις τοῖσδε· προβολαῖς δύο τῇ μὲν τοῦ κατηγόρου τῇ δὲ τοῦ φεύγοντος, διανοίαις δύο - οἱ δὲ προσδιορισμοὶ καὶ αἱ δεύτεραι διάνοιαι ὅροι τε καὶ συλλογισμοὶ διὰ τὸ ἐξισάζειν ἐκλείπουσιν -, ἀντιθέσει συγγνωμονικῇ ⟨ἢ⟩ ἀντιστατικῇ, μεταλήψει, τοῖς πρός τι διπλοῖς - ὧν τὰ μὲν σύγκρισιν ἔχει τὰ δὲ τὸ περιέχον ἐξετάζει καὶ περιεχόμενον, ὡς ἐπὶ τοῦ ἀποδομένου τὴν πανοπλίαν καὶ θάψαντος τὸν πατέρα· ἐρεῖ γὰρ ὁ φεύγων ὡς θάψας μὲν τὸν πατέρα διὰ τοῦ ἀποδόσθαι τὰ ὅπλα πάλιν ἑτέρων εὐπορήσει ῥᾳδίως ἢ τῷ σώματι καμὼν ἢ φίλων χαρισαμένων, ἄταφον δὲ περιιδὼν οὐδ' ἐπὶ τῆς πατρίδος ἔτι μένειν ἠδύνατο· ὥστε ὁ μὲν περὶ τῆς ταφῆς νόμος περιέχει τὸν περὶ τῶν ὅπλων, ὁ δὲ περὶ τῶν ὅπλων ὑπὸ τοῦ ἑτέρου περιέχεται -, βιαίῳ ὅρῳ, μεταλήψει τῇ ἐπὶ πρόσωπον.

---

5 ὧν ἐτελεύτησεν WIV 817, 4 9 παρ'] κατ' V 10 καταλιπόντος WIV 817, 8] ἀπολιπόντος V 11 WIV 819 13 προδιορισμοὶ V 15 ἢ WIV 820, 1; om. V 18 τὸ περιεχόμενον WIV 820, 3 21 εὐπορίσει V 22 fort. οὐδ' ἂν ἐπὶ 26 πρόσωπον | f. 101r | περι συλλογισμοῦ V

XIII. ΠΕΡΙ ΣΥΛΛΟΓΙΣΜΟΥ.

Ὁ δὲ συλλογισμὸς ὠνόμασται μὲν ἀπὸ τοῦ κατὰ φιλοσοφίαν συλλογισμοῦ· ὥσπερ γὰρ ἐκεῖνος διὰ τῶν ἀληθῶν ἀποδείξεων κατασκευάζει τὸ ζητούμενον, οὕτω καὶ οὗτος διὰ τῶν πιθανῶν λόγων εἰς ταὐτὸν ἄγει τὸ ἄγραφον τῷ ἐγγράφῳ· ὅρος δέ ἐστιν αὐτοῦ οὗτος 'συλλογισμός ἐστι στάσις πολιτικοῦ πράγματος τῶν ἐπὶ μέρους, καθ' ἣν διάνοιαν μὲν οὐκ ἀντιτίθεμεν τῷ ῥητῷ, ἄγραφον δέ τι ὡς ὅμοιον τῷ ὑπὸ τοῦ νόμου κεκωλυμένῳ εἰς ταὐτὸν ἄγομεν'.

Τοῦ δὲ συλλογισμοῦ ὁ μέν τις ἐκ τοῦ κατηγόρου γίγνεται ὁ δὲ ἐκ τοῦ φεύγοντος - ἔφαμεν γὰρ καὶ ἐν τῇ διαιρέσει τῶν στάσεων ὅτι ὁ συλλογισμὸς ἐξ ἑκατέρων γνωρίζεται τῶν μερῶν -· γίγνεται οὖν ἀπὸ μὲν τοῦ κατηγόρου, οἷον νόμος τὸν ἐκ πόρνου μὴ λέγειν, ἐκ πόρνης τις ὢν βούλεται λέγειν καὶ κωλύεται, ἀπὸ δὲ τοῦ φεύγοντος, οἷον νόμος τοὺς μοιχοὺς στίζεσθαι, στίζων τις μοιχὸν ἀπέκτεινε καὶ κρίνεται φόνου, ἐρεῖ γὰρ ὁ φεύγων 'ὁ τὸ στίζειν δοὺς καὶ τὸ ἀκόλουθον δίδωσι τὸ κτείνειν'.

Εἴδη δὲ οὐκ ἔχει ὁ συλλογισμός, ὥσπερ οὐδὲ αἱ ἄλλαι νομικαί· ἃ γὰρ ἕτεροί φασιν εἴδη, ταῦτα τρόποι εἰσίν.

Τῶν δὲ κατὰ συλλογισμὸν προβλημάτων τρόποι εἰσὶ τέσσαρες, ἀπὸ τοῦ ἐναντίου, ἀπὸ τοῦ ἴσου καὶ

---

1 Wɪv 831—836 ‖ H 171—173; cf. H 140, 32 5 οὗτος Wɪv 831, 5] αὐτὸς V 6 αὐτοῦ ἐστιν Wɪv 8 ἀντιτίθ⌊ε⌉μεν, ex η, V 12 γὰρ V] δὲ Wɪv 831, 13 ‖ p. 57, 23—24 15 πόρ⌊νου μὴ⌉ V 19 ὡς ὁ στίζειν διδοὺς Wɪv 22 νομικαὶ στάσεις Wɪv 831, 21 24 τρό⌊π⌉οι V

ὁμοίου, ἀπὸ τοῦ μείζονος, ἀπὸ τοῦ ἐλάττονος· ἀπὸ μὲν οὖν τοῦ ἐναντίου, οἷον νόμος τὸν λιπόντα τὴν τάξιν ἀναιρεῖσθαι, ἀριστεύσας τις ἀξιοῖ τιμᾶσθαι - τοῦτο δὲ ἔοικε τῇ κατὰ ἀξίωσιν πραγματικῇ -· ἀπὸ δὲ τοῦ ἴσου καὶ ὁμοίου, οἷον νόμος τὸν ἐκ πόρνου μὴ λέγειν, ἐκ πόρνης τις ὢν βούλεται λέγειν καὶ κωλύεται - τοῦτο δὲ ἔοικε τῷ ἀντονομάζοντι καὶ τῷ κατὰ σύλληψιν ὅρῳ -· ἀπὸ δὲ τοῦ μείζονος, οἷον νόμος τοὺς κατιστείχοντας φυγάδας στίζεσθαι, στίζων τις φυγάδας ἀπέκτεινε καὶ κρίνεται φόνου - τοῦτο δὲ ἔοικε μεταλήψει τῇ ἀπὸ τοῦ τρόπου, ἔνθα καταλαβὼν τις μοιχὸν ἐπὶ τῇ γυναικὶ ἐμπρήσας τὴν οἰκίαν ἀνεῖλεν ἄμφω -· ἀπὸ δὲ τοῦ ἐλάττονος, οἷον νόμος τοὺς κατιστείχοντας φυγάδας ὑπὸ τοῦ στρατηγοῦ θανάτῳ ζημιοῦσθαι, στρατηγὸς κατιόντας φυγάδας ἐμάστιξε καὶ κρίνεται παρανόμου τιμωρίας - ἔοικε δέ πως καὶ τοῦτο τῇ ἀπὸ τρόπου μεταλήψει -. ἁπλῶς τε εἰπεῖν ὁ συλλογισμὸς ἔοικε κατὰ μὲν τὸ ἐναντίον τῇ κατὰ ἀξίωσιν πραγματικῇ, κατὰ δὲ τὸ ἴσον καὶ ὅμοιον τῷ κατὰ σύλληψιν καὶ ἀντονομάζοντι ὅρῳ, κατὰ δὲ τὸ ἀπὸ τοῦ μείζονος καὶ ἀπὸ τοῦ ἐλάττονος τῇ ἀπὸ τρόπου μεταλήψει. διαφέρει δὲ τῆς μὲν κατὰ ἀξίωσιν πραγματικῆς, ὅτι ἐν ἐκείνῃ μὲν οὐ πρός τι ἔγγραφον ἡ παράθεσις γίγνεται ἀλλ' ἐξ εὐθείας τόδε ἢ τόδε ὁ συμβουλεύων ἀξιοῖ, ἐν δὲ τῷ συλλογισμῷ ἀπὸ τοῦ ἐναντίου ἐπιχειρῶν τῇ πρὸς τὸ ἔγγραφον παραθέσει ὃ βούλεται κατασκευάζει· ἔτι ἡ μὲν κατὰ ἀξίωσιν πραγ-

---

3 λιπών τις καὶ ἀριστεύσας Wɪv 832, 4 9 et 14 κατα-στίχοντας V 10 φυγάδας om. Wɪv 11 sq. cf. p. 154, 14 17 τε om. Wɪv 832, 14 18 μὲν | f. 101ᵛ | τὸ V 20 fort. καὶ τῷ ἀντονομάζοντι

ματικὴ ἄγραφός ἐστιν, ὁ δὲ συλλογισμὸς ὑπὸ τὴν ἔγγραφον ἀνάγεται ποιότητα. τοῦ δὲ ὅρου διαφέρει, ὅτι ἐν ἐκείνῳ μέν ἐστι ζήτησις ⟨ἰδιότητος⟩, ἐνταῦθα δὲ ὁμοιότητος· κἀκεῖ μὲν τὸ πρᾶγμα ἄδηλόν ἐστιν ὅτι χρὴ καλεῖν, ἐν δὲ τῷ συλλογισμῷ καὶ τὸ ὑπὸ τοῦ νόμου διηγορευμένον ἐστὶ δῆλον καὶ τὸ πεπραγμένον φανερόν, ζητοῦμεν δὲ εἰ τὸ πεπραγμένον τῷ ὑπὸ τοῦ νόμου διηγορευμένῳ τυγχάνει ὅμοιον, οἷόν ἐστι κἀκεῖνο νόμος ὀνομαστὶ μὴ κωμῳδεῖν, αὐτοπροσώπους τις εἰσάγων κωμῳδεῖ καὶ ὑπάγεται τῷ νόμῳ - ζητοῦμεν γὰρ εἰ τῷ ὀνομαστὶ κωμῳδεῖν τὸ αὐτοπροσώπους εἰσάγειν ὅμοιόν ἐστιν -. τῆς δὲ ἀπὸ τρόπου μεταλήψεως διαφέρει, ὅτι ἐν ἐκείνῃ τὸ μὲν πεπραγμένον ἀνεύθυνόν ἐστιν ὁ δὲ τρόπος τοῦ γεγονότος ὑπεύθυνος, ἐν δὲ τῷ συλλογισμῷ τὸ γεγονὸς ἄντικρυς παρὰ τὸν νόμον ἐστίν· καὶ ἡ μὲν ὑπό τε τὴν ἄγραφον ἀνάγεται ποιότητα καὶ ἐκ μόνου τοῦ κατηγόρου γνωρίζεται, ὁ δὲ ὑπὸ τὴν ἔγγραφον τελεῖ καὶ ἐξ ἀμφοτέρων γνωρίζεται τῶν μερῶν.

Διαιρεῖται δὲ κεφαλαίοις τοῖσδε· προβολῇ ἐκ πράγματος, προβολῇ ἐκ ῥητοῦ - κέχρηται δὲ τῇ μὲν ἐκ τοῦ πράγματος ὁ διώκων τῇ δὲ ἐκ τοῦ ῥητοῦ ὁ φεύγων -, τῷ ὁμοίῳ συλλογισμῷ, ⟨ὅρῳ,⟩ γνώμῃ νομοθέτου, πηλικότητι, πρός τι, γνώμης ἐρωτήσει, χρώματι, ἀντιθέσει ἔξωθεν ἐκ τῶν ἀντιθετικῶν κινουμένῃ, ἔστι δὲ ὅτε καὶ στοχαστικῇ καὶ ὁρικῇ καὶ ἀντιληπτικῇ· πολ-

---

2 δηλονότι ἀνάγεται Wɪv 3 ἰδιότητος Wɪv 832, 26] om. V 5 καλεῖν αὐτό Wɪv 8 ⌊τυγχάνει ὅμοιον οἷον ἐστὶ κα^δ^κεῖνο] V 9 μὴ sup. V 15 ἀπεύθυνος, α lin. del., V ‖ γεγονὸς Wɪv 833, 11] γένος V 16 τε om. Wɪv 20 Wɪv 836 23 ὅρῳ Wɪv 836, 7] om. V

λάκις δὲ καὶ μέχρι μόνων τῶν πρός τι ἵσταται ἡ διαίρεσις, ὡς ἐπὶ τοῦ ἐκ πόρνης γεγονότος καὶ δημηγορεῖν κωλυομένου. σχεδὸν δὲ τοῖς αὐτοῖς διαιροῦνται κεφαλαίοις ὅ τε ὅρος καὶ ἡ ἀντίληψις καὶ ὁ συλλογισμός, διαφέρουσι δὲ τῇ τε τάξει καὶ τῇ διαιρέσει καὶ αὐτῷ πρό γε ἁπάντων τῷ εἴδει.

XIV. ΠΕΡΙ ΑΜΦΙΒΟΛΙΑΣ.

Τὴν ἀμφιβολίαν Κορνοῦτος πρώτην τῶν ἄλλων ἀξιοῖ τάττεσθαι στάσεων, δι' ἣν κατ' ἀρχὰς ἔφαμεν αἰτίαν· δύο γὰρ εἶναί φησιν ἐν ταῖς στάσεσιν ἀμφιβολίας, τὴν μὲν ἐν πράγμασι τὸν στοχασμὸν λέγων, τὴν δὲ ἐν ῥητοῖς τὴν ἀμφιβολίαν, πρότερα δὲ τὰ ῥητὰ τῶν πραγμάτων, προτέρα ἄρα καὶ ἡ περὶ τὰ ῥητὰ ἀμφιβολία μελετηθήσεται.

Ἕτεροι δὲ ἀσύστατον αὐτὴν εἶναί φασι τῷ μηδὲν ἔχειν τεκμήριον φανερὸν ὥσπερ καὶ τὸν στοχασμόν· ἄλλοι δὲ πρὸς τῷ συνεστάναι καὶ εἴδη φασὶν αὐτὴν ἔχειν τὸ κατὰ πνεύματα καὶ τόνους καὶ ὁμωνυμίαν σύνθεσίν τε καὶ διαίρεσιν. ἡμεῖς δὲ συνεστάναι μὲν αὐτὴν φήσομεν, εἴδη δὲ οὐκ ἐροῦμεν ἔχειν διὰ τὴν πολλάκις εἰρημένην αἰτίαν, ἀλλὰ τρόπους αὐτὰ φήσομεν τῶν κατὰ ἀμφιβολίαν προβλημάτων.

Ὠνόμασται δὲ οὕτως ἡ στάσις ἐκ τοῦ μηδέν τι τελέως φανερὸν πρὸς τὴν τοῦ ζητουμένου σύστασιν

---

2 διαίρεσις | f. 102r | ὡς V   3 δὲ Wɪᴠ 836, 12] γὰρ V   7 Wɪᴠ 843—845 ‖ H 173—174; cf. H 141, 19   8 κουρνοῦτος V   9 p. 60, 19   11 πράγμα[σ]ι, ex τ, V   12 νομικὴν ἀμφιβολίαν Graeven coll. p. 60, 21   15 ταύτην Wɪᴠ   21 αὐτῆς Wɪᴠ 843, 13 (codd. Monac.)

μηδέτερον παρέχεσθαι τῶν ἀγωνιζομένων ἅτε ῥητοῦ διάνοιαν ἐξετάζοντας, ἧς πολυσχιδής τε καὶ ἀόριστός ἐστιν ἡ ἐξέτασις. ὅρος δὲ αὐτῆς ἐστιν οὗτος ʻἀμφιβολία ἐστὶ στάσις πολιτικοῦ πράγματος τῶν ἐπὶ μέρους, καθ' ἣν τὴν διάνοιαν ἐξετάζομεν τοῦ ῥητοῦ', οἷον τελευτῶν τις κατέλιπέ τινι τὴν οὐσίαν ἐφ' ᾧτε ἀναθεῖναι τῇ πόλει Ἡρακλέα χρυσοῦν ῥόπαλον ἔχοντα, καὶ ὁ μὲν τὸ ῥόπαλον μόνον ἀναθεῖναι βούλεται χρυσοῦν, οἱ δὲ τὸν ὅλον Ἡρακλέα φασὶ δεῖν ἀναστῆσαι χρυσοῦν· ὁ μὲν γὰρ κατὰ ὑποστιγμὴν ἀναγινώσκει μέχρι τοῦ ʻἩρακλέα' καὶ οὕτως ἐπάγει ʻχρυσοῦν ῥόπαλον ἔχοντα', οἱ δὲ μέχρι τοῦ ʻἩρακλέα χρυσοῦν' ὑποστίζουσιν, εἶτα ἐπάγουσι ʻῥόπαλον ἔχοντα'.

Διαιρεῖται δὲ κεφαλαίοις τοῖσδε· προβολῇ ῥητοῦ, διανοίᾳ, περιέχοντι καὶ περιεχομένῳ, πηλικότητι, πρός τι, γνώμῃ νομοθέτου, γνώμης αἰτήσει, χρώματι, μεταλήψει, ἀντιθέσει ἀντεγκληματικῇ τῇ ἐμπιπτούσῃ.

Τρόποι δέ εἰσι τῶν τῆς ἀμφιβολίας προβλημάτων τέσσαρες, κατὰ πνεῦμα κατὰ τόνους κατὰ ὁμωνυμίαν κατὰ σύνθεσιν καὶ διαίρεσιν· ἔστι δὲ κατὰ πνεῦμα μὲν ἀμφιβολία, ὡς τόδε κατέλιπέ τις φίλῳ τὴν οὐσίαν ἐφ' ᾧτε τὸν πιστότατον τῶν οἰκετῶν ἕνδεκα ἔτεσι θρέψαι καὶ ὁ μὲν δασύνων ἕνδεκα ἔτη ἀξιοῖ τραφῆναι, ὁ δὲ ψιλῶς ἀναγινώσκων δέκα ἔτη μόνα· κατὰ δὲ τόνους, οἷον ἑταίρα χρυσία εἰ φοροίη δη-

1 ἅτε ῥητοῦ Wɪᴠ 843, 16] ἀπερητοῦ V 2 ἐξετάζοντος Wɪᴠ (ἐξετάζοντι codd. Monac.) ‖ πολυσχεδής V ‖ ἐστι post τε lin. del. V 9 οἱ Wɪᴠ 843] ὁ V 12 οἱ Wɪᴠ 844] ὁ V 13 ὑποστίζουσιν | f. 102ᵛ | εἶτα V 17 ἀντεγκληματικῇ Wɪᴠ 844 (codd. Monac.); cf. H 173, 28] ἀντιθετικῆι V 19 et 25 τόνον Wɪᴠ 844, 3 et 9 25 χρυσ[ί]α, ex ει, V

μοσία ἔστω, ἑάλω χρυσία φοροῦσα ἑταίρα, καὶ ὁ μὲν παροξυτόνως ἀναγινώσκων δημοσίαν αὐτὴν εἶναι κελεύει, οἱ δὲ συνηγοροῦντες ἐκείνῃ προπαροξυτόνως ἀναγινώσκοντες τὰ χρυσία φασὶ δεῖν εἶναι δημόσια· κατὰ δὲ ὁμωνυμίαν τοῦ θεοῦ χρήσαντος 'τεῖχος Τριτογενεῖ ξύλινον διδοῖ εὐρύοπα Ζεύς' οἱ μὲν εἰς τὴν ἀκρόπολιν ἀξιοῦσι καταφεύγειν κοτίνοις τότε πυκνοῖς περιπεφραγμένην, Θεμιστοκλῆς δὲ πρὸς τὰς τριήρεις κελεύει μετασκευάζεσθαι· κατὰ δὲ σύνθεσιν καὶ διαίρεσιν, οἷον τελευτῶν τις κατέλιπέ ⟨τινι⟩ τὴν οὐσίαν ἐφ' ᾧτε ἀναθεῖναι τῇ πόλει Ἡρακλέα χρυσοῦν ῥόπαλον ἔχοντα, ὁ μὲν γὰρ κατὰ διαίρεσιν ἀναγινώσκων τὸ ῥόπαλον μόνον βούλεται χρυσοῦν ἀναθεῖναι, οἱ δὲ κατὰ σύνθεσιν ὅλον τὸν Ἡρακλέα χρυσοῦν ἀξιοῦσιν ἀναστῆσαι τῇ πόλει.

---

1 ἔστ[ω], ex αι, V ‖ χρυσ[ί]α, ex ει, V 4 τὰ χρύσ[ι]α, int. α et χ 1 litt. er., ι ex ει, V ‖ εἶναι δεῖν Wɪv 5 οἷον τοῦ Wɪv 6 Τριτογενεῖ Wɪv 844, 18. Herod. 7, 141] τριτογενείαι V 10 τινι Wɪv 845, 2; om. V (cf. p. 202, 6) 12/13 ἀναγινώσκ[ω]ν, ex ει, V

I.

RHETORES NOMINATIM NON LAUDATI.

ΖΗΤΗΜΑΤΩΝ ΠΡΟΣΩΠΑ.

II.

ADDENDA ET CORRIGENDA.

vol. I p. V lin. 7 τούτων· πληρώσας
1, 11 ποιεῖται
9, 8 cf. *H* 398, 18
10, 12 ⟨καὶ⟩
13, 18 ann.: pro 18 cf. W v scrib. 20 cf. W v
17, 20 τελειοῦν corr. Graeven
18, 6 βάσιν διορίζονται corr. Vsener
18, 7/9 σημείωσις· ἄρσις . . . λαμβάνον'.
21, 12 εἰρωνείαν
23, 1 ἁλικαρνασέων V
31, 12 συζυγίας
32, 24 ὑμᾶς scrib., cf. S (in ann. scribe 24 pro 23)
39, 21 ἦνθε scrib., cf. S
42, 6 παρέχει
46, 2 ⟨αἱ⟩
47, 5 πρώτη
49, 19 ἀπῆλθεν
54, 9 σχηματισθὲν
59, 20 ⟨τῇ μὲν σεμνότητι⟩
60, 20 ἐμπέσοι scrib., cf. S
61, 16 fort. συγκειμένη, ⟨ἐξ ὁμοίων μὲν⟩ ὡς.
61, 22 ἄειδεν scrib., cf. S
62, 20 πόσιν.
73, 12 ἄστεως restitue
85, 19 ὅπως ἂν ἀεὶ scrib., cf. V et S
90, 24 post θνητὸν add. W v 549, 6: πολλὰ μὲν δὴ τὸ παρὸν ἐπιεικὲς τοῦ αὐθάδους δικαίου προκρίνοντες πολλὰ δὲ νόμου ἀκριβείας λόγων ὀρθότητα
91, 1 post ποιεῖν add. W v: καὶ δισσὰ ἀσκήσαντες μάλιστα ὧν δεῖ γνώμην ⟨καὶ ῥώμην ins. Weber⟩ τὴν μὲν βουλεύοντες τὴν δ' ἀποτελοῦντες
91, 3 post εὐτυχούντων add. W v: αὐθάδεις πρὸς τὸ συμφέρον
108, 7 scrib. βιβλίου ⟨καὶ⟩ μάλιστα, cf. W VII 40, 12

vol. II 17, 24 fort. ἐκ del.
24, 12 καὶ πρᾶγμα συνέζευξε V S W IV] scrib. καὶ ⟨πραγμάτων⟩, πρᾶγμα συνέζευξε
33, 18 ann.: Thuc. 2, 18
78, 15 et 27 αἰτιῶν
87, 8 Plat. Euthyph. 12 E
109, 20 fort. μέγα καὶ περιέχον (cf. 110, 23)
111, 6 Ἰλιάδος
115, 8 ann.: pro 137, 7 scrib. 113, 7
120, 15 fort. ἀμφιλογίαν

B. G. TEUBNER
IN LEIPZIG UND BERLIN.

Januar 1909.

A. Ausgaben griechischer und lateinischer Schriftsteller.

1a. Bibliotheca scriptorum Graecorum et Romanorum Teubneriana. [8.]

Diese Sammlung hat die Aufgabe, die gesamten noch vorhandenen Erzeugnisse der griechischen und römischen Literatur in neuen, wohlfeilen Ausgaben zu veröffentlichen, soweit dies zugunsten der Wissenschaft oder der Schule wünschenswert ist. Die Texte der Ausgaben beruhen auf den jeweils neuesten Ergebnissen der kritischen Forschung, über die die beigefügte adnotatio critica, die sich teils in der praefatio, teils unter dem Text befindet, Auskunft gibt. Die Sammlung wird ununterbrochen fortgesetzt werden und in den früher erschienenen Bänden durch neue, verbesserte Ausgaben stets mit den Fortschritten der Wissenschaft Schritt zu halten suchen.

Die Sammlung umfaßt zurzeit gegen 550 Bände, die bei einmaligem Bezuge statt ca. 1800 Mark geheftet, 2050 Mark gebunden zum Vorzugspreise von ca. 1350 Mark, bzw. 1600 Mark abgegeben werden.

Alle Ausgaben sind auch gleichmäßig in Leinwand gebunden käuflich!

Textausgaben der griechischen und lateinischen Klassiker.

Die mit einem * bezeichneten Werke sind Neuerscheinungen der letzten Jahre.

a. Griechische Schriftsteller.

Aeliani de nat. anim. ll. XVII, var. hist., epistt., fragmm. Rec. R. Hercher. Vol. I. *M.* 5.— 5.50. Vol. II. *M.* 7.20 7.70.
— **varia historia.** Rec. R. Hercher. *M.* 1.50 1.90.
Aeneae commentarius poliorceticus. Rec. A. Hug. *M.* 1.35 1.75.
***Aeschinis orationes.** Ed. Fr. Blass. Ed. II. min. *M.* 2.80 3.30.
— — — Ed. maior (m. Index v. Preuss). *M.* 9.20 9.80.
Aeschyli tragoediae. Iter. ed. H. Weil. *M.* 2.40 3.—
Einzeln jede Tragödie (Agamemnon. Choëphorae. Eumenides. Persae. Prometheus. Septem c. Th. Supplices) *M.* —.40 —.70.
— **cantica.** Dig. O. Schroeder. *M.* 2.40 2.80.
—] **Scholia in Persas.** Rec. O. Dähnhardt. *M.* 3.60 4.20.
Aesopicae fabulae. Rec. C. Halm. *M.* —.90 1.30.
Alciphronis Rhetoris epistularum lib. IV. Ed. M. A. Schepers. *M.* 3.20 3.60.
Alexandri Lycopol. c. Manich. Ed. A. Brinkmann. *M.* 1.— 1.25.
Alypius: s. Musici.
Anacreontis carmina. Ed. V. Rose. Ed. II. *M.* 1.— 1.40.
Anaritius: s. Euclid. suppl.
***Andocidis orationes.** Ed. Fr. Blass. Ed. III. *M.* 1.40 1.80.
Annae Comnenae Alexias. Rec. A. Reifferscheid. 2 voll. *M.* 7.50 8.60.
Anonymus de incredibilibus: s. Mythographi.
Anthologia Graeca epigr. Palat. c. Plan. Ed. H. Stadtmueller.
Vol. I: Pal. l. I—VI (Plan. l. V—VII). *M.* 6.— 6.60.
Vol. II. P. 1: Pal. l. VII (Plan. l. III). *M.* 8.— 8.60.
*Vol. III. P. 1: Pal. l. IX. (Epp. 1—563. Plan. l. I) *M.* 8.— 8.60.
— **lyrica** s. lyr. Graec. rell. Edd. Th. Bergk, E. Hiller, O. Crusius. *M.* 3.— 3.60.
Antiphontis orationes et fragmenta. Ed. Fr. Blaß. Ed. II. *M.* 2.10 2.50.
Antonini, M. Aurel., commentarr. ll. XII. Rec. I. Stich. Ed. II. *M.* 2.40 2.80.
Antoninus Liberalis: s. Mythographi.
Apocalypsis Anastasiae. Ed. R. Homburg *M.* 1.20 1.60.
Apollodori bibliotheca. Ed. R. Wagner: siehe Mythographi. Vol. I.

Die **fetten** Ziffern verstehen sich für **gebundene** Exemplare.

B. G. TEUBNER
IN LEIPZIG UND BERLIN.

Januar 1909.

A. Ausgaben griechischer und lateinischer Schriftsteller.

1a. Bibliotheca scriptorum Graecorum et Romanorum Teubneriana. [8.]

Diese Sammlung hat die Aufgabe, die gesamten noch vorhandenen Erzeugnisse der griechischen und römischen Literatur in neuen, wohlfeilen Ausgaben zu veröffentlichen, soweit dies zugunsten der Wissenschaft oder der Schule wünschenswert ist. Die Texte der Ausgaben beruhen auf den jeweils neuesten Ergebnissen der kritischen Forschung, über die die beigefügte adnotatio critica, die sich teils in der praefatio, teils unter dem Text befindet, Auskunft gibt. Die Sammlung wird ununterbrochen fortgesetzt werden und in den früher erschienenen Bänden durch neue, verbesserte Ausgaben stets mit den Fortschritten der Wissenschaft Schritt zu halten suchen.

Die Sammlung umfaßt zurzeit gegen 550 Bände, die bei einmaligem Bezuge statt ca. 1800 Mark geheftet, 2050 Mark gebunden zum Vorzugspreise von ca. 1350 Mark, bzw. 1600 Mark abgegeben werden.

Alle Ausgaben sind auch gleichmäßig in Leinwand gebunden käuflich!

Textausgaben der griechischen und lateinischen Klassiker.

Die mit einem * bezeichneten Werke sind Neuerscheinungen der letzten Jahre.

a. Griechische Schriftsteller.

Aeliani de nat. anim. ll. XVII, var. hist., epistt., fragmm. Rec. R. Hercher. Vol. I. ℳ 5.— **5.50.** Vol. II. ℳ 7.20 **7.70.**

— varia historia. Rec. R. Hercher. ℳ 1.50 **1.90.**

Aeneae commentarius poliorceticus. Rec. A. Hug. ℳ 1.35 **1.75.**

Aeschinis orationes. Ed. Fr. Blass. Ed. II. min. ℳ 2.80 **3.30.**

— — — Ed. maior (m. Index v. Preuss). ℳ 9.20 **9.80.**

Aeschyli tragoediae. Iter. ed. H. Weil. ℳ 2.40 **3.—**

Einzeln jede Tragödie (Agamemnon. Choëphorae. Eumenides. Persae. Prometheus. Septem c. Th. Supplices) ℳ —.40 **—.70.**

— cantica. Dig. O. Schroeder. ℳ 2.40 **2.80.**

—] Scholia in Persas. Rec. O. Dähnhardt. ℳ 3.60 **4.20.**

Aesopicae fabulae. Rec. C. Halm. ℳ —.90 **1.30.**

Alciphronis Rhetoris epistularum lib. IV. Ed. M. A. Schepers. ℳ 3.20 **3.60.**

Alexandri Lycopol. c. Manich. Ed. A. Brinkmann. ℳ 1.— **1.25.**

Alypius: s. Musici.

Anacreontis carmina. Ed. V. Rose. Ed. II. ℳ 1.— **1.40.**

Anaritius: s. Euclid. suppl.

***Andocidis orationes.** Ed. Fr. Blass. Ed. III. ℳ 1.40 **1.80.**

Annae Comnenae Alexias. Rec. A. Reifferscheid. 2 voll. ℳ 7.50 **8.60.**

Anonymus de incredibilibus: s. Mythographi.

Anthologia Graeca epigr. Palat. c. Plan. Ed. H. Stadtmueller.

Vol. I: Pal. l. I—VI (Plan. l. V—VII). ℳ 6.— **6.60.**

Vol. II. P. 1: Pal. l. VII (Plan. l. III). ℳ 8.— **8.60.**

*Vol. III. P. 1: Pal. l. IX. (Epp. 1—563. Plan. l. I) ℳ 8.— **8.60.**

— lyrica s. lyr. Graec. rell. Edd. Th. Bergk, E. Hiller, O. Crusius. ℳ 3.— **3.60.**

Antiphontis orationes et fragmenta. Ed. Fr. Blaß. Ed. II. ℳ 2.10 **2.50.**

Antonini, M. Aurel., commentarr. ll. XII. Rec. I. Stich. Ed. II. ℳ 2.40 **2.80.**

Antoninus Liberalis: s. Mythographi.

Apocalypsis Anastasiae. Ed. R. Homburg ℳ 1.20 **1.60.**

Apollodori bibliotheca. Ed. R. Wagner: siehe Mythographi. Vol. I.

Die fetten Ziffern verstehen sich für gebundene Exemplare.

Apollonius Pergaeus. Ed. et Lat. interpr. est I. L. Heiberg. 2 voll. M 9.— 10.—

Apollonii Rhodii Argonautica. Rec. R. Merkel. M 1.50 1.90.

***Appiani hist. Rom.** Ed. L. Mendelssohn. Vol. I. M 4.50 5.— Vol. II. Ed. P. Viereck. Ed. II. M 6.— 6.60.

Archimedis opera omnia. Ed. I. L. Heiberg. 3 voll. M 18.— 19.80.

Aristeae ad Philocratem epistula c. cet. de vers. LXX interpr. testim. Ed. P. Wendland. M 4.— 4.50.

Aristophanis comoediae. Ed. Th. Bergk. 2 voll. Ed. II. M 4.— 5.—

Vol. I: Acharn., Equites, Nubes, Vespae, Pax. M 2.—, 2.50.

— II: Aves, Lysistrata, Thesmoph., Ranae, Eccles., Plutus. M 2.— 2.50.

Einzeln jedes Stück M —.60 —.90.

Aristotelis de partib. anim. ll. IV. Ed. B. Langkavel. M 2.80 3.20.

*— **de animalium motu.** Ed. Fr. Littig. [In Vorb.]

*— **de animalibus historia.** Ed. L. Dittmeyer. M 6.— 6.60.

— **de arte poetica l.** Rec. W. Christ. M —.60 —.90.

— **physica.** Rec. C. Prantl. [z. Zt. vergr.]

— **ethica Nicomachea.** Rec. Fr. Susemihl. Ed. alteram cur. O. Apelt. M 2.40 2.80.

— **de coelo et de generatione et corruptione.** Rec. C. Prantl. M 1.80 2.20.

— **quae feruntur de coloribus, de audibilibus, physiognomonica.** Rec. C. Prantl. M —.60 —.90.

*— **politica.** Post Fr. Susemihlium rec. O. Immisch. M 3.— 3.50.

— **magna moralia.** Rec. Fr. Susemihl. M 1.20 1.60.

— **de anima ll. III.** Rec. Guil. Biehl. M 1.20 1.60.

[— **ethica Eudemia.**] Eudemi Rhodii ethica. Adi. de virtutibus et vitiis l. rec. Fr. Susemihl. M 1.80 2.20.

— **ars rhetorica.** Ed A. Roemer. Ed. II. M 3.60 4.—

*— **metaphysica.** Rec. Guil. Christ. Ed. II. M 2.40 2.80.

— **qui fereb. libror. fragmenta.** Coll. V. Rose. M 4.50 5.—

— **oeconomica.** Rec. Fr. Susemihl. M 1.50 1.90.

— **quae feruntur de plantis, de mirab. auscultat., mechanica, de lineis insec., ventorum situs et nomina, de Melisso Xenophane Gorgia.** Ed. O. Apelt. M 3.— 3.40.

— **parva naturalia.** Rec. Guil. Biehl. M 1.80 2.20.

Aristotelis Πολιτεία Ἀθηναίων Ed. Fr Blass. Ed. IV. M 1.80 2.20.

—: s. a. Musici.

[— —] ***Divisiones quae vulgo dicuntu** **Aristoteleae.** Ed. H. Mutschmann M 2.80 3.20.

Arriani Anabasis. Rec. Car. Abicht [z. Zt. vergr.]

*— **quae exstant omnia.** Ed. A. G. Roos Vol. I. Anabasis. Ed. maior. Mit 1 Tafel M 3.60 4.20.

*— **Anabasis.** Ed. A. G. Roos. Ed. min M 1.80 2.20.

— **scripta minora.** Edd. R. Herche et A. Eberhard. Ed. II. M 1.80 2.20.

Athenaei dipnosophistae ll. XV. Rec. G Kaibel. 3 voll. M 17.10 18.90.

Autolyci de sphaera quae movetur l., de ortibus et occasibus ll. II. Ed. Fr. Hultsch. M 3.60 4.—

Babrii fabulae Aesopeae. Rec. O. Crusius. Acc. fabul. dactyl. et iamb. rell. **Ignatii** et al. **tetrast. iamb.** rec. a C. Fr. Mueller. Ed. maior. M 8.40 9.— Rec. O. Crusius. Ed. minor. M 4.— 4.60.

— — Ed. F. G. Schneidewin. M —.60 1.—

Bacchius: s. Musici.

Bacchylidis carmina. Ed. Fr. Blass. Ed. III. M 2.40 2.90.

Batrachomyomachia: s. Hymni Homerici.

Bio: s. Bucolici.

Blemyomachia: s. Eudocia Augusta.

Bucolicorum Graecorum Theocriti, Bionis, Moschi reliquiae. Rec. H. L. Ahrens. Ed. II. M —.60 1.—

***Caecilii Calactini fragmenta.** Ed. E. Ofenloch. M 6.— 6.60.

Callinici de vita S. Hypatii l. Edd. Sem Philol. Bonn. sodales. M 3.— 3.40.

Cassianus Bassus: s. Geoponica.

Cebetis tabula. Ed. C. Praechter. M —.60 —.90.

Chronica minora. Ed. C. Frick. Vol. I Acc. **Hippolyti Romani praeter Canone** **Paschalem fragmm. chronol.** M 6.80 7.4

Claudiani carmina: s. Eudocia August

Cleomedis de motu circulari corporu caelestium ll. II. Ed. H. Ziegle M 2.70 3.20.

Colluthus: s. Tryphiodorus.

Cornuti theologiae Graecae compendiu Rec. C. Lang. M 1.50 2.—

Corpusculum poesis epicae Graecae ludibundae. Edd. P. Brandt et C. Wachsmuth. 2 fasc. je M 3.— 3.50.

***Damascii vita Isidori.** Ed. J. Hard [In Vorb.]

Demades: s. Dinarchus.

Demetrii Cydon. de contemn. morte e Ed. H. Deckelmann. M 1.— 1.40.

Demosthenis orationes. Rec. G. Dindorf. Ed. IV. cur. Fr. Blass. Ed. maior. [Mit adnot. crit.] 3 voll. je ℳ 2.80 **3.20.** Ed. minor. [Ohne die adnot. crit.] 3 voll. je ℳ 1.80 **2.20.** 6 partes. je ℳ —.90 **1.20.**

Vol. I. Pars 1. Olynthiacae III. Philippica I. De pace. Philippica II. De Halonneso. De Chersoneso. Philippicae III. IV. Adversus Philippi epistolam. Philippi epistola. De contributione. De symmoriis. De Rhodiorum libertate. De Megalopolitis. De foedere Alexandri. ℳ —.90 **1.20.**

— I. Pars 2. De corona. De falsa legatione. ℳ —.90 **1.20.**

— II. Pars 1. Adversus Leptinem. Contra Midiam. Adversus Androtionem. Adversus Aristocratem. ℳ —.90 **1.20.**

— II. Pars 2. Adversus Timocratem. Adversus Aristogitonem II. Adversus Aphobum III. Adversus Onetorem II. In Zenothemin. In Apaturium. In Phormionem. In Lacritum. Pro Phormione. In Pantaenetum. In Nausimachum. In Boeotum de nomine. In Boeotum de dote. ℳ —.90 **1.20.**

— III. Pars 1. In Spudiam. In Phaenippum. In Macartatum. In Leocharem. In Stephanum II. In Euergum. In Olympiodorum. In Timotheum. In Polyclem. Pro corona trierarchica. In Callippum. In Nicostratum. In Cononem. In Calliclem. ℳ —.90 **1.20.**

— III. Pars 2. In Dionysodorum. In Eubulidem. In Theocrinem. In Neaeram. Oratio funebris. Amatoria. Prooemia. Epistolae. Index historicus. ℳ —.90 **1.20.**

Didymus de Demosthene. Recc. H. Diels et W. Schubart. ℳ 1.20 **1.50.**

Dinarchi orationes adiectis Demadis qui fertur fragmentis ὑπὲρ τῆς δωδεκαετίας. Ed. Fr. Blass. Ed. II. ℳ 1.— **1.40.**

Diodori bibliotheca hist. Edd. Fr. Vogel et C. Th. Fischer. 6 voll. Voll. I—III. je ℳ 6.— **6.60.** Vol. IV. ℳ 6.80 **7.40.** Vol. V. ℳ 5.— **5.60.**

—— Ed. L. Dindorf. 5 voll. Vol. I u. II. [Vergr.] Vol. III u. IV. je ℳ 3.— Vol. V. ℳ 3.75.

***Diogenis Oenoandensis fragmenta.** Ord. et expl. J. William. ℳ 2.40 **2.80.**

Dionis Cassii Cocceiani historia Romana. Ed. J. Melber. 5 voll. Vol. I. ℳ 6.— **6.60.** Vol. II. ℳ 4.80 **5.40.** [Die weiteren Bände in Vorb.]

Dionis Chrysostomi orationes. Rec. L. Dindorf. Vol. I. [Vergr.] Vol. II. ℳ 2.70 **3.60.** [Neubearbeitung von A. Sonny in Vorb.]

Dionysi Halic. antiquitates Romanae. Ed. C. Jacoby. 4 voll. Voll. I—IV. je ℳ 4.— **4.60.**

—— **opuscula.** Edd. H. Usener et L. Radermacher. Vol. I. ℳ 6.— **6.60.**

—— —— Vol. II. Fasc. I. ℳ 7.— **7.60.**

*—— —— Vol. II. Fasc. II. [In Vorb.]

Diophanti opera omnia c. Gr. commentt. Ed. P. Tannery. 2 voll. ℳ 10.— **11.—**

***Divisiones Aristoteleae,** s. Aristoteles.

Eclogae poetarum Graec. Ed. H. Stadtmueller. ℳ 2.70 **3.20.**

Epicorum Graec. fragmenta. Ed. G. Kinkel. Vol. I. ℳ 3.— **3.50.**

Epicteti dissertationes ab Arriano dig. Rec. H. Schenkl. Acc. fragmm., enchiridion, gnomolog. Epict., rell., indd. Ed. maior. ℳ 10.— **10.80.** Ed. minor. ℳ 6.— **6.60.**

***Epistulae privatae graecae** in pap. aet. Lagid. serv. Ed. St. Witkowski. ℳ 3.20 **3.60.**

Eratosthenis catasterismi: s. Mythographi III. 1.

***Erotici scriptores Graeci.** Ed. A. Mewaldt. [In Vorb.]

Euclidis opera omnia. Edd. I. L. Heiberg et H. Menge.

Voll. I-V. **Elementa.** Ed. et Lat. interpr. est Heiberg. ℳ 24.60 **27.60.**

— VI. **Data.** Ed. H. Menge. ℳ 5.— **5.60.**

— VII. **Optica, Opticor. rec. Theonis, Catoptrica,** c. scholl. ant. Ed. Heiberg. ℳ 5.— **5.60.** [Forts. in Vorb.]

—— —— —— Supplem.: **Anaritii** comm. ex interpr. Gher. Crem. ed. M. Curtze. ℳ 6.— **6.60.**

——: s. a. Musici.

Eudociae Augustae, Procli Lycii, Claudiani carmm. Graec. rell. Acc. **Blemyomachiae** fragmm. Rec. A. Ludwich. ℳ 4.— **4.40.**

—— **violarium.** Rec. I. Flach. ℳ 7.50 **8.10.**

Euripidis tragoediae. Rec. A. Nauck. Ed. III. 3 voll. ℳ 7.80 **9.30.**

Vol. I: Alcestis. Andromacha. Bacchae Hecuba. Helena. Electra. Heraclidae Hercules furens. Supplices. Hippolytus. ℳ 2.40 **2.90.**

— II: Iphigenia Aulidensis. Iphigenia Taurica. Ion. Cyclops. Medea. Orestes. Rhesus. Troades. Phoenissae. ℳ 2.40 **2.90.**

— III: Perditarum tragoediarum fragmenta. ℳ 3.— **3.50.**

Einzeln jede Tragödie ℳ —.40 **—.70.**

Eusebii opera. Rec. G. Dindorf. 4 voll. ℳ 23.60 **25.80.**

Fabulae Aesopicae: s. Aesop. fab.

Fabulae Romanenses Graec. conscr. Rec. A. Eberhard. Vol. I. [Vergr. Forts erscheint nicht.]

Die fetten Ziffern verstehen sich für gebundene Exemplare.

Favonii Eulogii disp. de somnio Scipionis. Ed. A. Holder. M 1.40 **1.80.**

Florilegium Graecum in usum primi gymnasiorum ordinis collectum a philologis Afranis. kart. Fasc. 1—10 je M —.50; Fasc. 11—15 je M —.60.
Hierzu unentgeltlich an Lehrer: Index argumentorum et locorum.
Außer der Verwendung bei den Maturitätsprüfungen hat diese Sammlung den Zweck, dem Primaner das Beste und Schönste aus der griech. Literatur auf leichte Weise zugänglich zu machen und den Kreis der Altertumsstudien zu erweitern.

Galeni Pergameni scripta minora. Recc. I. Marquardt, I. Müller, G. Helmreich. 3 voll. M 7.50 **9.20.**

*—— **de utilit. part. corporis humani ll. XVII.** Ed. G. Helmreich. Vol. I. M 8.— **8.60.**

—— **institutio logica.** Ed. C. Kalbfleisch. M 1.20 **1.60.**

—— **de victu attenuante l.** Ed. C. Kalbfleisch. M 1.40 **1.80.**

—— **de temperamentis.** Ed. G. Helmreich. M 2.40 **2.80.**

Gaudentius: s. Musici.

Geoponica sive Cassiani Bassi Schol. de re rustica eclogae. Rec. H. Beckh. M 10.— **10.80.**

Georgii Acropol. annales. Rec. A. Heisenberg. Vol. I. II. 11.60 **14.—**

Georgii Cypri descriptio orbis Romani. Acc. **Leonis imp. diatyposis genuina.** Ed. H. Gelzer. Adi. s. 4 tabb. geograph. M 3.— **3.50.**

Georgii Monachi Chronicon. Ed. C. de Boor. Vol. I. II. M 18.— **19.20.**

Heliodori Aethiopic. ll. X. Ed. I. Bekker. M 2.40 **2.90.**

***Hephaestionis enchiridion.** c. comm. vet. ed. M. Consbruch. M 8.— **8.60.**

Heraclitus: s. Mythographi.

Hermippus, anon. christ. de astrologia dialogus. Edd. C. Kroll et P. Viereck. M 1.80 **2.20.**

Herodiani ab excessu divi Marci ll. VIII. Ed. I. Bekker. M 1.20 **1.60.**

Herodoti historiarum ll. IX. Edd. Dietsch-Kallenberg. 2 voll. [je M 1.35 **1.80**] M 2.70 **3.60.**
Vol. I: Lib. 1—4. Fasc. I: Lib. 1. 2. M —.80 **1.10.**
Fasc. II: Lib. 3. 4. M —.80 **1.10.**
— II: Lib. 5—9. Fasc. I: Lib. 5. 6. M —.60 **—.90.**
Fasc. II: Lib. 7. M —.45 **—.75.**
Fasc. III: Lib. 8. 9. M —.60 **—.90.**

***Herondae mimiambi.** Acc. **Phoenicis Coronistae, Mattii mimiamb. fragmm.** Ed. O. Crusius. Ed. IV minor. M 2.40 **2.80.** Ed. maior. [U. d. Pr.]

Heronis Alexandrini opera. Vol. I. Druckwerke u. Automatentheater, gr. u. dtsch. v. W. Schmidt. Im Anh. Herons Fragm. üb. Wasseruhren, **Philons** Druckw., **Vitruv** z. Pneumatik. M 9.— **9.80.** Suppl.: D. Gesch. d. Textüberliefrg. Gr. Wortregister. M 3.— **3.40.**

—— —— Vol. II. Fasc. I. **Mechanik** u. Katoptrik, hrsg. u. übers. von L. Nix u. W. Schmidt. Im Anh. Excerpte aus **Olympiodor, Vitruv, Plinius, Cato, Pseudo-Euclid.** Mit 101 Fig. M 8.— **8.80.**

—— —— Vol. III. Vermessungslehre u. Dioptra, griech. u. deutsch hrsg. von H. Schöne. M. 116 Fig. M 8.— **8.80.**

***Hesiodi quae fer. carmina.** Rec. A. Rzach. Ed. II. M 1.80 **2.30.**

Hesychii Milesii qui fertur de viris ill. l. Rec. I. Flach. M —.80 **1.10.**

Hieroclis synecdemus. Acc. fragmenta ap. Constantinum Porphyrog. servata et nomina urbium mutata. Rec. A. Burckhardt. M 1.20 **1.60.**

Hipparchi in Arati et Eudoxi Phaenomena comm. Rec. C. Manitius. M 4.— **4.60.**

Hippocratis opera. 7 voll. Recc. H. Kuehlewein et I. Ilberg. Vol. I (cum tab. phototyp.). M 6.— **6.60.** Vol. II. M 5.— **5.50.** [Fortsetz. noch unbestimmt.]

Historici Graeci minores. Ed. L. Dindorf. 2 voll. [z. Zt. vergr.]

Homeri carmina. Ed. Guil. Dindorf: **Ilias.** Ed. Guil. Dindorf. Ed. V cur. C. Hentze. 2 partes. [je M —.75 **1.10.**] M 1.50 **2.20.** [In 1 Band geb. M 2.—.]
Pars I: Il. 1—12. Pars II: Il. 13—24.
Odyssea. Ed. Guil. Dindorf. Ed. V cur. C. Hentze. 2 partes. [je M —.75 **1.10.**] M 1.50 **2.20.** [In 1 Band geb. M 2.—.]
Pars I: Od. 1—12. Pars II: Od. 13—24.

—— —— Rec. A. Ludwich. 2 voll. Ed. min. [je M —.75 **1.10.**] M 1.50 **2.20.**

Hymni Homerici acc. **epigrammatis et Batrachomyomachia.** Rec. A. Baumeister. M —.75 **1.10.**

Hyperidis orationes. Ed. Fr. Blaß. Ed. III. M 2.10 **2.50.**

Iamblichi protrepticus. Ed. H. Pistelli. M 1.80 **2.20.**

—— **de communi math. scientia l.** Ed. N. Festa. M 1.80 **2.20.**

—— **in Nicomachi arithm. introduct. l.** Ed. H. Pistelli. M 2.40 **2.80.**

*—— **vita Pythagorae.** Ed. L. Deubner. [In Vorb.]

Ignatius Diaconus: s. Nicephorus.

Inc. auct. Byzant. de re milit. l. Rec. R. Vári. M 2.40 **2.80.**

***Inscriptiones Graecae ad inlustrandas dialectos selectae.** Ed. F. Solmsen. Ed. II. ℳ 1.60 **2.—**
Ioannes Philoponus: s. Philoponus.
Iosephi opera. Rec. S. Q. Naber. 6 voll. ℳ 26.— **29.—**
—— —— Rec. I. Bekker. 6 voll. [Vol. I—V vergr.] Vol. VI. ℳ 2.10.
Isaei orationes. Ed. C. Scheibe. ℳ 1.20 **1.60.**
—— Ed. Th. Thalheim. ℳ 2.40 **2.80.**
Isocratis orationes. Reco. Benseler-Blass. 2 voll. ℳ 4.— **4.80.**
***Iuliani imp. quae supers. omnia.** Rec. C. F. Hertlein. 2 voll. [Vergr. Neubearbeit. von Fr. Cumont u. J. Bidez in Vorb.]
Iustiniani imp. novellae. Ed. C. E. Zachariae a Lingenthal. 2 partes. ℳ 10.50 **11.60.**
—— —— —— Appendix (I). ℳ —.60 **1.—**
—— —— —— Appendix (II). **De dioecesi Aegyptiaca lex** ab imp. Iustiniano anno 554 lata. ℳ 1.20 **1.60.**
Leonis diatyposis: s. Georgius Cyprius.
***Libanii opera.** Ed. R. Foerster. Vol. I—IV. ℳ 43.— **46.60.** Vol. IV. ℳ 10.— **10.80.** [Vol. V in Vorb.]
Luciani opera. Rec. C. Jacobitz. [6 part. je ℳ 1.05 **1.40.**] 3 voll. je ℳ 2.10 **2.60.**
*—— Ed. N. Nilén. Vol. I. Fasc. I. lib. I—XIV. ℳ 2.80 **3.20.**
*—— —— Prolegg. Fasc. I. ℳ 1.— **1.25**
*[——] **Scholia in Lucianum.** Ed. H. Rabe. ℳ 6.— **6.60.**
Lycophronis Alexandra. Rec. G. Kinkel. ℳ 1.80 **2.20.**
Lycurgi or. in Leocratem. Ed. Fr. Blass. Ed. maior. ℳ —.90 **1.30.** Ed. minor. ℳ —.60 **—.90.**
Lydi l. de ostentis et Calendaria Graeca omnia. Ed. C. Wachsmuth. Ed. II. ℳ 6.— **6.60.**
—— **de mensibus l.** Ed. R. Wünsch. ℳ 5.20 **5.80.**
—— **de magistratibus l.** Ed. R. Wünsch. ℳ 5.— **5.60.**
Lysiae orationes. Rec. Th. Thalheim. Ed. maior. ℳ 3.— **3.60.** Ed. minor. ℳ 1.20 **1.60.**
Marci Diaconi vita Porphyrii, episcopi Gazensis. Edd. soc. philol. Bonn. sodales. ℳ 2.40 **2.80.**
Maximi et Ammonis carminum de actionum auspiciis rell. Acc. anecdota astrologica. Rec. A. Ludwich. ℳ 1.80 **2.20.**
Metrici scriptores Graeci. Ed. R. Westphal. Vol. I: **Hephaestion.** ℳ 2.70 **3.20.**
Metrologicorum scriptorum reliquiae. Ed. F. Hultsch. Vol. I: **Scriptores Graeci.** ℳ 2.70 **3.20.** [Vol. II: **Scriptores Latini.** ℳ 2.40 **2.80.**] 2 voll. ℳ 5.10 **6.—**
Moschus: s. Bucolici.

Musici scriptores Graeci. Aristoteles, Euclides, Nicomachus, Bacchius, Gaudentius, Alypius et melodiarum veterum quidquid exstat. Rec. C. Ianus. Ann. s tabulae. ℳ 9.— **9.80.**
—— —— —— Supplementum: Melodiarum rell. ℳ 1.20 **1.60.**
***Musonii Rufi reliquiae.** Ed. O. Hense ℳ 3.20 **3.80.**
Mythographi Graeci. Vol. I: **Apollodori** bibliotheca, **Pediasimi** lib. de Herculis laboribus. Ed. R. Wagner. ℳ 3.60 **4.20.**
—— Vol. II. Fasc. I: **Parthenii** lib. *περὶ ἐρωτικῶν παθημάτων*, ed. P. Sakolowski. **Antonini Liberalis** *μεταμορφώσεων συναγωγή*, ed. E. Martini. ℳ 2.40 **2.80.** Suppl.: **Parthenius,** ed. E. Martini. ℳ 2.40 **2.80.**
—— Vol. III. Fasc. I: **Eratosthenis catasterismi.** Ed. Olivieri. ℳ 1.20 **1.60.**
—— Vol. III. Fasc. II: **Palaephati** *περὶ ἀπίστων*, **Heracliti** lib. *περὶ ἀπίστων*, **Excerpta Vaticana** (vulgo Anonymus de incredibilibus). Ed. N. Festa. ℳ 2.80 **3.20.**
Naturalium rerum scriptores Graeci minores. Vol. I: Paradoxographi, Antigonus, Apollonius, Phlegon, Anonymus Vaticanus. Rec. O. Keller. ℳ 2.70 **3.10.**
Nicephori archiepiscopi opusce. hist. Ed. C. de Boor. Acc. **Ignatii Diaconi vita Nicephori.** ℳ 3.30 **3.70.**
Nicephori Blemmydae curr. vitae et carmina. Ed. A. Heisenberg. ℳ 4.— **4.40.**
Nicomachi Geraseni introductionis arithm. ll. II. Rec. R. Hoche. ℳ 1.80 **2.20.**
——: s. a. Musici.
Nonni Dionysiacorum ll. XLVIII. Rec. A. Koechly. Voll. I u. II. je ℳ 6.— **6.50.**
—— **paraphrasis s. evangelii Ioannei.** Ed. A. Scheindler. ℳ 4.50 **5.—**
***Olympiodori in Plat. Phaedon.** Ed. W. Norvin. [In Vorb.]
Palaephatus: s. Mythographi.
Parthenius: s. Mythographi.
Patrum Nicaenorum nomina graece, latine, syriace, coptice, arabice, armeniace. Edd. H. Gelzer, H. Hilgenfeld, O. Cuntz. ℳ 6.— **6.60.**
Παυσανίου Ἑλλάδος περιήγησις. Pausaniae Graeciae descriptio. Rec. Fr. Spiro. Voll. I—III. ℳ 7.60 **9.—**
Pediasimus: s. Mythographi.
Philodemi volumina rhetorica. Ed. S. Sudhaus. 2 voll. u. Suppl. ℳ 11.— **12.60.**
—— **de musica ll.** Ed. I. Kempe ℳ 1.50 **2.—**
*—— *π. οἰκονομίας* lib. Ed. Chr. Jensen. ℳ 2.40 **2.80.**

Philoponi de opificio mundi ll. Rec. W. Reichardt. ℳ 4.— **4.60.**

—— **de aeternitate mundi c. Proclum.** Ed. H. Rabe. ℳ 10.— **10.80.**

Philostrati (mai.) opera. Ed. C. L. Kayser. 2 voll. ℳ 8.25 [z. Zt. vergr.]

—— **imagines.** Recc. O. Benndorf et C. Schenkl. ℳ 2.80 **3.20.**

Philostrati (min.) imagines et Callistrati descriptiones. Recc. C. Schenkl et Aem. Reisch. ℳ 2.40 **2.80.**

Physiognomonici scriptores Graeci et Latini. Rec. R. Foerster. 2 voll. Vol. I. II. ℳ 14.— **15.20.**

Pindari carmina. Ed. W. Christ. Ed. II. ℳ 1.80 **2.20.**

*—— —— ed. O. Schroeder. ℳ 2.40 **2.80.**

[——] Scholia vetera in Pindari carmina. Vol. I. Scholia in Olympionicas. Rec. A. B. Drachmann. ℳ 8.— **8.60.**

Platonis dialogi secundum Thrasylli tetralogias dispositi. Ex recogn. C. F. Hermanni et M. Wohlrab. 6 voll. ℳ 14.— **17.50.** [Voll. I. III. IV. V. VI. je ℳ 2.40 **3.**— Vol. II. ℳ 2.— **2.50.**]

Auch in folgenden einzelnen Abteilungen:

Nr. 1. Euthyphro. Apologia Socratis. Crito. Phaedo. ℳ —.70 **1.**—

— 2. Cratylus. Theaetetus. ℳ 1.— **1.40.**

— 3. Sophista. Politicus. ℳ 1.— **1.40.**

— 4. Parmenides. Philebus. ℳ —.90 **1.30.**

— 5. Convivium. Phaedrus. ℳ —.70 **1.**—

— 6. Alcibiades I et II. Hipparchus. Erastae. Theages. ℳ —.70 **1.**—

— 7. Charmides. Laches. Lysis. ℳ —.70 **1.**—

— 8. Euthydemus. Protagoras. ℳ —.70 **1.**—

— 9. Gorgias. Meno. ℳ 1.— **1.40.**

— 10. Hippias I et II. Io. Menexenus. Clitophon. ℳ —.70 **1.**—

— 11. Rei publicae libri decem. ℳ 1.80 **2.20.**

— 12. Timaeus. Critias. Minos. ℳ 1.— **1.40.**

— 13. Legum libri XII. Epinomis. ℳ 2.40 **3.**—

— 14. Platonis quae feruntur epistolae XVIII. Acc. definitiones et septem dialogi spurii. ℳ 1.20 **1.60.**

— 15. Appendix Platonica continens isagogas vitasque antiquas, scholia Timaei, glossar., indices. ℳ 2.— **2.40.**

Inhalt von Nr. 1—3 = Vol. I.
— 4—6 = Vol. II.
— 7—10 = Vol. III.
— 11. 12 = Vol. IV.
— 13 = Vol. V.
— 14. 15 = Vol. VI.

Plotini Enneades praem. Porphyrii de vita Plotini deque ordine librorum eius libello. Ed. R. Volkmann. 2 voll. ℳ 9.— **10.20.** [Vol. I. ℳ 3.60 **4.20.** Vol. II. ℳ 5.40 **6.**—]

Plutarchi vitae parallelae. Rec. C. Sintenis. 5 voll. Ed. II. ℳ 13.60 **16.10.** [Vol. I. ℳ 2.80 **3.30.** Vol. II. ℳ 3.40 **4.**—. Voll. III—IV. je ℳ 2.50 **3.**—. Vol. V. ℳ 2.40 **2.80.**

Auch in folgenden einzelnen Abteilungen:

Nr. 1. Theseus et Romulus, Lycurgus et Numa, Solon et Publicola. ℳ 1.50 **1.90.**

— 2. Themistocles et Camillus, Pericles et Fabius Maximus, Alcibiades et Coriolanus. ℳ 1.50 **1.90.**

— 3. Timoleon et Aemilius Paulus, Pelopidas et Marcellus. ℳ 1.20 **1.60.**

— 4. Aristides et Cato, Philopoemen et Flamininus, Pyrrhus et Marius. ℳ 1.40 **1.80.**

— 5. Lysander et Sulla, Cimon et Lucullus. ℳ 1.20 **1.60.**

— 6. Nicias et Crassus, Sertorius et Eumenes. ℳ 1.— **1.40.**

— 7. Agesilaus et Pompeius. ℳ 1.— **1.40.**

— 8. Alexander et Caesar. ℳ 1.— **1.40.**

— 9. Phocion et Cato minor. ℳ —.80 **1.10.**

— 10. Agis et Cleomenes, Tib. et C. Gracchi. ℳ —.80 **1.10.**

— 11. Demosthenes et Cicero. ℳ —.80 **1.10.**

— 12. Demetrius et Antonius. ℳ —.80 **1.10.**

— 13. Dio et Brutus. ℳ 1.20 **1.60.**

— 14. Artaxerxes et Aratus, Galba et Otho. ℳ 1.40 **1.80.**

Inhalt von Nr. 1. 2 = Vol. I.
— 3—5 = Vol. II.
— 6—8 = Vol. III.
— 9—12 = Vol. IV.
— 13. 14 = Vol. V.

*—— —— Edd. Cl. Lindskog, J. Mewaldt et K. Ziegler. 3 Bde. [In Vorb.]

—— **moralia.** Rec. G. N. Bernardakis 7 voll. je ℳ 5.— **5.60.**

Polemonis declamationes duae. Rec. H. Hinck. ℳ 1.— **1.40.**

Polyaeni strategematicon ll. VIII. Recc. E. Woelfflin et. J. Melber. Ed. II. ℳ 7.50 **8.**—

Polybii historiae. Rec. L. Dindorf. 5 voll. Ed. II cur. Th. Büttner-Wobst. Voll. I. II. III. je ℳ 4.40 **5.**— Vol. IV. ℳ 5.— **5.60.** Vol. V. ℳ 2.40 **3.**—

***Polystrati Epic.** π. ἀλόγου καταφρονήσεως. Ed. C. Wilke. ℳ 1.20 **1.60.**

Die **fetten** Ziffern verstehen sich für **gebundene** Exemplare.

Porphyrii opuscc. sel. Rec. A. Nauck. Ed. II. *M.* 3.— **3.50.**

—— *Πορφυρίου ἀφορμαὶ πρὸς τὰ νοητά.* Ed. B. Mommert. *M.* 1.40 **1.80.**

Procli Lycii carmina: s. Eudocia Augusta.

Procli Diadochi in primum Euclidis elementorum librum commentarii. Rec. G. Friedlein. *M.* 6.75 **7.30.**

—— **in Platonis rem publicam commentarii.** Ed. G. Kroll. Vol. I. *M.* 5.— **5.60.** Vol. II. *M.* 8.— **8.60.**

*—— **in Platonis Timaeum commentaria.** Ed. E. Diehl. Vol. I. *M.* 10.— **10.80.** Vol. II. *M.* 8.— **8.60.** Vol. III. *M.* 12.— **12.80.**

*—— **in Platonis Cratylum commentaria.** Ed. G. Pasquali. *M.* 3.— **3.40.**

***Procopii Caesariensis opera omnia.** Rec. I. Haury. Voll. I. II. je *M.* 12.— **12.80.** Vol. III 1. *M.* 3.60 **4.—**

***Prophetarum vitae fabulosae.** Edd. H. Gelzer et Th. Schermann. *M.* 5.60 **6.—**

Ptolemaei opera. Vol. I. Syntaxis, ed. I. L. Heiberg. P. I. libri I—VI. *M.* 8.— **8.60.** P. II. libri VII—XIII. *M.* 12.— **12.60.**

*Vol. II. Op. astron. min. *M.* 9.— **9.60.**

Quinti Smyrnaei Posthomericorum ll. XIV. Rec. A. Zimmermann. *M.* 3.60 **4.20.**

Repertorium griech. Wörterverzeichnisse u. Speziallexika v. H. Schöne. *M.* —.80 **1.—**

Rhetores Graeci. Rec. L. Spengel. 3 voll. Vol. I. Ed. C. Hammer. *M.* 4.20 **4.80.** [Voll. II u. III vergr.]

Scriptores erotici. s. Erotici scriptores.

—— **metrici,** siehe: Metrici scriptores.

—— **metrologici,** siehe: Metrologici scriptores.

*—— **originum Constantinopolit.** Rec. Th. Preger. 2 Fascc. *M.* 10.— **11.20.**

—— **physiognomonici,** siehe: Physiognomonici scriptores.

—— **sacri et profani.**

Fasc. I: s. Philoponus.
Fasc. II: s. Patrum Nicaen. nomm.
Fasc. III: s. Zacharias Rhetor.
*Fasc. IV: s. Stephanus von Taron.
Fasc. V: E. Gerland, Quellen z. Gesch. d. Erzbist. Patras. *M.* 6.— **6.60.**

Sereni Antinoensis opuscula. Ed. I. L. Heiberg. *M.* 5.— **5.50.**

Simeonis Sethi syntagma. Ed. B. Langkavel. *M.* 1.80 **2.20.**

Sophoclis tragoediae. Rec. Guil. Dindorf. Ed. VI cur. S. Mekler. Ed. maior. *M.* 1.65 **2.20.** Ed. minor. *M.* 1.35 **1.80.**

Einzeln jede Tragödie (Aiax. Antigone. Electra. Oedipus Col. Oedipus Tyr. Philoctetes. Trachiniae) *M.* —.30 **—.60.**

***Sophoclis cantica.** Dig. O. Schroeder. *M.* 1.40 **1.80.**

[——] **Scholia in S. tragoedias vetera.** Ed. P. N. Papageorgios. *M.* 4.80 **5.40.**

***Stephanus von Taron.** Edd. H. Gelzer et A. Burckhardt. *M.* 5.60 **6.—**

Stobaei florilegium. Rec. A. Meineke. 4 voll. [vergr.]

—— **eclogae.** Rec. A. Meineke. 2 voll. [z. Zt. vergr.]

Strabonis geographica. Rec. A. Meineke. Vol. I—III. je *M.* 3.60 **4.20.**

***Synkellos.** Ed. W. Reichardt. [U. d. Pr.]

Syriani in Hermogenem comm. Ed. H. Rabe. 2 voll. *M.* 3.20 **4.10.**

Themistii paraphras. Aristotelis rell. Ed. L. Spengel. 2 voll. *M.* 9.— **10.20.**

Theocritus: s. Bucolici.

Theodoreti Graec. affect. curatio. Rec. H. Raeder. *M.* 6.— **6.60.**

Theodori Prodromi catomyomachia. Ed. R. Hercher. *M.* —.50 **—.75.**

Theonis Smyrnaei expositio rer. mathemat. ad leg. Platonem util. Rec. E. Hiller. *M.* 3.— **3.50.**

Theophrasti Eresii opera. Rec. F. Wimmer. 3 voll. [Vol. I. II. vergr.] Vol. III. *M.* 2.40.

Theophylacti Simocattae historiae. Ed. K. de Boor. *M.* 6.— **6.60.**

Thucydidis de bello Peloponnesiaco ll. VIII. Rec. C. Hude. Ed. maior. 2 voll. [je *M.* 2.40 **3.—**] *M.* 4.80 **6.—** Ed. minor. 2 voll. [je *M.* 1.20 **1.80**] *M.* 2.40 **3.60.**

Tryphiodori et Colluthi carmm. Ed. G. Weinberger. *M.* 1.40 **1.80.**

Xenophontis expeditio Cyri. Rec. W. Gemoll. Ed. mai. *M.* 1.20 **1.60.** Ed. min. *M.* —.80 **1.10.**

—— **historia Graeca.** Rec. O. Keller. Ed. min. *M.* —.90 **1.30.**

—— —— Rec. L. Dindorf. *M.* —.90.

—— **institutio Cyri.** Rec. A. Hug. Ed. maior *M.* 1.50 **2.—** Ed. minor *M.* —.90 **1.30.**

—— **commentarii.** Rec. W. Gilbert. Ed. maior *M.* 1.— **1.40.** Ed. minor *M.* —.45 **—.75.**

—— **scripta minora.** Rec. L. Dindorf. 2 fascc. *M.* 1.40 **2.10.**

Zacharias Rhetor, Kirchengeschichte. Deutsch hrsg. v. K. Ahrens u. G. Krüger. *M.* 10.— **10.80.**

Zonarae epitome historiarum. Ed. L. Dindorf. 6 voll. *M.* 27.20 **30.80.**

Novum Testamentum Graece ed. Ph. Buttmann. Ed. IV. *M.* 2.25 **2.75.**

Die fetten Ziffern verstehen sich für gebundene Exemplare.

b. Lateinische Schriftsteller.

[Acro.] Pseudacronis scholia in Horatium vetustiora. Rec. O. Keller. Vol. I. ℳ 9.— 9.80. Vol. II. ℳ 12.— 12.80

Ammiani Marcellini rer. gest. rell. Rec. V. Gardthausen. 2 voll. [z. Zt. vergr.]

Ampelius, ed. Woelfflin, siehe: Florus.

Anthimi de observatione ciborum epistola. Ed. V. Rose. Ed. II. ℳ 1.— 1.25.

Anthologia Latina sive poesis Latinae supplementum.
  Pars I: Carmm. in codd. script. rec. A. Riese. 2 fascc. Ed. II. ℳ 8.80 10.—
  — II: Carmm. epigraphica conl. Fr. Buecheler. 2 fascc. ℳ 9.20 10.40.
  Suppl.: s. Damasus.

Anthologie a. röm. Dichtern v. O. Mann. ℳ —.60 —.90.

*Apulei opera. Vol. I. Metamorphoses. Ed. R. Helm. ℳ 3.— 3.40. Vol. II. Fasc. I. Apologia. Rec. R. Helm. ℳ 2.40 2.80. Vol. II. Fasc. II. Florida. Ed. R. Helm. [U. d. Pr.] Vol. III. Scr. philos. Ed. P. Thomas. ℳ 4.— 4.40.

—— apologia et florida. Ed. J. v. d. Vliet h. ℳ 4.— 4.50.

Augustini de civ. dei ll. XXII. Rec. B. Dombart. Ed. II. 2 voll. Vol. I Lib. I—XIII. [z. Zt. vergr.] Vol. II. Lib. XIV—XXII. ℳ 4.20 4.80.

—— confessionum ll. XIII. Rec. P. Knöll. ℳ 2.70 3.20.

Aulularia sive Querolus comoedia. Ed. R. Peiper. ℳ 1.50 2.—

Ausonii opuscula. Rec. R. Peiper. Adi. est tabula. ℳ 8.— 8.60.

Avieni Aratea. Ed. A. Breysig. ℳ 1.— 1.40.

Benedicti regula monachorum. Rec. Ed. Woelfflin. ℳ 1.60 2.—

Boetii de instit. arithmetica ll. II, de instit. musica ll. V. Ed. G. Friedlein. ℳ 5.10 5.60.

—— commentarii in l. Aristotelis περὶ ἑρμηνείας. Rec. C. Meiser. 2 partes. ℳ 8.70 9.70.

Caesaris comment. cum A. Hirti aliorumque supplementis. Rec. B. Kübler. 3 voll.
  Vol. I: de bello Gallico. Ed. min. ℳ —.75 1.10. Ed. mai. ℳ 1.40 1.80.
  — II: de bello civili. Ed. min. ℳ —.60 —.90. Ed. mai. ℳ 1.— 1.40.
  — III. P. I: de b. Alex., de b. Afr. Rec. E. Woelfflin. Ed. min. ℳ —.70 1.— Ed. mai. ℳ 1.10 1.50.
  — III. P. II: de b. Hispan., fragmenta, indices. ℳ 1.50 1.90.

—— —— —— Rec. B. Dinter. Ausg. in 1 Bd. (ohne d. krit. praefatio). ℳ 1.50 2.10.

—— —— de bello Gallico. Ed. minor. Ed. II. ℳ —.75 1.10.

—— —— de bello civili. Ed. minor. Ed. II. ℳ —.60 —.90.

Calpurni Flacci declamationes. Ed. G. Lehnert. ℳ 1.40 1.80.

Cassii Felicis de medicina l. Ed. V. Rose. ℳ 3.— 3.40.

Catonis de agri cultura l. Rec. H. Keil. ℳ 1.— 1.40.

Catulli carmina. Recens. L. Mueller. ℳ —.45 —.75.

——, Tibulli, Propertii carmina. Rec. L. Mueller. ℳ 2.70 3.20.

Celsi de medicina ll. Ed. C. Daremberg. ℳ 3.— 3.50.

Censorini de die natali l. Rec. Fr. Hultsch. ℳ 1.20 1.60.

Ciceronis scripta. Edd. F. W. Müller et G. Friedrich. 4 partes. 10 voll. ℳ 26.20 30.60.
  Pars I: Opera rhetorica, ed. Friedrich. 2 voll. Vol. I. ℳ 1.60 2.— Vol. II. ℳ 2.40 2.80.
  — II: Orationes, ed. Müller. 3 voll. je ℳ 2.40 2.80.
  — III: Epistulae, ed. Müller. 2 voll. [Vol. I. ℳ 3.60 4.20. Vol. II. ℳ 4.20 4.80.] ℳ 7.80 9.—
  — IV: Scripta philosophica, ed. Müller. 3 voll. je ℳ 2.40 2.80.
  — V: Indices. [Vergr., Neubearbeitung in Vorb.]

Auch in folgenden einzelnen Abteilungen:
  Nr. 1. Rhetorica ad Herennium, ed. Friedrich. ℳ —.80 1.10.
  — 2. De inventione, ed. Friedrich. ℳ —.80 1.10.
  — 3. De oratore, ed. Friedrich. ℳ 1.10 1.50.
  — 4. Brutus, ed. Friedrich. ℳ —.70 1.—
  — 5. Orator, ed. Friedrich. ℳ —.50 —.75.
  — 6. De optimo genere oratorum, partitiones et topica, ed. Friedrich. ℳ —.50 —.75.
  — 7. Orationes pro P. Quinctio, pro Sex. Roscio Amerino, pro Q. Roscio comoedo, ed. Müller. ℳ —.70 1.—
  — 8. Divinatio in Q. Caecilium, actio in C. Verrem I, ed. Müller. ℳ —.50 —.75.
  — 9a. Actionis in C. Verrem II sive accusationis ll. I—III, ed. Müller. ℳ 1.— 1.40.
  — 9b. —— —— ll. IV. V, ed. Müller. ℳ —.50 —.75.
  — 10. Orationes pro M. Tullio, pro M. Fonteio, pro A. Caecina, de imperio Cn. Pompeii (pro lege Manilia), ed. Müller. ℳ —.50 —.75.

Die fetten Ziffern verstehen sich für gebundene Exemplare.

Ciceronis scripta. Edd. F. W. Müller et G. Friedrich.

Nr. 11. Orationes pro A. Cluentio Habito, de lege agr. tres, pro C. Rabirio perduellionis reo, ed. Müller. ℳ —.80 **1.10.**

— 12. Orationes in L. Catilinam, pro L. Murena, ed. Müller. ℳ —.70 **1.—**

— 13. Orationes pro P. Sulla, pro Archia poeta, pro Flacco, ed. Müller. ℳ —.50 **—.75.**

— 14. Orationes post reditum in senatu et post reditum ad Quirites habitae, de domo sua, de haruspicum responso, ed. Müller. ℳ —.70 **1.—**

— 15. Orationes pro P. Sestio, in P. Vatinium, pro M. Caelio, ed. Müller. ℳ —.70 **1.—**

— 16. Orationes de provinciis consularibus, pro L. Cornelio Balbo, in L. Calpurnium Pisonem, pro Cn. Plancio, pro Rabirio Postumo, ed. Müller. ℳ —.70 **1.—**

— 17. Orationes pro T. Annio Milone, pro M. Marcello, pro Q. Ligario, pro rege Deiotaro, ed. Müller. ℳ —.50 **—.75.**

— 18. Orationes in M. Antonium Philippicae XIV, ed. Müller. ℳ —.90 **1.30.**

— 19. Epistt. ad fam. l. I—IV, ed. Müller. ℳ —.90 **1.30.**

— 20. Epistt. ad fam. l. V—VIII, ed. Müller. ℳ —.90 **1.30.**

— 21. Epistt. ad fam. l. IX—XII, ed. Müller. ℳ —.90 **1.30.**

— 22. Epistt. ad fam. l. XIII—XVI, ed. Müller. ℳ —.90 **1.30.**

— 23. Epistulae ad Quintum fratrem, Q. Ciceronis de petitione ad M. fratrem epistula, eiusdem versus quidam de signis XII, ed. Müller. ℳ —.60 **—.90.**

— 24. Epistt. ad Att. l. I—IV, ed. Müller. ℳ 1.— **1.40.**

— 25. Epistt. ad Att. l. V—VIII, ed. Müller. ℳ 1.— **1.40.**

— 26. Epistt. ad Att. l. IX—XII, ed. Müller. ℳ 1.— **1.40.**

— 27. Epistt. ad Att. l. XIII—XVI, ed. Müller. ℳ 1.— **1.40.**

— 28. Epistt. ad Brutum et epist. ad Octavium, ed. Müller. ℳ —.60 **—.90.**

— 29. Academica, ed. Müller. ℳ —.70 **1.—**

— 30. De finibus, ed. Müller. ℳ 1.— **1.40.**

— 31. Tusculanae disputationes, ed. Müller. ℳ —.80 **1.10.**

— 32. De natura deorum, ed. Müller. ℳ —.70 **1.—**

Ciceronis scripta. Edd. F. W. Müller et G. Friedrich.

Nr. 33. De divinatione, de fato, ed. Müller. ℳ —.70 **1.—**

— 34. De re publica, ed. Müller. ℳ —.70 **1.—**

— 35. De legibus, ed. Müller. ℳ —.70 **1.—**

— 36. De officiis, ed. Müller. ℳ —.70 **1.—**

— 37. Cato Maior de senectute, Laelius de amicitia, Paradoxa, ed. Müller. ℳ —.50 **—.75.**

Inhalt von

Nr. 1. 2 = Pars I, vol. I.
— 3—6 = Pars I, vol. II.
— 7—9 = Pars II, vol. I.
— 10—14 = Pars II, vol. II.
— 15—18 = Pars II, vol. III.
— 19—23 = Pars III, vol. I.
— 24—28 = Pars III, vol. II.
— 29—31 = Pars IV, vol. I.
— 32—35 = Pars IV, vol. II.
— 36. 37 u. Fragm. = Pars IV, vol. III.

—— **orationes selectae XXI.** Rec. C. F. W. Müller. 2 partes. ℳ 1.70 **2.30.**

Pars I: Oratt. pro Roscio Amerino, in Verrem ll. IV et V, pro lege Manilia, in Catilinam, pro Murena. ℳ —.80 **1.10.**

— II: Oratt. pro Sulla, pro Archia, pro Sestio, pro Plancio, pro Milone, pro Marcello, pro Ligario, pro Deiotaro, Philippicae I. II. XIV. ℳ —.90 **1.20.**

—— **orationes selectae XIX.** Edd., indices adiecc. A. Eberhard et C. Hirschfelder. Ed. II. ℳ 2.— **2.50.**

Oratt. pro Roscio Amerino, in Verrem ll. IV. V, de imperio Pompei, in Catilinam IV, pro Murena, pro Ligario, pro rege Deiotaro, in Antonium Philippicae I. II, divinatio in Caecilium.

—— **epistolae.** Rec. A. S. Wesenberg. 2 voll. [Vol. I vergr.] Vol. II. ℳ 3.— **3.60.**

—— **epistolae selectae.** Ed. R. Dietsch. 2 partes. [P. I. ℳ 1.— **1.40.** P. II. ℳ 1.50 **2.—**] ℳ 2.50 **3.40.**

*—— **de virtut. l. fr.** Ed. H. Knoellinger. ℳ 2.— **2.40.**

[——] **Scholia in Ciceronis orationis Bobiensia** ed. P. Hildebrandt. ℳ 8.— **8.60.**

Claudiani carmina. Rec. J. Koch. ℳ 3.60 **4.20.**

Claudii Hermeri mulomedicina Chironis. Ed. E. Oder. ℳ 12.— **12.80.**

Commodiani carmina. Rec. E. Ludwig 2 partt. ℳ 2.70 **3.50.**

[Constantinus.] Inc. auct. de C. Magno eiusque matre Helena libellus. Ed. E. Heydenreich. ℳ —.60 **—.90.**

Cornelius Nepos: s. Nepos.

***Curtii Rufi hist. Alexandri Magni.** Rec. Th. Vogel. [vergr.]

*—— Ed. E. Hedicke. Ed. minor ℳ 1.20 **1.60** Ed. maior ℳ 3.60 **4.20.**

Die fetten Ziffern verstehen sich für gebundene Exemplare.

Damasi epigrammata. Acc. Pseudodamasiana. Rec. M. Ihm. Adi. est tabula. *M* 2.40 **2.80.**

Dictys Cretensis ephem. belli Troiani ll. VI. Rec. F. Meister. [s. Zt. vergr.]

Donati comm. Terenti. Ed. P. Wessner. I *M* 10.— **10.80.** Vol. II. *M* 12.— **12.80.** *Vol. III, 1. *M* 8.— **8.50.**

*—— **interpretat. Vergil.** Ed. H. Georgii. 2 voll. *M* 24.— **26.—**

Dracontii carmm. min. Ed. Fr. de Duhn. *M* 1.20 **1.60.**

Eclogae poetar. Latin. Ed. S. Brandt. Ed. II. *M* 1.— **1.40.**

Eutropii breviarium hist. Rom. Rec. Fr. Ruehl. *M* —.45 **—.75.**

Firmici Materni matheseos ll. VIII. Edd. W. Kroll et F. Skutsch. Fasc. I. *M* 4.— **4.50.**

*—— —— **de errore profan. relig.** Ed. K. Ziegler. *M* 3.20 **3.60.**

Flori, L., Annaei, epitomae ll. II et P. Annii Flori fragmentum de Vergilio. Ed. O. Rossbach. *M* 2.80 **3.20.**

Frontini strategematon ll. IV. Ed. G. Gundermann. *M* 1.50 **1.90.**

Fulgentii, Fabii Planciadis, opera. Acc. Gordiani Fulgentii de aetatibus mundi et hominis et S. Fulgentii episcopi super Thebaiden. Rec. R. Helm. *M* 4.— **4.50.**

***Gai institutionum commentt. quattuor.** Rec. Ph. Ed. Huschke. Ed. VII cur. E. Seckel et B. Kübler *M* 2.80 **3.20.**

Gelii noctium Attic. ll. XX. Rec. C. Hosius. 2 voll. *M* 6.80 **8.—**

Gemini elementa astronomiae. Rec. C. Manitius. *M* 8.— **8.60.**

Germanici Caesaris Aratea. Ed. A. Breysig. Ed. II. Acc. Epigrammata. *M* 2 — **2.40.**

***Grammaticae Romanae fragm.** Coll. rec. H. Funaioli. Vol. I. *M* 12.— **12.60.**

Grani Liciniani quae supersunt. Rec. M. Flemisch. *M* 1.— **1.30.**

Hieronymi de vir. inlustr. l. Acc. **Gennadi catalogus viror. inlustr.** Rec. G. Herding. *M* 2.40 **2.80.**

Historia Apollonii, regis Tyri. Rec. A. Riese. Ed. II. *M* 1.40 **1.80.**

Historicorum Roman. fragmenta. Ed. H. Peter. *M* 4.50 **5.—**

Horatii Flacci opera. Rec. L. Mueller. Ed. mai. [vergr.] Ed. min. [vergr.]

*—— —— Rec. F. Vollmer. Ed. maior. *M* 2.— **2.40.** Ed. minor. *M* 1.— **1.40.**

Hygini grammatici l. de munit. castr. Rec. G. Gemoll. *M* —.75 **1.10.**

Incerti auctoris de Constantino Magno eiusque matre Helena libellus prim. Ed. E. Heydenreich. *M* —.60 **—.90.**

Iurisprudentiae anteiustinianae quae supersunt. In usum maxime academicum rec., adnot. Ph. Ed. Huschke. Ed. V. *M* 6.75 **7.40.** Ed. VI auct. et emend. edd. E. Seckel et B. Kübler. Vol. I *M* 4.40 **5.—** Indices ed. Fabricius. [vergr.]

—— —— Supplement: Bruchstücke a. Schriften röm. Juristen. Von E. Huschke. *M* —.75 **1.—**

Iurisprudentiae antehadrianae quae supersunt. Ed. F. P. Bremer. Pars I. *M* 5.— **5.60.** Pars II. Sectio I. *M* 8.— **8.60.** II. *M* 8.— **8.80.**

Iustiniani institutiones. Ed. Ph. Ed. Huschke. *M* 1.— **1.40.**

Iustini epitoma hist. Philipp. Pompei Trogi ex rec. Fr. Ruehl. Acc. prologi in Pompeium Trogum ab A. de Gutschmid rec. *M* 1.60 **2.20.**

Iuvenalis satirarum ll. Rec. C. F. Hermann. *M* —.45 **—.75.**

Iuvenci ll. evangelicorum IV. Rec. C. Marold. *M* 1.80 **2.20.**

Lactantius Placidus: s. Statius. Vol. III.

Livi ab urbe condita libri. Recc. G. Weissenborn et M. Müller. 6 partes. *M* 8.10 **11.10.** Pars I—III je *M* 1.20 **1.70.** Pars IV—VI je *M* 1.50 **2.—**

Pars I—V auch in einzelnen Heften:

Pars I fasc. I: Lib. 1— 3. *M* —.70 **1.10.**
— I fasc. II: Lib. 4— 6. *M* —.70 **1.10.**
— II fasc. I: Lib. 7—10. *M* —.70 **1.10.**
— II fasc. II: Lib. 21—23. *M* —.70 **1.10.**
— III fasc. I: Lib. 24—26. *M* —.70 **1.10.**
— III fasc. II: Lib. 27—30. *M* —.70 **1.10.**
— IV fasc. I: Lib. 31—35. *M* —.85 **1.25.**
— IV fasc. II: Lib. 36—38. *M* —.85 **1.25.**
— V fasc. I: Lib. 39—40. *M* —.85 **1.25.**

*—— —— Ed. II ed. G. Heraeus. *M* —.85 **1.25.**

*Pars V fasc. II: Lib. 41—140. *M* —.85 **1.25.**

— VI: Fragmenta et index.

Lucani de bello civ. ll. X. It. Ed. C. Hosius. *M* 4.40 **5.—**

Lucreti Cari de rerum natura ll. VI. Ed. A. Brieger. Ed. II. *M* 2.10 **2.50.** Appendix einzeln *M* —.30.

Macrobius. Rec. F. Eyssenhardt. Ed. II. *M* 8.— **8.60.**

Marcelli de medicamentis. Ed. G. Helmreich. *M* 3.60 **4.20.**

Martialis epigrammaton ll. Rec. W. Gilbert. *M* 2.70 **3.20.**

***Martianus Capella.** Ed. A. Dick. [In Vorb.]

Melae, Pomponii, de chorographia libri. Ed. C. Frick. *M* 1.20 **1.60.**

Metrologicorum scriptorum reliquiae. Ed. F. Hultsch. Vol. II: Scriptores Latini. *M* 2.40 **2.80.** [Vol. I: Scriptores Graeci. *M* 2.70 **3.20.**] 2 voll. *M* 5.10 **6.—**

Minucii Felicis Octavius. Rec. Herm. Boenig. *M* 1.60 **2.—**

Mulomedicina Chironis. Siehe Claudii.

Nepotis vitae. Edd. C. Halm et A. Fleckeisen. *M* —.30 **— 60.**

*—— —— m. Schulwörterbuch v. H. Haacke. 15. Auflage. *M* **1.75.**

Nonii Marcelli de conpendiosa doctrina libros XX. Ed. W. M. Lindsay. Vol. I—III: lib. I—XX et ind. ℳ 17.20 **19.—**
Orosii hist. adv. paganos ll. VII. Rec. C. Zangemeister. ℳ 4.— **4.50.**
Ovidius Naso. Rec. R. Merkel. 3 tomi. ℳ 2.90 **4.10.**
  Tom. I: Amores. Heroides. Epistulae. Medicamina faciei femineae. Ars amatoria. Remedia amoris. Ed. II cur. R. Ehwald. ℳ 1.— **1.40.**
  Tom. II: Metamorphoses. Ed. II. ℳ —.90 **1.30.**
  Tom. III: Tristia. Ibis. Ex Ponto libri. Fasti. Ed. II. ℳ 1.— **1.40.**
— **tristium ll. V.** ℳ —.45 **—.75.**
— **fastorum ll. VI.** ℳ —.60 **—.90.**
— **metamorphoseon delectus Siebelisianus.** Ed. Fr. Polle. Mit Index. ℳ —.70 **1.—.**
Palladii opus agriculturae. Rec. J. C. Schmitt. ℳ 5.20 **5.60.**
Panegyrici Latini XII. Rec. Aem. Baehrens. ℳ 3.60 **4.20.**
Patrum Nicaenorum nomina graece, latine, syriace, coptice, arabice, armeniace. Edd. H. Gelzer, H. Hilgenfeld, O. Cuntz. ℳ 6.— **6.60.**
Pelagonii ars veterinaria. Ed. M. Ihm. ℳ 2.40 **2.80.**
Persii satirarum l. Rec. C. Hermann. ℳ —.30 **—.60.**
Phaedri fabulae Aesopiae. Rec. L. Mueller. ℳ —.30 **—.60.**
— — mit Schulwörterbuch von A. Schaubach. ℳ —.90 **1.30.**
Physiognomonici scriptores Graeci et Latini. Rec. R. Foerster. 2 voll. [Vol. I. ℳ 8.— **8.60.** Vol. II. ℳ 6.— **6.60.**] ℳ 14.— **15.20.**
Plauti comoediae. Recc. F. Goetz et Fr. Schoell. 7 fasco. ℳ 10.50 **14.—**
  Fasc. I. Amphitruo, Asinaria, Aulularia. Praec. de Plauti vita ac poesi testim. vet. ℳ 1.50 **2.—**
  *— II. Bacchides, Captivi, Casina. Ed. II. ℳ 1.50 **2.—**
  — III. Cistellaria, Curculio, Epidicus. ℳ 1.50 **2.—**
  — IV. *Menaechmi, Mercator, *Miles glor. ℳ 1.50 **2.—**
  — V. *Mostellaria, Persa, *Poenulus. ℳ 1.50 **2.—**
  — VI. *Pseudolus, *Rudens, Stichus. ℳ 1.50 **2.—**
  — VII. *Trinummus, Truculentus, fragmenta. Acc. conspectus metrorum. ℳ 1.50 **2.—**
  Einzeln die mit * bezeichneten Stücke je ℳ —.60 **—.90,** die übrigen je ℳ —.45 **—.75.** Supplementum (De Plauti vita ac poesi testimonia veterum. Conspectus metrorum) ℳ —.45 **—.75.**

***Plini naturalis historia.** 6 voll. Ed. II. Rec. C. Mayhoff. Vol. I. ℳ 8.— **8.60.** Vol. II. ℳ 3.— **3.50.** Vol. III. ℳ 4.— **4.50.** Voll. IV. V. je ℳ 6.— **6.60.** Vol. VI. (Index.) Ed. Jan. ℳ 3.— **3.50.**
— **ll. dubii sermonis VIII rell.** Coll. I. W. Beck. ℳ 1.40 **1.80.**
— **(iun.) epistulae.** [vergr.]
*— rec. R. C. Kukula. ℳ 3.— **3.60.**
Plinii Secundi quae fertur una cum Gargilii Martialis medicina. Ed. V. Rose. ℳ 2.70 **3.10.**
Poetae Latini minores. Rec. Aem. Baehrens. 6 voll. [Vol. VI vergr.] ℳ 20.10 **23.40.**
Pomponius Mela: s. Mela.
Porphyrionis commentarii in Horatium. Rec. G. Meyer. ℳ 5.— **5.60.**
Prisciani euporiston ll. III. Ed. V. Rose. Acc. **Vindiciani Afri quae feruntur rell.** ℳ 7.20 **7.80.**
Propertii elegiae. Rec. L. Mueller. ℳ —.60 **—.90.**
*— — Ed. K. Hosius. [In Vorb.]
Pseudacronis scholia in Horatium. Ed. O. C. Keller. Vol. I. ℳ 9.— **9.80** vol. II. ℳ 12.— **12.80.**
Quintiliani instit. orat. ll. XII. Rec. Ed. Bonnell. 2 voll. [vol. I vergr.] je ℳ 1.80 **2.20.**
— — **liber decimus.** Rec. C. Halm. ℳ —.30 **—.60.**
*— — Ed. L. Radermacher. P. I. ℳ 3.— **3.50.**
— **declamationes.** Rec. C. Ritter. ℳ 4.80 **5.40.**
*— **decl. XIX maiores.** Ed. G. Lehnert. ℳ 12.— **12.60.**
Remigii Autissiodor. in art. Donati min. commentum. Ed. W. Fox. ℳ 1.80 **2.20.**
Rutilii Namatiani de reditu suo ll. II. Rec. L. Mueller. [z. Zt. vergr.]
Sallusti Catilina, Iugurtha, ex historiis orationes et epistulae. Ed. A. Eussner. ℳ —.45 **—.75.**
Scaenicae Romanorum poesis fragmenta. Rec. O. Ribbeck. Ed. III. Vol. I. Tragicorum fragmm. ℳ 4.— **4.60.** Vol. II. Comicorum fragmm. ℳ 5.— **5.60.**
Scribonii Largi conpositiones. Ed. G. Helmreich. ℳ 1.80 **2.20.**
Scriptores historiae Augustae. Iterum rec. H. Peter. 2 voll. ℳ 7.50 **8.60.**
Senecae opera quae supersunt. Vol. I. Fasc. I. **Dialog. ll. XII.** Ed. E. Hermes. ℳ 3.20 **3.80.** Vol. I. Fasc. II. **De beneficiis. De clementia.** Ed. C. Hosius. ℳ 2.40 **2.80.** Vol. II. ***Naturalium quaest. ll. VIII.** Ed. A. Gercke. ℳ 3.60 **4.20.** Vol. III. **Ad Lucil. epist. mor.** Ed. O. Hense. ℳ 5.60 **6.20.** Vol. IV. ***Fragm., Ind.** Ed. E. Bickel. [In Vorb.]
— **Suppl.** Rec. Fr. Haase. ℳ 1.80 **2.40.**
— **tragoediae.** Recc. R. Peiper et G. Richter. Ed. II. ℳ 5.60 **6.20.**

Senecae (rhetoris) oratorum et rhetorum sententiae, divisiones, colores. Ed. A. Kiessling. M 4.50 5.—
Sidonius Apollin. Rec. P. Mohr. M 5.60 6.20.
Sili Italici Punica. Ed. L. Bauer. 2 voll. je M 2.40 2.80.
Sorani gynaeciorum vetus translatio Latina cum add. Graeci textus rell. Ed. V. Rose. M 4.80 5.40.
Statius. Edd. A. Klotz et R. Jahnke.
Vol. I: Silvae. Rec. A. Klotz. M 2.— 2.50.
— II. Fasc. I: Achilleis. Rec. A. Klotz. M 1.20 1.60.
*— II. Fasc. II: Thebais. Rec. A. Klotz. M 8.— 8.60.
— III: Lactantii Placidi scholia in Achilleidem. Ed. R. Jahnke. M 8.— 8.60.
***Suetoni Tranquilli opera.** Rec. M. Ihm. Ed. minor. Vol. I. de vita Caesarum libri VIII. M 2.40 2.80. 2 Fasc.: Rec. C. L. Roth. Fasc. I [vergr.] Fasc. II. de grammaticis et rhetoribus M —.80 1.20.
Tacitus. Rec. C. Halm. Ed. IV. 2 tomi. M 2.40 3.20.
Tomus I. Libb. ab excessu divi Augusti. M 1.20 1.60. [Fasc. I: Lib. I—VI. M —.75 1.10. Fasc. II: Lib. XI—XVI. M —.75 1.10.]
— II. Historiae et libb. minores. M 1.20 1.60. [Fasc. I: Historiae. M —.90 1.30. Fasc. II: Germania. Agricola. Dialogus. M —.45 —.75.]
Terenti comoediae. Rec. A. Fleckeisen. Ed. II. M 2.10 2.60.
Jedes Stück (Adelphoe, Andria, Eunuchus, Hauton Timorumenos, Hecyra, Phormio) M —.45 —.75.
[——] **Scholia Terentiana.** Ed. Fr. Schlee. M 2.— 2.40.
Tibulli ll. IV. Rec. L. Mueller. M —.30 —.60.
Ulpiani fragmenta. Ed. E. Huschke. Ed. V. M —.75 1.10.
Valeri Maximi factorum et dictorum memorab. ll. IX. Cum Iulii Paridis et Ianuarii Nepotiani epitomis. Rec. C. Kempf. Ed. II. M 7.20 7.80.
Valeri Alexandri Polemi res gestae Alexandri Macedonis. Rec. B. Kuebler. M 4.— 4.50.
Valerii Flacci Argonautica. Rec. Aem. Baehrens. M 1.50 2.—
Varronis rer. rustic. rell. Rec. H. Keil. M 1.60 2.—
Vegeti Renati digestorum artis mulomedicinae libri. Ed. E. Lommatzsch. M 6.— 6.60.
—— —— **epitoma rei milit.** Rec. C. Lang. Ed. II. M 3.90 4.40.
Vellei Paterculi hist. Roman. rell. Ed. C. Halm. M 1.— 1.40.
—— —— Rec. Fr. Haase. M —.60 —.90.
Vergili Maronis opera. Rec. O. Ribbeck. Ed. II. M 1.50 2.—
—— —— **Aeneis.** M —.90 1.30.
—— —— **Bucolica et Georgica.** M —.45 —.75.
—— **Bucolica, Georgica, Aeneis.** Rec. O. Güthling. 2 tomi. M 1.35 2.05.
Tom. I: Bucolica. Georgica. M —.45 —.75.
— II: Aeneis. M —.90 1.30.
Virgili Grammatici opera. Ed. J. Huemer. M 2.40 2.80.
Vitruvii de architectura ll. X. Ed. V. Rose. Ed. II. M 5.— 5.60.

1b. Bibliotheca scriptorum medii aevi Teubneriana. [8.]

Alberti Stadensis Troilus. Ed. Th. Merzdorf. M 3.— 3.40.
Amarcii sermonum ll. IV. Ed. M. Manitius. M 2.25 2.60.
Canabutzae in Dionysium Halic. comm. Ed. M. Lehnerdt. M 1.80 2.20.
Christus patiens. Tragoedia Gregorio Nazianzeno falso attributa. Rec. I. G. Brambs. M 2.40 2.80.
Comoediae Horatianae tres. Ed. R. Jahnke. M 1.20 1.60.
***Egidii Corboliensis viaticus de signis et sympt. aegritud.** ed. V. Rose. M 2.80 3.20.
Guilelmi Blesensis Aldae comoedia. Ed. C. Lohmeyer. M —.80 1.20.
Hildegardis causae et curae. Ed. P. Kaiser. M 4.40 5.—
***Horatii Romani porcaria.** Ed. M. Lehnerdt. M 1.20 1.60.
***Hrotsvitae opera.** Ed. K. Strecker. M 4.— 4.60.
Odonis abbatis Cluniacensis occupatio. Ed. A. Swoboda. M 4.— 4.60.
Thiofridi Epternacensis vita Willibrordi metrica. Ed. K. Rossberg. M 1.80 2.20.
Vitae sanctorum novem metricae. Ed. Guil. Harster. M 3.— 3.50.

1c. Bibliotheca scriptorum Latinorum recentioris aetatis. Edidit Iosephus Frey. [8.]

Epistolae sel. viror. clar. saec. XVI. XVII. Ed. E. Weber. M 2.40 2.80.
Manutii, Pauli, epistulae sel. Ed. M. Fickelscherer. M 1.50 2.—
Mureti scripta sel. Ed. I. Frey. 2 voll. M 2.40 3.20.
Ruhnkenii elogium Tib. Hemsterhusii. Ed. I. Frey. M —.45 —.70.

Die **fetten** Ziffern verstehen sich für **gebundene** Exemplare.

2. Sammlung wissenschaftlicher Kommentare zu griechischen und römischen Schriftstellern. [gr. 8.]

Mit der Sammlung wissenschaftlicher Kommentare zu griechischen und römischen Literaturwerken hofft die Verlagsbuchhandlung einem wirklichen Bedürfnis zu begegnen. Das Unternehmen soll zu einer umfassenderen und verständnisvolleren Beschäftigung mit den Hauptwerken der antiken Literatur als den vornehmsten Äußerungen des klassischen Altertums auffordern und anleiten.

Aetna. Von S. Sudhaus. ℳ 6.— 7.—
Lucretius de rer. nat. Buch III. Von R. Heinze. ℳ 4.— 5.—
Vergilius Aeneis Buch VI. Von E. Norden. ℳ 12.— 13.—
Sophokles Elektra. Von G. Kaibel. ℳ 6.— 7.—
***Zwei griechische Apologeten.** Von J. Geffcken. ℳ 10.— 11.—
***Catulli Veronensis liber.** Von G. Friedrich. ℳ 12.— 13.—

Unter der Presse:

Philostratus περὶ γυμναστικῆς. Von H Jüthner.

In Vorbereitung:

Clemens Alex. Paidagogos. Von Schwartz.
Lukian Philopseudes. Von R. Wünsch.
Ovid Heroiden. Von R. Ehwald.
Tacitus Germania. Von G. Wissowa.
Pindar Pythien. Von O. Schröder.

3. Einzeln erschienene Ausgaben.

[gr. 8, wenn nichts anderes bemerkt.]

Die meisten der nachstehend aufgeführten Ausgaben sind bestimmt, wissenschaftlichen Zwecken zu dienen. Sie enthalten daher mit wenigen Ausnahmen den vollständigen kritischen Apparat unter dem Texte; zum großen Teil sind sie — wie dies dann in der Titelangabe bemerkt ist — mit kritischem und exegetischem Kommentar versehen.

a. Griechische Schriftsteller.

Acta apostolorum: s. Lucas.
Aeschinis orationes. Ed., scholia adi. F. Schultz. ℳ 8.—
—— **orat. in Ctesiphontem.** Rec., expl. A. Weidner. ℳ 3.60.
Aeschyli Agamemnon. Ed. R. H. Klausen. Ed. alt. cur. R. Enger. ℳ 3.75.
—— **Agamemnon.** Griech. u. deutsch mit Komm. von K. H. Keck. ℳ 9.—
—— **Orestie** mit erklärend. Anmerkungen von N. Wecklein. ℳ 6.—
Daraus einzeln je ℳ 2.—:
I. Agamemnon.
II. Die Choephoren.
III. Die Eumeniden.
—— **fabulae et fragmm.** Rec. G. Dindorf. 4. ℳ 4.—
—— **Septem ad Thebas.** Rec. Fr. Ritschelius. Ed. II. ℳ 3.—
Alciphronis rhet. epistolae. Ed. A. Meineke. ℳ 4.—
Ἀλφάβητος τῆς ἀγάπης. Das ABC der Liebe. E. Sammlung rhod. Liebeslieder. Hrsg. v. W. Wagner. ℳ 2.40.
Anthologiae Planudeae appendix Barberino-Vaticana. Rec. L. Sternbach. ℳ 4.—
Apollonius' von Kitium illustr. Kommentar z. d. Hippokrat. Schrift π. ἄρθρων. Hrsg. v. H. Schöne. Mit 31 Tafeln in Lichtdr. 4. ℳ 10.—
Aristophanis fabulae et fragmm. Rec. G. Dindorf. 4. ℳ 6.—
—— **equites.** Rec. A. von Velsen. Ed. II. cur. K. Zacher. ℳ 3.—
—— **Plutus.** Rec. A. von Velsen. ℳ 2.—
—— **ecclesiazusae.** Rec. A. von Velsen. ℳ 2.40.
—— **thesmophoriazusae.** Rec. A. von Velsen. Ed. II. ℳ 2.—
*—— **pax.** Rec. K. Zacher. [U. d. Pr.]
Aristotelis ars rhet. cum adnotatione L. Spengel. Acc. vet. translatio Latina. 2 voll. ℳ 16.—
—— **politica** cum vet. translatione G. de Moerbeka. Rec. Fr. Susemihl. ℳ 18.—
—— **ethica Nicomachea.** Ed. et comment. instr. G. Ramsauer. Adi. est Fr. Susemihlii epist. crit. ℳ 12.—
Artemidori onirocritica. Rec. R. Hercher. ℳ 8.—
Bionis epitaphius Adonidis. Ed. H. L. Ahrens. ℳ 1.50.
Bucolicorum Graec. Theocriti, Bionis et Moschi reliquiae. Ed. H. L. Ahrens. 2 tomi. ℳ 21.60.

Callimachea. Ed. O. Schneider. 2 voll. ℳ 33.—
Vol. I. Hymni cum scholiis vet. ℳ 11.—
— II. Fragmenta. Indices. ℳ 22.—
Carmina Graeca medii aevi. Ed. G. Wagner. ℳ 9.—
—— **popularia Graeciae recentioris.** Ed. A. Passow. ℳ 14.—
Christianor. carmm. Anthologia Graeca. Edd. W. Christ et M. Paranikas. ℳ 10.—
Comicorum Atticorum fragmenta. Ed. Th. Kock. 3 voll. ℳ 48.—
Vol. I. Antiquae comoediae fragmenta. ℳ 18.—
— II. Novae comoediae fragmenta. Pars I. ℳ 14.—
— III. Novae comoediae fragmenta. P. II. Comic. inc. aet. fragm. Fragm. poet. Indices. Suppl. ℳ 16.—
Corpus medicorum Graecorum. Vol. X 1, 1. Philumeni de venenatis animalibus eorumque remediis ed. M. Wellmann. ℳ 2.80.
Demetrii Phalerei de elocutione libellus. Ed. L. Radermacher. ℳ 5.—
Demosthenis oratt. de corona et de falsa legatione. Cum argumentis Graece et Latine ed. I. Th. Voemelius. ℳ 16.—
—— **orat. adv. Leptinem.** Cum argumentis Graece et Latine ed. I. Th. Voemelius. ℳ 4.—
—— **de corona oratio.** In usum schol. ed. I. H. Lipsius. Ed. II. ℳ 1.60.
Περὶ διαλέκτων excerptum ed. R. Schneider. ℳ —.60.
Didymi Chalcenteri fragmenta. Ed. M. Schmidt. ℳ 9.—
Dionysii Thracis ars grammatica. Ed. G. Uhlig. ℳ 8.—
**Διονυσίου ἢ Λογγίνου περὶ ὕψους.* De sublimitate libellus. Ed. O. Iahn. Tert. ed. I. Vahlen. 1905. ℳ 2.80 3.20.
Epicurea. Ed. H. Usener (Anast. Neudruck.) ℳ 12.— 13.—.
Eratosthenis carminum reliquiae. Disp. et expl. Ed. E. Hiller. ℳ 3.—
—— **geographische Fragmente,** hrsg. von Berger. ℳ 3.40.
Euripidis fabulae et fragmenta. Rec. G. Dindorf. 4. ℳ 9.—
—— —— Edd. R. Prinz et N. Wecklein. ℳ 46.60.
Vol. I. Pars I. Medea. Ed. II. ℳ 2.40.
— I. — II. Alcestis. Ed. II. ℳ 1.80.
— I. — III. Hecuba. Ed. II. ℳ 2.40.
— I. — IV. Electra. ℳ 2.—
— I. — V. Ion. ℳ 2.80.
— I. — VI. Helena. ℳ 3.—
— I. — VII. Cyclops. Ed. II. ℳ 1.40.
— II. — I. Iphigenia Taurica. ℳ 2.40.
— II. — II. Supplices. ℳ 2.—
— II. — III. Bacchae. ℳ 2.—
— II. — IV. Heraclidae. ℳ 2.—

Euripidis fabulae. Edd. R. Prinz et N. Wecklein. ℳ 46.60.
Vol. II. — V. Hercules. ℳ 2.40.
— II. — VI. Iphigenia Aulidensis. ℳ 2.80.
— III. — I. Andromacha. ℳ 2.40.
— III. — II. Hippolytus. ℳ 2.80.
— III. — III. Orestes. ℳ 2.80.
— III. — IV. Phoenissae. ℳ 2.80.
— III. — V. Troades. ℳ 2.80.
— III. — VI. Rhesus. ℳ 3.60.
—— **tragoediae.** Edd. Pflugk-Klotz-Wecklein. (Mit latein. Kommentar.) Medea. Ed. III. ℳ 1.50. — Hecuba. Ed. III. ℳ 1.20. — Andromacha. Ed. II. ℳ 1.20. — Heraclidae. Ed. II. ℳ 1.20. — Helena. Ed. II. ℳ 1.20. — Alcestis. Ed. II. ℳ 1.20. — Hercules furens. Ed. II. ℳ 1.80. — Phoenissae. Ed. II. ℳ 2.25. — Orestes. ℳ 1.20. — Iphigenia Taurica. ℳ 1.20. — Iphigenia quae est Aulide. ℳ 1.20.
Eusebii canonum epitome ex Dionysii Telmaharensis chronico petita. Verterunt notisque illustrarunt C. Siegfried et H. Gelzer. 4. ℳ 6.—
Galeni de placitis Hippocratis et Platonis. Rec. I. Müller. Vol. I. Prolegg., text. Graec., adnot. crit., vers. Lat. ℳ 20.—
Gnomica I. Sexti Pythagorici, Clitarchi, Euagrii Pontici sententiae. Ed. A. Elter. gr. 4. ℳ 2.40.
—— **II. Epicteti et Moschionis sententiae.** Ed. A. Elter. gr. 4. ℳ 1.60.
Grammatici Graeci recogniti et apparatu critico instructi. 8 partes. 15 voll. Lex.-8.
Pars I. Vol. I. Dionysii Thracis ars grammatica. Ed. G. Uhlig. ℳ 8.—
Pars I. Vol. III. Scholia in Dionysii Thracis artem grammaticam. Rec. A. Hilgard. ℳ 36.—
Pars II. Vol. I. Apollonii Dyscoli quae supersunt. Ed. R. Schneider und G. Uhlig. 2 Fasc. ℳ 26.—
*Pars II. Vol. II. Syntax des Apollonius. Ed. G. Uhlig. [U. d. Pr.]
Pars III. Vol. I. Herodiani technici reliquiae. Ed. A. Lentz. I. ℳ 20.—
Pars III. Vol. II. Herodiani technici reliquiae. 2 Fasc. ℳ 34.—
Pars IV. Vol. I. Theodosii canones et Choerobosci scholia in canones nominales. ℳ 14.—
Pars IV. Vol. II. Choerobosci scholia in canones verbales et Sophronii excerpta e Characis commentario. ℳ 22.—
[Fortsetzung in Vorb.]
Herodas' Mimiamben, hrsg. v. R. Meister. Lex.-8. [Vergr. Neue Aufl. in Vorb.]
Herodiani ab excessu d. Marci ll. VIII. Ed. L. Mendelssohn. ℳ 6.80.
Herodiani technici rell. Ed., expl. A. Lentz. 2 tomi. Lex.-8. ℳ 54.—

Herodots II. Buch m. sachl. Erläut. hrsg. v. A. Wiedemann. ℳ 12.—

Ἡσιόδου τὰ ἅπαντα ἐξ ἑρμηνείας Κ. Σίττλ. ℳ 10.—

Hesiodi quae fer. carmina. Rec. R. Rzach. Acc. Homeri et Hesiodi certamen. ℳ 18.—

—— —— Rec. A. Köchly, lect. var. subscr. G. Kinkel. Pars I. ℳ 5.— [Fortsetzung erscheint nicht.]

—— —— Rec. et ill. C. Goettling. Ed. III. cur. I. Flach. ℳ 6.60.

[——] **Glossen und Scholien** zur Hesiodischen Theogonie mit Prolegomena von J. Flach. ℳ 8.—

Hesychii Milesii onomatologi rell. Ed. I. Flach. Acc. appendix Pseudohesychiana, indd., spec. photolithogr. cod. A. ℳ 9.—

Hipparch, geograph. Fragmente, hrsg. von H. Berger. ℳ 2.40.

***Homeri carmina.** Rec. A. Ludwich. Pars I. Ilias. 2 voll. Vol. I. ℳ 16.— 18.— Vol. II. ℳ 20.— 23.—. Pars II. Odyssea. 2 voll. ℳ 16.— 20.—

—— **Odyssea.** Ed. I. La Roche. 2 partt. ℳ 13.—

*—— **Ilias.** Ed. I. La Roche. 2 partt. ℳ 22.—

—— **Iliadis carmina** seiuncta, discreta, emendata, prolegg. et app. crit. instructa ed. G. Christ. 2 partt. ℳ 16.—

[——] **D. Homer. Hymnen** hrsg. u. erl. v. A. Gemoll. ℳ 6.80.

[——] **D. Homer. Batrachomachia** des Pigres nebst Scholien u. Paraphrase hrsg. u. erl. v. A. Ludwich. ℳ 20.—

Incerti auctoris epitome rerum gestarum Alexandri Magni. Ed. O. Wagner. ℳ 3.—

Inscriptiones Graecae metricae ex scriptoribus praeter Anthologiam collectae. Ed. Th. Preger. ℳ 8.—

Inventio sanctae crucis. Ed. A. Holder. ℳ 2.80.

[**Iohannes.**] **Evangelium** sec. Iohannem. Ed. F. Blass. ℳ 5.60.

Iuliani II. contra Christianos: s. Scriptorum Graecorum e. q. s.

—— —— deutsch v. J. Neumann. ℳ 1.—

Kosmas und Damian. Texte und Einleitung von L. Deubner. ℳ 8.— 9.—

Kyrillos, d. h. Theodosios: s. Theodosios.

Leges Graecorum sacrae e titulis coll. Edd. J. de Prott et L. Ziehen. 2 fascc. Fasc. I. Fasti sacri. Ed. J. de Prott. ℳ 2.80. Fasc. II. 1. Leges Graeciae et insularum. Ed. L. Ziehen. ℳ 12.—

***Lesbonactis Sophistae quae supersunt.** Ed. Fr. Kiehr. ℳ 2.—

Lexicographi Graeci recogniti et apparatu critico instructi. Etwa 10 Bände. gr. 8. [In Vorbereitung.]

I. Lexika zu den zehn Rednern (G. Wentzel).
II. Phrynichus, Aelius Dionysius, Pausanias und and. Atticisten (L. Cohn).
III. Homerlexika (A. Ludwich).
IV. Stephanus von Byzanz.
V. Cyrill, Bachmannsches Lexikon und Verwandtes, insbesond. Bibelglossare (G. Wentzel.)
VI. Photios.
VII. Suidas (G. Wentzel).
VIII. Hesych.
IX. Pollux. Ed. E. Bethe. Fasc. I. ℳ 14.—
X. Verschiedene Spezialglossare, namentlich botanische, chemische, medizinische u. dgl.

[Näheres s. Teubners Mitteilungen 1897 No. 1 S. 2.]

[**Lucas.**] **Acta apostolorum.** Ed. F. Blaß. ℳ 2.—

[——] **Evangelium** sec. Lucam. Ed. F. Blaß. ℳ 4.—

Lykophron's Alexandra. Hrsg., übers. u. erklärt von C. v. Holzinger. ℳ 15.—

[**Lyrik.**] **Auswahl aus der griech. Lyrik** von A. Großmann. Zum Gebrauch bei der Erklärung Horaz. Oden. ℳ —.15.

[**Lysias.**] **Pseudol. oratio funebris.** Ed. M. Erdmann. ℳ —.80.

[**Matthaeus.**] **Evangelium sec. Matthaeum.** Ed. F. Blaß. ℳ 3.60.

Metrodori Epicurei fragmenta coll., script. inc. Epicurei comment. moralem subi. A. Koerte. ℳ 2.40.

Musäos, Hero u. Leander. Eingel. u. übers. v. H. Oelschläger. 16. ℳ 1.—

Nicandrea theriaca et alexipharmaca. Rec. O. Schneider. Acc. scholia. ℳ 9.—

Περὶ παθῶν excerpta ed. R. Schneider. ℳ —.80.

Papyrus magica mus. Lugd. Bat. a C. Leemans ed. denuo ed. A. Dieterich. ℳ 2.—

*[**Papyrusurkunden.**] **Mitteis, L., und U. Wilcken,** Chrestomathie griechischer Papyrusurkunden. [U. d. Pr.]

Philodemi Epicurei de ira l. Ed. Th. Gomperz. Lex.-8. ℳ 10.80.

—— περὶ ποιημάτων l. II fragmm. Ed. A. Hausrath. ℳ 2.—

Philumenos s. Corpus medicorum Graecor.

***Phoinix von Kolophon.** Neue Papyrustexte hrsg. von G. A. Gerhard. [U. d. Pr.]

*[**Photios.**] **Reitzenstein, R.,** der Anfang des Lexikons des Photios. ℳ 7.— **9.50.**

Pindari carmina rec. O. Schroeder. (Poet. lyr. Graec. coll. Th. Bergk. Ed. quinta. I, 1.) ℳ 14.—

—— **Siegeslieder,** erkl. v. Fr. Mezger. ℳ 8.—

—— **carmina** prolegomenis et commentariis instructa ed. W. Christ. ℳ 14.— **16.**—

—— **versezetei kritikai** és Magyarázó jegyzetekkel kiadta Hómann Ottó. I. Kötet. ℳ 4.— [Ohne Fortsetzung.]

Platonis opera omnia. Rec., prolegg. et commentt. instr. G. Stallbaum. 10 voll. (21 sectiones.) (Mit latein. Kommentar.)

Die nicht aufgeführten Schriften sind vergriffen.

Apologia Socratis et Crito. Ed. V cur. M. Wohlrab. ℳ 2.40. — Protagoras. Ed. IV cur. I. S. Kroschel. ℳ 2.40. — Phaedrus. Ed. II. ℳ 2.40. — Menexenus, Lysis, Hippias uterque, Io. Ed. II. ℳ 2.70. — Laches, Charmides, Alcibiades I. II. Ed. II. ℳ 2.70. — *Cratylus. ℳ 2.70. — Meno et Euthyphro itemque incerti scriptoris Theages, Erastae et Hipparchus. Ed. II. cur. A. R. Fritzsche. ℳ 6.— — Theaetetus. Ed. M. Wohlrab. Ed. II. ℳ 3.60. — Sophista. Ed. II cur. O. Apelt. ℳ 5.60. — Politicus et incerti auctoris Minos. ℳ 2.70. — Philebus. ℳ 2.70. — Leges. 3 voll. [je ℳ 3.60.] ℳ 10.80. [Vol. I. Lib. I—IV. Vol. II. Lib. V—VIII. Vol. III. Lib. IX—XII et Epinomis.]

—— **Timaeus** interprete Chalcidio cum eiusdem commentario. Ed. I. Wrobel. ℳ 11.20.

Plutarchi de musica. Ed. R. Volkmann. ℳ 3.60.

—— **de proverbiis Alexandrinorum.** Rec. O. Crusius. Fasc. I. 4. ℳ 2.80.

—— —— —— Fasc. II. Commentarius. 4. ℳ 3.—

—— **Themistokles.** Für quellenkritische Übungen comm. u. hrsg. v. A. Bauer. ℳ 2.—

—— *τὸ ἐν Δελφοῖς Ε.* Ed. G. N. Bernardakis. ℳ 1.50.

*—— **vitae parallelae Agesilai et Pompeii.** Rec. Cl. Lindskog. ℳ 3.60 **4.40.**

Poetae lyrici Graeci. Ed. V. 2 voll.

Vol. I. 1. Pindari carmina. Recens. O. Schröder. ℳ 14.—

— II. Poetae eleg. et iambogr. Rec. O. Crusius. [In Vorb.]

Poetarum scenicorum Graecorum Aeschyli, Sophoclis, Euripidis et Aristophanis fabulae et fragmenta. Rec. Guil. Dindorf. Ed. V. 4. ℳ 20.—

Pollucis onomasticon. Rec. E. Bethe. (Lexicographi Graeci IX.) Fasc. I. ℳ 14.—

Porphyrii quaestt. Homer. ad Iliadem pertin. rell. Ed. H. Schrader. 2 fascc. gr. Lex.-8. ℳ 16.—

—— —— ad Odysseam pertin. rell. Ed. H. Schrader. gr. Lex.-8. ℳ 10.—

Ptolemaei *περὶ κριτηρίου καὶ ἡγεμονικοῦ* lib. Rec. Fr. Hanow. gr. 4. ℳ 1.—

[Scylax.] Anonymi vulgo Scylacis Caryandensis **periplus maris interni** cum appendice. Rec. B. Fabricius. Ed. II. ℳ 1.20

Scriptorum Graecorum qui christ. impugn. relig. quae supers. Fasc. III: **Iuliani imp.** contra Christianos quae supers. Ed. C. I. Neumann. Insunt **Cyrilli Alex.** fragmm. Syriaca ab E. Nestle edita. ℳ 6.—

Sophoclis tragoediae et fragmm. Rec. G. Dindorf. 4. ℳ 5.—

—— —— Recc. et explann. Wunderus-Wecklein. 2 voll. ℳ 10.80.

Philoctetes. Ed. IV. ℳ 1.50. — Oedipus Rex. Ed. V. ℳ 1.50. — Oedipus Coloneus. Ed. V. ℳ 1.80. — Antigona. Ed. V. ℳ 1.50. — Electra. Ed. IV. ℳ 1.80. — Aiax. Ed. III. ℳ 1.20. — Trachiniae. Ed. III. ℳ 1.50.

—— **König Oidipus.** Griechisch u. deutsch m. Kommentar von F. Ritter. ℳ 5.—

—— **Antigone.** Griech. u. deutsch hrsg. v. A. Böckh. Nebst 2 Abhandl. üb. diese Tragödie. (Mit Porträt Aug. Böckhs.) 2. Aufl. ℳ 4.40.

Staatsverträge des Altertums. Hrsg. v. R. von Scala. I. Teil. ℳ 8.—

***Stoicorum veterum fragmenta.** Ed. J. v. Arnim. Vol. I. ℳ 8.— Vol. II. ℳ 14.— Vol. III. ℳ 12.— Vol. IV. Indices. [In Vorb.]

***Terentii comoediae.** Hrsg. v. M. Warren, E. Hauler u. R. Kauer. [In Vorb.]

Theodoros, der h. Theodosios: s. Theodosios.

[Theodosios.] D. heil. Theodosios. Schriften d. Theodoros u. Kyrillus, hrsg. von H. Usener. ℳ 4.—

Theophanis chronographia. Rec. C. de Boor. 2 voll. ℳ 50.—

Theophrasts Charaktere. Hrsg. v. d. Philol. Gesellschaft zu Leipzig. ℳ 6.—

Thucydidis historiae. Recens. C. Hude. Tom. I: Libri I—IV. ℳ 10.—

— II: Libri V—VIII. Indices. ℳ 12.—

—— **de bello Peloponnesiaco ll. VIII.** Explann. E. F. Poppo et I. M. Stahl. 4 voll. [8 sectiones.] ℳ 22.80.

Lib. 1. Ed. III. ℳ 4.50. — Lib. 2. Ed. III. ℳ 3.—. — Lib. 3. Ed. II. ℳ 2.40. — Lib. 4. Ed. II. ℳ 2.70. — Lib. 5. Ed. II. ℳ 2.40. — Lib. 6. Ed. II. ℳ 2.40. — Lib. 7. Ed. II. ℳ 2.70. — Lib. 8. Ed. II. ℳ 2.70.

Tragicorum Graecorum fragmenta. Rec. A. Nauck. Ed. II. ℳ 26.—

***Urkunden, griechische, d. Papyrussammlung zu Leipzig.** I. Band. Mit Beiträgen von U. Wilcken herausg. von L. Mitteis. Mit 2 Tafeln in Lichtdruck. 4. 1906. ℳ 28.—

Xenokrates. Darstellg. d. Lehre u. Sammlg. d. Fragmente. V. R. Heinze. ℳ 5.60.

Xenophontis hist. Graeca. Rec. O. Keller. Ed. maior. ℳ 10.—

Xenophontis opera omnia, recensita et commentariis instructa.

De Cyri Minoris expeditione ll. VII (Anabasis), rec. R. Kühner. ℳ 3.60.

Oeconomicus, rec. L. Breitenbach. ℳ 1.50.

Hellenica, rec. L. Breitenbach. 2 partt. ℳ 6.60.

Pars I. Libri I et II. Ed. II. ℳ 1.80

— II. Libri III—VII. ℳ 4.80.

Zosimi historia nova. Ed. L. Mendelssohn. ℳ 10.—

b. Lateinische Schriftsteller.

Anecdota Helvetica. Rec. H. Hagen. Lex.-8. ℳ 19.—

Aurelii imp. epistt.: s. Fronto, ed. Naber.

Averrois paraphrasis in l. poeticae Aristotelis. Ed. F. Heidenhain. Ed. II. ℳ 1.—

Aviani fabulae. Ed. G. Froehner. gr. 12. ℳ 1.20.

[**Caesar.**] **Polionis de b. Africo comm.:** s. Polio.

Caesii Bassi, Atilii Fortunatiani de metris ll. Rec. H. Keil. gr. 4. ℳ 1.60.

Catonis praeter libr. de re rust. quae extant. Rec. H. Jordan. ℳ 5.—

—— **de agri cult. l., Varronis rer. rust. ll. III.** Rec. H. Keil. 3 voll. ℳ 33.40.

Vol. I. Fasc. I. Cato. ℳ 2.40.

— I. — II. Varro. ℳ 6.—

— II. — I. Comm. in Cat. ℳ 6.—

— II. — II. Comm. in Varr. ℳ 8.—

— III. — I. Ind. in Cat. ℳ 3.—

— III. — II. Ind. in Varr. ℳ 8.—

Catulli l. Recensuit et interpretatus est Aem. Baehrens. 2 voll. ℳ 16.40.

Vol. I. Ed. II cur. K. P. Schulze. ℳ 4.—

— II. Commentarius. 2 fascc. ℳ 12.40.

Ciceronis, M. Tullii, epistularum ll. XVI. Ed. L. Mendelssohn. Acc. tabulae chronolog. ab Aem. Koernero et O. E. Schmidtio confectae. ℳ 12.—

—— **ad M. Brut. orator.** Rec. F. Heerdegen. ℳ 3.20.

*—— —— **Paradoxa Stoicor., academic. rel. cum Lucullo, Timaeus, de nat. deor., de divinat., de fato.** Rec. O. Plasberg. Fasc. I. ℳ 8.—

[——] **ad Herennium ll. VI:** s. Cornificius und [Herennius].

—— **Q. Tullii, rell.** Rec. Fr. Buecheler. ℳ 1.60.

Claudiani carmina. Rec. L. Jeep. 2 voll. ℳ 20.40.

Commentarii notarum Tironianarum. Cum prolegg., adnott. crit. et exeget. notarumque indice alphabet. Ed. Guil. Schmitz. [132 autograph. Tafeln.] Folio. In Mappe ℳ 40.—

Cornificl rhetoricorum ad C. Herennium ll. VIII. Rec. et interpret. est C. L. Kayser. ℳ 8.—

Corpus glossarior. Latinor. a G. Loewe incohatum auspiciis Societatis litterarum regiae Saxonicae comp., rec., ed. G. Goetz. 8 voll. Lex.-8.

Vol. II. Glossae Latinograecae et Graecolatinae. Edd. G. Goetz et G. Gundermann. Acc. minora utriusque linguae glossaria. Adiectae sunt 3 tabb. phototyp. ℳ 20.—

— III. Hermeneumata Pseudodositheana. Ed. G. Goetz. Acc. hermeneumata medicobotanica vetustiora. ℳ 22.—

— IV. Glossae codicum Vaticani 3321, Sangallensis 912, Leidensis 67 F. Ed. G. Goetz. ℳ 20.—

— V. Placidi liber glossarum, glossaria reliqua. Ed. G. Goetz. ℳ 22.—

— VI. Thesaurus glossarum emendatarum. Conf. G. Goetz. 2 fascc. je ℳ 18.—

— VII. Thesaurus gloss. emendatarum. Conff. G. Goetz et G. Heraeus. Fasc. I. ℳ 24.— Fasc. II. ℳ 12.—

Dialectorum Italicarum aevi vetust. exempla sel. Ed. E. Schneider.

Vol. I. Dialecti Lat. prisc. et Falisc. exempla. Pars I. ℳ 3.60.

Didascaliae apostolorum fragmenta Veronensia Latina. Acc. canonum qui dic. apostolorum et Aegyptiorum reliquiae. Prim. ed. E. Hauler. Fasc. I. Praefatio, fragmenta. Mit 2 Tafeln. ℳ 4.—

***Ennianae poesis reliquiae.** Rec. I. Vahlen. Ed. II. ℳ 16.—

Exuperantius, Epitome. Hrsg. v. G. Landgraf u. C. Weyman. ℳ —.60.

Fragmentum de iure fisci. Ed. P. Krueger. ℳ 1.60.

Frontonis et M. Aurelii imp. epistulae. Rec. S. A. Naber. ℳ 8.—

Gedichte, unedierte lateinische, hrsg. von E. Baehrens. ℳ 1.20.

Glossae nominum. Ed. G. Loewe. Acc. eiusdem opuscula glossographica coll. a G. Goetz. *M.* 6.—

Grammatici Latini ex rec. H. Keilii. 7 voll. Lex.-8. *M.* 139.20.

Vol. I. Fasc. 1. Charisii ars gramm. ex rec. H. Keilii. [Vergr.]

— I. Fasc. 2. Diomedis ars gramm. ex Charisii arte gramm. excerpta ex rec. H. Keilii. *M.* 10.—

— II. Fasc. 1 et 2. Prisciani institutiones gramm. ex rec. M. Hertzii. Vol. I. [Vergr.]

— III. Fasc. 1. Prisciani institutiones gramm. ex rec. M. Hertzii. Vol. II. *M.* 12.—

— III. Fasc. 2. Prisciani de figuris numerorum, de metris Terentii, de praeexercitamentis rhetoricis libri, institutio de nomine et pronomine et verbo, partitiones duodecim versuum Aeneidos principalium, accedit Prisciani qui dic. liber de accentibus ex rec. H. Keilii. *M.* 7.—

— IV. Fasc. 1. Probi catholica, instituta artium, de nomine excerpta, de ultimis syllabis liber ad Caelestinum ex rec. H. Keilii. — Notarum laterculi edente Th. Mommsen. *M.* 11.—

— IV. Fasc. 2. Donati ars grammatica, Marii Servii Honorati commentarius in artem Donati, de finalibus, de centum metris, de metris Horatii, Sergii de littera, de syllaba, de pedibus, de accentibus, de distinctione commentarius, explanationes artis Donati, de idiomatibus ex rec. H. Keilii. *M.* 8.—

— V. Fasc. 1. Cledonii ars gramm., Pompeii commentum artis Donati, excerpta ex commentariis in Donatum ex rec. H. Keilii. *M.* 9.—

— V. Fasc. 2. Consentius, Phocas, Eutyches, Augustinus, Palaemon, Asper, de nomine et pronomine, de dubiis nominibus, Macrobii excerpta ex rec. H. Keilii. *M.* 10.—

— VI. Fasc. 1. Marius Victorinus, Maximus Victorinus, Caesius Bassus, Atilius Fortunatianus ex rec. H. Keilii. *M.* 9.—

— VI. Fasc. 2. Terentianus Maurus, Marius Plotius Sacerdos, Rufinus, Mallius Theodorus, fragmenta et excerpta metrica ex rec. H. Keilii. *M.* 14.—

— VII. Fasc. 1. Scriptores de orthographia Terentius Scaurus, Velius Longus, Caper, Agroecius, Cassiodorius, Martyrius, Beda, Albinus. *M.* 10.—

Grammatici Latini ex rec. H. Keilii.

Vol. VII. Fasc. 2. Audacis de Scauri et Palladii libris excerpta, Dosithei ars gramm., Arusiani Messii exempla elocutionum, Cornelii Frontonis liber de differentiis, fragmenta gramm., index scriptorum. *M.* 11.20.

Supplementum continens anecdota Helvetica ex rec. H. Hageni. Lex.-8 *M.* 19.—

[Herennius.] Incerti auctoris de ratione dicendi ad C. H. ll. IV. [M. Tulli Ciceronis ad Herennium libri VI.] Recens. F. Marx. *M.* 14.—

***Historicorum Romanorum reliquiae.** Ed. H. Peter. Vol. I. *M.* 16.— Vol. II. *M.* 12.—

Horatii opera. Recensuerunt O. Keller et A. Holder. 2 voll. gr. 8.

Vol. I. Carmina, epodi, carmen saec. Iterum rec. O. Keller. *M.* 12.—

— II. Sermones, epistulae, de arte poet. *M.* 10.—

—— —— —— Editio minor. *M.* 4.—

—— carmina. Rec. L. Mueller. 16. *M.* 2.40, eleg. geb. m. Goldschnitt *M.* **3.60.**

—— Satiren. Kritisch hergestellt, metrisch übersetzt u. mit Kommentar versehen von C. Kirchner u. W. S. Teuffel. 2 voll. *M.* 16.40.

—— —— Lat. u. deutsch m. Erläuter. von L. Döderlein. *M.* 7.—

—— —— siehe auch: Satura, v. Blümner.

—— Episteln. Lat. u. deutsch m. Erläut. von L. Döderlein. [B. I vergr.] B. II. *M.* 3.—

—— Briefe, im Versmaß der Urschrift verdeutscht von A. Bacmeister u. O. Keller. 8. *M.* 2.40 **3.20.**

***Institutionum et regularum iuris Romani syntagma.** Ed. R. Gneist. Ed. II. *M.* 5.20.

[Iuris consulti.] Kalb, W., Roms Juristen nach ihrer Sprache. *M.* 4.—

Iuvenalis saturae. Erkl. v. A. Weidner. 2. Aufl. *M.* 4.40.

—— —— siehe auch: Satura, v. Blümner.

[Lucanus.] Scholia in L. bellum civile ed. H. Usener. Pars I. *M.* 8.— [Fortsetzung erscheint nicht.]

Lucilii carminum reliquiae. Rec. F. Marx. Vol. I.: Proleg., testim., fasti L., carm. rel., indices, tab. geogr. *M.* 8.— **10.60.**

—— —— Vol. II. (Komment.) *M.* 14.— **17.—**

Nepotis quae supersunt. Ed. C. Halm. *M.* 2.40.

Nonii Marcelli compendiosa doctrina. Emend. et adnot. L. Mueller. 2 partes. *M.* 32.—

Novatians epist. de cibis Iudaicis. Hrsg. v. G. Landgraf u. C. Weyman. *M.* 1.20.

Optatiani Porfyrii carmina. Rec. L. Mueller. *M.* 3.60.

Orestis tragoedia. Ed. I. Mähly. 16. *M.* 1.20.

Ovidii ex Ponto ll. Ed. O. Korn. *M.* 5.—

—— **Elegien der Liebe.** Deutsch von H. Oelschläger. 2. Aufl. Min.-Ausg. *M.* 2.40, eleg. geb. 3.20.

Persius, siehe: Satura, v. Blümner.

Phaedri fabulae Aesopiae. Ed. L. Müller. *M.* 3.—

Placidi glossae. Rec. et illustr. A. Deuerling. *M.* 2.80.

Plauti comoediae. Recensuit, instrumento critico et prolegomenis auxit F. Ritschelius sociis operae adsumptis G. Loewe, G. Goetz, F. Schoell. 4 tomi. *M.* 92.20.

Tomi I fasc. I. Trinummus. Rec. F. Ritschl. Ed. III cur. F. Schoell. *M.* 5.60.

Tomi I fasc. II. Epidicus. Rec. G. Goetz. Ed. II. *M.* 4.—

— I fasc. III. Curculio. Rec. G. Goetz. *M.* 2.40.

— I fasc. IV Asinaria. Recc. G. Goetz et G. Loewe. *M.* 3.60.

— I fasc. V. Truculentus. Rec. F. Schoell. *M.* 4.80.

— II fasc. I. Aulularia. Rec. G. Goetz. *M.* 2.40.

— II fasc. II. Amphitruo. Recc. G. Goetz et G. Loewe. *M.* 3.60.

— II fasc. III. Mercator. Rec. F. Ritschl. Ed. II cur. G. Goetz. *M.* 3.60.

— II fasc. IV. Stichus. Rec. F. Ritschl. Ed. II cur. G. Goetz. *M.* 3.60.

— II fasc. V. Poenulus. Recc. F. Ritschelii schedis adhibitis G. Goetz et G. Loewe. *M.* 5.—

— III fasc. I. Bacchides. Rec. F. Ritschl. Ed. II cur. G. Goetz. *M.* 4.—

— III fasc. II. Captivi. Rec. F. Schoell. *M.* 4.—

— III fasc. III. Rudens. Rec. F. Schoell. *M.* 5.60.

— III fasc. IV. Pseudolus. Rec. F. Ritschl. Ed. II cur. G. Goetz. *M.* 5.60.

— III fasc. V. Menaechmi. Rec. F Ritschl. Ed. II cur. F. Schoell. *M.* 5.60.

— IV fasc. I. Casina. Rec. F. Schoell. *M.* 5.60.

— IV fasc. II. Miles gloriosus. Rec. F. Ritschl. Ed. II cur. G. Goetz. *M.* 6.—

— IV fasc. III. Persa. Rec. F. Ritschl. Ed. II cur. F. Schoell. *M.* 5.60.

— IV fasc. IV. Mostellaria. Rec. F. Ritschl. Ed. II cur. F. Schoell. *M.* 6.—

— IV fasc. V. Cistellaria. Rec. F. Schoell. Acc. deperditarum fabularum fragmenta a G. Goetz recensita. *M.* 5.60.

Plauti comoediae. Ex rec. et cum app. crit. F. Ritschelii. [Vergriffen außer:]

Tomus I. Pars 3. Bacchides. *M.* 3.—

*— III. Pars 1. Persa. *M.* 3.—

— III. Pars 2. Mercator. *M.* 3.—

—— —— Scholarum in usum rec. F. Ritschelius. [Vergr. außer:]

Bacchides, Stichus, Pseudolus, Persa, Mercator. Einzeln je *M.* —.50.

—— **miles gloriosus.** Ed. O. Ribbeck. *M.* 2.80.

Polemii Silvii laterculus. Ed. Th. Mommsen. Lex.-8. *M.* —.80.

Polionis de bello Africo comm. Edd. E. Wölfflin et A. Miodoński. Adi. est tab. photolithograph. *M.* 6.80.

[**Probus.**] **Die Appendix Probi.** Hrsg. v. W. Heraeus. *M.* 1.20.

Propertii elegiae. Rec. A. Baehrens. *M.* 5.60.

Psalterium, das tironische, der Wolfenbütteler Bibliothek. Hrsg. v. Kgl. Stenograph. Institut zu Dresden. Mit Einleitung und Übertragung des tiron. Textes von O. Lehmann. *M.* 10.—

Quintiliani institutionis orator. ll. XII. Rec. C. Halm. 2 partes. [Pars I vergr.] Pars II: Libb. VII—XII. *M.* 9.—

Rhetores Latini minores. Ed. C. Halm. Lex.-8. *M.* 17.—

Saliarium carminum rell. Ed. B. Maurenbrecher. *M.* 1.—

Sallusti Crispi quae supersunt. Rec. Rud. Dietsch. 2 voll. [Vol. I vergr.] Vol. II: Historiarum rell. Index. *M.* 7.20.

—— **historiarum fragmenta.** Ed. Fr. Kritzius. *M.* 9.—

—— **historiarum rell.** Ed. B. Maurenbrecher.

Fasc. I. Prolegomena. *M.* 2.—

Fasc. II. Fragmenta argumentis, commentariis, apparatu crit. instructa. Acc. indices. *M.* 8.—

Satura. Ausgew. Satiren d. Horaz, Persius u. Juvenal in freier metr. Übertragung von H. Blümner. *M.* 5.— 5.80.

Scaenicae Romanorum poesis fragmenta. Rec. O. Ribbeck. 2 voll. Ed. II. *M.* 23.—

Vol. I. Tragicorum fragmenta. *M.* 9.—

— II. Comicorum fragmenta. *M.* 14.—

Servii grammatici qui fer. in Vergilii carmina commentarii. Recc. G. Thilo et H. Hagen. 3 voll.

Vol. I fasc. I. In Aen. I—III comm. Rec. G. Thilo. *M.* 14.—

— I fasc. II. In Aen. IV—V comm. Rec. G. Thilo. *M.* 10.—

— II fasc. I. In Aen. VI—VIII comm. Rec. G. Thilo. *M.* 10.—

— II fasc. II. In Aen. IX—XII comm. Rec. G. Thilo. *M.* 10.—

— III fasc. I. In Buc. et Georg. comm. Rec. G. Thilo. *M.* 10.40.

— III fasc. II. App. Serviana. *M.* 20.—

[— III fasc. III (Indices) in Vorb.]

Die fetten Ziffern verstehen sich für gebundene Exemplare.

Staatsverträge des Altertums. Hrsg. v. R. von Scala. I. Teil. ℳ 8.—

Statii silvae. Hrsg. von Fr. Vollmer. ℳ 16.—

—— **Thebais et Achilleis** cum scholiis. Rec. O. Müller. Vol. I: Thebaidos ll. I—VI. ℳ 8.—

***Suetoni Tranquilli opera.** Rec. M. Ihm. 3 voll. Vol. I: de vita Caesarum libri VIII. [Mit 3 Tafeln.] ℳ 12.— 15.—

Symmachi relationes. Rec. Guil. Meyer. ℳ 1.60.

Syri sententiae. Rec. Guil. Meyer. ℳ 2.40.

—— —— Rec. E. Woelfflin. ℳ 3.60.

Taciti de origine et situ Germanorum l. Rec. A. Holder. ℳ 2.—

—— **dialogus de oratoribus.** Rec. Aem. Baehrens. ℳ 2.—

[**Tiro.**] Comm. not. Tir. ed. Schmitz, siehe: Commentarii.

[——] Das tiron. Psalterium, siehe: Psalterium.

Varronis saturarum Menippearum rell. Rec. A. Riese. ℳ 6.—

—— **rerum rusticarum ll. III,** rec. Keil, siehe: Cato.

—— **antiquitatum rer. divin. ll. I. XIV. XV. XVI.** Praemissae sunt quaestt. Varr. Ed. R. Agahd. ℳ 9.20.

*—— **de lingua latina.** Edd. G. Götz et Fr. Schöll. [In Vorb.]

Vergilii Maronis opera app. crit. in artius contracto iterum rec. O. Ribbeck. IV voll. ℳ 22.40.

Vol. I. Bucolica et Georgica. ℳ 5.—
— II. Aeneidos libri I—VI. ℳ 7.20.
— III. Aeneidos libri VII—XII. ℳ 7.20.
— IV. Appendix Vergiliana. ℳ 3.—

—— —— Ed. I. [Vergriffen außer:]

Vol. III. Aeneidos lib. VII—XII. ℳ 8.—
— IV. Appendix Vergiliana. ℳ 5.—

[——] **Scholia Bernensia ad Vergilii Buc. et Georg.** Ed. H. Hagen. ℳ 6.—

Volusii Maeciani distributio partium. Ed. Th. Mommsen. ℳ —.30.

4. Meisterwerke der Griechen und Römer in kommentierten Ausgaben. [gr. 8.]

Die Ausgaben beabsichtigen, nicht nur den Schülern der oberen Gymnasialklassen, sondern auch angehenden Philologen sowie Freunden des klassischen Altertums, zunächst zu Zwecken privater Lektüre, verläßliche und die neuesten Fortschritte der philologischen Forschung verwertende Texte und Kommentare griechischer und lateinischer, von der Gymnasiallektüre selten oder gar nicht berücksichtigter Meisterwerke darzubieten.

I. **Aischylos' Perser,** von H. Jurenka. 2 Hefte. ℳ 1.40.
II. **Isokrates' Panegyrikos,** von J. Mesk. 2 Hefte. ℳ 1.40.
III. **Auswahl a. d. röm. Lyrikern** (m. griech. Parallel.), v. H. Jurenka. 2 Hft. ℳ 1.60.
IV. **Lysias' Reden geg. Eratosthenes und üb. d. Ölbaum,** von E. Sewera. 2 Hefte. ℳ 1.20.
V. **Ausgewählte Briefe Ciceros,** von E. Gschwind. 2 Hefte. ℳ 1.80.
VI. **Amor und Psyche, ein Märchen des Apuleius,** von F. Norden. 2 Hefte. ℳ 1.40.
VII. **Euripides, Iphigenie in Aulis,** von K. Busche. 2 Hefte. ℳ 1.40.
VIII. **Euripides, Kyklops,** v. N. Wecklein. 2 Hefte. ℳ 1.—
IX. **Briefe des jüngeren Plinius,** von R. C. Kukula. 2 Hefte. ℳ 2.20.
X. **Lykurgos' Rede gegen Leokrates,** von E. Sofer. 2 Hefte. ℳ 1.80.
XI. **Plutarchs' Biographie des Aristeides,** von J. Simon. 2 Hefte. ℳ 1.60.
XII. **Tacitus' Rednerdialog,** v. R. Dienel. 2 Hefte. ℳ 2.—

5. B. G. Teubners Schulausgaben griechischer und lateinischer Klassiker mit deutschen erklärenden Anmerkungen. [gr. 8.]

Bekanntlich zeichnen diese Ausgaben sich dadurch aus, daß sie das Bedürfnis der Schule ins Auge fassen, ohne dabei die Ansprüche der Wissenschaft unberücksichtigt zu lassen. Die Sammlung enthält fast alle in Schulen gelesenen Werke der klassischen Schriftsteller.

a. Griechische Schriftsteller.

Aeschylus' Agamemnon. Von R. Enger. 3. Aufl., von Th. Plüß. ℳ 2.25 **2.75.**

—— **Perser.** Von W. S. Teuffel. 4. Aufl., von N. Wecklein. ℳ 1.50 **2.—**

—— **Prometheus.** Von N. Wecklein 3. Aufl. ℳ 1.80 **2.25.**

—— —— Von L. Schmidt. ℳ 1.20.

—— **die Sieben geg. Theben.** Von N. Wecklein. ℳ 1.20 **1.50.**

—— **die Schutzflehenden.** Von N. Wecklein. ℳ 1.60 **2.—**

—— **Orestie.** Von N. Wecklein. ℳ 6.— Daraus einzeln: I. Agamemnon. II. Die Choephoren. III. Die Eumeniden. je ℳ 2.—

Aristophanes' Wolken. Von W. S. Teuffel. 2. Aufl., von O. Kaehler. ℳ 2.70 **3.20.**

*—— **Wespen.** Von O. Kaehler. [In Vorber.]

Aristoteles, der Staat der Athener. Der historische Hauptteil (Kap. I—XLI). Von K. Hude. ℳ —.60 **—.85.**

Arrians Anabasis. Von K. Abicht. 2 Hefte. [I. Heft. M. Karte. ℳ 1.80 **2.25.** II. Heft. ℳ 2.25 **2.75.**] ℳ 4.05 **5.—**

Demosthenes' ausgewählte Reden. Von C. Rehdantz u. Fr. Blaß. 2 Teile. ℳ 6.60 **8.55.**

I. Teil. A. u. d. T.: IX Philipp. Reden 2 Hefte. ℳ 4.50 **5.95.**

Heft I: I—III. Olynthische Reden. IV. Erste Rede geg. Philippos. 8. Aufl., von Fr. Blaß. ℳ 1.20 **1.70.**

— II. Abt. 1: V. Rede über den Frieden. VI. Zweite Rede gegen Philippos. VII. Hegesippos' Rede über Halonnes. VIII. Rede über die Angelegenheiten im Cherrones. IX. Dritte Rede gegen Philippos. 6. Aufl., von Fr. Blaß. ℳ 1.50 **2.—**

— II. Abt. 2: Indices. 4. Aufl., von Fr. Blaß. ℳ 1.80 **2.25.**

II. Teil. Die Rede vom Kranze. Von Fr. Blaß. ℳ 2.10 **2.60.**

Euripides' ausgewählte Tragödien. Von N. Wecklein.

I. Bdch. Medea. 3. Aufl. ℳ 1.80 **2.25.**
II. Bdch. Iphigenia im Taurierland. 3. Aufl. ℳ 1.60 **2.10.**
III. Bdch. Die Bacchen. 2. Aufl. ℳ 1.60 **2.10.**
IV. Bdch. Hippolytos. 2. Aufl. ℳ 1.80 **2.25.**
V. Bdch. Phönissen. ℳ 1.80 **2.25.**
*VI. Bdch. Electra. ℳ 1.40 **1.80.**
*VII. Bdch. Orestes. ℳ 1.60 **2.—**
*VIII. Bdch. Helena. ℳ 1.60 **2.—**

Herodotos. Von K. Abicht. 5 Bände. ℳ 12.50 **16.—**

Band I. Heft 1. Buch I nebst Einleitung u. Übersicht über den Dialekt. 5. Aufl. ℳ 2.40 **2.90.**
Band I. Heft 2. B. II. 3. A. ℳ 1.50 **2.—**
— II. Heft 1. B. III. 3. A. ℳ 1.50 **2.—**
— II. Heft 2. B. IV. 3. A. ℳ 1.50 **2.—**
*— III. B. V u. VI. 4. A. ℳ 2.— **2.50**
— IV. B. VII. M. 2 K. 4. A. ℳ 1.80 **2.30**
— V. Buch VIII u. IX. Mit 2 Karten. 4. Aufl. ℳ 1.80 **2.30.**

Homers Ilias, erklärt von J. La Roche. 6 Teile.

Teil I. Ges. 1— 4. 3. Aufl. ℳ 1.50 **2.—**
— II. Ges. 5— 8. 3. Aufl. ℳ 1.50 **2.—**
— III. Ges. 9—12. 3. Aufl. ℳ 1.50 **2.—**
— IV. Ges. 13—16. 3. Aufl. ℳ 1.50 **2.—**
— V. Ges. 17—20. 2. Aufl. [Vergr.]
— VI. Ges. 21—24. 2. Aufl. [Vergr.]

—— —— Von K. Fr. Ameis u. C. Hentze. 2 Bände zu je 4 Heften.

Band I. H. 1. Ges. 1— 3. 6. A. ℳ 1.20 **1.70**
— I. H. 2. Ges. 4— 6. 6. A. ℳ 1.40 **1.80**
— I. H. 1/2 zusammen in 1 Band ℳ **3.—**
— I. H. 3. Ges. 7— 9. 5. A. ℳ 1.60 **2.—**
*— I. H. 4. Ges. 10—12. 5. A. ℳ 1.20 **1.70**
— I. H. 3/4 zusammen in 1 Band ℳ **3.30**
*— II. H. 1. Ges. 13—15. 4. A. ℳ 1.20 **1.70**
— II. H. 2. Ges. 16—18. 4. A. ℳ 1.40 **1.80**
— II. H. 1/2 zusammen in 1 Band ℳ **3.—**
*— II. H. 3. Ges. 19—21. 4. A. ℳ 1.20 **1.70**
*— II. H. 4. Ges. 22—24. 4. A. ℳ 1.60 **2.20**
— II. H. 3/4 zusammen in 1 Band ℳ **3.50**

Die **fetten** Ziffern verstehen sich für **gebundene** Exemplare.

Homers Ilias. Von K. Fr. Ameis und C. Hentze.
—— —— —— Anhang:
Heft 1. Ges. 1—3. 3. Aufl. ℳ 2.10 **2.60**
— 2. Ges. 4—6. 2. Aufl. ℳ 1.50 **2.—**
— 3. Ges. 7—9. 2. Aufl. ℳ 1.80 **2.30**
— 4. Ges. 10—12. 2. Aufl. ℳ 1.20 **1.70**
— 5. Ges. 13—15. 2. Aufl. ℳ 1.80 **2.30**
— 6. Ges. 16—18. 2. Aufl. ℳ 2.10 **2.60**
— 7. Ges. 19—21. ℳ 1.50 **2.—**
— 8. Ges. 22—24. ℳ 1.80 **2.30**

—— **Odyssee.** Von K. Fr. Ameis und C. Hentze. 2 Bände.
Band I. H. 1. Ges. 1—6. 12. A. ℳ 1.80 **2.30**
— I. H. 2. Ges. 7—12. 11. A. ℳ 1.80 **2.30**
— I. H. 1/2 zusammengeb. ℳ **3.45**
— II. H. 1. Ges. 13—18. 8. A. ℳ 1.35 **1.80**
— II. H. 2. Ges. 19—24. 9. A. ℳ 1.40 **1.80**
— II. H. 1/2 zusammengeb. ℳ **3.35**
—— —— —— Anhang:
Heft 1. Ges. 1—6. 4. Aufl. ℳ 1.50 **2.—**
— 2. Ges. 7—12. 3. Aufl. ℳ 1.20 **1.70**
— 3. Ges. 13—18. 3. Aufl. ℳ 1.20 **1.70**
— 4. Ges. 19—24. 3. Aufl. ℳ 2.10 **2.60**

Isokrates' ausgewählte Reden. Von O. u. M. Schneider. 2 Bändchen. ℳ 3.— **3.95.**
I. Bändchen. Demonicus, Euagoras, Areopagiticus. 3. Aufl., v. M. Schneider. ℳ 1.20 **1.70.**
II. Bändchen. Panegyricus u. Philippus. 3. Aufl. ℳ 1.80 **2.25.**

Lucians ausgewählte Schriften. Von C. Jacobitz. 3 Bändchen. ℳ 3.60.
I. Bändchen. Traum. Timon. Prometheus. Charon. 4. Aufl., von K. Bürger. ℳ 1.50 **2.—**

Lykurgos' Rede gegen Leokrates. Von C. Rehdantz. ℳ 2.25 **2.75.**

[Lyriker.] Anthologie a. d. griech. Lyr. Von E. Buchholz. 2 Bdchn. ℳ 4.20 **5.20.**
I. Bändchen. Elegiker u. Iambographen. 5. Aufl., von R. Peppmüller. ℳ 2.10 **2.60.**
II. Bändchen. Die melischen und chorischen Dichter. 4. Aufl., von J. Sitzler. ℳ 2.10 **2.60.**

Lysias' ausgew. Reden. Von H. Frohberger. Kleinere Ausg. 2 Hefte.
I. Heft. Prolegomena. — R. gegen Eratosthenes. — R. geg. Agoratos. — Verteidigung geg. die Anklage wegen Umsturzes der demokratischen Verfassung. — R. f. Mantitheos. — R. geg. Philon. 3. Aufl., v. Th. Thalheim. ℳ 1.80 **2.25.**
II. Heft. Reden gegen Alkibiades. — R. geg. Nikomachos. — R. üb. d. Vermögen d. Aristophanes. — R. üb. d. Ölbaum. — R. geg. die Kornhändler. — R. geg. Theomnestos. — R. f. d. Gebrechlichen. — R. geg. Diogeiton. 2. Auflage, von Th. Thalheim. ℳ 1.80 **2.25.**

Lysias' ausgew. Reden. Von H. Frohberger. Größere Ausgabe. 3 Bände. [Bd. II u III vergr.]
I. Bd. R. geg. Eratosthenes, Agoratos; Verteidigung geg. die Anklage wegen Umsturzes d. Verfassung. 2. Aufl., von G. Gebauer. ℳ 4.50.

Platons ausgew. Schriften. Von Chr. Cron, J. Deuschle u. a.
I. Teil. Die Verteidigungsrede d. Sokrates. Kriton. Von Chr. Cron. 11. Aufl., von H. Uhle. ℳ 1.— **1.40.**
II. Teil. Gorgias. Von J. Deuschle. 4. Aufl., von Chr. Cron. ℳ 2.10 **2.60.**
III. Teil. 1. Heft. Laches. Von Chr. Cron. 5. Aufl. ℳ —.75 **1.20.**
III. Teil. 2. Heft. Euthyphron. Von M. Wohlrab. 4. Aufl. ℳ —.60 **—.90.**
IV. Teil. Protagoras. Von J. Deuschle u. Chr. Cron. 5. A., v. E. Bochmann. ℳ 1.20 **1.70.**
V. Teil. Symposion. 2. Aufl. [3. Aufl. von Schöne u. d. Pr.]
VI. Teil. Phaedon. Von M. Wohlrab. 4. Aufl. ℳ 1.60 **2.10.**
VII. Teil. Der Staat. I. Buch. Von M. Wohlrab. ℳ —.60 **—.90.**
VIII. Teil. Hippias maior. Ed. W. Zilles. [In Vorb.]

Plutarchs ausgew. Biographien. Von O. Siefert und Fr. Blaß. 6 Bändchen. ℳ 6.90 **9.60.**
I. Bändchen. Philopoemen u. Flamininus. Von O. Siefert. 2. Aufl., von Fr. Blaß. ℳ —.90 **1.30.**
II. Bändchen. Timoleon u. Pyrrhos. Von O Siefert. 2. Aufl., von Fr. Blaß. ℳ 1.50 **2.—**
III. Bändchen. Themistokles u. Perikles. Von Fr. Blaß. 2. Aufl. ℳ 1.50 **2.—**
IV. Bändchen. Aristides u. Cato. Von Fr. Blaß. 2. Aufl. ℳ 1.20 **1.70.**
V. Bändchen. Agis u. Kleomenes. Von Fr. Blaß. ℳ —.90 **1.30.**

Quellenbuch, histor., zur alten Geschichte. I. Abt. Griechische Geschichte. Von W. Herbst und A. Baumeister. 3. Aufl. 1. Heft. [Vergr.] 2. Heft. ℳ 1.80 **2.30.**

Sophokles. Von G. Wolff und L. Bellermann.
I. Teil. Aias. 5. Aufl. ℳ 1.50 **2.—**
II. — Elektra. 4. Aufl. ℳ 1.50 **2.—**
III. — Antigone. 6. Aufl. ℳ 1.50 **2.—**
IV. — König Oidipus. 5. Aufl. ℳ 1.60 **2.—**
V. — Oidipus auf Kolonos. [Vergr.]

Supplementum lect. Graecae. Von C. A. J. Hoffmann. ℳ 1.50 **2.—**

Die **fetten** Ziffern verstehen sich für **gebundene** Exemplare.

Testamentum novum Graece. Das Neue Testament. Von Fr. Zelle.
I. Evangelium d. Matthäus. Von Fr. Zelle 1.80 **2.25.**
IV. Evangelium d. Johannes. Von B. Wohlfahrt. *M.* 1.50 **2.—**
V. Apostelgeschichte. Von B. Wohlfahrt. *M.* 1.80 **2.25.**

Thukydides. Von G. Böhme u. S. Widmann. 9 Bändchen. [je *M.* 1.20 **1.70.**] *M.* 10.80 **15.30.**

1. Bändchen.	1. Buch.	6. Auflage.
2. —	2. —	6. —
3. —	3. —	5. —
4. —	4. —	5. —
5. —	5. —	5. —
6. —	6. —	6. —
7. —	7. —	5. —
8. —	8. —	5. —

9. Bdchn. Einleitung u. Register. 5. Aufl.

***Xenophons Anabasis.** Von F. Vollbrecht. 10. (bzw. 9., 8., 7.) Aufl.
Ausgabe m. Kommentar unter d. Text.
I. Bdchn. B. I. II. M. 2 Figurentaf. u. 1 Karte. *M.* 1.40 **2.—**
II. — B. III. IV. *M.* —.90 **1.20.**
III. — B. V—VII. *M.* 1.60 **2.—**

***Xenophons Anabasis.** Von F. Vollbrecht. B. I—IV. Text u. Kommentar getrennt.
Text. M. e. Übersichtskarte. *M.* —.90 **1.20.**
Kommentar. Mit Holzschnitten und Figurentafeln. *M.* 1.35 **1.80.**

—— **Kyropädie.** Von L. Breitenbach. 2 Hefte. [je *M.* 1.50 **2.—**] *M.* 3.— **4.—**
I. Heft. Buch I—IV. 4. Auflage, von B. Büchsenschütz.
II. — Buch V—VIII. 3. Aufl.

—— **griech. Geschichte.** Von B. Büchsenschütz. 2 Hefte.
I. Heft. Buch I—IV. 6. Aufl. *M.* 1.50 **2.—**
*II. — Buch V—VII. 5. Aufl. *M.* 1.80 **2.20.**

—— **Memorabilien.** Von Raph. Kühner. 6. Aufl., von Rud. Kühner. *M.* 1.60 **2.20.**

—— **Agesilaos.** Von O. Güthling. *M.* 1.50 **2.—**

—— **Anabasis u. Hellenika in Ausw.** Mit Einleitung, Karten, Plänen u. Abbild. Text und Kommentar. Von G. Sorof. 2 Bdchn.
I. Bdchn. Anab. Buch 1—4.
Text. *M.* 1.20 **1.50.**
Kommentar. *M.* 1.20 **1.50.**
II. — Anab. Buch 5—7 u. Hellenika.
Text. *M.* 2.— **2.20.**
Kommentar. *M.* 1.40 **1.60.**

b. Lateinische Schriftsteller.

Caesaris belli Gallici libri VII und Hirtii liber VIII. Von A. Doberenz. 9. Aufl., von B. Dinter. 3 Hefte. *M.* 2.55 **4.—**
I. Heft Buch I—III. M. Einleit. u. Karte v. Gallien. *M.* —.90 **1.40.**
II. — Buch IV—VI. *M.* —.75 **1.20.**
III. — Buch VII u. VIII u. Anhang. *M.* —.90 **1.40.**

—— **commentarii de bello civili.** Von A. Doberenz. 5. Aufl., von B. Dinter. *M.* 2.40 **2.90.**

Cicero de oratore. Von K. W. Piderit. 6. Aufl., von O. Harnecker. 3 Hefte. *M.* 4.80 **6.25.**
I. Heft. Einleit. u. Buch I. *M.* 1.80 **2.25.**
II. — Buch II. *M.* 1.50 **2.—**
III. — Buch III. M. Indices u. Register z. d. Anmerkungen. *M.* 1.50 **2.—**
Aus Heft III besonders abgedruckt: Erklär. Indices u. Register d. Anmerkgn. *M.* —.45.

—— —— 5. Aufl., von Fr. Th. Adler. In 1 Band. *M.* 4.50.

—— **Brutus de claris oratoribus.** Von K. W. Piderit. 3. Aufl., von W. Friedrich. *M.* 2.25 **2.75.**

—— **orator.** Von K. W. Piderit. 2. Aufl. *M.* 2.— **2.60.**

—— **partitiones oratoriae.** Von K. W. Piderit. *M.* 1.— **1.40.**

*—— **Rede f. S. Roscius.** Von Fr. Richter u. A. Fleckeisen. 4. Aufl., von G. Ammon. *M.* 1.— **1.40.**

Cicero div. in Caecilium. Von Fr. Richter. 2. Aufl., von A. Eberhard. *M.* —.45 **—.80.**

—— **Reden gegen Verres.** IV. Buch. Von Fr. Richter. 3. Aufl., von A. Eberhard. *M.* 1.50 **2.—**

—— —— V. Buch. Von Fr. Richter. 2. Aufl., von A. Eberhard. *M.* 1.20 **1.70.**

—— **Rede üb. d. Imperium d. Cn. Pompejus.** Von Fr. Richter. 5. Aufl., von A. Eberhard. *M.* —.75 **1.20.**

—— **Reden g. Catilina.** Von Fr. Richter. 6. Aufl., von A. Eberhard. *M.* 1.— **1.40.**

—— **Rede f. Murena.** Von H. A. Koch. 2. Aufl., von G. Landgraf. *M.* —.90 **1.30.**

—— **Rede f. Sulla.** Von Fr. Richter. 2. Aufl., von G. Landgraf. *M.* —.75 **1.20.**

—— **Rede f. Sestius.** Von H. A. Koch. 2. Aufl., von A. Eberhard. *M.* 1.— **1.40.**

—— **Rede f. Plancius.** Von E. Köpke. 3. Aufl., von G. Landgraf. *M.* 1.20 **1.70.**

—— **Rede f. Milo.** V. Fr. Richter u. A. Eberhard. 5. Aufl., von H. Nohl. *M.* 1.20 **1.60.**

—— **I. u. II. Philipp. Rede.** Von H. A. Koch. 3. Aufl., v. A. Eberhard. *M.* 1.20 **1.70.**

—— **I., IV. u. XIV. Philipp. Rede.** Von E. R. Gast. *M.* —.60 **—.90.**

—— **Reden f. Marcellus, f. Ligarius u. f. Deiotarus.** Von Fr. Richter. 4. Aufl., von A. Eberhard. *M.* 1.20 **1.70.**

—— **Rede f. Archias.** Von Fr. Richter u. A. Eberhard. 5. Aufl., von H. Nohl. *M.* —.50 **—.80.**

Cicero, Rede f. Flaccus. Von A. du Mesnil. ℳ 3.60 **4.10.**

—— **ausgew. Briefe.** Von J. Frey. 6 Aufl. ℳ 2.20 **3.—**

—— **Tusculanae disputationes.** Von O. Heine. 2 Hefte.
I. Heft. Buch I. II. 4. Aufl. ℳ 1.20 **1.70.**
II. — Buch III—V. 4. Aufl. ℳ 1.65 **2.15.**

*—— **Cato maior.** Von C. Meißner. 5. Aufl., von Landgraf. ℳ —.60 **1.—**

—— **somnium Scipionis.** Von C. Meißner. 4. Aufl. ℳ —.45 **—.80.**

—— **Laelius.** Von C. Meißner. 2. Aufl. ℳ —.75 **1.20.**

—— **de finibus bon. et mal.** Von H. Holstein. [Vergr.]

—— **de legibus.** Von A. du Mesnil. ℳ 3.90 **4.50.**

—— **de natura deorum.** Von A. Goethe ℳ 2.40 **2.90.**

[——] **Chrestomathia Ciceroniana.** Ein Lesebuch f. mittlere u. obere Gymnasialklassen. Von C. F. Lüders. 3. Aufl., bearb. v. O. Weißenfels. Mit Titelbild. ℳ **2.80.**

[——] **Briefe Ciceros u. s. Zeitgenossen.** Von O. E. Schmidt. I. Heft. ℳ 1.— **1.40.**

Cornelius Nepos, siehe: Nepos.

***Curtius Rufus.** Von Th. Vogel und A. Weinhold. 2 Bändchen.
I. Bd. B. III—V. 4. A. ℳ 2.40 **2.80.**
*II. — B. VI—X. 3. A. ℳ 2.60 **3.20.**

[Elegiker.] Anthologie a. d. El. der Römer. Von C. Jacoby. 2. Aufl. 4 Hft. ℳ 3.50 **5.10.**
1. Heft: Catull. ℳ —.90 **1.30.**
2. Heft: Tibull. ℳ —.60 **1.—**
3. Heft: Properz. ℳ 1.— **1.40.**
4. Heft: Ovid. ℳ 1.— **1.40.**

Horaz, Oden u. Epoden. Von C. W. Nauck. 16. Aufl., v. O. Weißenfels. ℳ 2.25 **2.75.**

[—] Auswahl a. d. griech. Lyrik z. Gebrauch b. d. Erklärg. Horaz. Oden, von Großmann. ℳ —.15.

—— **Satiren und Episteln.** Von G. T. A. Krüger. 2 Abteilungen.
I. Abt. Satiren. 15. Aufl., v. G. Krüger. ℳ 1.80 **2.30.**
II. — Episteln. 15. Aufl., v. G. Krüger ℳ 2.— **2.50.**

—— **Sermonen.** Von A. Th. Fritzsche. 2 Bände. ℳ 4.40 **5.40.**
I. Bd. Der Sermonen Buch I. ℳ 2.40 **2.90.**
II. — Der Sermonen Buch II. ℳ 2.— **2.50.**

Livius, ab urbe condita libri.
Lib. 1. Von M. Müller. 2. Aufl. ℳ 1.50 **2.—**
Lib. 2. Von M. Müller ℳ 1.50 **2.—**
Lib. 3. Von F. Luterbacher. ℳ 1.20 **1.70.**
Lib. 4. Von F. Luterbacher. ℳ 1.20 **1.70.**
Lib. 5. Von F. Luterbacher. ℳ 1.20 **1.70.**
Lib. 6. Von F. Luterbacher. ℳ 1.20 **1.70.**

Livius, ab urbe condita libri.
Lib. 7. Von F. Luterbacher. ℳ 1.20 **1.70.**
Lib. 8. Von F. Luterbacher. ℳ 1.20 **1.70.**
Lib. 9. Von F. Luterbacher. ℳ 1.20 **1.70.**
Lib. 10. Von F. Luterbacher. ℳ 1.20 **1.70.**
Lib. 21. Von E. Wölfflin. 5. Aufl. ℳ 1.20 **1.70.**
Lib. 22. Von E. Wölfflin. 4. Aufl. ℳ 1.20 **1.70.**
*Lib. 23. Von F. Luterbacher. 2. Aufl. ℳ 1.20 **1.70.**
Lib. 24. Von H. J. Müller. 2. Aufl. ℳ 1.35 **1.80.**
Lib. 25. Von H. J. Müller. ℳ 1.20 **1.70.**
Lib. 26. Von F. Friedersdorff. ℳ 1.20 **1.70.**
Lib. 27. Von F. Friedersdorff. ℳ 1.20 **1.70.**
Lib. 28. Von F. Friedersdorff. ℳ 1.20 **1.70.**
Lib. 29. Von F. Luterbacher. ℳ 1.20 **1.70**
Lib. 30 Von F. Luterbacher. ℳ 1.20 **1.70.**

Nepos. Von J. Siebelis-Jancovius. 12. Aufl., von O. Stange. Mit 3 Karten. ℳ 1.20 **1.70.**

—— Von H. Ebeling. ℳ —.75.

—— **Ad historiae fidem rec. et usui scholarum accomm.** Ed. E. Ortmann. Editio V. ℳ 1.— **1.40.**

Ovidii metamorphoses. Von J. Siebelis u. Fr. Polle. 2 Hefte. [je ℳ 1.50 **2.—**] ℳ 3.— **4.—**
I. Heft. Buch I—IX. 17. Aufl.
II. — Buch X—XV. 14. Aufl.

—— **fastorum libri VI.** Von H. Peter. 2 Abteilungen.
I. Abt. Text u. Kommentar. 4. Aufl. ℳ 2.80 **3.20.**
II. — Krit. u. exeget. Ausführungen. 3. Aufl. ℳ —.90 **1.30.**

—— **ausgew. Gedichte** m. Erläut. für den Schulgebr. Von H. Günther. ℳ 1.50 **2.—**

Phaedri fabulae. Von J. Siebelis und F. A. Eckstein. 6. Aufl., v. Fr. Polle. ℳ —.75 **1.20.**

Plautus' ausgewählte Komödien. Von E. J. Brix. 4 Bdchn.
I. Bdchn. Trinummus. 5. Aufl., von M. Niemeyer. ℳ 1.60 **2.—**
II. — Captivi. 5. Aufl. ℳ 1.— **1.40.**
III. — Menaechmi. 4. Auflage, von M. Niemeyer. ℳ 1.— **1.40.**
IV. — Miles gloriosus. 3. Auflage. ℳ 1.80 **2.30.**

Plinius' d. J. ausgewählte Briefe. Von A. Kreuser. ℳ 1.50 **2.—**

***Quellenbuch, histor., zur alten Geschichte.** II. Abt. Römische Geschichte. Von A. Weidner. 2. Aufl. 1. Heft ℳ 1.80 **2.30.** 2. Heft ℳ 2.40 **3.—** 3. Heft. ℳ 2.70 **3.30.**

Quintiliani institut. orat. liber X. Von G. T. A. Krüger. 3. Aufl., von G. Krüger. ℳ 1.— **1.40.**

Sallusti Crispi bell. Catil., bell. Iugurth., oratt. et epist. ex historiis excerptae. Von Th. Opitz. 3 Hefte. ℳ 2.05 **3.20.**
I. Heft: **Bellum Catilinae.** ℳ —.60 **1.—**
II. — **Bellum Iugurthinum.** ℳ 1.— **1.40.**
III. — **Reden u. Briefe a. d. Historien.** ℳ —.45 **—.80.**

Tacitus' Historien. Von K. Heraeus. 2 Teile. ℳ 4.30 **5.40.**
I. Teil. Buch I u. II. 5. Aufl. ℳ 2.20 **2.80.**
II. — Buch III—V. 4. Auflage, von W. Heraeus. ℳ 2.10 **2.60.**

—— **Annalen.** Von A. Draeger. 2 Bände. ℳ 5.70 **7.50.**
*I. Band. 1. Heft. (Buch 1 u. 2.) 7. Aufl., von W. Heraeus. ℳ 1.50 **2.—**
2. Heft. [Buch 3—6.] 6. Aufl., von F. Becher. ℳ 1.50 **2.—**
II. — 2 Hefte: Buch XI—XIII. Buch XIV—XVI. 4. Aufl., von F. Becher. je ℳ 1.35 **1.75.**

***Tacitus, Agricola.** Von A. Draeger. 6. Aufl., von W. Heraeus. ℳ —.80 **1.20.**

—— **dialogus de oratoribus.** Von G. Andresen. 3. Aufl. ℳ —.90 **1.30.**

*—— **Germania.** Von E. Wolff. 2. Aufl. ℳ 1.40 **1.80.**

Terentius, ausgewählte Komödien. Von C. Dziatzko.
I. Bändchen. Phormio. 3. Aufl., von E. Hauler. ℳ 2.40. **2.90.**
II. — Adelphoe. 2. Aufl., von R. Kauer. ℳ 2.40 **2.90.**

Vergils Aeneide. Von K. Kappes. 4 Hefte.
I. Heft. Buch I—III. 6. Aufl. ℳ 1.40 **1.90.**
II. — Buch IV, V, VI. 4. Aufl., von E. Wörner. 3 Abt. je ℳ —.50 **—.80.**
II. — Buch IV—VI (4. Aufl.) in 1 Band ℳ **2.—**
III. — Buch VII—IX. 3. Aufl. ℳ 1.20 **1.70.**
IV. — Buch X, XI, XII. 3. Aufl., von M. Fickelscherer. 3 Abt. je ℳ —.50 **—.80.**
IV. — Buch X—XII (3. Aufl.) in 1 Band. ℳ **2.—**

6. Schultexte der „Bibliotheca Teubneriana“. [gr. 8. geb.]

Die Schultexte der „Bibliotheca Teubneriana“ bieten in denkbar bester Ausstattung zu wohlfeilem Preise den Zwecken der Schule besonders entsprechende, in keiner Weise aber der Tätigkeit des Lehrers vorgreifende, unverkürzte und zusatzlose Texte. Sie geben daher einen auf kritischer Grundlage ruhenden, aber aller kritischen Zeichen sich enthaltenden, in seiner inneren wie äußeren Gestaltung vielmehr inhaltliche Gesichtspunkte zum Ausdruck bringenden 'lesbaren' Text. Die Schultexte enthalten als Beigaben eine Einleitung, die in abrißartiger Form das Wichtigste über Leben und Werke des Schriftstellers sowie über sachlich im Zusammenhange Wissenswertes bietet; ferner gegebenenfalls eine Inhaltsübersicht oder Zeittafel (jedoch keine Dispositionen) sowie ein Namenverzeichnis, das außer geographischen und Personennamen auch sachlich wichtige Ausdrücke enthält, bzw. kurz erklärt.

Demosthenes' neun Philipp. Reden. Von Th. Thalheim. ℳ **1.—**

***Herodot B. I—IV.** Von A. Fritsch. ℳ **2.40.**

—— **B. V—IX.** Von A. Fritsch. ℳ **2.—**

Lysias' ausgew. Reden. Von Th. Thalheim. ℳ **1.—**

Thukydides B. I—III. Von S. Widmann. ℳ **1.80.**
Einzeln: Buch I, Buch II. je ℳ **1.—**

—— **B. VI—VIII.** Von S. Widmann. ℳ **1.80.**

***Xenophons Anabasis.** Von W. Gemoll. 3. Aufl. ℳ **1.60.**

*—— —— Buch I—IV. 2. Aufl. ℳ **1.10.**

—— **Memorabilien.** Von W. Gilbert. ℳ **1.10.**

Caesar de bello Gallico. Von J. H. Schmalz. ℳ **1.20.**

Ciceros Catilinar. Reden. Von C. F. W. Müller. ℳ **—.55.**

—— **Rede üb. d. Oberbefehl des Cn. Pompeius.** Von C. F. W. Müller. ℳ **—.55.**

Ciceros Rede f. Milo. Von C. F. W. Müller. ℳ **—.55.**

—— **Rede für Archias.** Von C. F. W. Müller. ℳ **—.40.**

—— **Rede für Roscius.** Von G. Landgraf. ℳ **—.60.**

—— **Reden geg. Verres. IV. V.** Von C. F. W. Müller. ℳ **1.—**

Horaz. Von G. Krüger. ℳ **1.80.**

Livius Buch I u. II (u. Auswahl a. Buch III u. V). Von K. Heraeus. ℳ **2.—**

—— **Buch XXI—XXIII.** Von M. Müller. ℳ **1.60.**

Ovids Metamorphosen in Auswahl. Von O. Stange. ℳ **2.—**

Sallusts Catilinar. Verschwörung. Von Th. Opitz. ℳ **—.55.**

—— **Jugurthin. Krieg.** Von Th. Opitz. ℳ **—.80.**
Beides zusammengeb. ℳ **1.20.**

Vergils Äneide. Von O. Güthling. ℳ **2.—**

Die **fetten** Ziffern verstehen sich für **gebundene** Exemplare.

Verschiedene Ausgaben für den Schulgebrauch.

Opitz, Th., u. A. Weinhold, Chrestomathie aus Schriftstellern der sogenannten silbernen Latinität. *M.* 2.80 **3.40.**

Auch in 5 Heften: I. Heft *M.* 1.40. II.—V. Heft je *M.* —.60 **1.—**

I. Heft. Suetonius, Velleius und Florus.
II. — Tacitus, Iustinus, Curtius, Valerius Maximus und Plinius d. J.
III. Heft. Plinius d. Ä. und Vitruvius.
IV. — Seneca und Celsus.
V. — Quintilianus.

Tirocinium poeticum. Erstes Lesebuch aus lateinischen Dichtern. Zusammengestellt und mit kurzen Erläuterungen versehen von Johannes Siebelis. 18. Auflage, von Otto Stange. *M.* **1.20.** Mit Wörterbuch von A. Schaubach. *M.* **1.60.**

Ciceros philosophische Schriften. Auswahl f. d. Schule nebst einer Einleitung in die Schriftstellerei Ciceros und in die alte Philosophie von Professor Dr. O. Weißenfels. Mit Titelbild. *M.* 2.— **2.60.**

—— —— in einzelnen mit Vorbemerkungen usw. versehenen Heften:

1. Heft: Einleitung in die Schriftstellerei Ciceros und die alte Philosophie. Mit Titelbild. kart. *M.* —.90.
2. Heft: De officiis libri III. kart. *M.* —.60.
3. Heft: Cato Maior de senectute. kart. *M.* —.30.
4. Heft: Laelius de amicitia. kart. *M.* —.30.
5. Heft: Tusculanarum disputationum libri V. kart. *M.* —.60.

Ciceros philosophische Schriften.

6. Heft: De natura deorum libri III und de finibus bonorum et malorum I, 9—21. kart. *M.* —.30.
7. Heft: De re publica. kart. *M.* —.30.

—— **rhetorische Schriften.** Auswahl f. d. Schule nebst Einleitung u. Vorbemerkungen von Prof. Dr. O. Weißenfels. *M.* 1.80 **2.40.**

—— —— in einzelnen mit Vorbemerkungen usw. versehenen Heften:

1. Heft: Einleitung in die rhetorischen Schriften Ciceros nebst einem Abriß der Rhetorik. kart. *M.* 1.—
2. Heft: De oratore und Brutus. Ausgewählt, mit Vorbemerkungen und Analysen. kart. *M.* 1.—
3. Heft: Orator. Vollständiger Text nebst Analyse. kart. *M.* —.60.

---

7. B. G. Teubners Schülerausgaben griech. u. lat. Schriftsteller.

[gr. 8. geb.]

Jedes Bändchen zerfällt in 3 Hefte:

1. **Text** enthält diesen in übersichtlicher Gliederung, mit Inhaltsangaben über den Hauptabschnitten und am Rande, nebst den Karten und Plänen;
2. **Hilfsheft** enthält die Zusammenstellungen, die die Verwertung der Lektüre unterstützen sollen, nebst den erläuternden Skizzen und Abbildungen;
3. **Kommentar** enthält die fortlaufenden Erläuterungen, die die Vorbereitung erleichtern sollen.

2/3. als **Erklärungen** auch zusammengebunden erhältlich.

Die Sammlung soll wirkliche „Schülerausgaben" bringen, die den Bedürfnissen der Schule in dieser Richtung in der Einrichtung wie der Ausstattung entgegenkommen wollen, in der Gestaltung des „Textes", wie der Fassung der „Erklärungen", die sowohl Anmerkungen als Zusammenfassungen bieten, ferner durch das Verständnis fördernde Beigaben, wie Karten und Pläne, Abbildungen und Skizzen.

Das Charakteristische der Sammlung ist das zielbewußte Streben nach organischem Aufbau der Lektüre durch alle Klassen und nach Hebung und Verwertung der Lektüre nach der inhaltlichen und sprachlichen Seite hin, durch Einheit der Leitung, Einmütigkeit der Herausgeber im ganzen bei aller Selbständigkeit im einzelnen, wie sie deren Namen verbürgen, und ernstes Bemühen, wirklich Gutes zu bieten, seitens des Verlegers.

Ziel und Zweck der Ausgaben sind, sowohl den Fortschritt der Lektüre durch Wegräumung der zeitraubenden und nutzlosen Hindernisse zu erleichtern, als die Erreichung des Endzieles durch Einheitlichkeit der Methode und planmäßige Verwertung der Ergebnisse zu sichern.

Die fetten Ziffern verstehen sich für gebundene Exemplare.

*Aristoteles (Auswahl), s.: Philosophen.

Demosthenes, ausgew. politische Reden. Von H. Reich.

*1. Text. 2. Aufl. ℳ 1.20.

2. Hilfsheft. ℳ 1.—
3. Kommentar. I. II. steif geh. je ℳ —.80. Zus. in 1 Bd. geb. ℳ 1.40.
} 2/3. Erklärungen. ℳ 2.20.

*Epiktet, Epikur (Auswahl), siehe: Philosophen.

Herodot in Auswahl. Von K. Abicht.

*1. Text. 3. Aufl. M. Karte u. 4 Plänen im Text. ℳ 1.80.

2. Hilfsh. M. Abb. i. Text. ℳ —.80.
3. Komment. 2. Aufl. ℳ 1.80.
} 2/3. Erklärungen. ℳ 2.40.

|| *Text B. Mit Einleitung. 3. Aufl. ℳ 2.— Dazu Kommentar. 2. Aufl. ℳ 1.80.

Homer. I: Odyssee. Von O. Henke.

*1. Text. 2 Bdchn: B. 1—12. 4. Aufl. B. 13—24. 4. Aufl. Mit 3 Karten. je ℳ 1.60. — B. 1—24 in 1 Band ℳ 3.20.

2. Hilfsheft. 3. Aufl. Mit zahlr. Abb. ℳ 2.—

*3. Kommentar. 4. Aufl. 2 Hefte. steif geh. je ℳ 1.20. Zus. in 1 Bd. geb. ℳ 2.— Inhaltsübersicht (nur direkt) ℳ —.05.

—— II: Ilias. Von O. Henke.

1. Text. 3. Aufl. 2 Bdchn.: B. 1—13. — *B. 14—24. Mit 3 Karten. je ℳ 2.— B. 1—24 in 1 Band ℳ 4.—

2. Hilfsheft. 2. Aufl. Mit zahlr. Abb. ℳ 2.—

3. Kommentar. 2. Aufl. 2 Hefte. steif geh. ℳ 1.60 u. ℳ 1.20. Zusammen in 1 Bd. geb. ℳ 2.40.

*Lucian (Auswahl), siehe: Philosophen.

*Marcus Aurelius (Auswahl), siehe: Philosophen.

*[Philosophen.] Auswahl a. d. griech. Phil. I. Teil: Auswahl aus Plato. Von O. Weißenfels.

Ausgabe A. Text. 2. Aufl. ℳ 1.80. Kommentar. ℳ 1.60.

Ausgabe B (ohne Apologie, Kriton und Protagoras). Text. ℳ 1.40. Kommentar. ℳ 1.40.

*II. Teil: Auswahl aus Aristoteles und den nachfolgenden Philosophen (Aristoteles, Epiktet, Marcus Aurelius, Epikur, Theophrast, Plutarch, Lucian). Text. ℳ 1.20. Kommentar. ℳ 1.20.

Platons Apologie u. Kriton nebst Abschn. a. d. Phaidon u. Symposion. Von F. Rösiger.

1. Text. steif geh. ℳ —.80.

2. Hilfsheft. ℳ 1.—
3. Kommentar. steif geh. ℳ —.80.
} 2/3. Erklärungen. ℳ 1.60.

*[——] Auswahl a. Pl., siehe: Philosophen.

*Plutarch (Auswahl), siehe: Philosophen.

Sophokles' Tragödien. Von C. Conradt.

1. Text: I. Antigone. 2. Auflage. Mit Titelbild. ℳ —.70. II. König Ödipus. ℳ —.80. III. Aias. ℳ —.80. Text I u. II zus.-geb. ℳ 1.10.

2. Hilfsheft. 2. Aufl. ℳ —.70.

3. Kommentar: I. Antigone. 2. A. ℳ —.70. *II. König Ödipus. 2. Aufl. ℳ —.80. III. Aias. ℳ —.80.

2/3. Erklärungen (Hilfsheft u. Kommentar I u. II zus.-geb.). ℳ 1.60.

*Theophrast (Auswahl), s.: Philosophen.

Thukydides i. Ausw. Von E. Lange.

1. Text. 2. Aufl. Mit Titelbild u. 3 Karten. ℳ 2.40.

2. Hilfsh. Mit Abb. i. Text. ℳ —.70.
3. Komment. ℳ 1.60.
} 2/3. Erklärungen. ℳ 2.—

Ausgabe in 2 Teilen:

I. B. I—V. a. Text. ℳ 1.60. b. Kommentar. ℳ 1.—

II. B. VI—VIII. a. Text. ℳ 1.10. b. Kommentar. ℳ 1.—

III. Zeittafel, Namenverz. u. Karten, z. beid. Teil. 2. Aufl. ℳ —.50.

|| Text B. Mit Einleit. 2. Aufl. ℳ 2.80. Dazu Kommentar. ℳ 1.60.

Xenophons Anabasis i. Ausw. Von G. Sorof.

1. Text. 6. Aufl. Mit Karte u. Plänen im Text. ℳ 1.80.

2. Hilfsheft. 2. Aufl. Mit Abb. im Text. ℳ —.80.
3. Komment. 5. Aufl. ℳ 1.40.
} 2/3. Erklärungen. 2. Aufl. ℳ 1.80.

*|| Text B. Mit Einleit. 6. Aufl. ℳ 2.— Dazu Kommentar. 4. Aufl. ℳ 1.40. Wörterbuch. ℳ 1.20.

—— Hellenika in Auswahl. Von G. Sorof.

*1. Text. 3. Aufl. Mit Karte u. Plänen im Text. ℳ 1.80.

2/3. Kommentar. Mit Einleitung. 2. Aufl. ℳ 1.—

—— Memorabilien in Auswahl. Von F. Rösiger.

1. Text. ℳ 1.—

3. Kommentar. steif geh. ℳ —.80.

Caesars Gallischer Krieg. Von F. Fügner.

1. Text. 7. Aufl. Mit 3 Karten, sowie 8 Plänen u. 3 Abb. im Text. ℳ 1.80.

*2. Hilfsheft. 5. Aufl. Mit Abb. im Text. ℳ 1.20.
3. Komment. 6. Aufl. ℳ 1.60.
} 2/3. Erklärungen. ℳ 2.40.

Auch in 2 Heften. 1. Heft (Buch 1—4). 2. Heft (Buch 5—7). je ℳ —.80.

|| Text B. M. Einleitg. 7. Aufl. ℳ 2.— Dazu Kommentar. 5. Aufl. ℳ 1.60.

—— Bürgerkrieg. Von F. Fügner.

1. Text. Mit 2 Karten. ℳ 1.60.

2. Hilfsheft: siehe Gall. Krieg.

3. Kommentar. ℳ 1.20.

Die fetten Ziffern verstehen sich für gebundene Exemplare.

Ciceros Catilinar. Reden u. Rede de imperio. Von C. Stegmann.
1. **Text.** 5. Auflage. Mit Titelbild u. 3 Karten. M 1.10.
*2. **Hilfsheft.** 3. Aufl. M 1.20. } 2/3. **Erklärungen.** M 1.80.
*3. **Kommentar.** 4. Aufl. M —.90. }
|| **Text B.** M. Einleit. 5. Aufl. M 1.35.
Dazu **Kommentar.** 3. Aufl. M —.80.
— **Rede für S. Roscius und Rede für Archias.** Von H. Hänsel.
*1. **Text.** 2. Aufl. M —.80.
*2/3. **Kommentar.** Mit Einleitung. M —.60.
*— **Reden für Q. Ligarius und für den König Deiotarus.** Von C. Stegmann.
1. **Text.** M —.60.
*3. **Kommentar.** Mit Einleitung. M —.60.
— **Cato maior de senectute.** Von O. Weißenfels.
1. **Text.** steif geh. M —.50.
3. **Kommentar.** steif geh. M —.50.
— **Philosoph. Schriften in Auswahl.** Von O. Weißenfels.
*1. **Text.** 2. Aufl. M 1.60.
2. **Hilfsh.** M —.60. } 2/3. **Erklärungen.** M 1.60.
3. **Komment.** 2. Aufl. M 1.— }
— **Verrinen.** Buch IV u. V. Von C. Bardt.
1. **Text.** M 1.20.
3. **Kommentar.** M 1.40.
[—] **Ausgew. Briefe aus Ciceronischer Zeit.** Von C. Bardt.
1. **Text.** 2. Aufl. Mit Karte. M 1.80.
2. **Hilfsheft.** steif geh. M —.60.
3. **Kommentar** (verkürzte Ausg.). M 2.40.
Kommentar (erweiterte Ausgabe). Mit Einleitung.
I. Heft: Brief 1—61. M 1.80 **2.20.**
II. Heft: Brief 62—114. M 1.60 **2.—**
Horatius, Gedichte. Von G. Schimmelpfeng.
1. **Text.** 2. Aufl. Mit Karte u. Plan. M 2.—
*2. **Hilfsheft.** [In Vorb.]
*3. **Kommentar.** 2. Aufl. M 1.80.
Livius, Römische Geschichte im Auszuge. Von F. Fügner.
I. Der zweite punische Krieg.
1. **Text.** 3. Aufl. Mit 4 Karten. M 2.—
2. **Hilfsheft** (zu I u. II). M 2.—
*3. **Kommentar.** 2 Hefte.
I. Heft: Buch 21—22. 3. Aufl. M 1.20.
II. Heft: Buch 23—30. 2. Aufl. M 1.40.
II. Auswahl aus der 1. Dekade.
*1. **Text.** 2. Aufl. M 1.60.
2. **Hilfsheft** (zu I u. II). M 2.—
3. **Kommentar.** Buch 1—10. M 1.60.
Verkürzte Auswahl aus der 1. u. 3. Dekade.
1. **Text.** 2. Aufl. M 2.20.
*2. **Hilfsheft.** M 2.—
3. **Kommentar.** I. Heft. Buch 1—10. M 1.40.
II. Heft. Buch 21—30. M 1.60.

Nepos' Lebensbeschreibungen in Auswahl. Von F. Fügner.
1. **Text.** 5. Aufl. M. 3 Karten. M 1.—
2. **Hilfsheft.** 5. Aufl. Mit Abbild. i. Text. M 1.— } 2/3. **Erklärungen.** M 1.40.
3. **Komment.** 4. Aufl. M —.90. }
Ovids Metamorphosen in Auswahl. Von M. Fickelscherer.
*1. **Text.** 5. Auflage. M 1.20.
*2. **Hilfsheft.** 3. Aufl. M. Abbild. im Text. M 1.20. } 2/3. **Erklärungen.** M 2.20.
3. **Komment.** 5. Aufl. M 1.40. }
Wörterbuch. 4. Aufl. steif geh. M —.50
*|| **Text B.** M. Einleitg. 5. Aufl. M 1.35.
Dazu **Kommentar.** 5. Aufl. M 1.40.
Sallusts Catilinar. Verschwörung. Von C. Stegmann.
1. **Text.** 2. Aufl. Mit Karte. M —.80.
2/3. **Erklärungen.** 2. Aufl. M —.60.
*— **Jugurthin. Krieg.** Von C. Stegmann.
***Text.** Mit Karte. M —.80.
***Kommentar.** M 1.—
Tacitus' Annalen i. Ausw. u. d. Bataveraufstand unt. Civilis. Von C. Stegmann.
*1. **Text.** Mit 4 Karten u. 1 Stammtafel. 2. Aufl. M 2.40.
2. **Hilfsheft.** M 1.80. } 2/3. **Erklärungen.** M 2.80.
3. **Komment.** M 1.40. }
Ausgabe in 2 Teilen:
*I. Ann. B. 1—6. a) Text. 2. Aufl. M 1.20. b) Kommentar. M 1.—
II. Ann. B. 11—16. Historien B. IV/V. a. Text. M —.80. b. Kommentar. M —.80.
III. Zeittafel, Namenverz. u. Kart., z. beid. Teilen. M —.80.
— **Agricola.** Von O. Altenburg.
1. **Text.** M —.60.
2/3. **Erklärungen.** steif geh. M —.80
— **Germania.** Von O. Altenburg.
1. **Text.** M —.60.
2/3. **Erklärungen.** steif geh. M —.80.
Vergils Aeneide i. Ausw. Von M. Fickelscherer.
1. **Text mit Einleitung.** 3. Aufl. Mit Karte. M 1.40.
*3. **Kommentar.** 3. Aufl. M 1.80.

Die **fetten** Ziffern verstehen sich für **gebundene** Exemplare.

B. Zu den griechischen und lateinischen Schriftstellern.
Auswahl.

1. Zu den griechischen Schriftstellern.

Aeschylus.
Dindorf, Guil., lexicon Aeschyleum. Lex.-8. 1873. *M.* 16.—
Richter, P., zur Dramaturgie des Ä. gr. 8. 1892. *M.* 6.50.
Westphal, R., Proleg. z. Ä.' Tragödien. gr. 8. 1869. *M.* 5.—

Aristarchus.
Ludwich, A., Ar.'s Homer. Textkritik. 2 Teile. gr. 8. 1884/85. *M.* 28.—

Aristophanes.
Müller-Strübing, Ar. u. d. histor. Kritik. gr. 8. 1873. *M.* 16.—
Roemer, A., Studien z. Ar. u. den alten Erklärern dess. I. Teil. gr. 8. 1902. *M.* 8.—
Zacher, K., die Handschriften u. Klassen der Aristophanesscholien. gr. 8. 1889. *M.* 6.—

Aristoteles.
Heitz, E., die verlorenen Schriften des Ar. gr. 8. 1865. *M.* 6.—

Bucolici.
Hiller, E., Beiträge z. Textgesch. d. gr. Bukoliker. gr. 8. 1888. *M.* 3.20.

Demosthenes.
Fox, W., die Kranzrede d. D., m. Rücksicht a. d. Anklage d. Äschines analysiert u. gewürdigt. gr. 8. 1880. *M.* 5.60.
Preuß, S., index Demosthenicus. gr. 8. 1892. *M.* 10.—
Schaefer, A., D. und seine Zeit. 2. Ausg. 3 Bände. gr. 8. 1885—1887. *M.* 30.—

Etymologica.
Reitzenstein, R., Geschichte d. griech. E. gr. 8. 1896. *M.* 18.—

Herondas.
Crusius, O., Unters. z. d. Mimiamben d. H. gr. 8. 1892. *M.* 6.—

Hesiodus.
Dimitrijević, M. R., studia Hesiodea. gr. 8. 1900. *M.* 6.—
Steitz, Aug., die Werke und Tage d. H. nach ihrer Komposition. gr. 8. 1869. *M.* 4.—

Homerus.
Autenrieth, G., Wörterbuch zu den Homer. Gedichten. 11. Aufl., von Kaegi. gr. 8. 1908. *M.* **3.60.**
Frohwein, E., verbum Homericum. gr. 8. 1881. *M.* 3.60.
Gehring, A., index Hom. Lex.-8. 1891. *M.* 16.—
Gladstone's, W. E., Homerische Studien, frei bearbeitet von A. Schuster. gr. 8. 1863. *M.* 9.—

Homerus.
Kammer, E., die Einheit der Odyssee. gr. 8. 1873. *M.* 16.—
La Roche, J., die Homerische Textkritik im Altertum. gr. 8. 1866. *M.* 10.—
Lexicon Homericum, ed. H. Ebeling. 2 voll. Lex.-8. 1874/1885. Vol. I. *M.* 42.—, Vol. II. *M.* 18.—
Ludwich, A., die Homervulgata als voralexandrinisch erwiesen. gr. 8. 1898. *M.* 6.—
Noack, F., Homerische Paläste. gr. 8. 1903. *M.* 2.80 **3.80.**
Nutzhorn, F., die Entstehungsw. d. Hom. Gedichte. gr. 8. 1869. *M.* 5.—
Volkmann, R., die Wolfschen Prolegomena. gr. 8. 1874. *M.* 8.—

Isocrates.
Preuß, S., index Isocrateus. gr. 8. 1904. *M.* 8.—

Lucian.
Helm, R., L. und Menipp. gr. 8. 1906. *M.* 10.— **13.—**

Oratores.
Blaß, Fr., die attische Beredsamkeit. 3 Abt 2. Aufl. gr. 8. I. 1887. *M.* 14.— **16.—** II. 1892. *M.* 14.— **16.—** III 1. 1893. *M.* 16.— **18.—** III 2. 1898. *M.* 12.— *M.* **14.—**

Pindarus.
Rumpel, J., lexicon Pindaricum. gr. 8. 1883. *M.* 12.—

Photios.
Reitzenstein, R., Der Anfang des Lexikons des Photios. Mit 2 Tafeln in Lichtdruck. gr. 8. 1907. *M.* 7.— **9.50.**

Plato.
Finsler, G., Platon und die aristotelische Poetik. gr. 8. 1900. *M.* 6.—
Immisch, O., philologische Studien zu Pl. I. Heft. Axiochus. gr. 8. 1896. *M.* 3.— II. Heft. De recens. Platon. praesidiis atque rationibus. gr. 8. 1903. *M.* 3.60.
***Raeder**, H., Pl.'s philosophische Entwickl. gr. 8. 1905. *M.* 8.— **10.—**
Ritter, C., Pl. Gesetze. Darstellung des Inhalts. 8. 1896. *M.* 3.20. Kommentar zum griech. Text. *M.* 10.—
Schmidt, H., kritischer Kommentar zu P. Theätet. gr. 8. 1877. *M.* 4.—
—— exegetischer Komment. z. P. Theätet. gr. 8. 1880. *M.* 3.20.
Wohlrab, M., vier Vorträge über Pl. 8. 1879. *M.* 1.60.

Die fetten Ziffern verstehen sich für gebundene Exemplare.

Poetae comici.
Zieliński, Th., Gliederung der altattisch. Komödie. gr. 8. 1885. ℳ 10.—

Sophocles.
Plüß, Th., S.' Elektra. Eine Auslegung. gr. 8. 1891. ℳ 3.—

Theocritus.
Rumpel, J., lexicon Theocriteum. gr. 8. 1879. ℳ 8.—

Thucydides.
Herbst, L., zu Th. Erklärungen und Wiederherstellungen. I. Reihe. Buch I bis IV. gr. 8. 1892. ℳ 2.80. II. Reihe. Buch V—VIII. gr. 8. 1893. ℳ 3.60.
Stahl, I. M., quaestiones grammaticae ad Th. pertinentes. Auctas et correctas iterum edidit St. gr. 8. 1886. ℳ 1.60.

2. Zu den lateinischen Schriftstellern.

Caesar, C. Iulius.
Ebeling, H., Schulwörterbuch zu Caesar. 6. Aufl. gr. 8. 1907. ℳ **1.80.**
Menge et Preuß, lexicon Caesarianum. Lex.-8. 1885/90. ℳ 18.—

Cicero, M. Tullius.
Schmidt, O. E., der Briefwechsel des C. gr. 8. 1893. ℳ 12.—
Zieliński, C., im Wandel der Jahrhunderte. 8. 2. Aufl. 1907. ℳ 7.— 8.—

Horatius.
Friedrichs, J. G., Q. Horatius Flaccus. Phil. Unters. gr. 8. 1894. ℳ 6.—
Keller, O., Epilegomena zu H. 3 Teile. gr. 8. (je ℳ 8.—) ℳ 24.— I. Teil. 1879. II. u. III. Teil. 1880.
Müller, L., Q. Horatius Flaccus. 8. 1880. ℳ 2.40.
Plüß, Th., Horazstudien. Alte und neue Aufsätze über Horazische Lyrik. gr. 8. 1882. ℳ 6.—
***Stemplinger**, Ed., das Fortleben der H.'schen Lyrik seit der Renaissance. gr. 8. 1906. ℳ 8.— 9.—

Iuris consulti.
Kalb, W., Roms Juristen nach ihrer Sprache. gr. 8. 1890. ℳ 4.—

Lucilius.
Müller, L., Leben u. Werke des C. Lucilius. gr. 8. 1876. ℳ 1.20.

Ovidius.
Siebelis-Polle, Wörterbuch zu O.'s Metamorphosen. 5. Aufl. gr. 8. 1893. ℳ 4.40 **4.80.**
Stange, O., kleines Wörterbuch zu O.'s Metamorphosen. gr. 8. 1899. ℳ **2.50.**
Tolkiehn, J., quaest. ad. Heroides O. spect. gr. 8. 1888. ℳ 2.80.

Plautus.
Lexicon Plautinum conscripsit Gonzalez Lodge. gr. 8. Vol. I. Fasc. 1-5 je ℳ 7.20.
Ritschl, Fr., prolegomena de rationibus emendationis Plautinae. gr. 8. 1880. ℳ 4.—

Tacitus.
Draeger, A., über Syntax und Stil des T. 3. Aufl. gr. 8. 1882. ℳ 2.80.
Gerber et Greef, lexicon Taciteum. Lex.-8. 1877—1903. ℳ 64.—

Vergilius.
Comparetti, V. im Mittelalter. gr. 8. 1875. ℳ 6.—
Heinze, R., Vergils epische Technik. 2. Aufl. gr. 8. 1908 ℳ 12.— 14.—
Plüß, V. und die epische Kunst. gr. 8. 1884. ℳ 8.—
***Skutsch**, F., aus V.'s Frühzeit. gr. 8. 1901. ℳ 4.— **4.60.**
*—— Gallus u. V. (A. V.'s Frühzeit, II. Teil). gr. 8. 1906. ℳ 5.— **5.60.**
Sonntag, M., V. als bukolischer Dichter. gr. 8. 1891. ℳ 5.—
Weidner, A., Kommentar zu V.'s Aeneis. B. I u. II. gr. 8. 1869. ℳ 8.—

C. Wichtige Handbücher und neuere Erscheinungen aus dem Gebiete der klassischen Philologie.

Die auf einzelne Schriftsteller (oder Literaturgattungen) bezüglichen Schriften s. o. S. 13 ff.

Archiv für Papyrusforschung und verwandte Gebiete, hrsg. von U. Wilcken. Jährlich 4 Hefte. *M.* 24.—

Archiv für Religionswissenschaft. Nach A. Dieterich. Herausg. von Richard Wünsch. Jährl. 4 Hefte. *M.* 16.—

Neue Jahrbücher für das klassische Altertum, Geschichte und deutsche Literatur und für Pädagogik. Hrsg. von J. Ilberg und B. Gerth. Preis für den Jahrgang von 10 Heften *M.* 30.—

Byzantinische Zeitschrift. Unter Mitwirkung vieler Fachgenossen hrsg. von K. Krumbacher. Preis für den Band von jährlich 4 Heften *M.* 20.—

Die griechische und lateinische Literatur und Sprache. Bearbeitet von U. v. Wilamowitz-Moellendorff, K. Krumbacher, J. Wackernagel, Fr. Leo, E. Norden, Fr. Skutsch. 2. Auflage. (Die Kultur der Gegenwart. Ihre Entwicklung und ihre Ziele. Herausg. von Prof. Paul Hinneberg. Teil I, Abt. 8.) *M.* 10.—, geb. *M.* 12.—

Ausfeld, A., der griechische Alexanderroman. Nach des Verfassers Tode herausgegeben von W. Kroll. *M.* 8.— **10.—**

Bardt, C., zur Technik des Übersetzens lateinischer Prosa. *M.* —.60.

Baumgarten, F., F. Poland und R. Wagner, die hellenische Kultur. 2. Auflage. Mit 7 Tafeln u. 1 Karte in Mehrfarbendruck, 2 Doppeltafeln in Schwarzdruck, 2 Karten und gegen 400 Abbildungen im Text. *M.* 10.— **12.—**

Bender, H., Grundriß der römischen Literaturgeschichte für Gymnasien. III. Teil. 2. Aufl. *M.* 1.—

Benseler, G. E., und K. Schenkl, griechisch-deutsches und deutsch-griechisches Schulwörterbuch. 2 Teile.
I. Teil. Griechisch-deutsches Schulwörterbuch. 12. Aufl., bearb. von A. Kaegi. *M.* 6.75 **8.—** II. Teil. Deutsch-griechisches Schulwörterbuch. 5. Auflage, bearb. von K. Schenkl. *M.* 9.— **10.50.**

Birt, Th., die Buchrolle in der Kunst. Archäol.-antiquar. Untersuchungen zum antiken Buchwesen. Mit 190 Abbildungen. *M.* 12.— **15.—**

Blaß, F., die attische Beredsamkeit. 3 Abt. 2. Aufl. *M.* 56.— **64.—**
I. Abteil. Von Gorgias bis zu Lysias. *M.* 14.— **16.—** II. Abteil. Isokrates und Isäos. *M.* 14.— **16.—** III. Abteil. 1. Abschn. Demosthenes. *M.* 16.— **18.—** III. Abteil. 2. Abschn. Demosthenes' Genossen und Gegner. *M.* 12.— **14.—**

Blümner, H., Technologie und Terminologie der Gewerbe und Künste bei Griechen und Römern. 4 Bände. Mit zahlreichen Abbildungen. *M.* 50.40.

Böckh, A., und Ludolf Dissen, Briefwechsel siehe Hoffmann, M.

Bretzl, H., Botanische Forschungen des Alexanderzuges. Mit zahlreichen Abbild. und Kartenskizzen. *M.* 12.— **14.—**

Brunn, H., kleine Schriften. Herausg. von H. Brunn und H. Bulle. 3 Bände. I. Band. Mit zahlreichen Abbild. *M.* 10.— **13.—** II. Band. *M.* 20.— **23.—** III. Band. *M.* 14.— **17.—**

Cantor, M., Vorlesungen über Geschichte der Mathematik. I. Band. Von den ältesten Zeiten bis 1200 n. Chr. Mit 114 Fig. und 1 lithogr. Tafel. 3. Aufl. *M.* 24.— **26.—**

Commentarii notarum Tironianarum ed. W. Schmitz. Mit 132 Taf. In Mappe *M.* 40.—

Crönert, Guil., Memoria Graeca Herculanensis, cum titulorum Aegypti papyrorum codicum denique testimoniis comparatam proposuit G. C. *M.* 12.—

Cumont, F., die Mysterien des Mithra. Ein Beitrag z. Religionsgeschichte der römisch. Kaiserzeit. Autor. deutsche Ausgabe von G. Gehrich. Mit 9 Abbild. im Text und auf 2 Tafeln sowie 1 Karte. *M.* 5.— **5.60.**

Die fetten Ziffern verstehen sich für gebundene Exemplare.

Diels, H., Elementum. Eine Vorarbeit zum griech. u. latein. Thesaurus. ℳ 3.—

Dieterich, A., Nekyia. Beitr. zur Erklärung d. neuentdeckten Petrusapokalypse. ℳ 6.—

—— eine Mithrasliturgie. ℳ 6.— 7.—

—— Mutter Erde. Ein Versuch über Volksreligion. ℳ 3.20 **3.80.**

Dziatzko, K., Untersuchungen über ausgewählte Kapitel des antiken Buchwesens. ℳ 6.—

Finsler, H., Homer. Erläuterungen. ℳ 6.— **7.40.**

Gardthausen, V., Augustus und seine Zeit. 2 Teile.
I. Teil. I. Band. ℳ 10.— II. Band. ℳ 12.— III. Band. ℳ 8.— Zusammengeb. ℳ 32.—
II. Teil. (Anmerk.) I. Band. ℳ 6.— II. Band. ℳ 9.— III. Band. ℳ 7.— Zusammengeb. ℳ 24.—

—— Griechische Paläographie. Mit 12 Tafeln u. vielen Illustrationen im Text. ℳ 18.40.

Geffcken, J., das griechische Drama. Äschylos, Sophokles, Euripides. Mit einem Plane. ℳ 1.60 **2.20.**

Gelzer, H., ausgewählte kleine Schriften. Mit einem Porträt Gelzers. ℳ 5.— **6.—**

Gercke, A., u. Ed. **Norden**, Einleitung in die klassische Philologie u. Altertumswissenschaft. Unter Mitwirkung von E. Bethe, J. L. Heiberg, B. Keil, P. Kretzschmer, K. J. Neumann, E. Pernice, P. Wendland, S. Wide, Fr. Winter, herausg. von A. Gercke u. E. Norden. 2 Bände. geb. je ca. ℳ 10.— [U. d. Pr.]

Gilbert, G., Handbuch der griech. Staatsaltertümer. 2 Bände. ℳ 13.60.
I. Band. Der Staat der Lakedaimonier und der Athener. 2. Aufl. ℳ 8.— II. Band. ℳ 5.60.

—— O., Geschichte und Topographie der Stadt Rom im Altertum. 3 Abt. ℳ 24.— I. Abteil. ℳ 6.— II. Abteil. ℳ 8.— III. Abteil. ℳ 10.—

—— die meteorologischen Theorien des griechischen Altertums. Mit 12 Figuren im Text. ℳ 20.— **22.50.**

Grammatik, historische, der lateinischen Sprache. Unter Mitwirkung von H. Blase, A. Dittmar, J. Golling, G. Herbig, C. F. W. Müller, J. H. Schmalz, Fr Stolz, J. Thüssing und A. Weinold, hrsg. von G. Landgraf. In mehreren Bänden. gr. 8.
I. Band. Von Fr. Stolz. I. Hälfte: Einleitung und Lautlehre. II. Hälfte: Stammbildungslehre. 1894. 1895. je ℳ 7.—
III. Band. Syntax des einfachen Satzes. I. Heft: Einleitung, Literatur, Tempora und Modi, Genera Verbi. 1903. ℳ 8.— [Fortsetzung u. d. Pr.]
Supplement: Müller, C. F. W., Syndax des Nominativs und Akkusativs im Lateinischen. ℳ 6.—

Gudeman, A., Grundriß der Geschichte der klassischen Philologie. ℳ 4.80 **5.20.**

Hagen, H., gradus ad criticen. Für philologische Seminarien und zum Selbstgebrauch. ℳ 2.80.

Heinichen, Fr. A., lateinisch-deutsches und deutsch-latein. Schulwörterbuch. 2 Teile. I. Teil. Lateinisch-deutsches Schulwörterbuch. 8. Aufl., bearb. von C. Wagener. ca. ℳ 6.30 ca. **7.50.** II. Teil. Deutsch-lateinisches Schulwörterbuch. 5. Aufl., bearb. von C. Wagener. ℳ 5.25 **6.50.**

Helbig, W., Führer durch die öffentlichen Sammlungen der klassischen Altertümer in Rom. 2 Bände. 2. Aufl. geb. ℳ 15.— [Die Bände sind nur zusammen käuflich.]

—— —— auf extradünnes Papier gedruckt und mit Schreibpapier durchschossen, zum Handgebrauch für Fachgelehrte. geb. ℳ 17.—

Herkenrath, E., der Enoplios. Ein Beitrag zur griechisch. Metrik. ℳ 6.— **8.—**

Herzog, E., Geschichte und System der röm. Staatsverfassung. 2 Bände. ℳ 33.—
I. Band. Königszeit u. Republik. ℳ 15.—
II. Band. Die Kaiserzeit von der Diktatur Cäsars bis zum Regierungsantritt Diokletians. I. Abt. Geschichtliche Übersicht. ℳ 10.— II. Abt. System der Verfassung der Kaiserzeit. ℳ 8.—

Hoffmann, M., August Boeckh. Lebensbeschreibung und Auswahl aus seinem wissenschaftlichen Briefwechsel. Ermäß. Preis. ℳ 7.— **9.—**

—— Briefwechsel zwischen August Böckh und Ludolf Dissen, Pindar und anderes betreffend. ℳ 5.— **6.—**

Imhoof-Blumer, F., Porträtköpfe v. römisch. Münzen der Republik und der Kaiserzeit. Für den Schulgebrauch herausgeg. [Mit 4 Lichtdrucktafeln. 2. Aufl. kart. ℳ 3.20.

—— Porträtköpfe auf antiken Münzen hellenischer und hellenisierter Völker. Mit Zeittafeln der Dynastien des Altertums nach ihren Münzen. Mit 296 Bildnissen in Lichtdruck. kart. ℳ 10.—

—— und O. **Keller**, Tier- und Pflanzenbilder auf antiken Münzen u. Gemmen. 26 Lichtdrucktafeln mit 1352 Abbild. u. 178 Seiten erläuterndem Text. geb. ℳ 24.—

Immisch, O., die innere Entwicklung des griechischen Epos. Ein Baustein zu einer historischen Poetik. ℳ 1.—

Kaerst, J., Geschichte des hellenistischen Zeitalters. In 3 Bänden.
I. Band. Die Grundlegung des Hellenismus. ℳ 12.— **14.—**
II. Band. 1. Hälfte. Das Wesen des Hellenismus. ℳ 12.— **14.—**

—— die antike Idee der Ökumene in ihrer politischen und kulturellen Bedeutung. ℳ 1.20.

Keller, O., lateinische Volksetymologie und Verwandtes. *M.* 10.—

Klotz, Reinh., Handbuch der lateinischen Stilistik. Nach des Verf. Tode herausgeg. von Rich. Klotz. *M.* 4.80.

—— Rich., Grundzüge altrömischer Metrik. *M.* 12.—

Krumbacher, K., die Photographie i. Dienste der Geisteswissenschaften. Mit 15 Tafeln. *M.* 3.60.

Lehmann, K., die Angriffe der drei Barkiden auf Italien. Drei quellenkritisch-kriegsgeschichtliche Untersuch. Mit 4 Karten, 5 Plänen und 6 Abbild. *M.* 10.— **13.—**

Lehrs, K., populäre Aufsätze aus dem Altertum, vorzugsweise zur Ethik und Religion der Griechen. 2. Aufl. *M.* 11.—

Leo, Fr., die griechisch-römische Biographie nach ihrer literarischen Form. *M.* 7.—

Lexikon, ausführliches, der griechischen und römischen Mythologie. Im Verein mit vielen Gelehrten hrsg. von W. H. Roscher. Mit zahlreichen Abbildungen. 3 Bände. I. Band. (A—H.) *M.* 34.— II. Band. (I—M.) *M.* 38.— III. Band. 37.—57. Lieferung. Jede Lieferung *M.* 2.— Supplemente: I. Bruchmann, epitheta deorum quae apud poetas Graecos leguntur. *M.* 10.— II. Carter, epitheta deorum. *M.* 7.— III. Berger, mythische Kosmographie der Griechen. *M.* 1.80.

Lübker's Reallexikon des klass. Altertums für Gymnasien. 7. verb. Auflage, herausgegeben von Erler. Mit zahlreichen Abbildungen. *M.* 14.— **16.50.**

Ludwich, A., Aristarchs Homerische Textkritik nach den Fragmenten des Didymos dargestellt und beurteilt. Nebst Beilagen. 2 Teile. *M.* 28.— [I. Teil. *M.* 12.— II. Teil. *M.* 16.—]

Masqueray, F., Abriß der griechisch. Metrik. Aus dem Französischen übersetzt von Br. Preßler. *M.* 4.40 **5.—**

Mau, G., die Religionsphilosophie Kaiser Julians in seinen Reden auf König Helios und die Göttermutter. Mit einer Übersetzung der beiden Reden. *M.* 6.— **7.—**

Mayser, E., Grammatik der griechischen Papyri aus der Ptolemäerzeit. Mit Einschluß der gleichzeitigen Ostraka und der in Ägypten verfaßten Inschriften. Laut- und Wortlehre. *M.* 14.— **17.—**

Misch, G., Geschichte der Autobiographie. I. Band: Das Altertum. *M.* 8.— **10.—**

Mitteis, L., Reichsrecht und Volksrecht in den östlichen Provinzen des römischen Kaiserreichs. *M.* 14.—

—— zur Geschichte der Erbpacht im Altertum. *AGWph.* XX. *M.* 2.—

—— aus d. griech. Papyrusurkunden. *M.* 1.20.

Mommsen, A., Feste der Stadt Athen im Altertum, geordnet nach attischem Kalender. Umarbeitung der 1864 erschienenen Heortologie. *M.* 16.—

Mutzbauer, C., die Grundbedeutung des Konjunktiv und Optativ im Griechischen. *M.* 8.— **9.—**

Nilsson, M. P., griechische Feste von religiöser Bedeutung mit Ausschluß der attischen. *M.* 12.— **15.—**

Noack, F., Ovalhaus und Palast in Kreta. Ein Beitrag zur Frühgeschichte des Hauses *M.* 2.40 **3.20.**

Norden, Ed., die antike Kunstprosa vom VI. Jahrhundert v. Chr. bis in die Zeit der Renaissance. 2 Bände. (Einzeln jeder Band *M.* 14.— **16.—**) *M.* 28.— **32.—**

Otto, W., Priester und Tempel im hellenistischen Ägypten. Ein Beitrag zur Kulturgeschichte des Hellenismus. 2 Bände je *M.* 14.— **17.—**

Peter, H., die geschichtliche Literatur über die römische Kaiserzeit bis Theodosius I. und ihre Quellen. 2 Bände. je *M.* 12.—

—— der Brief in der römischen Literatur. Literaturgeschichtliche Untersuchungen u. Zusammenfassungen. *M.* 6.—

Poland, F., Geschichte des griechischen Vereinswesens. *JG* XXXVIII. [U. d. Pr.]

Ribbeck, O., Friedrich Wilhelm Ritschl. Ein Beitrag zur Geschichte der Philologie. 2 Bände. *M.* 19.20.

—— Reden und Vorträge. *M.* 6.— 8.—

Riese, A., das rheinische Germanien in der antiken Literatur. *M.* 14.—

Roßbach, A., und R. **Westphal,** Theorie der musischen Künste der Hellenen. (Als 3. Auflage der Roßbach-Westphalschen Metrik.) 3 Bände. *M.* 36.— I. Band. Griechische Rhythmik von Westphal. *M.* 7.20. II. Band. Griechische Harmonik und Melopöie von Westphal. *M.* 6.80. III. Band. I. Abt. Allgemeine Theorie der griechisch. Metrik von Westphal und Gleditsch. *M.* 8.— II. Abt. Griechische Metrik mit besonderer Rücksicht auf die Strophengattungen und die übrigen melischen Metra von Roßbach und Westphal. *M.* 14.—

Schaefer, A., Demosthenes und seine Zeit. 2., rev. Ausgabe. 3 Bände. *M.* 30.—

Schmarsow, A., Grundbegriffe der Kunstwissenschaft. *M.* 9.— **10.—**

Schmidt, J. H. H., Synonymik der griechisch. Sprache. 4 Bände. *M.* 54.—

—— Handbuch der lateinischen und griechischen Synonymik. *M.* 12.—

Schneider, A., das alte Rom, Entwicklung seines Grundrisses und Geschichte seiner Bauten. Auf 12 Karten und 14 Tafeln dargestellt. geb. *M.* 16.—

—— die 12 Pläne auf festem Papier apart. *M.* 6.—

Schroeder, O., Vorarbeiten zur griech. Versgeschichte. *M* 5.— 6.—

Schulz, O. Th., Kaiserhaus der Antonine und der letzte Historiker Roms. Nebst einer Beigabe: das Geschichtswerk des Anonymus. Quellenanalysen und griechische Untersuchungen. *M* 8.— 9.—

Schwartz, E., Charakterköpfe aus der antiken Literatur. Fünf Vorträge: 1. Hesiod und Pindar, 2. Thukydides und Euripides, 3. Sokrates und Plato, 4. Polybios und Poseidonios, 5. Cicero. 2. Aufl. *M* 2.— 2.60.

Sittl, K., die Gebärden der Griechen und Römer. Mit zahlreich. Abbild. *M* 10.—

Sitzler, J., Abriß der griechischen Literaturgeschichte. I. Band: Bis zum Tode Alexanders des Großen. *M* 4.—

Stähelin, F., Geschichte der kleinasiatischen Galater. 2. Aufl. *M* 4.80 5.60.

Stemplinger, Ed., das Fortleben der horazischen Lyrik seit der Renaiss. *M* 8.— 9.—

Stoll, H., die Sagen des klassischen Altertums. 6. Aufl. Neu bearb. von H. Lamer. 2 Bände. Mit 79 Abb. geb. je *M* 3.60, in 1 Band *M* 6.—

—— die Götter des klassischen Altertums. 8. Aufl. Neu bearb. von H. Lamer. Mit 92 Abbildungen. *M* 4.50.

Studniczka, F., die Siegesgöttin. Entwurf der Geschichte einer antiken Idealgestalt. Mit 12 Tafeln. *M* 2.—

Susemihl, F., Geschichte der griechischen Literatur in der Alexandrinerzeit. 2 Bände. I. Band. *M* 16.— 18.— II. Band. *M* 14.— *M* 16.—

Teuffel, W. S., Geschichte der römischen Literatur. 5. Aufl., von L. Schwabe. 2 Bände. [Vergr. Neubearb. in Vorb.]

—— Studien und Charakteristiken zur griechischen und römischen Literaturgeschichte. 2. Auflage. Mit einem Lebensabriß des Verfassers. *M* 12.—

Thesaurus linguae Latinae editus auctoritate et consilio academiarum quinque Germanicarum Berolinensis, Gottingensis, Lipsiensis, Monacensis, Vindobonensis. 1900—1908. Vol. I. *M* 74.— 82.— Vol. II. *M* 82.— 90.— Voll. III. fasc. 1. *M* 7.60. fasc. 2 u. 3 je *M* 7.20. Vol. IV, fasc. 1—5. je *M* 7.20.

Thesaurus linguae Latinae ... scriptorum inscription... exempla adferuntur. *M* 7... Einbanddecke *M* 5.—

Thiersch, H., Pharos, Antike... Occident. Mit 9 Tafeln, 2... 455 Abbildungen. geb. *M* ...

Troels-Lund, Himmelsbild und ... im Wandel der Zeiten. Deutsch ... 3. Auflage. geb. *M* 5.—

Usener, H., Vorträge u. Aufsätze...

—— der heilige Tychon. (Sonder... Texte u. Untersuchungen I...

Vahleni, I., opuscula academica... Pars I. Procemia indicibus ... praemissa I—XXXIII ab a. ... ad. a. MDCCCLXXXXI. ... Pars II. [U. d. Pr.] Procem... lectionum praemissa XXXIV... a. MDCCCLXXXXII ad. a. ... *M* 14.— 16.50.

Vaniček, Al., etymologisches W... lateinischen Sprache. 2. Aufl...

—— griechisch-lateinisches ... Wörterbuch. 2 Bände. *M* ... [I. Band. *M* 10.— II. Band...

Verhandlungen der 19.—49. Ve... deutscher Philologen und Sch... (Einzeln käuflich.)

Volkmann, R., Geschichte und ... Wolfschen Prolegomena zu Hom...

—— die Rhetorik der Griechen ... in systemat. Übersicht dargestell... besserte Auflage. *M* 12.—

Wachsmuth, C., die Stadt Athen ... tum. I. Band. Mit 2 Karten ... II. Band. 1. Abteil. *M* 12.— ... in Vorber.]

Weicker, G., der Seelenvogel in ... Literatur und Kunst. Eine myth... archäologische Untersuchung. ... bildungen im Text. *M* 28.—

Weise, O., Charakteristik der lateinisch... 3. Auflage. *M* 2.80 3.40.

Wislicenus, W. F., astronom. Chro... Ein Hilfsbuch für Historiker, A... und Astronomen. *M* 5.—

Witte, C., Singular und Plural. ... über Form und Geschichte der gri... Poesie. *M* 8.— 9.—

Lightning Source UK Ltd.
Milton Keynes UK
UKOW05f1041180416

272468UK00003B/133/P

9 781144 475343